suhrkamp taschenbuch
wissenschaft 563

Ernst Bloch
Werkausgabe Band 14

Ernst Bloch
Atheismus im Christentum

Zur Religion des Exodus
und des Reichs

Suhrkamp

Dieser Band ist text- und seitenidentisch mit
Band 14 der Ernst Bloch Gesamtausgabe
Atheismus im Christentum
© Suhrkamp Verlag Frankfurt am Main 1968

Bibliografische Information der Deutschen Nationalbibliothek
Die Deutsche Nationalbibliothek verzeichnet diese Publikation in der
Deutschen Nationalbibliografie; detaillierte bibliografische Daten sind
im Internet über http://dnb.d-nb.de abrufbar.

5. Auflage 2021

suhrkamp taschenbuch wissenschaft 563
© Suhrkamp Verlag Frankfurt am Main 1985, 2009
Druck und Bindung: C. H. Beck, Nördlingen
Printed in Germany
Umschlag nach Entwürfen von
Willy Fleckhaus und Rolf Staudt
ISBN 978-3-518-28163-5

ADOLF LOWE GEWIDMET

INHALT

V. AUT CAESAR AUT CHRISTUS

VI. AUT LOGOS AUT KOSMOS?

VII. QUELLEN DES LEBENSMUTS

ATHEISMUS IM CHRISTENTUM

Denken ist Überschreiten.

Es ist das beste an der Religion, daß sie Ketzer hervorruft.

Religion ist Re-ligio, Rückverbindung, besonders mit einem mythischen Gott des Anfangs, der Weltschöpfung; daher ist das verstandene Exodus-Bekenntnis zu »Ich werde sein, der ich sein werde«, gar zum Christentum des Menschensohns und Eschatons keine Religion mehr.

Nur ein Atheist kann ein guter Christ sein, nur ein Christ kann ein guter Atheist sein.

Entscheidend: Ein Transzendieren ohne Transzendenz.

Dies septimus nos ipsi erimus.

(AUGUSTIN)

Gehe man von dem aus, was unser Fall ist. Er ist für die meisten ohnehin der, nur gebraucht, abhängig, geschoben zu sein. Solange gut geschmiert oder auch genebelt werden kann, halten nicht nur Feige und Schwache dabei still. Aber Unzufriedenes, das aufrecht gehen will, ein so guter Teil in uns, wächst immer wieder nach, bei Jungen zuerst. Aufrechter Gang setzt an, sucht von den Veralteten frei zu werden, die gleichzeitig noch mächtig und gedankenlos fortwursteln. Sucht statt des Bevormundenden und gleichzeitig Ziellosen echten Halt, wie ihn der leere Druck, die drückende Leere am wenigsten geben können. Das Vorige und davon Gebliebene ist schlimm genug; die uns dahin hineinführten, schwiegen besser still, dazu mögen sie nur Platz haben. Mord und Muff zum zweitenmal, dazu wird der liebliche Deutschfromme mindestens keinen Gutschein für sich zu erwarten haben. Überhaupt läßt der Blick nach oben nach, fast überall schmeckt ein Vater-Ich nicht mehr so gut, ziehen die da oben nicht mehr so an. Das Beste heutzutage ist gegen die gesetzten Herrn über uns empfindlich; was nun auch für noch höher Gesetztes ganz ganz droben Folgen hat. Flicken ist vergeblich, der demütige Rock, so auch der herrenhafte reißt.

Statt des Droben zieht das Vorwärts an, um es zu bilden. Von unten her, über unsere Geschichte frei, klar und gemeinsam verfügend. Dergleichen ist im bürgerlichen Establishment noch nicht möglich, in jedem noch halb zaristisch-sozialistischen auch nicht, obzwar jede republikanisch gewordene Obrigkeit Lippendienst vor dem Volk leisten muß, dem sie pro forma dient. Bis auf wenige, unschädlich gewordene Ausnahmen, sind alle Monarchien verschwunden, die Spitze der Obrigkeit ist nicht mehr von einem himmlischen Herrn selber legitimiert. Wichtig vor allem hier: das Vater-Ich hat auch in der Staatsform das Kling Klang Gloria verloren, das die Monarchien für ihre Untertanen nach oben, in ein höchstes Oben warfen, so reflexhaft wie ideologisch vorteilhaft. Wo keine irdischen Throne, fehlt auch einem himmlischen Thron die gesellschaftliche Basis; die aber machte dem gewohnten Untertan, auch ohne religiöses Bedürfnis, ihr himmlisches Spiegelbild glaubhaft. Eben mit Souverän höchst droben, unerforschlichem Ratschluß, Hofstaat willenloser Engel, lauter Lobgesang. Bezeichnend, daß hier zwischen dem höchsten Gott bei Heiden und dem kirchlich üblichen in puncto Wohnort wenig Unterschied bestand bei allem sonstigen, moralischen; Blut mag die Tiefen decken, Nacht die Höhen, byzantinischer Ruhmesglanz bleibt und allerhöchste Sonne gleich Monarchie. Dazu aber kommt: naturwissenschaftlich (was sich herumgesprochen) ist das Universum selber schon seit vierhundert Jahren eine Republik geworden. Sie versteht sich, wenn überhaupt, aus sich selber, nicht aus Schöpfungen noch Lenkungen durch einen himmlischen Oberherrn. Derlei hat hier seinen vordem so steilen Zenit verloren oder sieht sich bestenfalls zum Lückenbüßer noch nicht gefundener oder ausreichender Erklärungen empirischer Art herabgesetzt. Den Realschülern von heutzutage wird kein Blitz mehr geschleudert, kein Tag mehr von Gott heraufgebracht, ist keine Pest, Hungersnot, Kriegsnot als Zuchtrute von oben verhängt. In den Staub mit allen Realschülern, das läßt sich auch nicht vom Sublimieren her sagen, nachdem gerade dieses den feiner, etwa existentialistisch Entzauberten nur als Ersatz für den alten handfesten Gottglauben vorgeführt wird. Als Ersatz, der auf seine Weise an bloße Lückenbüßer erinnert: inwendig diesmal, doch zu welch herabgesetztem, fast nur noch geschämigem Preis. Auf solch schmaler Latte kommt dahergekrochen, was sein Oben situationsgemäß gleichfalls verloren hat und zum Vorwärts, Voruns keinen Mut, desgleichen keine Welt, erst recht keine neue hat. Ja, die bürgerliche Welt ist desto glaubensfremder, je mehr sie Ersatz dafür aufkocht, mit quieta non movere. Jedenfalls macht es das sogenannte moderne Weltbild den Seinen nicht leicht, ohne Ausrede fortzuräuchern.

So geht verständiger Fürwitz durchaus bürgerlich vor, gibt es nur nicht zu. Als so aber dem Mann der Mitte das Glauben schwer geworden war, und meist abgestanden, fing der Stoß marxistisch neu an. Die Arbeiterbewegung übernahm nicht nur, was das Bürgertum früher getan, angestellt, aber auch offen an

Thron und Altar verneint hatte, sie brachte eine spezifische neue Aufklärung hinzu, eine tunlichst ideologiefreie. Denn es lag zum erstenmal genau in ihrem Interesse, keine ideologischen Vernebelungen dieses Interesses mehr zu haben, vielmehr gerade aus Interesse illusionsfrei zu sein. Detektivischer Blick kam, das nicht zuletzt auch wegen des ständigen Bündnisses der Kirche mit der herrschenden Klasse: von daher mochte, wenn man kratzte, bei allem nur der Herrenpfaffe hervorkommen, die alten Auguren und ihr »Zwinkern«. Nicht nur geschäftlich also: »man sagt Bibel und meint Kattun«, sondern vor allem auch: »dem Volk muß die Religion erhalten bleiben«, im schlauesten unnützlichsten Sinn, zu dem man die besonders strapazierte »Geduld des Kreuzes« machen kann. Dazu die Vertröstung aufs Drüben, lange Zeit so gut bei der Stange haltend, nicht nur rein inwendig, auch in fiktiver Barzahlung dereinst, wenn alle anderen Stricke reißen. Brechts »Mahagonny« ließ derart in der letzten Szene zwei Gruppen aufmarschieren, zwei Herzen und doch eine Seele, trugen Spruchbänder, die einen: »Für die gerechte Verteilung der überirdischen Güter«, die anderen: »Für die ungerechte Verteilung der irdischen Güter«. Daher denn nun die Quittung oder verdiente Losung im Text der Internationale: »Es rettet euch kein höhres Wesen, kein Gott, kein Kaiser, kein Tribun«. Sehr deutlich die gemeinte Ergänzung darin zum Fazit in der »Zauberflöte«, das aber noch mehr allgemein um Aberglauben und seine Nutznießer geht: »Die Strahlen der Sonne vertreiben die Nacht, zernichten der Heuchler erschlichene Macht.« Wobei die bürgerliche Aufklärung, in ihrer Blütezeit, das Ihre so gut getan hat, daß der alte Glaube, gerade in seinem Lippendienst, fast nirgends mehr so lügen, das heißt so viel Mären auftischen kann, daß die Balken brechen. Nur eben kam marxistisch das interessiert-analytische Interesse hinzu, jener totale Ideologieverdacht, der den bisherigen Herren überhaupt keine Verneblung mehr durchgehen lassen wollte. Die Aufklärung sollte sich so auch gegen die Religion vollenden; freilich nicht nur gegen abgewetzten Aberglauben darin, sondern leider, vulgär-marxistisch, auch gegen die donnernden Propheten, auch gegen jene sogenannten »Pröbchen apokalyptischer Mystik«, die Kautsky selbst an einem Thomas Münzer nicht schmeckten. All das aber, um den Mühseligen und Beladenen so nüchtern, so radikal wie möglich, nämlich von der ökonomisch-ursächlichen Wurzel her, herrschaftlich brauchbarste Hirngespinste zu zerstören. Die Lust, im Trüben, im Drüben zu fischen, wurde immanent zerstört; Materialismus, sagte Engels, ist Erklärung der Welt aus sich selbst. Und jeder angebliche Himmel darüber, mit einem Gott als Herrn: er war hier nicht nur naturwissenschaftlich, sondern ideologiekritisch ad acta der bis heute dauernden menschlichen »Vorgeschichte« gelegt, indem er das Herr-Knecht-Verhältnis, die gesellschaftliche Heteronomie auf Erden selber legitimierte, heiligte. Subversives kommt so zum letzten Spruch, gegen alles Heteronome, also auch gegen seine brauchbarste Illusion: das Theokratische (ganz von oben herab). Damit schien vielen die Rolle, wie der Topos aller Religionen völlig erschöpft, es gäbe danach kein Rot darin, und ihr Ultraviolett (wie übrigens jedes) schien dem Rot völlig von Übel. So wäre der Kreis geschlossen: kein Vater-Ich mehr, irdisch wie kosmisch Republik, das höchste Wesen für den Menschen der Mensch, – und Religiöses von alldem das durchschaute Gegenteil. Kein anders zu benennender Rest in keiner Religion, außer für schlecht Entzauberte oder für herrschende Tartuffes; ihre Wahrheit wäre so ihr voller Untergang.

Sonderbar nun, daß doch nicht das Kind mit dem Bad ausgeschüttet wird. Nicht nur das Kind im Manne bleibt übrig und will spielen, mehr als das. Der gleiche Brecht, der pfäffische Verneblung mit Brechreiz haßte, antwortete auf die Frage nach seiner liebsten Lektüre: »Sie werden lachen, die Bibel.« So schnoddrig wie überraschend kam das, doch überraschend nur für die Art Gebildeter, die nicht alle werden und die Aufklärung mit Aufkläricht verwechseln. So etwas wie das von Brecht und dem Mädchen Johanna und dem Choral des Tals, das von Jammer schallt, meint gewiß nicht so vieles in der Bibel, was einlullt und Eiapopeia liefert fürs Volk, den großen Lümmel. Meint nicht gar viele Mären, die sich vom Storch, der die Kinder bringt, oder vom Manna, das vom Himmel fällt, auch nicht wesentlich unterscheiden und die noch der Auferstehungsgeschichte anhaften, wenn sie erzählt wird (samt leeres Grab) als geradezu positivistisches Faktum. Statt eines reinen, nur durch sich gefüllten Wunschmysteriums und der rein aus uns selber kommenden Menschensohn-Extension: non omnis confundar. Das eben ohne jede Transzendenz von oben herab, die bei so viel Golgatha in der Welt ohne alle Auferstehung ohnehin nicht zu rechtfertigen wäre, indem man, statt dahin auch noch ein ens realissimum zu setzen, begriffen hat, daß sie gar nicht existiert, außer als verlegtes Spiegelbild und dann gar nicht vorherziehend. Auch Zeus, der den Prometheus an den Felsen nagelte, stand einmal als Gott, qua Gott in Transzendenz, – die ganze nagelnde, auch pharisäisch strafende, auch noch gnädige Hoheitssphäre steht gerade dem, was die Bibel wirklich, nämlich antipharaonisch, christozentrisch vom Götzendienst trennt, »heidnisch« entgegen. Indes freilich ist in dem priesterlich redigierten und so überlieferten, herrenkirchlich gebrauchten Bibeltext sehr oft – infolge Herrendienst contra Murren der wahren Kinder Israels – zwischen heidnischer und biblischer Religion noch genug Zusammenhang, mindestens Überschneidung. Allein schon die Opfer überall in der Bibel, vor Übermächtigem bettelnd auf dem Bauch liegend, das desto transzendenter ist, weil es einzig, henotheistisch, dann monotheistisch regiert. Blutbespritzte Altäre, mit Tieren darauf als Ersatz fast fürs ehedem Molochhafte auch hier, Säule des Lobpreises aber oben, sogar fragloser dem Prinzip nach als in den meisten polytheistischen Kulturen. *Und doch* und trotzdem und gerade deshalb gibt es den entschiedensten Affekt in der Bibel genau gegen die oben mit ihrem Priestergott, gibt es nur hier Aufruf zur Revolte dagegen. Mit Krieg den Palästen, Frieden den Hütten, gegen den Schmuck der Altäre, und der Arme leidet bitteren Hunger. So sagt schon der früheste Prophet, Amos, auch von sich aus (Amos 5, 21, 23; 8, 4 u. 6): »Ich bin eurer Feiertage gram und verachte sie . . . Tue nur weg von mir das Geplärre deiner Lieder; denn ich mag dein Psalterspiel nicht hören . . . Hört dies, die ihr den Armen unterdrückt und die Elenden im Lande verderbt . . ., auf daß wir die Armen um Geld und die Dürftigen um ein Paar Schuhe unter uns bringen«; kurz, »auch« das ist Bibel. Wie hätte sie sonst biblia pauperum im schärfsten Sinne werden können, während des italienischen, englischen, französischen, gar deutschen Bauernkriegs, ja noch während des Aufstands in den Cevennen, nur knapp neunzig Jahre vor der französischen Revolution? Mit Zeus, Jupiter, Marduk, Ptah, gar Vitzliputzli hätte Thomas Münzer das nicht geschafft, was er mit dem Auszug aus Ägypten und dem gar nicht so sanften Jesus zu läuten anfing. Und Luther als Restaurator nannte das letzte Buch der Bibel, die Apokalypse, mit Grund »aller Rottenmeister Gaukelsack«. Weit also war das davon entfernt, »sich einen gnädigen Herrn zu schaffen«, »Leid, Leid, Kreuz, Kreuz als des Christen Teil« zu predigen, aber auch brave Heilige um einen himmlischen Thron zu setzen. Als wäre er unvordenklich da und nicht bloß Spiegelbild der irdischen, Garant der auch weniger »gerechten« Obrigkeit. Die Bibel ist damit trotzdem am wenigsten erschöpft, ja: Atheismus selber tut dem Unerschöpften nichts an; im Gegenteil. Ob auch nicht zur Freude derer, die sich an den (im doppelten Sinn) erschöpften Teil der Bibel halten. Zum Gewinn des Pharao, also dessen, dem auch die Bibel – ohne »imaginäre Blumen an der Kette« – am heftigsten mit widersprach. Jede faule Synthese liegt fern, doch eigenste Gebiete wieder zu besetzen, um des »Reichs der Freiheit« willen, steht genau dem zweiten Akt der Aufklärung wohl an. Empfindlichst gegen das Imaginäre, doch ebenso für das so Subversive wie Transzendierende, gerade ohne Transzendenz darüber. Eine unbanale Gottlosenbewegung konnte und wird die Bibel lesen, eine unterirdisch paradoxe Bibelhäresie die Gottlosenbewegung; beiden zum Gewinn. Der ersten zur Tiefe (»die Banalität«, sagte Isaak Babel, »ist die Gegenrevolution«), der zweiten zum prometheisch-aktiven, atheistisch-utopischen Verstand der Menschwerdung. Es scheint mehr als je: ohne solche Begegnung wird genau der wirkliche, der gute Turmbau von Babel teils in Barbarei, teils in Nihilismus untergehen. Das sei ferne, auch wenn das Gute keineswegs nur nahe liegt und kein Nahziel eines ist, wenn in ihm das Fernziel: das Wohin und Wozu des gemeinten, des selber noch im Schwang befindlichen Überhaupt von allem, nicht mit im Experiment steht.

Da ist wichtig, genau in diesem Feld sich nichts vormachen zu lassen. Denn das auf ihm immer noch, ja tiefer als je Gemeinte wird nicht so leicht und gefahrlos dem Boden gleichgemacht, es sei denn dem platten. So gleichgültig und vor allem ahnungslos hier zu entzaubern, das hilft nur den Dunkelmännern und denen, die immer sich gut verstecken können, wenn es nur in Bausch und Bogen hergeht. Wenn alles und jedes auf dem problemreichen religiösen Feld als Aberglaube angegeben wird, auch dort, gerade dort, wo »selbst« die Bibel besonders hoch und sprengend vom Menschen spricht. Von hier aus gilt der Satz: *Denken ist Überschreiten,* was sich vom bloßen Liegen und Besitzen freilich nicht behaupten läßt. Und noch weniger von bloßem grundsätzlich banalisierendem Aufkläricht (dies Wort stammt genau von Lessing) statt der wirklichen, nach steigendem Licht benannten Aufklärung. Lessing freilich war ein Ketzer, kein von vornherein Meinender, daß es nur zwei Dimensionen auf der Welt gäbe und nicht auch Spero ut intelligam. Derart gilt hier ebenso der Satz: *das Beste an der Religion ist, daß sie Ketzer schafft,* ein Zustand, von dem die Gleichgültigen, wie die alle, welche Hegel etwa mit Haeckel verwechseln, allerdings unberührt sind. Daher ist es dringend nötig, kraft des so bekannten wie gern unterschlagenen Murrens der Kinder Israels auch analytisch, ja detektivisch nötig, die Bibel sub specie ihrer weiterwirkenden *Ketzergeschichte* zu lesen; wie gerade im Folgenden unter anderem versucht. Führt sie doch wider alle biblisch vorhandene Servilität, Herrenideologie, heteronome Mythologie in jenen Schatz der Bibel, der nicht von Rost und Motten, am wenigsten vom Lessinglicht der Aufklärung gefressen worden ist und noch weniger von der Parole: Aut Caesar aut Christus. Dergestalt daß an diesem Punkt der Satz gilt, der als Exodus-Losung aus jedem Land der Knechtschaft heraus so besonders positive: *Wo Hoffnung ist, ist auch Religion;* nicht gilt freilich, in Ansehung der von Himmel und Obrigkeit verhängten Religion, die Umkehrung: Wo Religion ist, ist auch Hoffnung. Vielmehr geht genau von der menschlichen Hoffnung, der mit besserem Novum verbündeten, die stärkste Kritik gegen re-ligio als repressive, regressive Rück-Bindung aus; gegen hoch droben fertig Vorgesetztes, zum Unterschied von unzufriedener, selbstschöpferischer Antizipation, vom Transzendieren ohne Transzendenz. Halt genug ist in der Invariante dieser so oft vereitelten, doch nie entsagend seinkönnenden Richtung; ein weit soliderer Halt als der des gewiß auch biblisch hypostasierten Zeus-,

Jupiter-, Marduk-, Ptah-, gar Moloch-Herrn. Doch ebenso findet sich – nur dauernden Theo-logen eine Überraschung, ein Ärgernis, eine Torheit – das subversive, das antistatische Gegenstück in der Bibel, in der sich selber so oft wider den Strich bürstenden biblischen Geschichte. Wonach am Menschensohn selber zuletzt, der sich in das bisher Gott Genannte messianisch einsetzt, das Neue in der Bibel sich als stärkste Häresie erweist. Bis hin zu der Möglichkeit des Satzes: *Nur ein Atheist kann ein guter Christ sein, gewiß aber auch: nur ein Christ kann ein guter Atheist sein;* wie könnte sich der Menschensohn sonst gottgleich genannt haben. Und die spätere römische Namensgebung war genauso präzis wie das römische Kreuz; denn: *Atheoi,* so wurden zuerst die christlichen Märtyrer am Hof des Nero genannt. Als Problem ist das in der Tiefe zu verstehen, von Christen, die des theokratischen Aberglaubens satt geworden, also anders hungern. Von Atheisten, die von den Platitüden eines leeren Nein zu allem, was die Schatzanweisung Gott einmal versprochen hat, durchaus nicht satt werden, nachdem hinter der allzu halben Aufklärung mit ihrem Nein die allzu völlige Haltlosigkeit des Nihilismus anheben muß. Also auch der Feuermangel an jedem Wohin, Wozu, Überhaupt, Eschaton, Sinn, gemessen an der angeblich ausgemacht kalten Schulter der menschlichen, gar der außermenschlichen Welt. Die Schrift dagegen ist voll von »Rütteln an den Stäben dieser Todeswelt«; mythologisch gewiß, doch voll später unterdrückter oder verfälschter Aufstände, Namenszüge zur Menschwertung, Menschwerdung – contra Pharao und eine Herrn-Hypotase, die Jeremiae Klagelieder unverholen »unseren Feind« nennen, die Jesaja »einen neuen Himmel, eine neue Erde« beschwören läßt »damit man der vorigen nicht mehr gedenke«. Und ist da nicht, vergebens verleumdet und offiziell umgewertet, gerade am Anfang die Sache mit der Schlange, mit dem rebellisch-unabgegoltenen Ruf »Eritis sicut deus, scientes bonum et malum«, dem geschichtsbildenden, heraus aus dem Garten bloßer Tiere? Und steht nicht für den späteren Gott des Dornbuschs kein Präsens, sondern ein daraus rettendes Futurum, ein »ich werde sein, der ich sein werde« als Sprengung in der angeblichen Gottesvorstellung selber? Subversive, eschatologische Finalwelle genug, mit unternommenem Exodus, utopischem Reich am vollen Novum des Ufers. Noch bis in den Satz Augustins: »*Dies septimus nos ipsi erimus*«, der noch nicht geschehene siebte Tag werden wir selber sein, in unserer Gemeinschaft wie in der Natur. Auch an diese, gerade an diese Art besonders sprengender, ob auch besonders überfliegender Fernmodelle Philosophie zu setzen, ist an der Zeit, in der Tiefe unserer Zeit. Bezeichnend, daß die Logik dieses dreitausendjährigen besonderen Vor-Scheins gottfrei ebenso wie durchaus religions-philosophisch aufgeht. Auch ohne dienende Engel, besser als mit ihnen, trägt sich das Unsterbliche Fausts empor. Biblisch hieß das unser aufgedecktes Angesicht, philosophisch ist es Identischwerden.

I. UM DIE ECKE

Da geht einer in sich. Das bessert ihn, wie er meint. Doch das merkt niemand, bleibt er darin zu lange. Er tritt dann oft nur auf sich selber herum.

WIDER DEN STACHEL   2

Reuig allein wird man nicht mündiger. Vor allem dann nicht, wenn das Gewissen, das schlägt, immer noch unmündig schlägt, also immer noch brauchgemäß, nur etwas anders. Die Stimme kommt dann immer noch von außen her, ja von oben herab, »Jener da oben« so oft verdächtig bequem. Du sollst kuschen, dieser Ruf nach unten, ausschließlich nach unten, gegen zu viel Fordern von daher, sieht dann genau aus und bezweckt dasselbe wie der gut verhüllte, ja gut scheinende: daß man seines Nächsten Gut nicht begehren solle, ja daß auch die Juden jetzt wieder Menschen seien. Solange geht derlei in sich oder, was oft das gleiche ist, häit sich zurück, als ein ausgewechseltes Vater-Ich draußen nicht anderes wieder ins Gewissen redet, ins meist rein untertänige. Reue, als wirklich umbrechende, darf aber nicht bloß das richtende On-dit wechseln und darin doch meist nur die Herren, denen es jeweils entspricht. Besser daher, fürs wirkliche Gewissen, auf die Stimme derer zu hören, die gemeinsame Not leiden und sie nur abstellen können, indem sie die abstellen, welche keinesfalls Not leiden, sondern von ihr leben. Das vorzüglich erfordert mündig zu werden und verlangt, sich nicht seiner Demut, sondern seines Verstands zu bedienen. Zuweilen hat er es noch schwerer, sich unverhohlen zu äußern als sich unverfälscht zu finden. Doch wie oft fand dann auch eine Art Reden durch die Blume statt, ein notgedrungenes, leicht zu fassen, doch schwerer zu packen. Der brave Soldat Schwejk kam durch alle Zeiten vor und, wie merkwürdig, wie lehrreich, nicht ohne biblische Anklänge im Maul; denn man soll dem Ochsen, der da drischt, nicht das Maul verbinden. So nötig das den Treibern für den Ochsen, den sie gebrauchen, auch inwendig wie auswendig sein mag. Besonders dann, wenn der Ochse keiner geblieben ist.

3   BLICK AUF SKLAVENSPRACHE

Der Kuschende spricht, was man oben hören will. Auch das ist Sklavensprache, ihr Wurm krümmt sich, ihr Hund wedelt, seit je. Doch nicht diese Art, die schlechthin bloß untertänige, nichts verbergende, hat eine Form, die gerade im unterirdischen Text, dem gesuchten, zu denken gibt. Vielmehr die andere Art Sklavensprache fällt auf, die den Herren gefährliche und deshalb vor ihnen maskierte. Sie wurde noch nie so eigens, sozusagen formgeschichtlich, erforscht, wie sie es verdient; obwohl das auch bibelkritisch recht lehrreich wäre. Denn sie ist nicht wie Texte, die von oben her erst nachträglich verändert oder eingefügt wurden, sie maskiert vielmehr von unten her und freiwillig. Der Ausdruck Sklavensprachen ist vermutlich russisch, aus dem vorigen Jahrhundert, meint die Kunst, sich vor der politischen Polizei (nur vor dieser) als Propaganda unkenntlich zu machen. Die Sache selber ist, wie sich versteht, viel älter, ja eine erste eigene Form der Verfremdung (Verlegung). Von Äsops Fabeln geht dies »Einkleiden« besonderer Art bis zu Montesquieus »Lettres persannes«, dem Frankreich Ludwig XV. in persischer Maske. Sklavensprache war es zuletzt, wenn ein Porträt Caligulas geschrieben wurde und jedem Leser der Name Hitler auf der Zunge lag oder dahin gelegt wurde.
Das ist dann gute Sklavensprache, in erlaubtem Sinn sogar geriebene, sie läßt in einer beherrschten und auch noch in einer verordneten Welt Freiheit nicht nur flüstern. Und hat eben auch ein eigenes Schrifttum hervorgerufen, als nicht nur blanke Satire, ja als eine, die, wie das Schwejkische, dies hinterfotzig Ironische zu so vielen Zeiten zeigt,

auch nicht geschulteren rhetorischen Dreh braucht und ironische Kenntnis. Sollte in diesen Kreisen Etliches aus der Bibel geschult haben, etwa dort, wo so oft gemurrt wird, diesfalls hinter vorgehaltener Hand? Nicht nur bei erlaubter Lektüre, auch in Predigten der Arme-Leut-Priester kam dergleichen ja vor. Von der armen Witwe, der ihr Ölkrug nicht immer gefüllt wurde, bis zur Erinnerung an die Baals- und Mammonspfaffen, in denen man die eigenen sah oder meinte. Und dachte der geneigte, gar der nicht mehr zu Boden geneigte Hörer sich nicht bei dem Bileam allerlei Queres, der segnen mußte, wo er fluchen sollte (4. Mos. 22): wie gern wurde in der Sklavensprache dies Verwickelte benutzt, umgedreht, umadressiert, um gerade segnend den hiesigen Herrn wider den Stachel zu löcken. So auch oft, wenn in Gleichnissen geredet ward, den Sack schlagend und den Esel meinend, die Fürsten rühmend und die Galgen als Beweis herausstreichend. Die Kunst zu fluchen, indem man segnet, wurde später freilich, wenn die damalige Art von Druck wich, von den dann Außenstehenden nicht immer noch verstanden. Gullivers Reisen, voll von höhnisch-getarnter Verfremdung, wurden nachdem sogar ein Kinderbuch, so harmlos, hors de concours, zeitweilig; die Sklaven wechseln.

DER SCHNURRBART HINDENBURGS   4

Bei Armen, die sich noch nicht laut machen können, wird derart beiseite geredet. Bei jener Art Reichen dagegen, die nichts haben, doch etwas vorstellen wollen, muß alles laut hergehen und vor allem putzen. Mit fremden, mindestens nicht hierher gehörenden Federn, Vorhandenes durch ganz anderes streckend, aufbessernd, gegebenenfalls fälschend. Ein etwas dummes, doch allegorisches Beispiel dafür gab der Schnurrbart Hindenburgs ab. Wie er nämlich gesträubt sein wollte, doch die Oberlippe hatte zuwenig Keimkraft dazu; so wurde ein Stück Backenbart angeschlossen und täuschend nach außen gebürstet. Ein Ersatz entsteht derart, wie er sozusagen nicht an der Wiege gesungen worden war, eben ein äußerlich, ja mit Fremdem aufputzender.

Und um das Hindenburgische nun aus dem Text zu entlassen, etwa das Vaterländische im ganz anders gewesenen Rot: der Ersatz putzt überall dort auf, wo die ehemalige Wiege auch noch künstlich, so traumlos, so wachtraumlos wie möglich, leer gemacht wurde. Das sogar mit der Vorgabe von Aufklären, auch einer ehrlichen Bestandsaufnahme (und Belassen) von dem, was gerade ist und schal ist. Was dann, auch unter Sozialdemokraten und Christen, das verlorene Mehr wieder lockend machen soll, das mit dem Bade oder auch Schwindel ausgeschüttet wurde, ist oft nur Anleihe an den Zeitgeist, vielmehr an das in ihm, was man so gerade als modern ansieht. Dazu gehört nicht nur Bultmann auf seinem Godesberg und anderer ständig betonte Anpassung ans sogenannte moderne Bewußtsein, so wie es ist als bare Münze genommen, entmythologisierend auf Teufel komm raus, bis nur noch lila übrig bleibt. Oder jenes nur noch »zuständliche« Zwielicht als Rest, als innerer Schummer, worin man nicht mehr weiß, wer Gast, wer Kellner ist. Aber es gibt auch viel einfacheres ursprungsferner geborgtes Up to date: das reicht dann vom versuchten Jazz innerhalb der Kirche bis zum Andachtssilo als deren äußerer Form bis wieder zu lieb Jesulein auf neu, das nicht beißt und nichts kostet. Und jedenfalls ins moderne Niemandsland zwischen den Fronten, ohne alle Aussage und Front. Anleihen bei dem, was auf eigenem Feld nicht wuchs, und allemal, um eigenen Wuchs vorzutäuschen oder zu ersetzen, gibt es also auch hier, und das nicht nur als bloße Anlockung auf Petri Fischzug. Ein ganz anderes wäre und war auch schon, jedem Gebiet, wo es nicht nur Reiche gegeben hat, die nichts haben, sondern Enterbte, die betrogen oder zugedeckt wurden, ihre alte *eigene* Anmeldung neu zu lesen. An die meist rote Gärung gehend, besonders dort, wo sie genuin noch nie gesiegt hat, also wartet. Dieses Warten, mit recht mehrtönigem Hunger hinter sich, ist auch mit notdürftigem Brot im Maul, am wenigsten bei konsumierender Langeweile erledigt, und braucht auch nicht heranimiert zu werden. Es kommt nicht nur von innen, sondern immer wieder von unten, aus dem Nicht-haben her, zuletzt dem des Wozu von allem, einer Frage, die immerhin nur religiös gestellt worden ist. Statt dieses Wozu wegzuwerfen, in Bausch und Bogen, erst recht ohne wirklichen Pfeil und

Bogen, statt gar die alten Ladenhüter kosmetisch »modern«
anzumalen und zuzudecken, sollte erneut versucht werden,
auf jenes Noch-nicht auch biblisch zu hören, das selber nicht
aufhört. Erst unterscheidend, sich durch Gestrüpp samt Gärten
den Weg bahnend, nicht ohne Fackel, dann in die Schrift gehend, gar nicht beiseite, doch auf der Seite derer, die beiseite
standen. Da ist es denn freilich mit dem Götzenhaften von oben
nicht weit her, aber auch mit der sogenannten, der ebenfalls
beigebogenen Geduld des Kreuzes gar nicht getan.

DAS WORT GEHT QUER   5

Was verboten, schmeckt besser. Das desto gewisser, je weniger
denen getraut wird, die verriegeln. So ist es ein Test für alle
diese, ob ihre schwarze Liste nicht gerade empfiehlt. Selbstredend gilt das auch umgekehrt, für allzu Herausgestrichenes,
sofern auch dieses von denen ausgeht, die man »die da oben«
nennt. Dann wird genau das Herausstreichen verdächtig, sieht
nicht mehr so freimachend oder auch nur vertröstend drein,
nutzt sich mindestens ab. Die Schrift freilich diente, wie oft,
auch ohne das, für unten und oben sozusagen zugleich. Und sie
wäre nicht einmal geduldet worden, hätte sie nur dem *Volk*
aufs Maul geschaut. Zu hohes C gehört nicht dem und zu dem,
den es zu vertreten vorgegeben hat. Was für jedes Verwandte
mit zu mächtiger Empfehlung, gar Abgemachtem gilt. Allemal
muß es noch die Büsche geben, in die man sich geschlagen hat,
schlagen kann, keineswegs fliehend. Sonst wäre es nicht möglich,
genau den Weg zu meinen, an den man sich halten kann.

II. ÄRGERNIS UND TORHEIT

Von sich aus leidet keiner gern. Es sei denn, daß er gar nicht leidet, sondern untertänig sich daran freut. Die Schläge auch noch genießend, gar als unumgänglich, um seelisch aufzuquellen. Der leidende Blick ist dann nicht nur versöhnt, sondern dankt. Gerade noch dieses Danken kommt duckmäuserisch vor. Aber Führer, knechte uns, dieser Ruf und seine Weise ist endlich verdächtig geworden. Er erscheint also auch anderswo, und was sich fügte ohne zu murren, sah nicht eben menschlich drein, neu geboren, sondern im Gegenteil hündischer. Auch den höchsten Stiefel will man nicht mehr im Gesicht. Unter der Angabe, dadurch statt entwürdigt, sogar besser zu werden. Den wirklich Besseren ward das zugleich zu dick und zu dumm.

Auch sieht man mit solchem nicht mehr ganz fromm drein. Was uns von oben angeblich beschert wurde, davor kniet man nicht. Geste wie Gefühl dieser Art weisen zurück auf alten sklavischen Rest. Not lehrt auch schon deshalb nicht mehr beten, weil zu sichtbar der größte Teil ihrer von Unseresgleichen bewirkt und geschickt ist.

Die Anschrift derer, die das bewirkt haben und erhalten, ist unterdessen ziemlich bekannt geworden. Sie können sich zwar auf neue Art verstellen wollen, künstlich anonym machen, doch ihr Ort ist bekannt, und er ist sehr irdisch. Ist sehr von durchschautem Fleisch und Blut bewohnt, durchaus also verfügbar, wenn man will, nicht schlechterdings über uns. Dieser Zustand könnte zu deutlich auch durch uns, nur durch uns verhindert und gewendet werden.

Doch auch, wo etwas gut wurde, stehen nur noch wenige ehrlich stramm. Dank für gnädig Gewährtes, wer tut das noch, als wäre es ihm von Eden her, unter lauter Geflügelvolk, an der Wiege gesungen? Keinen Schluck Wasser trinkt das Huhn, ohne einen Blick zum Himmel aufzutun: so viel menschliches Huhn es auch gibt, der blöde Kindervers ist ihm kein ganzes Gleichnis mehr. Dank an Rettendes wäre gewiß noch bereit, vor allem, wenn der Mensch keinen Rat mehr weiß oder auch nur die Luft zu dick ist. Doch ein Droben, das taub ist, wurde den meisten auch auf diesem Wege so gut wie gar keines, die reitenden Boten des Königs kommen sehr selten, und Könige sind überhaupt nicht mehr üblich. Da hört auch dort, wo nicht so viel aufgeklärt wurde, altes Gefühl auf oder wird nur noch mit den Lippen bedient. Das Erlebnis des Vater-Ich ist familiär so gut wie aus, also auch sein Übertragen hoch hinauf. In den allermeisten Staaten steht weithin kein Thron mehr noch ein davon erst recht Übertragenes, das die Lücken des irdischen Bedürfens wie auch Erklärens mit überirdischer Zuwaage füllt; es sei denn als bloßer Lückenbüßer.

Zu lange und bereit hat gerade die Kirche Sklaven bei der Stange gehalten, und nicht nur lutherisch, auch paulinisch ist jede Obrigkeit als solche, sie sei wie sie sein wolle, von Gott. Opium des Volks wurde das bekanntlich genannt, aber auch dem Bewußtsein besserer Kreise, wenn es nicht den Mantel nach ganz anders interessiertem Wind hängt, ist sein wirklich ungeheuchelter Zustand: Ende einer Illusion. Wenn auch nur hier, so doch gerade hier: aller geglaubte Zauber wäre ja unter flachen Betriebmachern verwunderlicher als der Zauber selber. Der Häuptling ist ex, für Droben kam Kahlschlag, nach so viel Fällungen, sozial wie wissenschaftlich geschehenen. Die Vorgesetzten, das Vorgesetzte überhaupt ist der riesigen Schar der Angestellten, der zu ihrem Verstand Gekommenen, nur hier unten; es reicht ihnen fürs Knien aus. Um so mehr ist dann halb entzaubertes Bewußtsein für den verordneten Alltag nützlich, auch noch für platteren Klimbim. Womit sich der nicht mehr geglaubte Nebel, sofern es nottut, richtig vergessen ließ.

Nicht fein heraus

Frei werden von etwas heißt auch losgelassen sein. Das macht zunächst leer, wenn es auch eine saubere Leere sein kann, worin es ehrlich hergeht. Wichtig aber wird sogleich hernach, wohin und wozu das Lossein loslegt. Und nicht minder wichtig wird in unserem Fall hier, nach echtem Schluß mit Geheucheltem, ob da nicht auch selber Echtes ausgelassen wurde. Eilig und wie oft gar oberflächlich, schlecht entzaubert wie ein Mann, der nur den halben Verstand an sich gebracht hat. Und die andere Hälfte, die er so hat, ist vielleicht auch nicht vom besten, mit dem Menschen, der vom Affen abstammt oder der den heiligen Franz mit Tartuffe verwechselt (falls er von beiden überhaupt etwas gehört haben sollte). Ein Austritt schlechthin erscheint dann, schlecht unmittelbar und halbschürig, er hinterläßt so eine Leere, die auf die Länge gar nicht fähig ist, sauber zu bleiben, wie in der Aufklärung doch gewollt war. Die bloß halbe Aufklärung kann hier nicht durchhalten, sie bringt zwar nicht mehr die alte Heuchelei; dafür aber ist sie fähig, noch anders als pfäfflich dumm zu machen, nämlich schal, corruptio optimi pessima, und auch, später, trüb-gefährlich, schrecklicher Ersatz wie Blut und Boden. Sehr einfach ist zu erklären, wenn ein dumpfes und gestörtes Bauernmädchen in Lourdes Maria gesehen haben will. Aber sehr einfach ist es auch und mehr als banal, das zu betonen, daß der Mann auf dem Sputnik keine Spur vom lieben Gott gesehen hat. Solchem Niveau gegenüber kann selbst der konventionell Fromme sagen, er habe schon vorher gewußt, daß Gott unsichtbar sei. Kurz, Aufkläricht von heutzutage ist der Heuchelei von heutzutage wert, gewordener Kitsch hier, gewordener Schund dort, beide zu ihrem Stoff fremd. Dem dürren, engen Neinsagen um jeden Preis, vor allem zum herabgesetzten, entspricht so der abgedroschene Lippendienst ganz gut und umgekehrt; sie stören einander nur scheinbar.

Dabei bleibt gewiß unvermindert groß, wie sehr der denkende Mensch, als solcher, nicht mehr pfäffisch zu behandeln war. Lang bevor schlicht frommes Gefühl Rost angesetzt hatte, lang vor der Aufklärung selber, gingen bäurische Flugblätter wider die lügnerischen Pfaffen, und wie hätten sie also erbärmlich die armen Leut beschissen und betrogen. Das ging gegen die Entstellung des Schriftworts im Dienst der Schinder und Schaber, doch der mündig werdenwollende Mensch kündete sich als ein nicht mehr aufs Maul geschlagener an. Die noch besiegten Bauern machten den rationalen Bürgern Platz, und gerade deren Aufklärung merkt man den ungeschlagenen Auftrag zum Mündigwerden an. Ging doch die Absage an den irdischen gnädigen Herrn mit der an einen jenseitigen Olymp im achtzehnten Jahrhundert Hand in Hand. Indem der französische Bürger sich seines eigenen Verstands zu bedienen wagte, verjagte er nicht bloß die irdische Erscheinung des gnädigen Herrn, sondern setzte er zugleich dessen überirdische Vorstellung zu Spuk herab. Freilich auch: die Herren wurden in der bürgerlichen Folge keinesfalls abgeschafft, es kamen nur neue, wirtschaftlich fällige, an die danach nicht gründlich aufhebbare Herr-Knecht-Stelle. Dem Volk mußte also die Religion des Oben erhalten bleiben, der alte Mythos der Herrschaft von oben, wie er auch im Christentum, als dem zur Staatsreligion gewordenen und gewiß dazu nicht ganz untauglichen, die ungerechte Verteilung der irdischen, die gerechte Verteilung der überirdischen Güter sanktionierte, mindestens erklärte.

Mit der Formel: seiet getrost, wider alles Murren; wurde lutherisch das Heil in die arme Seele und ihren Gott, papistisch ins Jenseits verschoben. Indes eben, es zeigte sich auch, spätestens bei den deutschen, gewiß nicht biblischen Faschisten: Neuheidentum selber, auch mit Haeckel und Bölsche, auch mit »Der Wald ist meine Kirche« dahinter, hob die wirkliche Sklavenmoral, Herrenpresse am wenigsten auf. Wurde das Recht des Stärkeren, samt natürlicher Zuchtwahl an die Stelle der Liebespredigt gesetzt, dann zeigte sich doch, daß nicht alle Abschaffung von aller Bibel Aufklärung sein mag, ja daß genau die Fackeln Neros desto besser brennen. Aber auch von diesen Früchten abgesehen: der aufgeklärte Bildungsphilister von vorher, noch vor Haeckel, Bölsche und dem Wald als Kirche, er zeigte, daß nicht nur der Glaube blind macht. »Die Wahrheit über Klosterei und Volksverdummung«, auch »Moses oder Darwin?«, diese Traktätchen des Halbgebildeten, also nur Halbentzauberten, machten den sogenannten Freidenker von damals nicht viel lichter, gar weiträumiger im Denken. Vor allem aber bleibt als lehrreich: in der antibiblisch gewordenen Welt sprang sichs nachher besonders leicht über Julfeuer, weil nicht von Jesse diese Art. Dort war auch kein deutlicher Halt, gar die Anrührung eines immerhin geistlichen, also doch noch geistigen Gewissens. Gegen den heiligen Quell deutscher Kraft, besonders wenn er so deutlich vom Antichrist herzufließen meinte. Mit Franz von Assisi, statt mit der großen Babel im Hintergrund hätte er das schwerer gehabt.

Und auch ohne jene Art Diesseitigkeit, welche bereits einem Franz Moor so bequem und ungehemmt zur Wolfszeit, zu nichts als Wolfsraum anschlug; mit abgeschafftem Zweck, Ziel, Sinn. Gewiß, es wäre eine Schande, dergleichen Effekte auch nur von fern der alten, echten Aufklärung anzuhängen, ihrer Befreiung von Druck und Unwissenheit, ihrem Ausgang aus selbstverschuldeter Unmündigkeit. Doch eine schlechthin antireligiöse, vorzüglich antichristliche Entzauberung sicherte nicht gegen wirklich faulen Zauber, ohne alle Zehn Gebote und selbst noch rächenden Blitzstrahl. Gewiß auch, erst recht bei alldem: durch die Kirche, die am wenigsten auf Aufklärung gebaut ist, kam erst das Instrument für breiteste Grausamkeit in die Welt. Selbst in der Feuerbestattung, die sie um der Auferstehung des Fleisches willen ihren Gläubigen verbietet, ist sie durch die Scheiterhaufen der Inquisition bahnbrechend geworden, ein Prinzip des Fortschritts auch im Hexenbrand. Nur: die Kirche ist nicht ganz die Bibel, aber hatte sie immer wieder als ihr schlechtes Gewissen! Tolstoij rief demgemäß nicht Haeckel, sondern die Sätze Jesu gegen sie auf. Die Aufklärung wird derart gründlicher, wenn sie sozusagen den gesunden, nämlich alle berührenden Menschenverstand der Schrift nicht ebenfalls verschmäht. Sie ist ebendeshalb – was der Aufklärung ja ohnehin nicht fernsteht – über so viele Länder und lange Zeit hinweg verständlich und alle ansprechend zugleich.

Wieso denn langweilt dies entlegene Reden noch immer nicht?
Oder meist nur dann, wenn man nur mehr vom Hörensagen
darüber spricht. Immerhin ist der Grund nicht abgegolten,
weshalb die Bibel lange das volkstümlichste Buch war. Mindestens in protestantischen Ländern hat sie die Ihren überhaupt erst zu Lesern kolonisiert. Das hieß Schrift schlechthin,
keine andere hatte Jahrhunderte lang so viele Auflagen, drang
so zu den Stillen im Lande ein. Diesem Leser und den doch so
fern hergeholten Berichten darin machte es wenig aus, wenn
die Berichte so oft verwinkelt und widerspruchsvoll waren,
gemäß den vielerlei Quellen, woraus sie zusammengeflossen
waren. Noch ein Wort wie Menschensohn, ein so dunkles, traf
den einfachen sich hineinbegebenen Leser an, leichter meinte
er so etwas zu verstehen als die Fremdwörter der höheren
Kreise. Das nah Angehende der Schrift wurde selbst durch ihre
gemeinhin unbewohnten, ja unbewohnbar gewordenen Gegen-
den nicht gestört. Dort wurde erst gestern nach uns gefragt,
Sprache als Ansprechen, Anruf wie nirgends hat derart die
Bibel populär gehalten. Quer durch so viele Zeiten, Länder
hindurch, als wären sie ein Stück von ihr, mit dem Nimrod um
die Ecke, mit dem Jesus als Gast. Vermittelt aber jederzeit
durch das eigentümlich Einheimische der biblischen Sprache
und Bilder, der aus ihrer räumlichen, gar überräumlichen Ferne
sich heimholenden. Es gibt davon kein anderes Beispiel, nichts
wurde derart eingemeindet, obwohl artfremd.

Denn zu wievielen spricht die Schrift sogar, als wäre sie mit
ihnen großgeworden. Das auch nicht deshalb, weil so früh
Kinder darin unterrichtet wurden. Däumling, Hänsel und Gre-
tel kamen ebenfalls früh vor, und Barbarossa wurde gewiß
nicht weniger bekannt gemacht als König Salomo. Dennoch
griff dessen viel ferneres Königsbild, lange genug, näher in die
Phantasie, gerade in die einfache; und gar die biblischen Erzäh-
lungen. Mehrfach hier die Beispiele: Rebekka am Brunnen, »Ich
bin Josef, euer Bruder«, das Christkind im Stall, und das alles
archetypisch, in anschaulich-knappstem Bericht. Gesellschaftlich

trägt zu dieser Streuweite vor allem die überwiegend plebejische, dann bäurische Umgebung bei, wovon die Schrift berichtet, worin sie nach der Landbesitznahme entstanden ist. Anders als die meisten nichtbiblischen Urkunden aus ritterlicher Welt oder innerpriesterlich entstanden, ja selbst bei Laotse, selbst in den Unterweisungen Buddhas, nicht ohnehin aus ihrem Land entfernbar. Gerade auch in der Sprache geht es bäurisch-demokratisch her, daher übersetzte Luther den Text so, daß er den Leuten bei sich zu Hause eben aufs Maul schaute, als spräche der Text wie sie und handle nicht nur von ihnen. Und die Situationsbilder selber: der Stall von Bethlehem liegt auf den altdeutschen Schildereien ebenso selbstverständlich in tiefem Schnee wie für die Neger das Christkind schwarz ist und ein schwarzer Moses den Sklavenhaltern in einem Spiritual zudonnert, zudonnern kann: Let my people go. Zweifellos hebt sich auch hier ein Archetyp ab, wie beim Bild Rebekkas am Brunnen oder gar der Erkennungsszene Josefs mit seinen Brüdern, ein Verdichtet-Grundbildliches also, das nicht nur auf die Bibel beschränkt ist. Hier braucht nur an ein so Urmenschliches, sozusagen, wie an die Nausikaa-Szene in der Odyssee erinnert zu werden oder, qua Wiedererkennung, an die Elektra-Orest-Begegnung bei Sophokles. Aber ist es trotz dieses archetypischen Einsatzes denkbar, daß Odyssee und Sophokles Raum in der kleinsten Hütte gefunden hätten, auch ganz ohne Umarbeitung? Ganz ohne »Aktualisierungen« wie bei den allemal hochliterarischen Archetyp-Reprisen à la Amphytrion 38 bei Giraudoux oder Orpheus bei Cocteau, und wo sie, wie bei Thomas Mann, an der Josefszene geschehen sind, sind sie, gegen den schlicht einschlagenden Urtext, überflüssig. Und um bei anderen religiösen Urkunden zu bleiben: lassen sich, wie gesagt, selbst Laotses Buch vom Tao, die Unterweisungen Buddhas, selbst das babylonische Gilgamesch-Lied so sehr als tua fabula denken wie die Bibel, die eine Bäuerin im Erzgebirge am Winterabend in ihrer Hütte liest? Gibt es sonst noch irgendwo die längst geschehene Geschichte eines kleinen Volks auf entferntem Boden, die nur aufgeschrieben zu werden brauchte, um auch nach Form, nicht nur nach Inhalt ein Buch von solcher Ubiquität zu werden? Man mußte sich hier ja nicht wie bei den

Alten und ihrer Klassik in Kost und Wohnung geben, konträr eben: die Bibel konnte überall, sofern sie heimisch wurde, auf verwunderlichste Art – heimatlich werden. Dazu zuletzt noch ein selber schlichtes und besonders einschlägiges Zeugnis, genau auch die Bibelsprache betreffend und nicht nur für die Bäuerin im Erzgebirge geltend, sondern, um ein Beispiel Hebels zu verstehen, auch für »Einer *Edelfrau* schlaflose Nacht«. Statt Knecht und Magd zu strafen, nach Entdeckung deren unehelichen Kindes, spricht Hebels Edelfrau mit voller Einwanderung der Bibelsprache: »Ich will euch die Härte vergelten, die ich an euch begangen habe. Ich will euch den Kummer versüßen, den ihr getragen habt. Ich will euch die Barmherzigkeit vergelten, die ihr an eurem Kind getan habt.« Und nun, Edelfrau hin und her, schließt Hebel für seine Bauern an, die diese weit entfernte Sprachart wohl verstanden, bedeutend besser als den heimischen Text ihrer Grundherrn: »Meint man nicht, man höre den lieben Gott reden in den Propheten oder in den Psalmen? Ein Gemüt, das zum Guten bewegt ist und sich der Elenden annimmt und die Gefallenen aufrichtet, ein solches Gemüt zieht nämlich das Ebenbild Gottes an und fällt deswegen auch in seine Sprache.« Gerade keine Edelfrau freilich war es, sondern die revolutionäre Bauernschaft, welche aus dem demokratischen Inhalt und dadurch erst aus ebensolcher Sprache die Bibel als ihr Grundbuch einschlägig fand. Nicht nur wegen des Liebes-, sondern dringender wegen des Zorntons, wider die Ahabs, die Nimrods (»den starken Jäger«, wie Münzer sagt, »der zuerst die Menschen mit Mein und Dein übermocht«) und wegen des Auszugs aus der ägyptischen Sklaverei. Let my people go, zu allen Unterdrückten gerufen, »ohne Zerstreuungen und Unterschied der Völker und des Glaubens«, wie wieder Thomas Münzer sagte. Dazu allerdings – und das bleibt immer die negative Folie gerade um der anderen Wahrheit über die Bibel, ja gerade um der biblischen Wahrheit willen – dazu allerdings bleibt eingerammt, daß ja auch die Herrenkirche und der Bauernfeind Luther auf einer ihnen gleichfalls nicht fernen Bibel fußten, auf einer anderen gewiß, doch einer, in der das Murren nicht vorkommt, es sei denn als Rotte Korah, die vernichtet wird. »Leid, Leid, Kreuz, Kreuz ist des Christen

Teil« rief Luther ebenfalls biblisch, in Bibelsprache, nicht ohne Paulus, den rebellischen Bauern zu, und konnte das. Es gäbe sonst außer dem Aufruhrbuch der Bauernkriege nicht auch immer wieder die Fähigkeit der Schrift zur besonderen Herren-Ideologie am anderen Pol; zur besungenen Anhängigkeit und gesungenen Vertröstung, wie gehabt. So führt in der Tat doch die Bibel auch mächtige Partien, die keineswegs dem Volk und seinen Spirituals aus dem Herzen sprachen; by Jove (bei einem Jachwebild oft noch wie Jupiter und Gottcaesar) ganz im Gegenteil. Nur eben, gegen jeden Aufklaricht, für den sich religio in der Alternative Moses oder Darwin erschöpft hat, und dann gegen jede undeutliche Ambivalenz: biblisch ist auch der Gegenschlag gegen das Unterwerfende, und genau deshalb wurde er, von der Schlange an, unterdrückt oder umgefälscht. Auch dieser Gegenschlag machte, daß Biblisches populär und sympathetisch wirken konnte. Im Überallhin nicht zuletzt den »Märchen« verwandt, die ja »gleichfalls«, von weither gekommen, indisch oder arabisch von Haus aus, sich fast restlos einverwandelten. Wobei gewiß auch Märchen und Bibel dort, wo der Mensch vom Affen abstammt, ohnehin zusammenrücken, als »Schwindel für Kinder und Ammen«. Doch gemeinsamer, im hier gemeinten Sinn, ist die Kinder- und Volksnähe, die gerade dem Herrenpfaffen verschlossene. Wie sie eben biblischen Texten, sozusagen auf Anhieb, zukommt und nicht nur den naiven.

ABER: 10
DER LETZTE DEUTSCHE HIRTENBRIEF
(1936)

(zur frdl. Erinnerung)

Auf viele Fromme wird er schmerzlich gewirkt haben. Manche Hörer des Briefs stehen besonders gesprenkelt zu Hitler. Nicht nur als gläubige Arbeiter, zum Teil auch noch als ebensolche Kleinbürger fühlten sie sich politisch und geistig überrannt, besiegt, verfolgt. Die Hirten wie die Schafe, es gab gute darunter, waren auf Hitler nicht erpicht, waren still von ihm angewidert. Standen ziemlich weit links, wollten schuldlos leben. Die Sanftmütigen haben aber besonders gekuscht, als es soweit war. Das Zentrum verging wie die Sozialdemokratie, gleich plötzlich und ruhmlos. Aber die »Römlinge« bleiben im völkischen Deutschland dennoch verdächtig, der katholische Kult wird beschimpft. Auch möchte man hassend gern eine deutsch-völkische Kirche vorbereiten, mit oder ohne den »Heliand« Jesus. Auf diesem Wege ist die Gleichschaltung katholischer Bauern und Kleinbürger (von christlichen Gewerkschaften ganz zu schweigen) schwer. Die Jungfrau und der Sohn sind nicht zackig; so hatte Reserve gegen die Nazis auch unter mittleren Katholiken eine Art moralisch-geistlichen Grund. Desto mehr überraschte Naive der Franco-Jubel, gar das eilige Konkordat mit Hitler. Hinzu kam die Schwäche, womit die Kirche auf alle Verletzungen durch die Nazis reagierte. Womit sie Verfolgungen hinnahm, die heimtückischer sind als die hochgelogenen durch die Roten in Mexiko, Spanien. Die tausendjährigen Zuchthausstrafen für Ordenspriester, die Ermordung ihres Priors, lösten nichts aus als ölige Proteste. Wie zahm blieb der Kummer in Kirchenhäuptern, wie unterschieden von den scharfen und unaufhörlichen Verwünschungen gegen die Sowjets. Nun kommt der letzte Hirtenbrief, auch die paar weißen Raben hoch droben, etwa der Münsteraner Bischof Galen, kommen dagegen nicht auf. Katholiken klingt dieser Brief, wenn die Berichte nicht täuschen, als SS-Musik von der Kanzel, komplizenhaft. Er unterschied sich in diesem Punkt nicht vom Haßgesang der Lutherpfaffen, die ihrem Führer erst recht die Treue hielten. Das gegenwärtige Papsttum steht bei dem Hirtenbrief noch ebenso Pate, wie er ihm die Absolution gibt.

Weniger als je sind die Armen mit ihm gemeint, weniger als je von ihren Hirten verteidigt. Ganz sind, um von noch weniger Hoffähigem zu schweigen, die Reste des linken Zentrumflügels ausgelassen. Desto sichtbarer erscheint der rechte Flügel und arrangiert sich; wie gut, wie richtig, daß er einen Papen hat. Die demokratisch-soziale Haltung der Kirche verschwindet wie eine Anomalie; der Bischof Ketteler hatte sie in den sechziger Jahren eingeleitet, der Vatikan macht mit ihr Schluß. Mißgestimmte könnten fast meinen, nicht nur der Papst sei lauter Einverständnis mit dem Faschismus, dem inneren wie äußeren Mord, der Generalprobe in Spanien, der Verschwörung Hitlers gegen Rußland. Da ist nicht mehr die berühmte Mitte der Kirche, die Abneigung gegen alle Extreme, nicht die so sehr harmonische Ethik, der fromme Anstand. Der Hirtenbrief erweckt den Eindruck, als sei bereits das eilige Konkordat mit Hitler nicht nur mit Schlauheit geschehen, sondern mit Lust und Liebe. Jetzt gar ist der Anschein nicht vermieden, als trüge man Sorge um den allzu friedfertigen Hitler, um den verzögerten Ostkrieg. Der Hirtenbrief warnt die sanften Nazis vor der roten Gefahr, er hetzt den Marxistenfreund Hitler nach allen Seiten zur Intervention. Man höre doch den episkopalen Brief: »Wenn jetzt Spanien dem Bolschewismus erläge, wäre das Schicksal Europas zwar noch nicht endgültig besiegelt, aber in beängstigende Frage gestellt. Welche Aufgabe damit unserem Volk und Vaterland zufällt, ergibt sich von selbst. Möge es unserem Führer mit Gottes Hilfe gelingen, dieses ungeheuer schwere Werk in unerschütterlicher und treuester Mitwirkung aller Volksgenossen zu lösen.«

Das ist die Hauptermahnung der Kirche an das Land der Konzentrationslager und Folterkeller, der Judengesetze und Schlachtfeste; ans Exportland des Krieges. Frauen mit bloßen Armen dürfen nicht in die Kirche, doch nackte Juden dürfen ihr eigenes Grab schaufeln. Der härteste Stein des Anstoßes, den das Christentum Roms in Deutschland findet, ist der Kommunismus; die Stehsärge im KZ-Bunker sind ihm weniger interessant. Benedikt XV., die vornehme und reine Papstgestalt des Weltkrieges, hatte unablässig gegen den Mord gepredigt; die heutige Vatikanspolitik mit einem deutschen Episkopat, das sie gar nicht erst braucht, gibt jetzt schon den Segen, je eher, je lieber. Nicht freilich, ohne in Deutschland ein Geschäft zu planen, ein Tauschgeschäft sozusagen. Feinde der Kirche könnten das so verstehen, als biete man Gangstern den Hochaltar an und empfehle das Christentum gleich einer besonders guten weißgardistischen Ware. Als stelle das Kruzifix eine Art Maschinengewehr gegen die Volksfront dar; genau wie in Spanien die faschistischen Mordautos mit Heiligenbildern geschmückt worden sind und tausendfünfhundert erschossene Arbeiter ein Tedeum hervorgerufen haben. Selbst mancher gute deutsche Katholik schämt sich des Eindrucks, der Hirtenbrief vermiete die Kirche und wisse vom Christentum nichts Besseres zu rühmen, als daß es eine Apologie des Profits sei; das ist die Verteidigung des christ-katholischen Glaubens im Dritten Reich. Für diese Apologetik erwartet der Vatikan ebenso Zug um Zug, gut Wetter für seine Einrichtungen, er bittet »unseren Führer« um kollegialen Schutz. »Darum der dritte Gedanke, der sich uns angesichts der spanischen Greuel als überaus zeitgemäß aufdrängt: nicht Bekämpfung des Gottesglaubens, wie ihn das Christentum lehrt, sondern unbedingte Erkenntnis, daß dieser Glaube die granitene Grundlage bildet, auf der sich der machtvolle Sicherungswall gegen den Bolschewismus aufbauen läßt. Nicht Kampf gegen die katholische Kirche, sondern Frieden und Eintracht mit ihr, um die geistigen Voraussetzungen des Bolschewismus zu bezwingen.« Auch das ist die Antwort des Hirtenbriefs auf den deutschen Satanismus, der Heldenmut ihrer Bekenner, der Märtyrerstolz. Es gibt keinen Frieden, hatte Augustin gesagt, mit Belial und seinem Reich; der Hirtenbrief meint es anders, vom Konkordat geht er zur Identität mit dem Faschismus über. Er schließt mit dem Appell an die deutschen Katholiken, »in charaktervoller Festigkeit auszuharren und durch ein gewissenhaftes katholisches Leben auch die staatserhaltenden und volksfördernden Kräfte unserer göttlichen Religion zu beweisen«. So macht der hohe Klerus (zum Unterschied vom niederen, auch verschwindend wenig weiße Raben hoch droben ausgenommen) die Gleichung Katholizismus gleich Faschismus perfekt.

Ist das vorübergehend, hängt es nur mit den jetzigen Hirten zusammen? Oder fällt die Katze wieder auf die Füße, stellt sich die angestammte Vergangenheit wieder her? Eine schwere Frage, sie soll, da wir keine Rosenbergs und »Märtyrer des XX. Jahrhunderts« sind, keineswegs in Bausch und Bogen entschieden werden. Zweifellos ist das Weltliche der Kirche seit der Konstantinischen Schenkung mit dem Ausbeutertum ver-

haftet; nur dort war sie elastisch, wo es nicht gegen den Geld-
beutel ging. Das Privateigentum gilt hier als »Naturrecht«;
ebenso sitzt die Kirche seit dem Mittelalter (und erneut in der
Enzyklika Leos XIII.) dem sogenannten Ständestaat auf. Die
Französische Revolution wurde zwar anerkannt, doch die Re-
stauration danach war der Erlöserreligion, wie Rom sie verstand, selber eine Erlösung. Jesuiten des siebzehnten Jahrhunderts, wie Bellarmin, haben zwar den Tyrannenmord gerechtfertigt; doch lediglich als Rechtfertigung der geistlichen
Tyrannei über alle anderen, als Recht, mit Hilfe des Volks
Konkurrenten in der Tyrannei zu töten. Und heute riecht die
Kurie im Faschismus ein Wahlverwandtes, das sogenannte
neue Mittelalter; sie riecht die antidemokratische Welt, die
autoritäre Zwangswelt, und die letzte absolute Monarchie
grüßt sie. Die Dominikaner, als »domini canes«, als »Spür-
hunde Gottes«, waren nicht grundlos die ersten Inquisitoren
der Welt; an den Ketzerrichtern, Hexenbrennern der Kirche
hat die Gestapo ihr Vorbild. Wogegen die Bettelorden, trotz
des heiligen Franziskus an der Spitze, mit dem Ludergeruch
der Revolution verhaftet schienen; die Kirche ertrug nicht, daß
auch nur ein Konsumtions-Kommunismus über die Mönchs-
orden hinausging und anders denn als »evangelischer Rat«
erteilt wurde. Himmel und Hölle setzen die Beichtbrüder in
Bewegung gegen so entsetzliche Laster wie Onanie; doch
die Ausbeutung und Ausplünderung seiner Nebenmenschen gilt
kaum als läßliche, geschweige als Todsünde. Den Blutsaugern
gönnte die Kurie das »glückliche Jenseits«, von dem der Hirtenbrief spricht, bereits hier; wirkliches Jenseits blieb es nur für
die Armen und vertröstete sie, hielt sie bei der Stange. Das
sind bekanntlich Argumente, die auch demokratischen Katholiken, ja katholischen Theologen – mit und ohne Modernis-
mus – nicht fremd waren; Argumente, die, wir wiederholen,
anders als Rosenberg Talmi von Gold zu unterscheiden wissen.
Grade deshalb aber fällt von hier aus auf das religiöse Schein-
motiv eines derart brünstigen, mindestens brennenden Anti-
kommunismus Licht, das Licht, das er verdient.

Die linke Gottlosenpropaganda der letzten Jahre vor Hitler
war taktisch gewiß nicht das Klügste und theoretisch nicht das

denkbar Tiefste, indes der Eindruck verstärkt sich: dergleichen war der Kurie nur ein Vorwand. Denn man beachte immer wieder das zweierlei Maß, womit das Antichristentum der Nazis und das der Bolschewisten vatikanisch gemessen wird. Nicht ihre kirchenfeindliche Propaganda macht die Bolschewiki der Kirche so verrucht (Wuotan und die nazistische Dämonisierung dürften weit teuflischer sein als der schlichte Nichtgott der kommunistischen Atheisten), sondern die Kurie meint die Klasse und setzt auf die kapitalistische, selbst wenn sie Hörner trägt. Der Satz von der Religion als Opium des Volks erregt manche Purpurchristen auf allerunchristlichste Weise; obwohl unter dem Erziehungszoll dieses Satzes die Mühseligen und Beladenen ihren ersten glücklichen Atemzug tun. Dagegen Rosenbergs weit schärfere Angriffe, die Bestialität des »Neuheidentums«, der persönlich gezielte Spott über den »jüdisch-etruskischen Medizinmann in Rom« bewegen den Vatikan nur zu höflicher Klage; selbst die Verletzung des Sakraments der Taufe (infolge der Nürnberger Judengesetze) läßt die sonst so strengen Dogmatiker kalt. Erst recht schweigt die Kurie über die Mord- und Zuchthausserie, wozu das »positive Christentum« Deutschlands geworden ist. Kurz, die Außenpolitik des Vatikans wird, bei jeder Kirchenverfolgung, lediglich nervös, sobald es auch der Ausbeuterklasse an den Kragen geht, – als gelte hier der harte Satz: ubi pecunia, ibi ecclesia. Insofern hängt die katastrophale Kirchenpolitik doch nicht nur mit den heutigen Direktiven zusammen, sondern mit der historisch-materiellen Basis, worauf die Kirche seit ihrem ersten Herren-Kompromiß steht. Auch der Riß zwischen dem hohen und niederen Klerus ist alt, er zeigte sich bereits in den Bauernkriegen zwischen dem »Herrenpfaffen« und dem »Leutpriester«. Der letzte Hirtenbrief unterstreicht nur auf überdeutliche, wo nicht übertriebene Weise, was die Feinde der Religion ihr nachsagen: sie sei das beste Mittel, Sklaven zu halten und dumm zu halten. Dabei täuscht sich die Kurie über das gute Geschäft, das sie mit dieser ihrer Anpreisung einleitet. Die Nazis sind keine so ehrlichen Geschäftsmänner wie die Hirten in Fulda und der Sonderbeauftragte des Vatikans. Die Nazis werden die Frohbotschaft verwenden, um die deutschen Katholiken erneut einzuschüchtern und zu desorientieren, den Preis jedoch bleiben sie schuldig. Denn wozu der Hirtenbrief anfeuert, das macht Hitler allein; ohne die störende Beigabe eines Juden aus Nazareth. Man ahnt, was in vielen deutschen Frommen jetzt vorgeht. Obwohl die evangelischen Pfarrer ja viel mehr »Deutsche Christen« gestellt haben, auch in den unteren Rängen, statt überwiegend oben. Der sehr lutherische »Reichspfarrer« Müller hätte nicht erst einen Hirtenbrief gebraucht, um vor der Obrigkeit kuschen zu lehren. Und gerade alter Lutherfrieden mit der Obrigkeit der Pastoren, mit ebenfalls märtyrerhaften Ausnahmen, hat so christvergessen gemacht, wie es die Papisten mehr oben waren. Keinesfalls wollen wir in den Zeiten der Volksfront, die so viele gute Katholiken einschließt, billigen Kulturkampf. Das sollte Herrn Rosenberg und seinem »Mythos des XX. Jahrhunderts« überlassen bleiben; der versteht sich auf die »Sachsenschlächter« des IX. Jahrhunderts und steckt es ihnen mit Widukind. Wir aber wollen die Kameraden nicht vergessen, die Hitler an Christus messen, auch den Prediger Goebbels an Franz von Assisi. Wollen die spanischen Priester nicht vergessen, die in der Volksfront kämpfen, auch nicht den Pfarrer von Badajoz, der sich mit ausgestreckten Händen vor die Arbeitersoldaten stellte, die erschossen werden sollten, und sie mit seinem Leib deckte. Wollen den deutschen Pfarrer in Köln nicht vergessen, der für fünf hingerichtete Kommunisten eine Seelenmesse gelesen hat; der Pfarrer sitzt jetzt, wie viele andere seinesgleichen, im Konzentrationslager. Diese Christen trennen die Politik ihrer Bischöfe von der gemeinten Heilsanstalt, die Sakramente spendet. Auch dem, dessen einziges Sakrament in der sozialen Revolution liegt und in der dringlichsten Erlösung, die sie austeilt, bleibt Achtung hier selbstverständlich. Wäre die römische Kirche ein bloßes Konglomerat aus Macht, Weihrauch und Unsinn, wäre sie so verfressen, betrügerisch und unwissend wie die ehemals zaristische, die Popenkirche: dann bereitete ihre Organisation kein Kopfzerbrechen. Hirtenbriefe wären unbeachtete Kuriositäten, Voltaire glaubte bereits, daß er die Kirche überleben würde, und Schopenhauer schrieb den vertrackten Satz, es sei die Religion vor Zeiten ein Wald gewesen, hinter dem ganze Heere halten konnten; nach so viel Fällungen aber sei nur noch ein Gebüsch übriggeblieben, hinter dem sich einige Gauner versteckten. Voltaire wie Schopenhauer haben sich über die Dauer der Sache getäuscht, letzterer auch über ihre Substanz; diese Täuschung macht der Antifaschismus nicht mehr mit. Das katholische Mischgebilde zieht zu viel Kraft aus den reinen und vorleuchtenden Menschen, die in ihm gewirkt haben, aus seiner antiken Organisation, großen Kunst, scharfsinnigen Scholastik, aus dem Ursprung vor allem, der nicht von der Schlechtigkeit dieser Welt war. All das unterstreicht aber, daß die heutige Kirche eine der gefährlichsten, der verräterischsten Perioden ihrer Geschichte durchläuft. Der Hirtenbrief, der sehr symptomatische, stellt sich nicht nur, als glaube er einem Goebbels seinen hundsföttischen Unsinn, als billige er Hitlers Provokationen, als ahne er nichts vom wirklichen Komplott gegen die europäische Kultur. Er gibt sich nicht nur den Anschein, als bezöge er von Goebbels die Wahrheit, von Göring die Humanität, von Hitler die Bildung – ein offenkundiger Anblick –, sondern er identifiziert sich wirklich, und die Englein weinen nicht. Der Hirtenbrief macht es guten Katholiken der Volksfront leicht, zwischen Vatikan und christlich-humanem Gewissen zu unterscheiden. Der Vatikan begibt sich, in seiner äußeren Politik, auf die Seite der Nacht und des Untergangs. Derart hat keine Gottlosenbewegung dieser Kirchenpolitik je so Übles nachgesagt, wie es der Hirtenbrief jetzt zustande gebracht. Antifaschistische Katholiken werden sich durch den »Sicherungswall« nicht stören lassen, als den sich die Kirche gegen den Bolschewismus anbietet. Grade deshalb wird dieser Wall sie nicht anziehen und beirren, weil er mit Hitler ununterscheidbar zusammenhängt. An ihren Früchten sollt ihr sie erkennen, das bedeutet heutzutage: am derzeitigen Vatikan und Hirtenbrief. Schließlich freilich: auf allen Kanzeln des Dritten Reichs beziehen sich die Predigten – die protestantischen noch selbstverständlicher als die katholischen – auf Stellen der Bibel – wie ist das möglich?

Sie spricht zu kleinen Leuten, sagten wir vorher, besonders un-mittelbar. Hörbar für alle, das muß man dem biblischen Wort lassen. Und was die Herrenpfaffen mit ihr angestellt haben, das kann zu großen Teilen gerade von der Schrift her gerichtet, ver-urteilt werden. Von der Schrift her, die ihnen doch das schlech-teste Gewissen machen könnte und das gewiß nicht nur bei Hir-tenbriefen aus der Nazizeit; die Scheiterhaufen vorher (auch Calvin hat einen angesteckt) sind ja gleichfalls nicht besonders christlich. Und die Prediger der alten englischen, italienischen, französischen, deutschen Bauernkriege legten ihrem Treiben allenthalben die Bibel zugrunde, sage man: deren wirklichen Volkston. Der Herrenpfaffe hörte solches »Hinweg mit den Ahabs und Jesabel« durchaus nicht, er sprach vielmehr in ihrem Auftrag und schmierte sie heilig an, von Gottes Gnaden. Je-doch: konnte er nicht auch den Prophetenzorn verwenden, von oben herab, manch anderes, den Herren Wahlverwandteres aus der Schrift dazu? Und nicht nur blasphemisch oder auch nur heuchlerisch mißbrauchend, sondern gestützt auf so manche Textstellen, untertan der Obrigkeit und von ihr selber einge-setzt? Also gibt es in der Bibel keineswegs nur und nichts als das erwähnte Überall eines De te fabula narratur für alle Klas-sen; sie geht zwar quer durch alle Völker, doch in ihrer gegebe-nen Form keineswegs quer durch alle Klassen. Vielmehr geht auch ein Doppeltes in ihr um, den Armen oft ein Ärgernis, den Reichen nicht immer eine Torheit.

Die Bibel contra Ahab, Jesabel, auch Nimrod, »den starken Jäger, der zuerst die Menschen mit Mein und Dein übermocht«, lenkte zwar Münzer, wie es bei keinem anderen religiösen Text möglich gewesen wäre. Doch Luther las in der Schrift außer dem Inwendigen genau auch das Obere, die Obrigkeit und so erbarmungslos, als wäre etliches davon auch in einem Moloch-text nicht stärker möglich. Ja, das Überall, das Luther dem Volk aufs Maul schauen ließ, wurde hier gerade auch als »Herr Omnes« verworfen, als der Pöbel, wohin »die Büchsen sausen« sollten und gewiß nicht das »Laß mein Volk ziehen«. Und heute, wenn der Text gerade so sehr brav gemacht wird, innerlich und »eigentlich«, unmythisch um jeden Preis, auch um den des Feuers, wird da nicht auch der Funke, der von unten nach oben schlug, aus dem Geschäft genommen, gar nichts verändernd? Oder auch das Oben, Droben soll das »Ganz-Andere« sein, und daran hat der artige Untertan nicht zu rühren. Bei solch numinosem »Ganz-Anderen« geht es dann umgekehrt wieder besonders mythisch her, nämlich so repressiv, als schaue nicht, sondern schlüge die Schrift dem Volk aufs Maul; wovon später. Sicher also ist ein großer Eifer in der Bibel durchaus nicht nur für die Kleinen unter den Meinen, gar für die Murrenden, gar für die Hadernden parteiisch, ganz im Gegenteil. Doch dem gegenüber steht eben, was in keinem anderen Religionsbuch sich findet: Leiden, das keines bleiben will, bäumendes Erwarten von Auszug und Gutmachen, Anderswerden; nicht bei einigen Demutspsalmen, doch wie sehr bei Hiob und weiter. Zuerst und bis zuletzt kann hier nur der Unruhige fromm sein, auch ist seine Art utopische Treue (die ihn unruhig erhält) auf langhin allein tief.

III. AUCH PROMETHEUS IST EIN MYTHOS

Der eine frißt alles in sich hinein. Auch wenn nicht gut schmeckt, was ihm vorgesetzt wird und ist. Der andere will, daß besser gekocht wird, und fürchtet sich nicht, nach dem Rechten zu sehen. Denn die Rechnung muß er schließlich immer selber bezahlen. Er fühlt sich nicht auch noch geehrt, wenn man sagt, sie sei ihm von langher hoch droben gemacht. Und alles kann zuviel sein, genau indem es zuwenig ist.

VOM MURREN ZUM HADERN   13

Was bedroht ist, zieht sich erst in sich zurück. Die Angst vor allem zieht uns derart zurück, macht bleich und einsam. Sie selber ist nur unbestimmt gestimmt, hat anders als die Furcht kein einzelnes, deutliches Wovor, vor dem sie zittert. Desto lähmender ist ihr Nebel, er kann so sehr grau und stärkstes Grauen sein, daß das Ich darin hilflos versinkt. Und doch zieht die Angst eben in ein ichloses Inwendiges zurück, macht einsam, kontaktlos, jedes Schlags gewärtig. Das von überall her und ebenso mit lauter Inwendigem, purem blinden Befinden. Solches sich Dukken hat dann ein anderes Ich als eines, das darin ertrinkt.

Erst das Fürchten hat also den, der es hat, wieder in sich. Zusammen mit dem Wovor draußen, gegen das es noch seinen Mann stellen kann. Imstande, sich kraft eines nicht (wie in der Angst) diffusen Ichs vorm Unheimlichen wenigstens zu behaupten. Wenn auch noch so angeschlagen oder noch so schwach auf der Brust: immerhin, aus ihr eben kann das Murren kommen, dieser erste Tonfall, womit alles andere als Stimmvieh sich absetzt. Dergleichen kann noch durchaus inwendig bleiben, eine gleichsam nur akustische Faust und auch diese nur erst im Sack.

Es kann auch lange nur innerhalb der Furcht bleiben, vor allem unwissend über das drohende Draußen, gar donnernde Droben, das die Furcht hervorruft. Dennoch im Murren, von der Schrift auch Hadern genannt, kann ein erstes Rückgrat anfangen, aufrecht stehend. Besonders aber jenen Kopf oben haltend, der schon zu ahnen wünscht, daß das *letzte* Wort über das, was man machen soll und was mit einem gemacht wird, noch nicht gesprochen ist. Zweierlei findet sich schon bei diesem Anfang in der Bibel: ein Sanftes, oft nur vom Wedeln nach oben her, und ein Trotzendes, das wider den Stachel löckt, als müßte gerade er nicht sein, nicht bleiben. Murren kann zweifellos auch frech oder dumm sein, doch allemal ist es menschlicher als das Wedeln. Und wie oft hat es recht gehabt, gerade nach vorwärts, weniger dumm, als das den Herren lieb war.

14 »DER HERR
WILL IN DER FINSTERNIS WOHNEN«

An etwas wird gezweifelt, weil man nicht gut damit fährt. Dieser Anfang, den Kopf zu schütteln, ist älter und häufiger als der, welcher denkt. Ja, er geht ihm allemal voran, wo immer zu viel und gar zu Schiefes uns zugemutet wird, das auch noch schief ausgeht. Daß derjenige sein Kind besonders lieb habe, der es züchtigt, das muß erst selber eingebleut werden. Daß der Zorn des Prügelns besonders gerecht sei, weil er dem Geprügelten zu hoch sei, dies Gerechte muß selber sehr selbstgerecht vorgesetzt werden. Sonst wäre das Oben vor dem eigentlich so genannten, dem nun auch *denkenden* Zweifel nicht sicher, der hier dem Mißtrauen sich anschließt. Wenn seine Zeit gekommen ist, die Zeit, sich den Riesen über uns nicht mehr vorsetzen, vor allem auch nicht vormachen zu lassen. Ist er gegenmenschlich, in der gläubigen und bejahten Vorstellung von ihm, dann ist er selber gerichtet. Josef, der seine Brüder umarmt, die ihn in die Grube geworfen haben, die jetzt in seiner Macht sind, steht anders da als der eifersüchtige Gott, wenn er bis ins vierte Glied nicht vergißt. Und das wenig mehr selbstgerechte Schwanken, das sich von Abraham überreden läßt, Sodom zu schonen, wenn nur zehn Gerechte darin leben sollten, steht selber schon, wider die sonstige Abrede, auf einem etwas anderen Blatt. Dies Andere freilich wurde, ebendeshalb, eher von den Ketzern als von den Höflingen in der Schrift selber pointiert. Hiob zum Beispiel hätte seinen Sohn nicht mehr so konform opfern wollen; Frommes hat er nicht mit Ergebung ins Verordnete, Gesetzte verwechselt.

KONTRÄRE PRINZIPIEN IN DER BIBEL: 15
SCHÖPFUNG UND APOKALYPSE

(»Und siehe, es war sehr gut« – »Siehe, ich mache alles neu«)

Was von oben herab einspricht, muß ganz sicher etwas unter sich haben. Als wären die Seinen Kinder, am besten seine eigenen, die es zu bevormunden gilt. Das nicht nur altbiblisch so Vorgestellte war der Herr, das Numen des eigenen Stamms, nicht weniger, doch ebenso nicht mehr. Neben ihm gab es auch altbiblisch andere Götter, Baalim, sie waren nur schwächer als er. Elia verspottete Baal durchaus, vielleicht schlafe er, vielleicht sei er auf Reisen, so daß er sein Opfer nicht nehmen könne. Nur wirkt selbst hier noch nicht ganz ausgemacht, ob ein bloßer *Wahn* der Baalpriester verspottet wurde oder aber ein real genommener, nur gegen Jachwe ohnmächtiger Konkurrenzgötze selber. Doch im Maß, wie der Stammgott Jachwe als Einziger und nicht bloß als Einer, weithin monotheistisch und nicht bloß henotheistisch verehrt wurde, hob sich seine Vorstellung von der eines lokal bleibenden Stammgotts zu der des Herrn aller Menschen, ja zum Herrn und auch Schöpfer der ganzen Welt. Besonders der Charakter des *Schöpfers* nun (den die Weltherrn anderer Völker, wie Zeus oder Marduk, nicht haben), dieser Charakter verhindert nun entschieden, daß, wie es im Psalter heißt, der Krug mit dem Töpfer hadert. Statt dessen spricht der Schöpfer des Sechstagewerks am Ende (und vorher schon nach dem dritten, vierten, fünften Tag, den Leben bildenden): »Und siehe, es war sehr gut.« Nicht ganz einig damit, daß der Herr zu

Noahs Zeit, als der Menschen Bosheit auf Erden groß war, es bereute, daß er die Menschen geschaffen habe. Gewiß lag der Sündenfall dazwischen, die Schlange, der Sündenbock dafür, daß nicht alles, was der Herr geschaffen, sehr gut war, vielmehr es bleiben sollte, wenn nicht alles nach dem Willen seines Schöpfers geschehe. Durch die Schlange kam also die Freiheit in die Welt, jedoch der Fluch, der seit dem ersten Ungehorsam und der folgenden Vertreibung aus dem Paradies über der ganzen Welt liegt, sollte den Weltschöpfer von allem (also auch der Schlange) durchaus entlasten; er jedenfalls war am Elend der von ihm geschaffenen Welt von nun an originär unbeteiligt. Gott als Weltbildner selbst, diese Vorstellung teilen nicht alle Religionen, ja, in so ausgesprochener, gar mit dem Produkt so hochzufriedener Weise, recht wenige. Der oberste Gott huldigt dort vielmehr, dem irdischen Adel entsprechend, dem vornehmen Müßiggang; Krieg und Regierung, also nichts eigentlich Demiurgisches, gar Lehmkloß Bildendes wären der Vorstellung Zeus oder Marduk oder Ammon-Re gemäß erschienen. Die Demiurg-Vorstellung der Genesis stammt wahrscheinlich aus dem mittleren Reich, dessen Hauptstadt Memphis nun ebenso den dortigen Bildhauergott Ptah zum Reichsgott Ägyptens werden ließ; demiurgische Arbeit schändet nun nicht mehr, sondern macht eben ihre Geschöpfe vom Erzeugenden erst recht dependent. Wobei das eigentlich Herrscherhafte, wie es alle anderen Götter, nicht nur Re oder Marduk, auszeichnete, am wenigsten verloren ging. Ja selbst wenn die solaren Embleme des älteren Ägypten, des völlig astralmythischen Babylons verloren gingen, so stieg ein Demiurg dafür noch über die Sonne, indem er diese doch geschaffen hatte. Er nahm die Erde, nach dem Psalmwort, als seinen Fußschemel, und im Himmel höchst droben thronte der Überweltliche ohnehin, dazu als der Einzige, dazu als der über dem Sichtbaren Unsichtbare. Desto unstimmiger eben der Platz fürs Elend in der Welt eines dermaßen allschaffenden und omnipotentesten aller Gotthypostasen; und wie sehr gewann das Elend Platz. Im eigenen Volk des Herrn und dem Kanaan, worin fast nichts gehalten ward, was verheißen war. Statt dessen Assyrer, Meder, Perser über sich, die babylonische Gefangenschaft, Antiochus Epiphanes, gar die

Römer, die Zerstörung des Tempels, die Schleifung Jerusalems, schließlich die Zerstreuung unter alle Völker. Und die spätantike Welt selber, insgesamt sozusagen: deren eigene Weltabwendung, Schöpfungsabwendung drang ins Volk des Schöpfergotts ein, des Siehe, es war alles sehr gut. »Paue, paue«, »Steh still, steh still« wurde statt dessen ins Schöpfungswerk gerufen; das stoische Vertrauen in die Heimarmenē, das Geschick, verteufelte sich schließlich, ohne alle Hilfsstellung für den Demiurgen, ohne alle nachträgliche Hilfskonstruktion eines Sündenfalls: böse Geister wohnten nun unter dem Himmel, in einer nicht gefallenen, sondern ab ovo von einer bösen Weltseele geschaffenen Welt. Von da an also beginnt ein eigener, obzwar in der Bibel gewiß nicht erst darauf gewartet habender Dualismus des unter *Schöpfung* und *Rettung* Gedachten. Ein Dualismus, der genau in der Bibel seit der Schlange des Paradieses (keinem Wurm im Apfel, sondern dem Apfel einer Erkenntnis selber) latent und unterdrückt ist. Item, der Messiastraum dringt vor, und zwar exakt als der nicht von einem Über-uns, einem Schöpfungs- und Herrengott gesandte, sondern rein als Vor-uns vom *Exodus* her, dem Auszug aus dem riesigen Ägypten, dem Machwerk der gewordenen Welt selber. Dergestalt also, daß ein Prinzip, welches in die so vorhandene Welt hereinführt, nicht auch das Prinzip sein kann, welches aus so vorhandener Welt auch leitend herausführt. Gar in eine bessere, ja einzig wahre, danach im Christentum »mellon aion«, Äon ohne Elend und Herrschaft genannt.

Bei alldem handelte es sich darum, die Menschen klein zu halten oder groß. Sind sie »gefallen«, halb oder gar ganz verderbt, dann können sie aus eigenen Stücken nur Böses tun, in die Irre gehen. Seit dem Gift der Schlange ist des Menschen Trachten böse von Jugend an, lutherisch sogar ohne Rest verderbt, so daß er überhaupt nicht nichtsündigen kann. Katholisch gilt sein Trachten immerhin als sittlich so geschwächt, daß schließlich auch hier der Ruf gilt: »Herr, heb den Wagen selb.« Und daß er überhaupt gehoben werden muß, daß der Schöpfer von alldem nun auch noch als Retter von alldem auftreten kann, dazu eben bedurfte es des Sündenbocks, der Muhme Luzifers, der in das wunderbare Kunstwerk Ptah-Jachwes eingebrochenen Dämonen. Herr, heb Du den Wagen selb, das diskreditiert aber schließlich auch die Kreatur- und Denkbewegungen, welche nun insgesamt Geschichte heißen, menschliche, von Menschen hervorgebrachte *Geschichte*. Diese soll zwar, bei Augustin, durchaus eine Funktion haben, ja die Kategorie Geschichte, als eines dramatischen Vorgangs, mit Akten und lösendem Ausgang, wurde durch Augustin erst pointiert: sie ist nun nicht mehr ein bloßes, ja ewig nur wiederholtes Auf und Ab von Begebenheiten, wie größtenteils noch bei den griechischen Historikern; sie wird vielmehr durch die Bibel erläutert, final, als Kampf zwischen den Reichen, den Bösen und dem Reich Gottes, mit dessen schließlichem Sieg. Jedoch sind auch bei Augustin, trotz des kräftig aktiven Willensprimats, den er auch im Menschen setzt, hier keine wirklichen menschlichen Aktivitäten am Werk, es sei denn solche der bloßen Gefolgschaft des göttlichen Willens, seiner Heilstaten in der Geschichte und der bloßen Bereitung (durch die Kirche) auf die Endzeit, aufs Gericht und Reich. So ist selbst bei Augustin: bei aller Entdeckung des dramtischen Geschichtsbegriffs, bei aller Orientierung seiner auf apokalyptische Endzeit, ja auf Christus als Wende mitten in der Erdenzeit, – ein *Sprung* zwischen Geschichte und Erstellung des Reichs. Mithin ein theistischer Absolutismus größten Ausmaßes, a-historisch durchaus und letzthin, trotz Geschichte als einer Pilgerfahrt der civitas Dei in der Welt selber. Augustin geht hierbei noch gewiß nicht so weit wie Karl Barth, wenn diesem alle und jede geschichtlich sich zeigende Seite der Gottestaten als unwahr erscheint, indem gerade das göttliche Tun an den Menschen nur »Einschlagstrichter« und nie Geschichte sein soll. Dennoch läßt der eifersüchtige Gott der *Schöpfung* auch bei Augustin die Rettung seiner Welt (aus seiner Welt) keinem in der Menschengeschichte selber entspringenden Licht zu; gerade auch Abraham, Jesus, *Heilsgeschichte* insgesamt ist von oben bestimmt, sie wäre sonst bei Augustin nicht mehr als – hilflose Pilgerfahrt, in die Irre. Die bleibende Personalunion des Schöpfergöttlichen mit einem Rettungsgöttlichen, die noch gesteigerte Entlastung des Schöpfungsgöttlichen und seines Werks durch die Sündenböcke, die eingebrochenen Dämonen und Teufel, all das schloß auch an diesem Ende Prometheisches aus. Ja, der alte Schöpfergott tut und bestätigt gerade noch im *Apokalyptischen* nur sich selbst im *Sprung* des Apokalyptischen, das eben als solches gar keine menschliche Produktivität und Geschichte braucht. Dabei soll aber dieser Sprung in der Zeit am wenigsten auch einer im Inhalt des apokalyptisch Gebrachten sein; das wäre ja durchaus nicht mit der Gleichung Schöpfer = Retter, mit dem Siehe, es war alles sehr gut und Siehe, ich mache alles neu vereinbar. Bereits nicht mit dem Berg Morija, wo der Herr anders sieht, gar mit jenem sich ganz antithetischen Gottesprinzip, das nicht etwa nur eingebrochene Dämonen abtut, sondern die ganze alte Genesis. So eben mit wirklichem Sprung des Inhalts: »Einen neuen Himmel und eine neue Erde will ich schaffen, daß man der vorigen nicht mehr gedenke« (Jes. 65, 17); »denn das erste ist vergangen« (Off. Joh. 21, 4). Doch trotzdem auch hier noch eine Zurücknahme, vom alten Theismus des Uralten her; denn wegen des Sündenfalls und des Einbruchs der Dämonen, wegen der bloßen Kreisbewegung zu einer Schöpfung, einem »Urstand« vor Fall und Einbruch wird das radikal einbrechende Neue so vielfach wieder rückdatiert. Im Menschen soll es nicht anders denn als Wiedergeburt durchbrechen, in der Welt nicht anders denn als »verklärte«, also ebenfalls wieder zum alten Paradies restituierte Natur. Zwar läßt sich hier nicht wie in der platonischen Anamnesis und dem ganzen ordo sempiternus idearum sagen: »Nil novi sub idea«, wohl aber mengt sich – und immer wieder wegen der Rückkehr zum Demiurgen als Retter – eine restitutio in integrum ein, ein Gehorsam der Rückkehr, eine Rückkehr durch Gehorsam. Obwohl doch das Sechstagewerk, samt Paradies (»ein Park, worin nur die Tiere und nicht die Menschen bleiben konnten«, Hegel) sich schließlich in der Apokalypse nicht restituiert haben. In deren extremstem Traumbild, wo nur noch ein himmlisches Jerusalem von der Welt als guter übrigbleibt. Auch dieses religiöse Traumbild ist freilich noch »niederfahrend«, also von oben, doch für die Menschen, »bereitet wie eine geschmückte Braut ihrem Mann« (Off. Joh. 21, 2). Aber nicht grundlos, daß Luther das letzte Buch der Bibel »aller Rottenmeister Gaukelsack« nannte; ist sein Eschaton doch weder inwendig noch – selbst in seinem tollen Mythos – unzugängliches Tabu noch gar ohne Bruch mit Landesvater, Weltvater, eingesetzter Obrigkeit. Konträr, es enthält die stärkste Unzufriedenheit innerhalb aller re-ligio, Rück-verbindung; das Adventistische darin ist ganz ohne ordo sempiternus rerum.

16   UNTERSCHEIDUNGEN IM MYTHISCHEN,
    CONTRA BULTMANNS BLOSSEN SEELENREST,
        ABER AUCH CONTRA OTTOS,
             KARL BARTHS
    ENTHUMANISIERTES ABSCONDITUM.
        VERLANGT JEDER MYTHOS,
        AUCH DER DES PROMETHEUS,
        ENTMYTHOLOGISIERUNG?

Weg von dicken Mären

Selten wird laut gesagt, was einlullen soll. Und manches erfrisch scheinbar, während es uns nur anders eindumpft, mit Angabe zu entrümpeln. Weg von den alten Mären, ganz recht, doch so, daß man nur deren unsinnig gewordenen, sozusagen ungebildeten Spuk von damals abzieht, nicht aber das Weisen und Künden von oben herab. Dieses spukt nach wie vor, wird nur ins innere Hören oder Vernehmen zurückgenommen und soll so gerade nicht »mythisch« sein. Zum Unterschied etwa von den Heilungen Jesu, gewiß auch von seinem angeblichen Willen, gekreuzigt zu werden: beides, das gegen den Strom Schwimmende und das sich demütig in ein Verordnendes Ergebende, soll nun gleichmäßig mythisch sein. Indem es etwa den modernen Vorstellungen eines existentiellen Seelenlebens gleichmäßig widerspricht, das mögliche Handauflegen und das unmögliche leere Grab. Da wäre denn wohl in den alten Mären selber zu unterscheiden, genau bei Mythischem genauer hinsehend. Ob sein Fabeln fabelhaftem menschlichem Tun gilt oder, verschönend, dem Druck, der es beugt. Ist uns doch nicht alles gleich fern, was als Fabel noch herüberklingt. Zu unterscheiden ist zunächst zwischen dem Ton, womit solches Urgut, obzwar gleich unwissenschaftliches, sich überliefert. Der Ton des Märchens ist spürbar, ein anderer als der der Sage und was mit ihr mythisch zusammenhängt. Er mag Wunderliches berichten, auch im Märchen, nur: der Hörer brennt dann dahin durch, nichts wird über ihn verhängt. Das *zum Zweiten* auf Grund der verschiedenen sozialen *Schichten,* die Märchen oder aber Sage und Mythos gebildet haben. Mit plebeischem Anliegen hier, herrschaftendem dort, mit viel Kindern und Armut hier, so viel Hexen und Goliaths dort. Zwischen dem tapferen Schneiderlein, das auszieht sein Glück zu versuchen, und dem Riesen auf seinem Weg, den großen Herrn, die über ewigen Untertanen ewig donnern und blitzen, ist der einleuchtendste Unterschied. »Das Riesenspielzeug«, so freundlich das bei Chamisso auch ausgeht, ist trotzdem, mit Leibeigenen unter sich, eine Sage; Andersens »Häßliches junges Entlein« dagegen stellt, eben wegen des Verwandelnden, Befreienden darin, das echteste Märchen, das schönste dazu. Beides, Märchen wie Sage bis Mythos freilich sind voll vorwissenschaftlicher Vorstellungen, das ist klar, doch wie anders, zu welch anderem Wozu und Ende werden diese Vorstellungen in Mut und der List der Märchenhelden, dann in der allemal furchteinflößenden Macht der Mythosherrn gebraucht. Gewiß gibt es Mischungen, selbst Rotkäppchen mit dem Wolf ist ursprünglich eine Sternsage von hoch droben, indes auch das wird im Volksmärchen umfunktioniert, bis zur Kenntlichkeit verändert. Wobei auch dem Verstand, zum Unterschied von den meisten Mythen, nichts weiteres zugemutet wird, als sich seiner zu bedienen. Um modern zu sprechen: Chaplinhaftes ist in den meisten Märchen; so sind sie kein »verkleinerter Mythos«, wie die reaktionäre Deutung es wahrhaben möchte, auch kein notdürftig entzauberter. Sondern Märchen ist etwas, das vor den Feudalismen der Sage, der Despotie im Mythos wunschhaft zu retten versuchte, ja das Mythische anderer Art wahlverwandt eigen – rettete. Mythisches anderer Art: das bedeutet *zum Dritten* also: im Mythischen selber, sei es noch so vorwissenschaftlich, muß zwischen *Dominierend-Riesenhaftem* und dem mindestens Palastrebellischen darin unterschieden werden. Gerade das Märchen machte für dies Wichtigst-Irreguläre in einigen Mythen empfindlich, bis zum Schlangenmythos im Paradies zum Beispiel. Denn alles Prometheische gehört hierher, selber ein Märchenhaftes sui generis im Mythischen, ja läßt dessen Zeushaftes überhaupt erst entscheidend differenzieren, nämlich sich absetzend, auch wenn Zeus seinen Himmel noch so sehr mit Wolkendunst bedeckt, und wenn das griechische Drama, wo der Mensch entdeckt, daß er besser sei als seine Götter, in der Hauptsache die Prometheuslegende in sich hat. Würde all das, in Bausch und Bogen, gleichfalls als Mythos entmythologisiert, also hinausgeworfen, dann verlören freilich auch die vielen Nonkonformismen in der Bibel ihren Sinn, ihren gerade nicht obskuren, vielmehr lichtträgerischen. Eben von der Schlange her, diesem Erzmythos von der anderen Art, dem Wolkendunst des Heteronomen unangenehmer, als es vielen Entmythologisierern von heutzutage und ihrer »Existenz« lieb ist. Und das, obwohl von dieser Paradiesschlange und ihrem durchaus noch vorwissenschaftlichen Mythos immer wieder das Wort gilt: sie sei gleichsam die Raupe der Göttin Vernunft. Was schließlich, *zum Vierten*, sogar noch gegen das antimythische Mißtrauen schlechthin auf ganz und gar nicht vorwissenschaftliche Weise kritisch macht. Nämlich in Ansehung einiger mythischer, vor allem astralmythischer Bedeutungen, *alte Naturblicke betreffend*. Zweifellos hatten an ihnen Furcht und Unwissenheit einen völlig durchschaubaren Anteil, und der Unsinn, der von einer heiligen Kuh bis zu Mondhörnern, bis zum feurigen Wagen Eliä hervorkam, ist nicht einmal vorwissenschaftlich. Dagegen aber reicht anderes daraus, nämlich eine durchaus *qualitative* Betrachtungsweise, *Qualitatives* in der Natur am wenigsten eliminierend, weit über die mythische Primitive, auch noch über Schillers »Götter Griechenlands« hinaus. Lebt in den – physikalisch ganz gegenstandslos, ganz heimatlos gewordenen – »Gefühlen« von Naturschönheit, Naturerhabenheit, in Abbildungen und Aussagen darüber malerischer, poetischer Art, deren sehr altmodischer Ort neben einer durchaus qualitätsfremd gewordenen Physik immerhin ein Problem hergibt. Marx sagt sogar, weniger radikal als Bultmann, am Schluß der Einleitung in die Kritik der politischen Ökonomie: »Bekannt, daß die griechische Mythologie nicht nur das Arsenal der griechischen Kunst, sondern ihr Boden ist.« Und was Wissenschaft angeht, so fehlt auch hier, wo immer »Qualitäten« wie »Formen« noch in ihrem Sinn standen, eine souveräne Art mythischer Erinnerung nicht. Keine an Köhlerglaube, gewiß nicht, auch nicht an angebliche Offenbarungen allemal von oben herab, wohl aber an eine Welt, worin Qualitäten, ja auch objektive Schönheit nicht a limine undiskutierbar sein mußten. So gibt es – mit sehr altem Hen kai Pan – bei Kepler, gleichsam in einem anderen Natursektor als dem exakten, eine gar sehr ästhetische, nämlich musikhafte Kosmologie, mit durchaus pythagoreisch-mythischen Erinnerungen. Die romantische Naturphilosopie selber, von Paracelsus, Böhme herkommend, bei Schelling, anders bei Baader, zum Teil auch bei Hegel kulminierend, gibt sich erst recht, als wären die naturmythischen Bilder, die sogar noch so primitiven Analogien noch nicht abgelaufen; das oft suspekt durchaus, zuweilen aber auch feuersichtig wie Faust in der Höhle. Auch in diesem letzten Punkt also zeigt sich Märchen in einigem Mythischen anderer Art, nicht bei Prometheus, doch immerhin bei noch-Orphischem stehend, raunt »Quell, Qual, Qualität«. Nicht auf Phantasiemord schlechthin kommt es hier an, sondern auf ein dialektisches Zugleich von Zerstörung, Rettung des Mythos durch Licht. Mit wirklicher Entfernung des wirklichen Aberglaubens; übrigens ohne Schonzeit seiner in einer nur zum Schein entmythologisierten Theo-dizee, Theo-logie, diesem Hic Rhodus, hic salta überhaupt.

Item, wo man es so bunt getrieben hat, muß besonders nüchtern unterschieden werden. Nüchtern in dem Sinn, daß man nicht alle Katzen schwarz nennt, nicht alle Märchen Ammenmärchen, nicht alles Lichttreibende auch in Mythen undifferenziert übersieht. Es gibt statt dessen eben unterscheidende Haltung, dem Dunkelmännischen nicht den kleinsten Finger reichend, gerade in Mythen, ja ein Luzi-ferisches (Lichtbringendes, etymologisch recht verstanden) in ihnen gegebenenfalls entdeckend. Samt manch anderem, wie es bei Goethe »geheimnisvoll am lichten Tag« heißt, Natur betreffend, noch unentschieden. Auch das mag sich neben einem so asozialen wie akosmischen Entmythologisierungsrest des Privaten wohl sehen lassen. Darum

»Nur klopfen«, in »Spuren« (1959, S. 160 f.): »Man spürt dann, daß man noch nicht fertig ist, gerade nicht gut aufhören kann.« Darum weiter »Traumschein, Jahrmarkt und Kolportage« in »Erbschaft dieser Zeit« (1962, S. 182, 186): »Das Märchen, hineinleuchtend in Kolportage, bezeichnet Revolte, die Sage, abstammend vom Mythos, erduldetes Geschick ... Aber selbst in der Sage ist zuweilen menschlicher Krieg und ein Sieg über Herren, der zu plündern gibt.« Daraus weiter (»Zerstörung, Rettung des Mythos durch Licht« in »Literarische Aufsätze«, 1965, S. 345 f.): »So etwas bereits wie das Märchen, und daß es möglich ist, rettet mehreres, was wölkt ... Aber enthält selbst der ältere, der reine, der herrschende Zeus-Mythos außer Olymp und Wolkenthron nicht auch Prometheus? Und gibt es überhaupt ein Archetypisches in Revolutionsbildern, wie allein schon den Tanz auf den Trümmern der Bastille, das nicht, mit stark prometheischem Zuschuß, wiederum an die alten Mor-genrot-, ja Frühlingsmythen erinnerte, sie in sich hineinladend, umfunktionierend? ... Mit der elektromagnetischen Wellen-skala läßt sich Baum-, Fluß-, Meer-, Hochgebirgserfahrung nicht malen, dichten, ausmalen, ausdichten, ja auch nicht aus-philosophieren.« Darum weiter »Physikalischer Relativismus« in »Erbschaft dieser Zeit« (1962, S. 294): »Sollte es also ein Problem des Erbes auch in der Natur geben? Dergestalt daß in den einzelnen historisch aufeinanderfolgenden Naturbegriffen – den urwüchsig animistischen, den magischen, den qualitativ ge-stuften – außer der Ideologie aufgehobene Momente des gro-ßen Tendenzwesens Natur mitbezeichnet, mitinformiert worden wären?« Derart nicht zuletzt (»Ein Numinoses auch im reli-giösen Humanum« in »Das Prinzip Hoffnung«, 1963, S. 1411): »Das Reich bleibt der religiöse Kernbegriff, in den Astralreli-gionen als Kristall, in der Bibel – mit totalem Intentionsaus-bruch – als Herrlichkeit.« Kurz, auch das noch so gängig redu-zierte ehemals religiöse Land läßt sich in dem, was es als Ver-gißmeinnicht tragen mag, nicht messen ohne spezifische Phan-tasie, unerledigte.

Da also reicht es nicht, wenn nur eine Art von spießigem Grübeln angeht. Nur auf das werte stille Kämmerlein bezogen und was es jetzt noch anspricht, ach so »eigentlich«. Als wäre in solcher Seelsorge ihrer selbst und von heutzutage nicht ebensoviel verbrauchte Luft wie in den nur äußeren Mythen dünngewordene. Kurz, von *Bultmann* ist, schon lange, die wiederum unterscheidende Rede, nachdem er 1941 Entmythologisierung, also modernes wissenschaftliches Bewußtsein, mit Heideggerschem Existentialismus, also moderner Grundbefindlichkeit des Je-meinigen verbunden hat. Es ist der private Strohhalm dieses Je-meinigen und seines biblischen Angesprochenseins, angeblich eines rein individualistischen (ohne soziales »Man«, ohne welthaft »Seiendes«), was dem Restchristen dieser Art übrig bleibt. Leiblich, sozial, kosmisch, das alles fällt ihnen als »weltlich«, auch als Welt religiös aus, braucht der Seele nicht besorgt zu werden. Weder tätig noch auch begreifend: die Schrift spricht aus der Existenz in die Existenz, sonst spricht sie nichts und am wenigsten spricht sie »über etwas«. Oder wo letzteres geschieht, soll es nur vorwissenschaftlich, mythisch sein, folglich, nach Bultmann, wissenschaftlich Unsinn, christlich Weltwust (statt Selbstverständnis). Alles »gegenständliche« Bewußtsein als solches, als exakt profanes wie gar als unrein mythisches soll derart mit dem rein »zuständlich« Intimen des Glaubens nichts gemein haben: gerade der religiöse Mensch sei gleich dem modernen an allen mythischen »Aussagen« der Schrift (diesseits der eigentlich weltlosen »Offenbarungen« ihrer) unbeteiligt. »Die Offenbarung vermittelt kein weltanschauliches Wissen, sondern redet an« … »Was ist also offenbar geworden? Gar nichts, sofern die Frage nach Offenbarung nach Lehren fragt, aber alles, insofern dem Menschen die Augen geöffnet sind über sich selbst, und er sich selbst wieder verstehen kann« … »Offenbarung wird als diejenige Erschließung von Verborgenem bezeichnet, die für den Menschen schlechthin notwendig und entscheidend ist, soll er zum ›Heil‹, zu seiner Eigentlichkeit gelangen« (Glaube und Verstehen, III, 1960, S. 30, 29, 2). »Im Glauben ist der geschlossene Zusammenhang, den das objektivierende Denken darbietet (vielmehr herstellt) aufgehoben« (Kerygma und Mythos, II, 1952, S. 198); dabei aber ist und bleibt bei Bultmann »geschlossener Zusammenhang« zuletzt immer wieder der des Mythos – als ob es nicht auch einen rebellischen und auch einen eschatologischen Mythos gäbe. Doch ohne Ahnung solchen Sprengpulvers sieht das Bultmannsche in allen Mythen, ohne Ansehung ihres Tenors, nichts als abgestandene Weltrede von »Unweltlichem«, nichts als besonders grotesk »objektivierte Darstellung einer nicht objektiven Transzendenz«. Wobei für solche Art Entmythologisierung kaum ein wesentlicher Abstand besteht zwischen den unreinen Geistern, die in die Säue fahren, und der »objektivierten« Lehre von den letzten Dingen, besser: von einer nicht nur privaten, sondern endzeitlich-kosmischen Apokalyptik. Wovon das Neue Testament doch ebenfalls voll ist, kraft lauter sprengendem »neuen« Äon und gewiß nicht nur aus je-meiniger Existenz in ebensolche Existenz hineinsprechend, bloß als Seelen-, nicht als Weltkrise. Das Bultmannsche merzt freilich dies Eschatologische, ob es auch ein Mythos durchaus ist, nicht gänzlich aus, nur er holt es aus dem historisch-kosmischen Sprengraum und dem Christus, der so hochexplosiv darin eingelassen ist, gleichfalls in die einsame Seele und ihren Bürgergott zurück. Hiermit nun Kierkegaard so benutzend wie gewiß auch in dessen Bogen zwischen »Augenblick und Ewigkeit« angesiedelt; das nicht mehr nur mit »dialektischer Theologie«, aus Augenblick und Ewigkeit gespannt, sondern mit sogenannter präsentischer Eschatologie. Offenbarung soll erst recht an diesem Ende, statt ein Ziel der Geschichte und Welt hinter dem Berg zu halten, Selbstverständnis in bekannter Eigentlichkeit erwecken, das allerdings, qua Kierkegaard, im Topos, wenn auch nicht im Dunkel und in der unkonstruierbaren Frage des Augenblicks. Als welcher allerdings doch, gerade wegen seiner nächsten Nähe, immanentester Immanenz, *nicht nur menschlich* vorkommt, sondern das Treibend-Unmittelbare, sich noch nicht Vermittelte *in allem* ist. Dieser ungehabte Augenblick in wie unter allem enthält in der Tat das Daseinsgeheimnis, vielmehr er ist es schlechthin. Ebendeshalb ist dies Hic et Nunc nicht nur individuell-christförmig, sondern in allem Seienden noch ungelöst. Der Augenblick ist jedenfalls nicht bloß so seelsorgerhaft ansprechbar, als wäre ein nur durch Predigten angesprochenes Präsens bereits eine eschatologische Präsenz. Konträr, die in der Präsenz intendierte Auszahlung in bar, kurz, der auch metaphysisch verstandene Bewährungssatz: Bargeld lacht, hat noch weite Wege vor sich und keine durch Sprüche wie Der Herr ist mein Hirte, ich persönlich bin fein heraus, »existentiell« abkürzbare. Wobei es gar immer nur Gottes Tun sein soll, das sich im »qualifizierten« Augenblick verständlich macht, ja das »den vorher an sein *eigenes* Werk *ausgelieferten* Menschen *von sich selbst* befreit, damit er vor Gott zu leben lerne«. Hält man an dieser Stelle aber an, wie sie scheinbar doch aus bisherigem Fremd- oder Außenmythos gänzlich zum neuen Gotteswort, zum »Kerygma« überleitet, so fällt gerade ein besonders dicker – Mythos, genau von alter Art darin auf, ist der ganzen »Selbsthermeneutik« bei Bultmann und den Seinen noch an diesem Ende vorausgesetzt. Nämlich als der heteronome Erzmythos vom Sündenfall, wonach der Mensch von sich selbst befreit werden muß, auch noch, nachdem »Deus pro nobis« erschienen ist: Selbstverständlich ohne Gehorsam gegen das Gebot von oben herab bleibt Hoffart, Sünde, Irrtum. Jesu *Ergebung* bis in seine Opferung hinein bleibt hier – in Ansehung der Nachfolge – auch der Nerv seines Wortes an uns, es sei denn, das Kerygma Christi selber ist gleichfalls und schlechthin von oben herab: »Das Wort von Christus ist ein herrscherlicher Erlaß.« Sei deshalb, samt der Auferstehung des toten Leibs, gewiß undiskutierbar, doch nicht wie Unsinn, sondern undiskutierbar als ganz anderer Sinn, als nicht konträrer, sondern disparater, folglich als wirkliches »Skandalon« und »Paradox«. Mit diesem nähert sich der Entmythologisierer Bultmann sogar einem Gegenpol seiner sonstigen Individualisierung, auch pro-nobis-Hermeneutik, dem Gegenpol der totalen religiösen Transzendenz bei Rudolf Otto (das »ganz Andere«) sowie, cum grano salis, bei Karl Barth. Die Annäherung wird eben durch das auch bei Bultmann bleibende Pathos des Oben erzeugt, mit heteronom-mythischer Prävalenz des »Gerichts«, der »Gnade«, des uns entzogen Transzendenten als des »Unverfügbaren«. Teuer erkauft ist hierbei das Nachdenklich-Bleibende an Bultmanns so sehr viel immanenter wirkendem Ansatz, nämlich dem des »Präsentischen«. (Obwohl darin mehr der Kierkegaardsche, wo nicht der Pascalsche Echtheitsernst des »Subjektiven«, des »ordre du cœur« ist als Bultmanns individualistische Heideggerei. Um von dem höchst *verändernwollenden* Satz Jesu zu schweigen: »Ich bin gekommen ein Feuer anzuzünden, und ich wollte es brennte schon«.) Trotzdem wurde das Element der »Nähe«, vor allem des »Augenblicks« bei Bultmann stark erinnert, macht in dessen »Mythos und Kerygma« einen Kern aus. Soweit ihn nicht interessierte Blindheit vor nicht so Stillem zudeckt, samt einer »Geduld« des Kreuzes, von der es auch außerhalb Jesu genug gibt. Und soweit scheinbar »Entweltlichung« bei Belassung höchst unchristlicher Weltzustände nicht zum Schlupfwinkel, auch Alibi dessen gerät, was man heute einen Christen nennt.

Barths Geheimkabinett und feste Burg der Transzendenz

Was an eigenem Tun noch übrig bleibt, kann durch laue Rede besonders verwischt werden. Der Mensch spürt sich gerade als »moderner« oft besser, wenn er fromm bekämpft als wenn er fromm eingelullt wird. Wenn er also nicht ganz entmythologisiert angesprochen und dann doch wieder zuletzt altmythisch unterworfen wird, sondern sogleich hört, wer Herr, wer Knecht ist. Letzteres aber ist, sich wahrhaft auf uns werfend, also deutliche Front erschaffend, das Geschäft wirklich voller theologischer Heteronomie. Einer, die das Mythische von oben herab, und nur dieses sogar nochmals vergötzt. Als das »Ganz Andere« (Rudolf Otto), als »schlechthinnige Transzendenz« (Karl Barth des »Römerbriefs«). Jede Art liberale und Kulturtheologie ist damit abgerissen, aber auch »hoministisch«-existentialistische, aber auch »aktivierend«-eschatologische; Deus minime Deus pro nobis. Auch Otto (»Das Heilige« 1917, 1963) hat, was er eigentlich erst frommes Schaudern nennt, gänzlich vom Menschen und seinem Anliegen getrennt. Göttliches soll ihm immer nur als unübersteigbare Grenze seines Daseins, Denkens und Sagens »gegenwärtig« sein, nie als autonom in ihm selbst oder auch nur als ihn empfangend. Hierbei geht Otto primär religionspsychologisch und völkerkundlich, also nicht nur biblisch das »Gefühl«

des Heiligen an; so erscheint es in großer Breite und als »Schauernd-Numinoses«, an Spuk wie Götzen sogar breiter. Daraus ward ihm vorgeworfen, er stelle das Heilige »minus seines sittlichen Moments« dar, ja ganz ohne das Linde und spezifisch Lichte christförmiger Erscheinung. Ein Minus, das eher gänzlich zu dem mythischen Horror dieser Auslese stimmt, ihrer nicht nur nicht-menschlichen Transzendenz. Also werden – folgerichtiger, doch auch verräterischer als bei anderen Tabuierern des heteronom-Mythischen – eben primitive, auch japanische Zorn-, Kriegs-, Rachegötzen eher auf dem Altar gezeigt als der Zeus von Otriculi mit »den schön gerundeten Manneswangen«. Freilich auch Grünewalds Gekreuzigter eher als »Komm Herr Jesus, sei unser Gast« oder selbst als die elysischen Himmel Fra Angelicos. Theos agnostos, der sachlich unbekannte, nicht nur menschlich unerkennbare Gott soll hier letzthin im »Ganz Anderen« ausgespielt werden (wenn auch, in der Wirkung Ottos gar nicht so irrational selber, vielmehr ganz verständlich, aus dem en vogue Kommen faschistischer »Zerstörung der Vernunft« verstehbar). Religiöses jedenfalls sollte so eng wie möglich mit dem *Schauder* im Mythischen, gerade als einem herabwehenden, verbunden werden; auch in der Bibel. Und auch das christlich Milde wurde so in heidnische Rauhnacht gezogen, hieß nun »mysterium fascinosum«, konnte sich weithin, gleichfalls noch mysterisch, neben dem »mysterium tremendum« des alten Donnergotts sehen, nämlich nicht sehen lassen. Womit nun gewiß kein Übergang zu dem ganz anderen Ganz Anderen eines so festen Antifaschisten, energischen Christologen wie *Karl Barth* entsteht, wohl aber wieder mensch-göttlicher Riß, sogar ohne Fascinosum. Derart setzte gerade der frühe Barth des »Römerbriefs«, von 1919, des auch nachher nicht im mindesten »kulturprotestantisch« ausgelegten, schroffste Grenze zwischen Mensch und Oben, Zeit und Ewigem. Schaffte damit oben, wider Willen, den Menschen nicht verwischend, sondern polemisch aus einem Harmonischen heraus, worin sich alles zugleich abstumpft. Von Abstumpfen ist bei dem merkwürdigen Menschenfeind-Menschenfreund Barth keine Rede, er setzt vielmehr, re-aktionär durchaus, die menschliche Tätigkeit, samt der in Staat und Kirche, als bloß kreatürlich, aufs Äußerste

vor der göttlichen herab. Die unüberbietbare, damit als heteronomst sich völlig stellende Konsequenz lautet: »Göttliches
spricht ein beständiges Nein in die Welt.« Da gilt auch kein
Bultmannsches »Selbstverständnis ins Eigentliche« mehr, um
sich ins »Unverfügbare« dennoch verfügend hinein zu schwindeln, kommensurabel à la mode. Etwa fundamentalontologisch,
von Grund auf oder auch mit dialektischer Mischung, wo keiner
mehr weiß, wer Wirt, wer Gast, was des Ewigen, was des
Zeitlichen sei. Vielmehr bei Barth wird die Diesseits-Jenseits-
Korrelation von Grund auf zerrissen, nämlich von dem seit
dem wahren Luther verlorenen Thema her: Der Offenbarung
durch Gottes ureigenes Wort, mit unendlichem qualitativem
Unterschied zwischen Mensch und Gott, den Eigenbewegungen
der Kreatur und der *einzigen* Autonomie, der der Transzendenz
ohne allen Spaß. »Der wahre Gott ist aber der aller Gegenständlichkeit entbehrende Ursprung der Krisis aller Gegenständlichkeit, der Richter, des Nichtsein der Welt« (Der
Römerbrief 2, S. 57). Von hier aus, von der *Krisis* als einziger
Parusie des Göttlichen also eben Barths radikaler Satz: »Gott
spricht sein ewiges Nein in die Welt«, von hier aus freilich auch
die wiederum Kierkegaardsche Augenblicks-Erschütterung, als
alleiniger jedoch grimmiger Berührungsstelle zwischen Gott
und Mensch, und Kierkegaards Grundsatz des »beseligenden
Bewußtseins, vor Gott jederzeit Unrecht zu haben«. Sonst geht
Gott, *auch als Christus,* nie in Mensch, Welt, Geschichte ein
und auch im Augenblick, ja sichtbarst in ihm, nur als Einschlag
von oben, mit »Einschlagstrichter« (einem Bild nicht grundlos
wie aus Artillerie), bestenfalls als Schnittpunkt. »In Christus
wird die Ebene der Weltwirklichkeit von einer anderen Ebene
göttlicher Wirklichkeit senkrecht durchschnitten« (Ges. Vorträge I, S. 5): auch im Augenblick also mehr eine Verletzung
und nur uneigentlich eine punktuelle Berührung, von der Art,
wie eine Tangente den Kreis berührt. Von daher auch Barths
»Nähe« zu dem Deus totaliter absconditus, zu der Verborgenheit Gottes in Luthers Weise, wieder in Idealkonkurrenz mit
Transzendenz ohne allen Spaß. Wobei Luther sogar noch, so
absolutistisch auch sein Gott ist, unterscheidet zwischen einem
Deus absconditus (das ist Gott, insoweit er von uns nicht er

kannt werden *will*) und einem Deus revelatus (das ist Gott, insoweit er durch sein Wort mit uns in Verkehr tritt); eine Unterscheidung, die Barth – hierin, mutatis mutandis, lutherischer als der Luther – übrigens nicht anerkennt. Auch zieht er weit mehr als Luther, der die »Furcht des Gesetzes« ja streckenweise fast gnostisch von der »Liebe des Evangeliums« auseinander hielt, beide wieder zusammen, alles eben um der stärksten Transzendenz willen, auch an diesem Ort. Denn in jeder Trennung von Gesetz, auch Ritual, und Liebespredigt, Liebesunion wirkt eine Gegenbewegung zum Heteronomen, eine nicht nur aufs Evangelium beschränkte, eine, die von Amos und den drei Jesaja her schon deutlich bis zum Herrn über den Sabbath zieht, eine, die nicht erst in der Gnosis, bei dem großen Antithetiker Marcion, zuletzt noch bei dem großen Chiliasten Joachim di Fiore, dem »Jesaja des dreizehnten Jahrhunderts«, das Zeitalter des Gesetzes von dem der Liebe (und Erleuchtung) unterscheiden ließ. Konsequent jedoch auch hier, daß Barth ein Servitut auch noch ins Evangelium laufen lassen muß, stets dem leidigen Satz gemäß, das Göttliche und nicht etwa der Teufel spreche sein beständiges Nein in die Welt, und dem schlechthin antispiritualen, gar antiprometheischen: »Die Wirklichkeit der Religion ist das Entsetzen des Menschen vor sich selbst« (Der Römerbrief, 1940, S. 252). Jesus selber soll zwar ebenso ein Ja zur Welt sein (nicht unverwandt der Art, wie Luther sich bergen läßt vor Gottes Grimm unter den Flügeln der Henne Christus); denn immerhin ist für Barth die Welt, wenn auch als total gefallene, »Gottes Schöpfung«, und als ungefallene, nämlich als Gottes Werk in Jesus Christus, sei sie darum Gottes Ja zur Welt, Wohltat, Verwirklichung und Rechtfertigung zugleich. Von hier aus, von diesem unsichtigen, ja nur der »Hohlraum« zu Eschatologischem gesetzten Glauben her wird letzterdings sogar das Gesetz, als bestimmtes, zum »Unglauben« erklärt, vor allem aber sei Gottes Ja zur Welt durch Christus und, nach dem äußeren »Bund«, nur durch Christus wiederum keinerlei Freibrief zu einer (nunmehr etwa versöhnten) analogia *entis* im Gott-Welt-Verhältnis, dem nach wie vor Konträren. Das Gesetz bleibt zwar außerhalb des Glaubens, des Glaubens als »Gestalt des Evangeliums«, vorzüglich

Anspruch, Entscheidung, Gericht des *einen* Worts Gottes; indes ebendeshalb herrscht in der Welt, das ist gegen die Welt, einzig analogia *fidei* und diese nun freilich aufs Allerkonträrste zur Welt bezogen, indem das Ja zur Welt – *Ende* der Welt, Eschatologie heißt. Wieder aber keineswegs in irgendeiner Weltrelation verstanden, gar als Utopieprodukt eines noch so diskontinuierlichen Hegelschen Weltprozesses oder auch, wie bei Augustin, als endzeitliche Ankunft der durch die Geschichte wandernden civitas Dei. Konträr vielmehr zu aller immanenttranszendierenden Vermittlung: »von der *wirklichen* Endgeschichte wird zu *jeder* Zeit zu sagen sein: das Ende ist nahe« (Barth, »Die Auferstehung der Toten«, S. 60). Überall, bis in das noch »zeitentspringende« Ende der Zeit hinein, wird so dem menschlichen Aktualismus wie den Gedanken der Geschichte und Welt Krieg erklärt, der Krieg des aufs Äußerste reflektierten Herrenmythos. Das Tabu der Jenseitigkeit seines Gottes wie der Souveränität seiner Offenbarung gegenüber allem, was der Mensch in seinem Erleben und Denken, in seiner Kultur, Philosophie, ja auch in Religion als geistigen Besitz haben kann, ist bei Barth nicht nur unzeitgemäß erneuert, ja mit gorgonischer Kennbarkeit komplettiert worden.

Leicht verglimmt zwar, was sich nicht gern für den Kopf geltend macht. Rückgang aufs Gefühl, ja Bleiben darin findet sich auch bei Barth, ein Drüben bringt es mit sich. Doch ist dies Gefühl bei ihm nie weich und vor allem, es weiß um sich wie um das, was ihm der Verstand nimmt. Was das gänzlich jenseitig Abwinkende, Unbetretbare (hier bestehen Beziehungen zu Kafkas »Schloß« und »Prozeß«) durchaus kenntlich, doch unerkennbar macht. Doch freilich, wie und woher kann Barth von diesem ewig Unwißbaren sogar aussagen, und das aufs Bestimmteste, es spreche sein beständiges Nein in die Welt? Er könnte sich, was den Hiatus zwischen Menschlichem, Göttlichem angeht, zwar auf Jesaja berufen (obwohl der doch seines Gottes voll war), auf dessen zornigen Jachwe-Satz: »Meine Gedanken sind nicht eure Gedanken, und eure Wege sind nicht meine Wege« (Jes. 55, 8). Doch wenn dort auch die ungeheure Distanz des Himmels über der Erde berufen wird, so folgt bei

Jesaja gleich danach doch Gottes Wort zu den Menschen so wenig disparat wie der Regen, der vom Himmel kommt und feuchtet die Erde zur Fruchtbarkeit, und also wie das Wort, das gerade mit den Menschen sich erst füllt, »es soll nicht wieder zu mir leer zurückkommen«. Barth selber aber müßte sich als einzige Kreatur von der Erkenntnisschranke der Kreatürlichkeit ausnehmen, die er radikal behauptet; sonst könnte er nicht dermaßen bestimmt und geradezu ausführlich genau vom göttlich-*Abgewendeten* künden. Ja, der Kant der »Träume eines Geistersehers« würde den Theologen, der malgré lui die den Menschen verschlossene Transzendenz gar noch in ihrer Verschlossenheit ausführt, einen »Himmelsgünstling« nennen. Und dann, was das dauernd gebrachte Pathos des Göttlichen für dies Heteronomste angeht, was unterscheidet sein irdisch ganz Unabwendbares von der antiken Moira, der blinden Schicksalsgöttin? Die doch, obwohl besonders hoch, noch über einen Zeus-Herrn waltend, theistisch gar nicht hoch im Kurs steht. Ja, zentral, welches Kriterium der Unterscheidung gibt es bei solcher ad absurdum glorifizierten Heteronomie zwischen dem Göttlichen, das als solches bis zum Überdruß sein beständiges Nein in die Welt spricht, und dem Eidos Satan, das ja erst recht, von Kopf bis Fuß, als *Widersacher* ausdefiniert wurde? Freilich ist Barths bis zum lehrreichen Exzeß hypostasierter Herren-Mythos vor diesem Gericht seiner selbst geschützt, indem sein höchstes Wesen ja überhaupt nicht in Menschenaugen, Menschensinnen, Menschengeschichte eingehen soll. Und so auch nicht, als letztes Gericht über andere, letzte Krisis, an ein Ende der Geschichte, in eine letzte, nämlich eschatologische Offenheit der Welt. Selber zuletzt ist auch Barths Vorstellung des Göttlichen und gar dieses selber gänzlich ohne Geschichte, folglich ohne jegliches Novum, womit ein Prozeß, zum Unterschied von Statik, schwanger gehen mag; daher hat alles Barthsche – nun gänzlich als Mythologietyp aus Anti-Prometheus gesetzt – keinerlei Zeit für »neuen Äon«, keinerlei Werkgang, gar Geschichts-, gar Naturort fürs Eschaton. Wieder gilt dafür nur der »Augenblick«, doch nicht wie rechtens als ein zu bereitender Einschlagsort, Realisierungsort des Realisierenden selber, sondern er wird schlechthin ahistorisch pointiert, nicht also johanneisch im Sinn eines jetzt Nahegekommenen, sondern griechisch im Sinn eines ebenso Immerseienden. Daher eben das entsprechende Desinteresse an jeder endgeschichtlichen Eschatologie: »Von der *wirklichen* Endgeschichte wird zu *jeder* Zeit zu sagen sein: das Ende ist nahe.« Richtig wurde gerade dazu gesagt: »Diese Differenzen zwischen griechischem und israelitisch-christlichem Denken, zwischen Logos und Verheißung, zwischen Epiphanie und Apokalypsis der Wahrheit, sind heute auf vielen Gebieten und mit verschiedenen Methoden aufgedeckt worden« (Moltmann, »Theologie der Hoffnung«, 1964, S. 34). Und sind, wie Moltmann weiter sagt, auch eine davon nicht-verschiedene Methode aus dem »Prinzip Hoffnung« ruhig voraussetzend, einsetzend, samt »Geist der Utopie« auch im *Natur*-Problem und gerade in diesem lebendig. So also mit docta spes stillschweigend, doch gegen allzu präsentische Eschatologie nicht stillschweigend: »Das Leiden wird universal und sprengt die Allgenügsamkeit des Kosmos ebenso, wie dann die eschatologische Freude in einem ›neuen Himmel und einer neuen Erde‹ wiederklingen wird. Mit anderen Worten: die Apokalyptik denkt ihre Eschatologie zwar kosmologisch, aber das ist nicht das Ende der Eschatologie, sondern der Anfang einer eschatologischen Kosmologie oder einer eschatologischen Ontologie, für die das Sein geschichtlich wird und der Kosmos sich öffnet zum apokalyptischen Prozeß. Diese Vergeschichtlichung der Welt in der Kategorie der universalen eschatologischen Zukunft ist theologisch von ganz ungeheurer Wichtigkeit, wird doch durch sie die Eschatologie zum universalen Horizont der Theologie überhaupt ... Auch das Neue Testament hat das Fenster nicht geschlossen, das die Apokalyptik in die Weite des Kosmos und ins Freie über die gegebene kosmische Wirklichkeit hinaus geöffnet hat« (l. c., S. 124). Die Züge von einer allzu abstrakten apokalyptischen Überholung mögen hier allzu massiv theologisch sein, das heißt immer noch mit fester Burg und sogenannter Geduld des Kreuzes versehen; doch jedes aufgenommen Vorauseilende gibt ein echtes Kontra, nicht zuletzt gegen die geschichtliche Nullität, transzendente Fremdstatik bei Barth. So sehr gerade dessen »Geduld« des Kreuzes die Gegenposition gezeigt hat, wirklich diese, ohne Kompromiß und Theater, wirklich der Götzen Omnipotenz also, wie sie zum Abschluß, zum nicht irreligiösen, doch metareligiösen, so kennbar hier wieder bereit steht. Barth hat trotz des antirationalen »Gefühls« mit Schleiermacher wenig gemein, dem sonst gar sehr »kulturprotestantischen«; indes ein Satz Hegels gegen Schleiermacher liegt keiner »Geduld« des Kreuzes so fern wie eben der, welche sich schließlich – Menschsein her wie hin – in Heteronomie, in transzendenten Absolutismus schickt. Hatte doch auch Schleiermacher Religion als »Gefühl einer schlechthinnigen Abhängigkeit vom Absoluten« (»auch unausdenkbaren Weltgrund«) definiert. Und Hegel, nicht nur Bewußtsein und Rechenschaft fordernd, fügt gegen solch puren Unterwerfungsaffekt an: »So wäre der Hund der beste Christ . . ., aber nur der freie Geist hat Religion und kann sie haben« (Werke, 1832–45, Bd. IX, S. 296), – das also ganz gegen Theos Agnostos, in dem vor allem doch Barths *Herr* wohnt, sein ebensolcher Theos Kyrios. Und doch auch wieder gar nicht wohnen müßte, oder mit anderen Worten: Gewinnt das Ganz-Andere, das eigentliche *Absconditum* nicht erst wirkliche Tiefe, ohne Tabu des ungeheuerlichen Aberglaubens, wenn es von der Deität weg genau aufs Menschengeheimnis, also den *homo absconditus* umfunktioniert wird? Wieder wäre – wie bei Bultmanns »Präsentischem« – so bei Barths »Mysterischem« der Preis zu hoch, ja überflüssig.

Immerhin hat das Barthsche, ob auch unhaltbar mit Entfremdung arbeitend, mit Ferne, Heteronomie, Transzendenz erkauft, das Problem des Inkognito mit seinem Deus absconditus wieder aufgesteckt, ein Plus hier, das auch kulturprotestantisch die Gemütlichkeits-Anthropologie vertreibt. Deus absconditus wird also kenntlich als Anweisung auf homo absconditus: »das zugleich Vertraute wie Ganz-Andere, als Zeichen der religiösen Schicht, von Tiergöttern bis zum Einen Machtgott, bis zum Heilandsgott, wird als solche Deutungs-Projektion des homo absconditus und seiner Welt erst verständlich . . . Gott erscheint so als hypostasiertes Ideal des in seiner Wirklichkeit noch ungewordenen Menschenwesens; er erscheint als utopische Entelechie der Seele, so wie das Paradies als utopische Entelechie der Gotteswelt imaginiert war« (Das Prinzip Hoffnung, 1959, S.

1522 f.). Auch das freilich bezieht sich noch auf umfunktionierte Elemente und Archetypen aus – Mythologie, doch eben auf keine der hypostasierten, gar noch doppelt tabuierten Macht-idole. Konträr vielmehr: Es bezieht sich auf unabgegoltene Mythen ganz anderer Art, auf keine transzendent-hypostasierende, sondern auf transzendierend-utopisierende, folglich einzig auf die Ausbruchs-Mythen des subversiven Humanums. Alle Mythen in Bausch und Bogen wegzuwerfen, ohne Ansehung der Person, das enthüllt sich also erneut, besonders von diesem Punkt aus, als Bultmanns Haushaltungsladen. Alle Herrschaftsmythen, ja vorzüglich diese und ihr Olymp als Gerichtsstuhl und uneinsehbare, doch ewig rechte Transzendenz, das ist Barths Majestätsmosaik (und nicht Hiobs, aber auch nicht des Menschensohns Himmel). Weshalb Marx sagen konnte: »Prometheus ist der vornehmste Heilige im philosophischen Kalender«; er ist es aber ebenso im mythologischen Kalender, das heißt in der Zerstörung und Rettung des Mythos durch Licht, nämlich endlich auch hier märchenhaft Sprengendes, über den vorhandenen Tag hinaus. Das Fazit (das unabgeschlossene) also bleibt: auch das Prometheische, folglich auch alles eschatologisch Intendierte steht im Mythos, so wie freilich alles Mythische, samt allem Mysterischen in Prometheus, im Novum und Ultimum menschlicher Aktivität und Geschichte zu stehen hat, soll es nicht ausschließlich Dunkelmännerei mit transzendentem Byzanz sein. Geheiligt werde dein Name, auch das ist kein Gemeindegebet von Untertanen und Höflingen, kein heteronomer Panegyrikus, es ist vielmehr eine Absetzung von Deus maximus, non-optimus, am besten non-existent. Soviel hier zur Entmythologisierung mit anderem Maß und Ziel, zur Tabuierung mit deutlich gemachter Gelegenheit zu ihrer bestimmten Negation. Und selbst was Gehorchen angeht, das übliche, so hört es am besten auf das Jesuswort »Siehe, ich mache alles neu«. Schon um Weltnähe nicht mit Konformem und gar Transzendieren nicht mit gehabter Transzendenz zu verwechseln.

Lang genug blieb aber nur übrig, was überhaupt nichts Übliches überschreitet. Immer wieder genügt dann, Jesus einen guten Mann sein zu lassen, der auftrug und vorlebte, uns untereinander so zu lieben, wie er uns geliebt habe. Daß man dabei sich untereinander nicht anstieß, wohl aber das währende Verhältnis von Herrn und Knecht angestoßen würde, und zwar zugleich, dies Unzuträgliche wurde, selber freilich liebend gern, verschleiert. Hauptsache blieb der sanfte Bruder, und mit ihm richtete man sich ein, die Knechte bei der Stange haltend. So konnte man auch mit der Liebe bestehen, das heißt mit der zum Duckmäusertum und sonst zu Lippendienst entspannten, ja weit besser als vorher. »Siehe, ich mache alles neu«, der Aufruhr dieser Worte blieb der Christenlehre, der überall beamteten, mehr als peinlich; er wurde liberal verschmiert, konservativ kastriert. »Was Ihr dem geringsten meiner Brüder tut, das habt Ihr mir getan«: Münzer und Verwandte, die dies wirkliche Reich der Liebe anrichten wollten, und zwar sogleich, als Schwärmer wie Jesus, hatten demgemäß in der christlichen Theologie, allermeist bis heute, die schlechteste Presse, bestenfalls gar keine. Desto merkwürdiger möchte es anfangs scheinen, daß gerade dies »Sogleich« in Jesu Predigt, also ihr brennend-Eschatologisches, mitten in durchaus bürgerlicher Theologie wieder aufgespürt werden konnte. Johannes *Weiß*, dann Albert *Schweitzer*, gewiß keine Zerstörer, machten sozusagen exegetisch eine damals bestürzende Neuentdeckung. Von Johannes dem Täufer her: »Das Reich Gottes ist nahe herbeigekommen«, mußte gerade derjenige, welcher dazu von ihm getauft wurde, nicht nur als Aufrührer, sondern als heiliger Narr erscheinen. Weiß (Die Predigt Jesu vom Reich Gottes, 1892) lehrte von Jesus, einem damals schon nicht »historischen«, sondern »futurischen«, er habe auch in seinem Auftreten und Vorbild »mit dieser Welt nichts mehr gemein«, er stehe »mit einem Fuße schon in der zukünftigen«. Freilich kehrte Weiß auf seinem eigenen Fuße und selber eben nicht »futurisch« aus dem eschatologischen wieder zum liberalen Jesusbild zurück, ohne Schwärmer. Und nun griff Schweitzer, anfangs sogar besonders starke Register ziehend, in die Eschatologie, die damals hinter dem Wandel Jesu und in seiner Predigt stand. Dergestalt daß Jesus nur sekundär als Morallehrer der Bergpredigt erschien, substanziell aber als Botschafter wie Gesalbter des nahe herbeigekommenen Himmelreichs. Der apokalyptische Rettermythos, endlich mit gründlichem Auszug aus Ägypten, schien hier also in Jesus und für die Seinen Fleisch geworden: »Mit der Eschatologie wird es eben unmöglich, moderne Ideen in Jesus hineinzulegen und sie von ihm durch die neutestamentliche Theologie wieder als Leben zurück zu empfangen« (Schweitzer, Von Reimarus zu Wrede. Eine Geschichte der Leben-Jesu-Forschung, 1906, S. 322). Schweitzer gedenkt sogar, mitten im Gleichgewicht der Kräfte und der noch statischen Physik seiner Zeit, der hoch explosiven Kehrseite am Kommen des Gottesreiches, nämlich einer nicht nur kriegerischen, sondern *kosmischen* Katastrophe; erwartet noch zu Jesu Lebzeiten, spätestens aber mit seinem Tod. Ein Schauer vor den apokalyptischen Reitern vom Himmel hoch, also ebensosehr wie die rasende Verzückung und Taufe in die Himmelsglorie, deren Einbrechen unmittelbar oder um die nächste Wegbiegung sich erfüllen sollte. Dergleichen höchst unbürgerliche Extreme wurden, dazu rein als Jesu-Forschung, in dem so sanft gemachten Wandel Jesu und seiner Jünger notiert, scheinbar als sähe man wieder von wirklichen Endzeiterwartungen ums Jahr 1000, gar 1525 her, statt hermeneutisch vom Pfarrhaus; und die Wirkung war immerhin für die neutestamentliche Wissenschaft erschreckend. »Die Flut steigt – die Dämme brechen«, sagte der systematische Theologe Martin Kähler, und auch sonst ließ das eschatologisch bemerkte Urchristentum die harmonische Synthese von Christentum und bürgerlicher Kultur »als Lüge erscheinen«. Wonach selbst Karl Barth bekunden mochte: »Christentum, das nicht ganz und gar und restlos Eschatologie ist, hat mit Christus ganz und gar und restlos nichts zu tun« (Römerbrief, 1921, S. 298). Bis freilich auch hier, wie bei Weiß, so bei Schweitzer, die Neuentdeckung gerade wegen ihres bürgerlich Epatierenden in ihr Gegenteil zurückmündete, in ein liberaleres Jesusbild, wie gehabt und wie dem gebliebenen Kirchenvolk der Mitte dienlich. So sprach

Schweitzer, indem er genau das Überbordende der Enderwartung pointierte, von diesem Jesus als einem Schwärmer; gar die zeitliche Fixierung erwies sich, nachdem die Endzeit nicht kam, besonders leicht als illusionär, als »Irrtum Jesu«. Statt dessen also Bremsung, erneuter Rückzug auf Kulturchristentum, Entwicklungshilfe: »Das ist dabei herausgekommen, daß heilsgeschichtliche Betrachtungsweise die urchristliche Eschatologie ablöste« (Ernst Käsemann, Exegetische Versuche I, 1964, S. 199). Und Moltmann, mit der docta spes der »Theologie der Hoffnung« (1964), bemerkt nicht unrichtig auch zu Barth, der das Eschatologische anders als Schweitzer doch noch halten will: man verwechsle hier »Eschatologisches« mit »Überweltlichem«, noch griechisches Sein statt biblischem Futurum denkend (l. c., S. 32). Item, ein anderer Strom muß fließen, der die entdeckte eschatologische Botschaft des Urchristentums (samt ihrem prophetischen Ursprung) weiter tragen soll. In eine Dimension – der Zeit nach Zukunft, dem Topos nach das Letzte –, von der zwar nicht die Theologie, aber die Bibel – kraft Verheißungsmythos – voll ist.

Derart kommt man hier um dasjenige, was gar nicht hinterm Ofen sitzt, nicht herum. Eben das Murren mit Suchen ist in der Schrift, ist selbst dem bloß ehrlichen Leser nicht unterschlagbar, nicht einmal (was besser klingt) überschlagbar. Hoffen – und nicht Haben, Schon-Haben – ist das eigenste biblische Wort; selbst das muffig gemachte: »Seiet getrost«, vertröstend, wo nicht anschmierend geworden, hat es ja trotzdem nie ganz entspannt. Dafür ist der biblische Duktus zu verlangend eingestiegen, dafür ist der Abstand des ihm Gewordenen, Seienden viel zu groß. »Meine Rechte soll verdorren, wenn ich dein vergesse, Jerusalem«, so ein Psalmwort geht hindurch, auch noch durch die wohlgesetzten Hirten, die ihre Schafe halten wollen, und hebt sie auf. Ist ja auch keinesfalls nur erinnernd gemeint, es sei denn an ein ausstehendes Jerusalem erinnernd, das verheißen war und sich so mit dem Vorhandenen nicht abfindet. Nicht mit doppelt unerträglichem Elend, aber auch nicht mit bloßem erbärmlichem Behagen und am wenigsten mit dem Nichtkommen, also Nicht-Hinkommen zu dem, was vom besseren Aeon

ist und darinsteht. Was folglich nicht mit christlicher Gemütsruhe oder auch bloßer Selbstprüfung und noch weniger mit
christlichem Wohltätigkeitsbazar zusammenfällt, darin präsent
wird. Hätte man doch dazu des so paradoxen, des eschatologischen Umwegs gewiß nicht bedurft und nachher keiner – Chri-
stenverfolgung. Vielmehr sagt Chesterton (»Der unsterbliche
Mensch«) gerade hierzu bedenkenswert unharmonisch (und er
sagt es nicht nur gegen Christentum als angelsächsische »Nach-
barschaftsethik« oder auch gegen Shaw): »Jene, welche die
Christen beschuldigten, Rom mit Feuerbränden in Trümmer
gelegt zu haben, waren Verleumder, aber sie erfaßten die Natur
des Christentums viel richtiger als jene unter den Modernen, die
uns erzählen, die Christen wären eine ethische Gemeinschaft
gewesen und langsam zu Tode gemartert worden, weil sie den
Menschen erklärten, sie hätten eine Pflicht ihren Nächsten
gegenüber zu erfüllen, oder weil ihre Milde sie leicht veräct-
lich gemacht hätte.« Der katholische Konvertit Chesterton war
weit von Revolte entfernt, doch nicht vom gefährlichen wirklichen Skandalon des Urchristentums, und es gibt von hier, über
alle sonstigen Abgründe hinweg, noch eine Konkordanz bis zu
dem ebenso ungemütlichen Vers des chiliastischen Mystikers
William Blake zurück, des so anderen englischen Skandalblicks:
»Der Geist des Aufruhrs schoß vom Heiland nieder, und in den
Weinbergen Frankreichs erschien das Licht seiner Wut.« Kein
Zweifel, von ungemildert eschatologischem »Schriftverständ-
nis« her gesehen: Der Aura nach kommen diese – bei Blake noch
täuferischen – Ausbrüche dem wirklichen Transzendieren im
Urchristentum näher als Bultmanns, Barths, Schweitzers verschiedenes »Eschaton« zusammengenommen. Samt der Exodus-
Notierung insgesamt, die sich ja in Hermeneutik am wenigsten
aufs Neue Testament beschränken kann, vielmehr im Auszug
aus Ägypten und viel früher ihren Stammarchetyp hat. So von
Amos bis Daniel schon Apokalyptik sui generis mit sich führend, auch paulinisch unelimininierbar, sollen die Propheten,
selbst gemäßigt, noch hörbar sein: »Es muß von einer eschatologischen Botschaft überall dort gesprochen werden, wo von
den Propheten der *bisherige* geschichtliche Heilsgrund *negiert*
wird« (v. Rad, Theologie des Alten Testaments II, 1960, S. 131).

Und was macht schließlich außer dem konservierenden Unterbau, der den meisten Theologen, schon seit Melanchthon kontra
Münzer, den sozialen Auftrag zur bekämpften oder entspannten Eschatologie hereinschickt, – was macht darüber hinaus auch
methodisch die Erfüllung dieses Auftrags leicht? Es ist und bleibt
die Bindung ans griechische Seins-Denken geschichtsfremder
Art statt des biblischen Geschichts-, Verheißungs-, Novum-
Denkens schlechthin. Mit Futurum als offener Seinsbestimmtheit bis zu Jachwe hinein: »EI«, Du Bist, lautet die Inschrift auf
dem Apollo-Tempel Delphis, »Eh' je ascher eh' je«, Ich werde
sein, der ich sein werde, so lautet das Vor-stellen Jachwes, nicht
nur im brennenden Dornbusch vor Moses. Von daher auch die
einzigartig unsinnliche, die jeder antiken Gegenwart fremde
Gottesvorstellung der Bibel, von daher die Differenz zwischen
Epiphanie und Apokalyptik, auch zwischen der von Platon bis
Hegel reichenden bloßen Anamnesis (Wiedererinnerung, Kreis-
linie) der Wahrheit und der Eschatologie der Wahrheit als
einer in sich selber noch offenen, mit Noch-Nicht-Sein. Dem
aber entspricht in Zweck wie Ziel wie Sinn der Bibel jene
eigentliche, im *Messianischen* wurzelnde Macht des Eschatologischen, wie sie Hermann Cohen – freilich ebenfalls mit so
»vernünftiger« Preisgabe des Eschatologischen kontra Antike,
pro Zukunfts-Sein – notiert hat. Hier also von ganz und gar
nicht evangelisch-theologischer Fakultät her, auch ohne bereits
gekommenen Messias und fertig gewordene Epiphanie: »Dies
ist das große kulturgeschichtliche Rätsel, welches der Messianismus aufstellt. Alle Völker verlegen das goldene Zeitalter in die
Vergangenheit, in die Urzeit; das jüdische Volk allein erhofft
die Entwicklung der Menschheit von der Zukunft. Der Messianismus allein behauptet Entwicklung des Menschengeschlechts,
während das goldene Zeitalter Abwärtsentwicklung setzt. Daher ist die übliche Bezeichnung des messianischen Zeitalters als
des goldenen ein grober Irrtum, der den Gedanken geradezu
umkehrt. Vergangenheit und Gegenwart verschwinden im
Messianismus vor der Zukunft, welche allein das Zeitbewußt-
sein erfüllt« (Hermann Cohen, Religion der Vernunft, 1919,
S. 337). Das gilt seit Eh'je ascher eh'je, obwohl Cohens Auslassung der doch ebenfalls noch innerjüdisch entstandenen

Evangelien und der Apokalyptik (»Abergläubische Scheu vor dem nazarenischen Ereignis« nannte das Buber) Messianisches, als »sittliche Vernunft«, mehr noch als je ein christlicher Theologe vom Eschatologischen, als angeblich »mythischer Infektion«, trennt. Das ist der unnötige, jede christliche »Entmythologisierung« weit übertreffende Preis, der hier für die scharfe Pointe biblischer Nicht-Antike, gerade also biblischer–Eschatologie gezahlt wurde. Wobei das Lehrreiche weiter, daß eben solche, nun erst ganz total gemeinte Mythosfeindschaft aus dem Messianischen sowohl jede Person eines Messias (den Anti-Jachwe Hiobs) wie jedes *Totalfuturm* der Apokalyptik hinauswirft. Obwohl Person, nämlich Rebell im Messianischen, Antizipation auch mit kosmischer Wendung, nämlich neuer Himmel, neue Erde, genau zu jener *anderen Seite* des Mythischen gehören, die erst recht zur Vernunft gehört, nicht zum alten dummen Adam. So zeigt sich erneut an diesem Ende, wie wichtig gerade Rebell-Person mit apokalyptischem Verheißungsmythos implicite zur biblischen Exegese gehört, ja wie entscheidend genau diese *hellen Mythen* auch Gegenerleuchtung üben an ihresgleichen auch außer der Bibel, an kryptomessianischen also, die des »Lichts seiner Wut« am wenigsten ermangeln, doch eben das »Siehe, ich mache alles neu« brauchen, das nur in der Bibel gesprochene, um zu zünden. Auch in der Bibel gegen den Zeus, der eine mörderische Sintflut über die Menschen brachte, der den Lichtbringer Prometheus an den Felsen schlug, gleich einem Kreuz, der Weltherr, gegen den das Prometheische für die Menschen rebellierte, besser seiend als ihr Gott. Wieder erscheint so der Prometheusmythos, noch lange nicht auf die Füße gestellt, doch anders als im statischen griechischen Gedanken wird er erst ganz verstanden, ja ins Futurum einbringbar kraft des Novum, das durch die Bibel zuerst in eigenen Blick, in dessen utopische Dimension kam. Grund genug, daß auch das Ultimum im Novum, das Eschaton pro nobis aller Exegetik, wenn sie noch Olymp im Herzen trug, schlecht lag, doch Christen des neuen Äon, die sich als die einzig echten glaubten, desto näher.

Die Furcht hat die Götter erzeugt.

Lukrez

Schrittweis dem Blicke
Doch ungeschrecket
Dringen wir vorwärts.
Und schwer und ferne
Hängt eine Hülle von Ehrfurcht.

Goethe

Der Atheismus ist der durch
Aufhebung der Religion vermittelte
Humanismus.

Marx

Derart hat keine Gottlosenbewegung
dieser Kirchenpolitik je so Übles nachgesagt, wie es der Hirtenbrief jetzt
zustandegebracht.

Der letzte deutsche Hirtenbrief, S. 34

Der Pfaffe ist nicht zu vergessen

Was einen drückt, wirft er gern von sich. Seit alters aber sagt
man, Not lehre beten. Ist es auch darum, weil diejenigen, die
vom Beten leben, die Not pflegten? Eine Herde, nicht ein noch
aus wissend, zog sich nicht besonders pflegsame Hirten zu.
Der klassenbewußte Arbeiter hat das sehr lange, zum Unterschied vom eingewickelten Kleinbürger, nicht vergessen. Sah
er doch so viele geistliche Besorger seines Heils bei der Macht
stehen, die ihn ausbeutete und unterdrückte. Welch unbedenk-
licher Friede mit Macht aus Reichtum, Reichtum aus Macht,
welch schamloser. Welch apostolischer Segen gar ruhte auf den
Francos aller Zonen, welch fromme Gebete stiegen auf, damit
sie siegten, wie verbündet schloß man die Augen, wenn wieder
einmal Juden und Ketzer, gekonnter als je, verbrannt wurden.
Und ging es hart auf hart, so waren auch die meisten lutheri-
schen Beffchen auf der Seite der Macht, der sie ohnehin so innig,

so gehorsam entstammen. Viel Mißerfolg der alten Anschläge muß noch kommen, bis die schwankenden wie gar die schlau beharrenden Gestalten so viel zugelernt oder so viel verhehlt und versteckt haben, daß sie verschwinden. Ehrliche sind zwar in beiden Kirchen noch vorhanden, aber die nur sich Anpassenden, bis auf weiteres, sind überwiegend, und was Katze in allem bleibt, wird, wenn ihnen Sturheit der östlichen Seite auch noch zugutekommt, immer wieder auf die Füße fallen, drohenderweise. Weithin ist hier etwas nur aufgezwungen, besser als gar nichts, gewiß, und es gibt echte christliche Gestalten, die gerade wegen Muffs und Scheiterhaufen dahinter aufgewacht sind. Doch viel länger angestammt ist anderes, kann durch bloßen kirchlichen Katzenjammer nicht überwunden werden. Die Quellen dazu fließen woanders, und was ein Pfaffe ist, hat sie auftragsgemäß stets verdeckt oder erstickt.

Opium des Volks, auch sonst genug damit bedient?

Man büßt die Lust, sich betäuben zu lassen. Das Opium fürs Volk dampfte immer, schließlich schmeckte der ganze Glaube danach. Es hätte gar nicht solche Angriffe auf alles und jedes so Beschaffene gegeben, hätte die Kirche nicht selber so wach auf der Seite der herrschenden Mächte gestanden. Es sei denn, daß sie sich mit diesen, wie im Hochmittelalter, um die erste Stelle der Herrschaft stritt. Sobald es um die Niederhaltung der Leibeigenen, dann der Lohnsklaven ging, kam dem Druck, nie versagend, die Betäubung zuhilfe. So und nicht wegen naturwissenschaftlicher Einsichten versteht sichs ganz, daß Marx Voltaires »Ecrasez l'infame« zwar nicht gesteigert, doch bekräftigt und unterschrieben hat. Er hat es nicht gesteigert, weil er die Kirche mitsamt dem Staat als Reflex ganz anderer Unzuträglichkeiten, nämlich ökonomisch bedingter und unhaltbarer, erkannte; daher setzte er den Bohrer tiefer an. Aber er hat die damaligen bürgerlichen Revolutionäre bekräftigt, weil der vorhandene Tempel so zu den Wechslern gehört wie der Kirchengott zur Klassengesellschaft insgesamt. Mit Hoch und Nieder, Bestraften und Prominenten, ewig lobpreisenden Dienern und Speichelleckern noch im Opiumhimmel. Wobei jedoch Marx nicht nur wiederholte, daß kein Gott sei oder gar, daß Gott nur eine gerissene Erfindung der Priester sei. Letzteres allerdings setzt fälschlich voraus, daß alle früheren Priester, von den Druiden angefangen, schon die Weisheit Voltaires besessen hätten und auch so aufgeklärt gewesen wären wie ein Atheist des achtzehnten Jahrhunderts und nur Wischiwaschi vorgebracht hätten wider ihr besseres Wissen. Von solch ungeschichtlicher Naivität ist bei Marx keine Rede; denn zwischen den Enzyklopädisten und ihm stehen Hegel und Feuerbach. Letzterer vor allem mit der Wunschtheorie, sodann mit der Selbstentzweiungs- und Entfremdungstheorie der Religion: nicht aus Betrug entstand sie, sondern aus undurchschaubarer Illusion. In der Religion entzweit der Mensch sich mit sich selbst, er setzt sich einmal als beschränktes Individuum, sodann als unbeschränktes, vergöttlichtes, ihm entfremdet gegenübertretendes Selbst, als Gott. Und beides, die Entzweiung wie die ins Jenseits hypostasierte Entfremdung, muß aufgehoben werden: »Außer der Natur und den Menschen existiert nichts, und die höheren Wesen, die unsere Phantasie erschuf, sind nur die phantastische Rückspiegelung unseres eigenen Wesens«. Und es ist genau diese Rückspiegelung, aus der Marx schließlich auch die sehr ideologische Funktion von Kirche in der entwickelteren Klassengesellschaft verstand und durchschaute. Ebenso wie Marx an Feuerbach selber das angeblich allgemeine und gleichbleibende menschliche Wesen, auch religiöses Gemüt, historisch auflöste, variierte, konkretisierte: gemäß den Menschen in den verschiedenen Gesellschaften, folglich auch in den verschiedenen Arten der Selbstentfremdung. Genau dadurch aber gewann für Marx Religionskritik die alte Wucht der Aufklärung zurück, das heißt die Tauglichkeit, den Himmelsdunst doch wieder der Täuschungs-Ideologie zu verbinden: nicht der absichtlichen, subjektiven, was für die älteren Zeiten unhaltbar, wohl aber der objektiven, gesellschaftlich zwangsläufigen. Religion war nun erst historisch mit der Klassengesellschaft verbunden, wobei eine gewisse Allgemeinheit aus der Aufklärungszeit nur insofern noch durchschlug, als Religion mit der Kirche fast gleichgesetzt wurde. Folglich blieben ganz andere, ganz antikirchliche Sozialformen des Glaubens, wie die Sekten, noch unbeachtet. Aber dadurch gelang es, Religion in ihrer allein mächtig gewesenen Sozialform, in der der Kirche, mit voller Kritik als Ideologie zu denken. Von daher also die marxistischen Kritiken eines Opium des Volkes, Kritiken, welche nicht so sehr, wie im achtzehnten Jahrhundert, aus Beschimpfungen bestehen wie aus Schärferem: aus ökonomischen Analysen. Da diese Kriterien, bei der Probe aufs Exempel, unter Pius XII., die Eigenschaft hatten, immer wahrer zu werden, darf ihre Erinnerung nicht bloß dem Vulgärmarxismus überlassen bleiben. Sie gehören auf die Höhe des Marxismus; denn wurde der bürgerliche wie vulgärmarxistische Atheismus eine Trivialität, so reinigte der marxistische außer der Negation auch eine Fernsicht. Ja, es läßt sich sagen: selbst die abgegriffenste materialistische Platitüde hat im Punkt der Religion immer noch ihre möglichen Implikationen, gegen Selbstentfremdung, via Marx mit Feuerbach. Während der bürgerliche Tiefsinn von heutzutage, wenn er das Seine mit poetischem Engel oder umgreifender Transzendenz bestreitet, je nachdem, nur ein sonst auch übliches Implicites aufweist: Apologie des Privateigentums.

Es ist vor allem die Furcht, welche untertänig hält. Aber auch die Meinung, daß Wünsche von oben her erfüllt werden können, macht den Menschen zum Bittsteller. Darum hat sich nicht Frechheit zuerst irreligiös gemacht (denn diese gehört gerade zum Bittsteller), sondern das Humane. Dem Materialismus kam so seit je eine menschlich-befreiende Rolle zu; er setzte aufrechte Haltung gegen den Druck von oben nach unten. Er setzte Wissen (das Sapere aude, wage dich deines Verstandes zu bedienen) gegen undurchschautes, gar verhimmeltes Schicksal. Religionskritik ohne Frechheit hatte daher immer den Tenor der Verse in sich, worin Vergil den Lukrez feiert:

> Felix, qui potuit rerum cognoscere causas
> Atque metus omnes et inexorabile fatum
> Subjecit pedibus streptitumque Acherontis avari.

Das also, aufrechte Haltung und Wille zum Wissen, macht den Tenor der großen Religionskritik aus; nicht Thersites ist darin, sondern immer Prometheus mit der Fackel. Gewiß können auch hier Stadien nicht so jäh wie abstrakt übersprungen werden, doch nichts kann – gerade bei so zähen Ideologieformen – revolutio in capite et membris ersetzen, gerade auch, wenn »religiösen Sozialisten« von gestern oder heutzutage es Genüge tut, die belassene Herrenkirche nur rosarot anzustreichen. Statt neues Land und nicht Flickwerk auch hier zu visieren, gemäß der nicht nur staats-politischen Mahnung des jungen Marx: »die halben Gemüter haben in solchen Zeiten die umgekehrte Ansicht ganzer Feldherren. Sie glauben durch Verminderung der Streitkräfte den Schaden wiederherstellen zu können, ... während Themistokles, als Athen Verwüstung drohte, die Athener bewog, es vollends zu verlassen und zur See, auf einem anderen Elemente, ein neues Athen zu gründen.« Nun aber freilich, bei all solch wichtigem Radikalismus gegen die bisherige Herrenkirche und das in ihr, ja in jeder bisher instituierten Religion gesetzte Opium des Volkes: es gibt, genau auch, was Marxens Opiumstelle und die Religionskritik angeht, darin selber noch ein »anderes Element«, und der Vulgärmarxismus hat es am wenigsten befahren, um auch hier »ein neues Athen zu gründen«. Denn der so wahre Satz vom Opium des Volkes steht in einem ebenso wahren und zugleich einem tieferen Zusammenhang, als es den Vulgärmaterialisten lieb und erträglich ist. Deshalb haben sie auch den Opiumsatz völlig isoliert aus dem Zusammenhang gerissen; dieser aber, in der »Einleitung zur Kritik der Hegelschen Rechtsphilosophie«, lautet: »Die Religion ist die phantastische Verwirklichung des menschlichen Wesens, weil das menschliche Wesen keine wahre Wirklichkeit besitzt ... Das religiöse Elend ist in einem der *Ausdruck* des wirklichen Elends und in einem die *Protestation* gegen das wirkliche Elend. Die Religion ist der Seufzer der bedrängten Kreatur, das Gemüt einer herzlosen Welt, wie sie der Geist geistloser Zustände ist. Sie ist das Opium des Volkes. Die Aufhebung der Religion als des illusorischen Glücks des Volkes ist die Forderung seines wirklichen Glücks ... Die Kritik hat die imaginären Blumen an der Kette zerpflückt, nicht damit der Mensch die phantasielose, trostlose Kette trage, sondern damit er die Kette abwerfe und die lebendige Blume breche ... Die Kritik der Religion endet mit der Lehre, daß der Mensch das höchste Wesen für den Menschen sei; also mit dem kategorischen Imperativ, alle Verhältnisse umzuwerfen, in denen der Mensch ein erniedrigtes, ein geknechtetes, ein verlassenes, ein verächtliches Wesen ist.« Das also erst ist der ganze Zusammenhang, mit »Seufzer«, ja »Protestation« gegen den vorhandenen schlechten Zustand, und lautet hörbar nicht nach Einschläferung allein. Gegen alle Vulgarisierung ist damit bezeichnet, daß die Predigt im deutschen Bauernkrieg doch etwas mehr und anderes als ein »religiöses Mäntelchen« war, wie nachher Kautsky meinte, und daß diese Art Predigt »ebenfalls« doch von der Bibel herkam, fast als wäre Religion nicht nur re-ligio, Rückverbindung. Während ihre Kirchenlichter allerdings fast ausnahmslos nur zur Beerdigung der Freiheit geschienen haben oder zur Beförderung dessen, wodurch die Freiheit ihrer Kinder Gottes gar nicht auf die Welt komme. Das wird eine Kirche, die nolens volens nicht mehr ihrer restaurativen Ideologie voll sein sollte, vor dem Marxismus zu bereuen und bedenken haben. Weit mehr als der Marxismus die Kritik der Religion im Sinn des Marxschen Zusammenhangs von ununterscheidenden Tabus befreit. Das Bedenken der nicht mehr halbierten, der voll zitierten Opiumstelle könnte zwar keine Wunder tun, aber den entideologisierten Gläubigen, den enttabuierten Ungläubigen endlich wenigstens den sogenannten Gesprächsraum öffnen. Ecrasez l'infame, das heißt aber sowohl die Infamie wie, übertragen, die Halbheit, die Sturheit austilgen.

Vor Tische las mans anders, Mystik als Laienbewegung, Bauernkriegsfeuer, Vereinfachung

Was ein ehrlicher Mann ist, so hat er nie etwas bewußt verdunkelt. Er hatte nicht den Drang, im Trüben zu fischen, auch dann nicht, wenn er im Drüben fischte, fromm. Gewiß, gerade Mystik war vom vierzehnten Jahrhundert ab einmal besonders volkstümlich, und das Wort kommt von »myein«, die Augen schließen. Das der Absicht nach aber nur, um gleich dem blinden Seher desto heller zu schauen; Krampf, Besessenheit, Schaum vorm Mund werden schamanisch, nicht mystisch genannt. Mystik im präzisen Sinn der Sache, wie er bei *Eckardt* am leichtesten kenntlich ist, wurde auf einer Höhe der *Vernunft* inauguriert. Entstand auf einem der Höhepunkte der *Philosophie*, bei und durch den letzten großen antiken Denker: Plotin. Ist hier gedacht als »haplosis«, das ist: höchste Vereinfachung der vernunfthaften Seele, wenn sie sich auf ihren mit dem Ureinen wesengleichen Grund zurückzieht. Auch dabei fällt allerdings das Bewußtsein aus, wie in den orgiastischen Verzückungen, jedoch um eines vermeintlich noch höheren Lichts willen und nicht, um in Krämpfen, Nebel, Blutschein zu stranden. Plotin und der Neuplatonismus sind so der Ursprung, ja Inhalt aller späteren christlichen Mystik; weder Dionysios Areopagita noch Meister Eckardt haben Neues zugefügt. Es sei denn, was Eckardt angeht, das gerade für die sozialistische Beurteilung sehr Entscheidende, daß bei ihm die ketzerische Laienbewegung des Spätmittelalters gegen die Kirche deutsche Sprache fand. Die Einheit des Seelentums mit dem Weltgrund, das deutsche »Trachten in die Erstigkeit«, das »Eilen nach der ersten Lauterkeit«: das alles ist neuplatonisches Erbe, aber es wurde folgenreich mit dem Überspringen der Sakramentskirche und dann jeder Obrigkeit verbunden. Daher auch wurde Eckardts Mystik verdammt; die päpstliche Bannbulle hebt eigens hervor, er habe »vor dem gemeinen Volk vorgetragen, was geeignet sei, den wahren Glauben zu verdunkeln«, und seine Lehre müsse ausgerottet werden, »damit sie nicht ferner die Herzen der Einfältigen vergifte«. Wie das in der Tat, gemeinsam mit der vorangehenden Mystik *Joachims di Fiore*, des Abts von Calabrese, in den Revolutionen der beiden nächsten Jahrhunderte fortgeschah. Bei den Hussiten, bei Thomas Münzer im deutschen Bauernkrieg, bei Ereignissen mithin, in denen ideologisch zwar nicht Klarheit herrschte, aber der mystische Nebel doch nicht eben der Herrenklasse half. Man kann diesen Nebel bedauern, wie es ein Kautsky tut, wenn er aus Thomas Münzer, mit völlig kleinbürgerlichem Deminutiv, »einige Pröbchen apokalyptischer Mystik« verabreicht. Aber man kann den Nebel, der einen Huß und Münzer barg, schwerlich unbedingt, sozusagen a priori reaktionär nennen. Es stimmt zwar, daß die Mystiker, wenn sie den Gott in den Menschen setzten, ebenso ein Jenseits (und zwar ein in sich selbst noch Übertranszendiertes) voraussetzten, um es dem Menschen, mit höchster Paradoxie, zu vereinen. Das bleibt wahr, doch die Paradoxie ist auch wieder eine, die die ganze Jenseiterei aufhebt: um des Menschen willen und in ihm. Weder der Tod noch alle Mühsal sollten derart, wie Paulus sagt, von dem scheiden können, was der Mensch in sich findet. Oder wie Eckardt in seinem Sermon von der ewigen Geburt dem Pauluswort hinzufügt: »Ich werde in mir etwas gewahr, das erglänzt in meiner Vernunft, ich empfinde wohl, daß es etwas ist, aber was es ist, das kann ich nicht erfassen.« Man mag, je nach der Beschaffenheit seiner selbst und seiner Zeit, das in solchen Sätzen vorliegende Lichtgefühl als das unsinnigste oder als das gediegenste erfahren, man kann es verstehen oder in voller Fremdheit nicht verstehen. Eines jedenfalls steht fest: Auslöschung des Menschen vor einem Jenseits des Menschen, also Religion nur als Selbstentfremdung meint dieser Sermon nicht. Sondern selten oder nie wurde von der anima mea anima nostra so hoch gedacht; wie hoch und wie unangenehm für alle Tyrannen, das haben die revolutionären Täufer, diese Eckardt- und Taulerschüler, praktisch nachher bewiesen. Ein Subjekt, das sich in Personalunion mit dem höchsten Herrn dachte, ihn so zugleich im Jenseits absetzte, gab, wenn es damit Ernst machte, einen äußerst schlechten Leibeigenen ab. Ja die Paradoxie dieser umgebogenen Transzendenz, über viele Jahrhunderte hinaus, hat ebenso viele Jahrhunderte später noch seltsam gezündet, gar – Feuerbachsches gezündet: bis hin zum irreligiösen Umschlag. Es ist der Realist und Erdensohn Gottfried Keller, der im letzten Teil des »Grünen Heinrich« seinen freidenkenden Grafen auf die Entsprechungen zwischen einem späten Eckardtjünger, dem Mystiker Angelus Silesius, und eben doch dem Atheisten Ludwig Feuerbach hinweisen läßt. Tertium comparationis ist die Rückführung göttlicher Fernhöhe auf das menschliche Subjekt, also die Anthropologisierung der Religion. »Alles dieses«, verstand der Graf, wenn auch selber nicht ohne Paradox, mindestens Übertreibung, »alles dieses macht beinahe vollständig den Eindruck, als ob der gute Angelus nur heute zu leben brauchte, und er nur einiger veränderter äußerer Schicksale bedürfte, und der kräftige Gottesschauer wäre ein ebenso kräftiger und schwungvoller Philosoph unserer Zeit geworden.« Keller hätte mit gleichem Recht noch auf das Nach-

Mystische und Vor-Feuerbachsche im jungen Hegel hinweisen können, wenn dieser schreibt: »Die Objektivität der Gottheit ist mit der Verdorbenheit und Sklaverei der Menschen im gleichen Schritte gegangen ... Außer früheren Versuchen blieb es unseren Tagen vorzüglich vorbehalten, die Schätze, die an den Himmel verschleudert worden sind, als Eigentum der Menschen, wenigstens in der Theorie, zu vindizieren« (Die Positivität der christlichen Religion, 1800). Nur soviel vorerst über eine religiöse, soll heißen: in Religion einbrechende Mystik, die als solche doch wohl nicht ganz, wie Vulgärmarxismus meint, mit Tischrücken oder Altweiberkohl zusammenfällt. Oder auch mit Nebel, dergestalt daß Eckardt, wenn er etwas klarer geschrieben hätte, als er es ohnehin schon tat, kein Mystiker gewesen wäre. Daß menschliche Schätze an die Illusion eines existierenden Himmels veräußert worden sind, diese erste Einsicht in menschliche Selbstentfremdung kam jedenfalls nicht ohne einigen mystischen Beitrag zustande. Und gehört zwar weder zur Kirchentranszendenz noch aber auch zu bloß abstrakter Religionsfeindschaft an sich, wohl aber zum ganzen Marx, die »lebendige Blume« brechend.

Ende der statischen Metaphysik; konkrete Utopie

Ein schädlich gewordener Name soll gewiß nicht mehr verwendet werden. Er erweckt sonst falsche, verwechselnde Meinungen, macht überflüssige Arbeit, diese wegzuschaufeln. Und neuer Wein soll nicht in alte Schläuche geschüttet werden, selbst dann nicht, wenn die Schläuche wirklich und unverwechselbar die ehemals guten alten gewesen wären. Ihre Zeit ist um, auch das Wort Metaphysik scheint so historisch, ja, verrottet geworden. Es hat ihm gerade noch das Unglück gefehlt, daß faschistische Gauner wie Rosenberg unter dieser Etikette Fusel verkauften und faschistische Beiträger wie C. G. Jung, Klages Uriges von heutzutage. Mit alldem ist Metaphysisches des echten Schrot und Korns selbstredend gar nicht vergleichbar; das hat es gewiß nicht verdient. Sein Schaden und sein gewordenen Schädliches ist höchst anderer Art – und doch ist es mindestens starrend, einbannend, ja hinterhältig in seinem

Hinten, gesetzten Drüben, fertiger Halt geworden. So allerdings dem wirklichen Meta, nämlich dem Morgen im Heute einen statischen Riegel vorschiebend. Wie das schon überall angelegt war, wo »wahres Sein« ewig hinter aller Unruhe zu liegen schien, heiße es (omnia sub luna caduca) Idee, Substanz oder selbst ebenso fertige Materie. Die neue Philosophie dagegen ist trotz wie gerade ihres wirklichen Meta wegen keinerlei alte Metaphysik mehr, ist das nicht mehr, weil ihr Verhältnis zum Noch-Nicht-Manifestierten auch nicht das Mindeste eines »ontos on« zuläßt, einer Ontologie mithin, die als in sich ausgemachtes Dahinter alles schon hinter sich hätte. Sie ist gewiß ebenfalls Ontologie (dies Feld ist weder von Positivismus noch von anders agnostischem Eunuchentum ausgeräumt), jedoch sie gilt nur als Ontologie des Noch-Nicht-Seins alles Wesentlich-Seins. Sie gilt nicht deshalb als Halt, weil alle Barrieren geschlossen sind, nicht als Metaphysik eines bereits Ab-soluten. Dergleichen Trumpf oder Abschluß fehlt – qua Dialektik, qua Materie ohne historisch-kosmisches Klimakterium – dem echten dialektischen Materialismus völlig. Es fehlt entscheidend deshalb, weil der dialektisch-materielle Prozeß ein noch offener ist, ein lediglich von realer Möglichkeit, nicht aber von bereits entschiedener Wirklichkeit umgebener. Und diese endlich eingetretene Erkenntnis von Utopie, Noch-Utopie als einig essentieller Seinsbestimmtheit gerade im Essentialen, als das Zentralthema der Metaphysik selber. Ontologie des Noch-Nicht-Seins ergibt durchgehend eine andere Ontologie überhaupt als die bisherige, demgemäß, daß hier Existentia und Essentia nicht mehr direkt-proportional miteinander aufsteigen. Wie das fast in der ganzen alten Fixum-Metaphysik der Fall ist, mit allerrealst vorhandenem Metaphysikum hinter allem, statt daß es seinem (gewiß schwierigen) Seinsmodus nach bestenfalls ein Futurum und tendenzhaft-Latentes darstellt. Und noch ein Wort zu der sogenannten Überwindung der Metaphysik, wie sie nicht nur bei Positivisten und agnostischem Eunuchentum, sondern irrtümlich von Heidegger zu seiner Sache erklärt wurde. Also gerade vom prozeßlosesten Denker, vom antiquarischen oder nachgemachten Geraune, dem genau doch »Seinsvergessenheit« (»des Seyns von eh«) und keineswegs Einschreiten in Möglichkeits-Sein zu schaffen macht. Zwar sagt Heidegger überraschend, nämlich fast mit Metaphysik-»Verwindung« innerhalb ihrer selbst: »Zunächst kann die Überwindung der Metaphysik nur aus der Metaphysik selbst gleichsam in der Art einer Überhöhung ihrer selbst durch sie selbst vorgestellt werden« (Die Überwindung der Metaphysik, Reden und Aufsätze, 1954, S. 79). Doch seine »Überwindung« gerade als eine Überwindung der noch progressiven Momente der bisherigen Metaphysik »entbergend«, konkludiert Heidegger schließlich später, genau das »Mögliche« verspießernd, redressierend, einbannend: »Das unscheinbare Gesetz der Erde wahrt diese in der Genügsamkeit des Aufgehens und Vergehens aller Dinge im zugemessenen (!) Kreis des Möglichen, dem jedes folgt und den doch keines kennt. Die Birke überschreitet nie ihr Mögliches. Das Bienenvolk wohnt in seinem Möglichen. Erst der Wille ... zwingt die Erde über den gewachsenen Kreis ihres Möglichen hinaus in solches, das nicht mehr das Mögliche und daher das Unmögliche ist« (l. c., S. 98). Sichtlich besteht solche Art Überwindung der Metaphysik eben nur in der Eliminierung dessen an ihr, was noch weltveränderndes Meta sein konnte (auch bei Platon, wenn er dreimal nach Syrakus zwecks dessen Meta reiste, weil hier mehr als das Mögliche von Birke und Bienenvolk war). Heideggers angebliche Nicht-Mehr-Metaphysik ist genau der schlechteste Baum der alten, bis auf Blut und Boden herab, und das Gegenteil »einer Überhöhung ihrer selbst durch sie selbst«, im möglichen Sinn einer Ontologie des Nicht-Fertigseins, des Noch-Nicht-Seins. Metaphysik wird bei Heidegger geradezu trivialisiert als die alte unhaltbare der bloßen Wiedererinnerung, des Scheinprozesses im bloßen Kreis, der (bei Nietzsche unerwarteten) ewigen Wiederkehr des Gleichen. Es bezeichnet dagegen eine auffallende, bürgerlich überhaupt nicht verstandene Terminologiewendung, daß Metaphysik bei Friedrich Engels nicht primär mit Jenseiterei, sondern eben mit Statik gleichgesetzt und so abgelehnt wurde. Wo Dialektik, ist im marxistisch leider üblichen Sprachgebrauch keine Metaphysik mehr, nicht bei Heraklit, bei Platon, sogar nicht bei Böhme und keine bei Hegels »dialektischem Puls der Lebendigkeit«. Wogegen selbst die wahrhaft unjenseitigen Materiali-

sten der französischen Aufklärung marxistisch Metaphysiker genannt werden, sofern und indem sie im Weltbild der Statik
stehen geblieben sind; wie freilich auch weithin der noch mecha-
nistisch-starre Kosmosbegriff im Marxismus selber. Derart also
gehört der neue Wein nicht in die alten Schläuche, gehört dia-
lektisch-konkrete Utopie und das Möglichkeits-»Substrat« ihres
Novum nicht mehr zur bisherigen Metaphysik in diese – gewiß
eigene – Vernunft von bloßer Rückverbindung, bloßer re-ligio.
Wohl aber ist im Marxismus – als dem vermittelten Sprung
vom Reich der Notwendigkeit zum Reich der Freiheit – das
ganze so subversive wie unstatische Erbe impliziert, das in der
Bibel selber, allzu lange verdeckt, nicht als »Rückverbindung«
umgeht. Das vielmehr, im Exodus aus dem Statischen, als so viel
Protest und Archetyp fürs – Reich der Freiheit umgeht. Als
Aufhebung alles Oben, worin der Mensch nicht vorkommt, als
ein Transzendieren mit Revolte und Revolte zugleich mit
Transzendieren – auch ohne Transzendenz. Sofern nur die Bibel
endlich auch mit den Augen des Kommunistischen Manifests gelesen werden kann. Erst so bewirkt sie, daß kein atheistisches
Salz dumm werde und das im Marxismus Implizierte auch mit
jenem Meta begriffen wird, welches das Salz selber nicht dumm
werden läßt.

18   BIBELKRITIK ALS DETEKTORISCH:
ROTER FADEN UND ENTTHEOKRATISIERUNG
IM UNTERDRÜCKTEN TEXT

1. Es gibt nichts, woran nicht schlecht oder recht geändert worden wäre. Am wenigsten blieb ein dichterischer Entwurf, durch-
gesehen, wie er zuerst war. Ja es dürfte die Stümper vom Meister auch darin unterscheiden, daß dieser zu streichen, abzu-
schlagen versteht wie an einer entstehenden Bildsäule. Da kann
gewiß auch mehreres verschlechtert werden und, im Vermeh-
renden, des Guten zuletzt zuviel getan: die Hand von der Tafel,
lautet daher ein römischer Rat. Doch wird auch durch Streichungen, gar Ergänzungen meist nicht unkenntlich gemacht, im

Gegenteil, die Sache soll immer deutlicher herfür. Da gibt es zuletzt auch das Recht auf eine sogenannte Ausgabe letzter Hand; das gerade bei kanonischem Anspruch. Freilich bleiben hierbei, bei solcher Art Durchsicht, erstens die früheren Texte erhalten, nun als Vorabdrucke, sozusagen. Ein Vergleich ist dadurch möglich, sofern sich das lohnt, und nur von wenigen Schriftstellern wurde er gescheut. Sodann vor allem hat dort, wo es, wie meist, mit rechten Dingen zugeht, jede Veränderung im Text das Gute von vorher erhalten, verbessert, deutlicher gemacht und keineswegs verkehrt. All das muß vorausgeschickt werden, damit auch bei verändertem Text das Maß gesehen werde, das ihn von entstelltem trennt. Recht anders ists dagegen, einleuchtenderweise, wenn Andere, Spätere, nicht zu ihm Passende über den Autor kommen. Er kann mündlich nicht mehr gehört werden, dafür aber sein Nachlaß unterdrückt oder gefälscht. Solch untreue Texte kommen vor, je sicherer, je einflußreicher sie geworden sind. Desto mehr gilt, daß man darunter den anderen Ton grabe, höre.

2. Was vordem nur mündlich überliefert ward, hielt sich meist gut. Es war eingefahren, auch den Hörern überwiegend gewohnt, es sollte wortgetreu bleiben. Erst beim Wiederholen, das heißt hier Wiederabschreiben, gar beim nachträglichen Zusammenstellen geschriebener Texte ändert sich diese Treue. Der verderbte Text tritt auf, er gibt überhaupt keinen Sinn, widerspricht sich oft schon im nächsten Satz oder der nächsten Seite. Kann freilich auch sein, kein blanker Unsinn, sondern eine Art Sinn kommt heraus, sogar eingängiger, der nur dem Text nicht an der Wiege gesungen war; dann ist das Verderbte am Text viel schwieriger merkbar. Meist nun ist an solchen Flecken Zufall schuld, sei es aus Versehen oder Schlamperei des Abschreibers, sei es, daß bei redigiertem Text vorhandene Lücken falsch überbrückt oder daß Verstreutes schief geordnet wird. Das alles gehört zu menschlichem, allzu menschlichem Irren und ist noch nicht Elisabeth Förster-Nietzsche. Aber gibt es nicht auch sonst, bei jedem Text, der nicht selber so harmlos ist wie sein unfähiger Herausgeber sein mag, eine Verführung, nicht nur harmlos zu sein? Ja sogar nicht nur unfähig, es sei

denn als Maske, sondern sehr fähig zu lang verdecktem Betrug? Mit Elisabeths, auch Cosimas etwas feinerer Ordnung also, bewußt unterdrückend, bewußt entstellend, was nicht in den andersartigen Plan und Kram paßt. Gewiß, der Anreiz, um nicht zu sagen, der Auftrag der herrschenden Gesellschaft zu Textfrisur besteht bei vielem posthum Gemachten, aus Mündlichem oder Bruchstücken Gemachten ebenfalls. Er bestand selbstverständlich bei Grimms Märchen nicht und wohl auch nicht bei der Sammlung, Niederschrift, die Pisistratus den homerischen Gesängen angedeihen ließ. Was hätte seine Person oder sein Regime auch für einen Vorteil davon gehabt, hier zu unterdrücken oder umzubetonen? Trotz Thersites etwa, den die Ilias nur als Schwätzer oder häßlichen Lästerer schriftlich überliefert, weil er an den Fürsten immer etwas zu tadeln hatte und gegen den Krieg spricht. Andererseits ist mythisch nicht mehr Verstandenes oder Ineinandergebrachtes genug in der schriftlichen Odyssee; so Kalypso, die »Verborgene«, eine Todesgöttin, die ewige Jugend verheißt. Die Folge der Gesänge, die Verknüpfung der Ereignisse vor allem ist gewiß in den überlieferten Homerepen vielfach zweifelhaft, überglättet. So entstand ja 1795 F. A. Wolfs erste Homerkritik. Und was soll man zum Tun der bloßen »Homeriden« sagen, beachtet man das entstandene Durcheinander der Kapitelfolge, ja die sachliche Verwirrung in mehreren Redigierungen philosophischer Großwerke, so der »Metaphysica« des Aristoteles? Wobei an den schlechter tradierten Reststücken des Homer wie Aristoteles genug zu Redigierendes sein mag, was zu Fahrlässigem und Subalternem, zum Famulus Wagner also nicht zu Mephisto gehört. Doch es überrascht, wie wenig auch hier Textkritik nach dem Cui bono gefragt hat, und wie es überhaupt kaum die berühmteste Textkritik, eben die an der Bibel, nachdenklich machte. Obwohl doch vor allem am Bibeltext die Aporien auftauchen, die interessierten Einschübe dazu, die nicht nur der Schlamperei und ganz sicher nicht dem Subalternen entstammen dürften. Dies ja gerade hat Bibelkritik — als die bekannteste von allen philologischen — mit besonders viel Anlaß zu ihr versorgt und viel Spannung vom Stoff her. Das macht diese Kritik zugleich der Weiterungen bedürftig, die im vorhandenen Text immer wieder merkwürdig anderen, aufsässig anderen Stellen aufzuspüren. Indem doch noch nicht ganz auszutilgen oder zu überdecken war, was man vor Tische, vor den großen Redigierungen noch las.

3. Die unterschlagenen Züge davon sind noch überall merkbar, wo es auf sie ankommt. Die ungestörten Texte waren aber rabbinisch schon lange nicht mehr im Umlauf, die Bibel stand fest. Ihre älteste Handschrift reichte ohnehin nicht hinter das sechste nachchristliche Jahrhundert zurück, und die Funde von Qumran nicht hinters erste vorchristliche. Diese Funde boten auch hinsichtlich anderer Lesarten, sozusagen, keine Überraschung, indem sie hauptsächlich der seit Esra und Nehemia offiziellen Bibel entsprechen. Doch sie sind ja auch viele Jahrhunderte nach der offiziellen Bibelredaktion Esras entstanden, können also kaum noch unpassende Quellen in dem längst kanonisch gewordenen Text erinnern. Dagegen nun die Zeit Esras und Nehemias selber, Esras vor allem, des um 450 vor Christus aus dem persischen Exil zurückgekehrten »Kirchenkommissars für Jerusalem«. Es gab noch vorkanonische Quellen, über die sogenannte babylonische Gefangenschaft seines Volks wohlerhaltene, aber der Schriftgelehrte Esra isolierte auch noch, reinst theokratisch, das alte »Gesetzbuch« seit Mosis Zeiten, er hatte sein Laborat schon bei sich, als er gen Jerusalem kam. Danach geschah es, »daß er das Buch des Gesetzes Mosis holte, das der Herr Israel geboten hat, und brachte das Gesetz vor die Gemeinde« (Nehemia 8, 1). Was nun im so gegründeten jüdischen Kirchenstaat bewirkte, daß das redigierte Alte Testament und seine »Gesetzesfreude« nur einen kleinen Teil jener israelitisch-jüdischen Literatur enthielt, die noch außerbiblisch lebte. Sie führte nun ein vielsagendes, doch schwindendes, bezeichnenderweise unkonformes Dasein (so in Volkserzählungen, der Haggada); oft neben dem Gesetz und den klerikal entspannten Propheten. Bezeichnend für die fortwirkende Richtung des Kirchenkommissars Esras ist, daß die Priester seines Geistes immer wieder schwankten, ob Bücher wie Hiob, aber auch Kohelet, dann das Hohe Lied »Heilige Schrift« seien oder ob man sich damit, nach der gleichfalls ritual gewordenen Schulsprache, »die Hände verunreinige«. Folgerich-

tig wurde die Bedeutung Esras für das seitdem, in solcher Gestalt vorliegende Alte Testament von der rabbinischen Orthodoxie stets pointiert, erhöht. Trotz aller Vorgänger, die er seit der alten Königszeit schon hatte und ihre eigene Gesetzesfreude ohne die, ja wider die Propheten. Denn wirklich endgültig wurde erst seit Esra und Nehemia der Bibeltext auf schlechthin theokratischen Generalnenner zu bringen versucht; wider jeden prophetischen Auszug aus Pharao auch in der Jachwe-Vorstellung. Hier verschwand erst endgültig das Murren der Kinder Israel aus dem offiziellen Text; interpoliert wurde statt dessen ein Hochgewicht von Kultur, Sühne, untertänigste Steigerung göttlicher Transzendenz. Wegen dieser ganzen Redigierung, Umredigierung also, kann die Bibel überhaupt erst ein Anlaß und Gegenstand wirklich detektorischer Bibelkritik sein. Das heißt einer, die eben die Frage des Cui bono in der frommen oder weniger frommen Entstellung so mancher, entscheidend subversiver Partien endlich einbezieht. Denunziert wird dadurch Entstellung statt bloßer Verderbtheit des Texts, kurz Redaktion nach Weise der Reaktion. Immerhin fielen die Bruchstellen im Alten Testament besonders auf, dem so langgestreckten Geschichts- und Geschichtenbuch, dem wohl gespanntesten Amalgamwerk überhaupt.

Was als neuer Ring dann hinzutrat, wurde ebenfalls erst nachher zu dem gerundet, was es ist. Was es als Neues Testament ist, kein Leben Jesu buchstäblich, eher oft erste Predigt darüber. Daran ging dann, verzögert, die weitere Bibelkritik an, das ist die nicht aufs Gesetz beziehbare, sondern auf die ebenfalls nachträgliche Opfertodtheologie Pauli und deren redigierenden Einfluß aufs Jesusbild. So wurde hier doch wiederum, wenn auch auf völlig andere Weise, Sichschicken gelehrt, gar als Geduld des Kreuzes (von der Jesus nie gesprochen hatte, und Paulus selber hatte ja den leibhaftigen Jesus nie gehört, gesehen). Zwar konnte der Autor des Markus-Evangeliums noch eine nicht mehr erhaltene Sammlung von Aussprüchen Jesu benutzen, doch sie sind, in allen vier Evangelien, großenteils für Mission und das sich einrichtende Gemeindeleben gemildert, gebogen worden. Bruchstellen bringen das immer wieder an den Tag, so der Unterschied der »Taufe in den Tod Christi« zu dem etwas weniger geduldigen Jesuswort (in Luk. 12, 49): »Ich bin gekommen, daß ich ein Feuer anzünde auf Erden, was wollte ich lieber, als es brennte schon.« Derart hat die Evangelienkritik es zwar nicht mit der alten Esra-Kodifizierung zu tun, wohl aber mit dem Einfluß der paulinischen Opfertodtheologie, und das auch chronologisch: die Paulusbriefe sind bereits um 50 geschrieben, die drei ersten Evangelien dagegen nachher, um 70, das Johannes-Evangelium erst 100 Jahre nach Christi Tod. Ja die endgültige, also von Quellen, gar Quell sich nun rein institutionell abhebende Entscheidung über Umfang und Grundform des heutigen Neuen Testaments geschah erst auf der Synode von 382 unter Papst Damasios; fast seltsamerweise blieb die Offenbarung Johannis erhalten, als einzige Apokalypse. Trotzdem aber ging und geht bis heute, schon seit 1100 und früher, die richtunggebende Bibelkritik erst am Alten Testament an, und die Evangelienkritik folgt viel später. Wegen ihres *eigenen* Steins des Anstoßes und seines *eigenen* kirchlichen Einbaus, Umbaus, Einwickelbaus, nicht alles erstarrenlassend, doch alles auf die lange Bank schickend. Kritisch gegen jedes Arrangement blieb dagegen die Philologie (und nicht nur die Philologie) des Alten Testaments vom Genesistext bis zum Buch Hiob, mit dem Stück Prometheus in sich, und dem Propheten Jesaja, der gegen das Siehe, es war alles gut, einen neuen Himmel und eine neue Erde schaffen läßt, daß man der vorigen nicht mehr gedenke. Hier vor allem finden sich nicht nur die Unterschiede in der Sprache, im chronologischen Durcheinander, in den unstimmigen Parallelberichten, in den unausgleichbaren sachlichen Widersprüchen, sondern es gibt greifbarste Interpolation von — Ägyptischem mitten darin, gegen den Exodus. Das vor allem müßte genau die Bibel*kritik* beherzigen, auf den nicht einmal gut redigierenden sozialen Auftrag achtend, der ihr doch erst jene Arten von Text zur detektivischen Beachtung gab, die keinen Thomas Münzer begeistert hätten. Zweck des Detektorischen müßte also das *Positivste* sein, das aus Durchschauung und Abtragung des Esrahaften, Kenntlichmachung und Rettung des verschüttet »Plebejerhaften« in der Bibel besteht. Nur zum Teil ist es verschüttet, gewiß, sonst wirkte ja die Bibel wie jedes andere Religionsbuch der Oberschicht und der vergöttlichten Despotie, statt daß sie, selber ununterdrückbar, das revolutionärste Religionsbuch überhaupt darstellen kann. Kraft ihrer immer wieder raumschlagenden Antithese: *Menschensohn — Ägyptenland.* Daraufhin bezogene Textkritik dürfte also keineswegs eine neutrale sein, wie etwa die Homerkritik, sie gibt (nemo audit verbum nisi spiritu libertatis intus docente) der Philologie vielmehr ein Ziel.

4. Es ist so, daß man erst Kleinerem auf die Spur kam. Einmal auf diese gesetzt, wurde aber die weitere Aufmerksamkeit erregt, aus der dann die verblüfftere Kritik kam. Am frühesten fielen chronologische Widersprüche auf, auch solche einfachsachlicher Art. Zum Beispiel wenn die Sintflut bald 540, bald 150 Tage dauert; oder wenn Abraham, der sich vor Gott zu alt zur Zeugung erklärt hatte, nach Saras Tod nochmals heiratet und mehrere Kinder setzt. Die Erzväter aus uralt beduinischer Sage sprechen wie nachexilische gesetzestreue Juden. Josefs Brüder aber, umgekehrt, wissen nicht einmal etwas von Speisegeboten. Und welch andere, nämlich geheiligte, Unstimmigkeiten mußten von der Bibelkritik durchstoßen werden; desto bemerkenswerter, daß ihr scheuer Anfang unter den rabbinischen Kommentatoren des Mittelalters zu finden ist, so bei einem sehr anderen Esra, bei Ibn Esra um die Mitte des zwölften Jahrhunderts. Dieser kommentierte vergeblich die verräterischen Stellen in 5. Mos. 1, 1 und 5; 3, 8; 4, 41—49, wo Moses, der doch Kanaan nicht betreten hat, »auf der anderen Seite des Jordan« spricht, Gesetze auslegt, Länder erobert. Damals aber bemerkt Ibn Esra, als Moses dies erinnerte und niederschrieb, seien noch die Kanaaniter auf der anderen Seite des Jordan gewesen; und er fährt fort: »Hierin liegt ein Geheimnis; der schweige, der es versteht.« Die endlich befreite Bibelkritik aber zählt zu den aufregendsten Beispielen des menschlichen Scharfsinns; es ist so nicht grundlos, daß sie – eigens mit Hinweis auf Ibn Esra – von Spinoza inauguriert worden ist. Nirgends kühner als hier zeigt sich die vollkommene Unabhängigkeit seines Verstands, der Bruch der festesten Tradition der Falschheit. Spinozas Tractatus theologico-politicus, 1670, kommt cap. 7—10 bereits zum

Schluß, daß von der Genesis bis zum 2. Buch der Könige eine Redaktion des Priesters Esra aus verschiedenen, einander widersprechenden Schriften vorliege. Die Bibel erwähnt selber zwei dieser verlorenen Schriften: das »Buch der Kriege Jachwes« (4. Mos. 21, 14) und das »Buch der Rechtschaffenen« (Josua 10, 13; 2. Sam. 1, 18); letzteres ist um 1000, zur Zeit Salomos verfaßt. Eine Art erste Anatomie des Texts begann mit der Entdeckung des Arztes Jean Astruc, daß im Pentateuch zwei verschiedene Schriftsteller unterscheidbar sind. Er nannte sie nach den von ihnen gebrauchten Gottesnamen den Jahwisten und den Elohisten, diese Namen sind ihnen seitdem geblieben (Astrucs »Conjecture sur les mémoires, dont il paroit que Moyse s'est servi pour composer le livre de la Genèse«, 1753, erschien noch anonym). Dieser Begründer der philologischen Bibelkritik fiel insofern hinter Spinoza zurück, als er Moses und nicht die Priesterschaft zum Redaktor der nach ihm benannten Bücher machte. Wichtig freilich ist, daß auch ein katholischer Theologe, ja nach Ibn Esra einer der ältesten Bibelkritiker überhaupt, der Pater Masius schon in einem Kommentar zum Buch Josua, 1574, auf den Priester Esra und seinen Nehemia als vermuteten letzten und Hauptredaktor des Alten Testaments hingewiesen hat. Astrucs Quellenforschung selber, lange unbeachtet, kam im neunzehnten Jahrhundert zum Sieg: Wellhausen, der unangenehme Erbe vieler Vorgänger, gab die schärfste Analyse (Geschichte Israels, 1878, Bd. 1), Gunkel die reifste und beziehungsreichste (Genesis, 1901). Wobei Wellhausen freilich seine persönliche Gleichung, eine antisemitischer Art, als neue Fehlerquelle hinzufügte. Jahwist und Elohist spalteten sich wiederum in mehrere, ja auch ein nichtisraelitischer Autor aus dem Süden Palästinas, die sogenannte S-Quelle, ist mit vorletztem Schrei vermutet, ihr wird sogar die Paradies- und Turmbauerzählung zugeschrieben, die sonst dem Jahwisten zu gehören schien (vgl. hierzu Pfeiffer, Introduction to the Old Testament, 1941, p. 159ff.). Sieht man von diesen Hypothesen ab, so sind außer Gesängen und erkennbarer Saga vier Hauptstücke des Bibel-Komposits einwandfrei festgestellt: Jahwist, Elohist, Deuteronomium und Priester-Kodex. Der Jahwist schrieb mündliche Überlieferungen im neunten Jahrhundert nieder, der Elohist im achten; beide wirkten wahrscheinlich im Auftrag von Prophetenschulen. Das Deuteronomium (5. Buch Mosis) stammt aus dem siebenten Jahrhundert, zeigt mannigfache Bezüge zu Jeremia, unterscheidet sich, verglichen mit Numeri und Josua, besonders deutlich durch Pracht der Periode, durch reich-rhetorischen Stil. Zuletzt eingefügt (so das ganze erste Kapitel Genesis, also gerade der scheinbare Anfang der Bibel) wurde das Priesterdokument, entstanden um 500 in Babylon, mitgebracht vom gesamten Schlußredaktor Esra. Zuletzt sind noch einige archaische Gesänge und verstümmelte Reste aus der ursprünglichen Saga erkennbar; so der Sang des urbeduinischen Lamech (1. Mos. 4, 23). So weiter Deborahs unzweifelhaft altes Triumphlied (Richter 5, 2 ff.), Jakobs Kampf mit einem Gott (1. Mos. 24–31), die primitive Gotteserscheinung a tergo in 2. Mos. 33, 21–23, viel altertümlicher nach Ton und Inhalt als die des brennenden Dornbuschs in 2. Mos. 3, 2–6. Jahwist und Elohist wurden im siebenten Jahrhundert erstmalig verschmolzen, zahlreiche Interpolationen wurden im Interesse der Priesterkaste eingefügt, Bundesbuch und Deuteronomium, mit den differenzierten Speisegesetzen und dem ausgebildeten Ritual. Der Bericht über diese Redaktion findet sich 2. Kön. 22, 8 und 23, 2 ff.: Der Hohepriester Hilkia fand das Gesetzbuch angeblich im Tempel, König Josia verpflichtete das Volk auf die Charta der neuen jüdischen Kirche. Die letzte Redaktion aber, die nun endgültig ausscheidende, ekklesiastisch überbackende, kanonisierende, griff Platz eben durch den Priester Esra, nach seiner Rückkehr aus Babylon, um die Mitte des fünften Jahrhunderts: der Priester Esra kam, wie erwähnt und als Pointe des Ganzen erinnerlich, aus Babylon mit dem Gesetz Gottes in seiner Hand (Esra 7, 14) und las es vor der Kongregation in Jerusalem (Nehemia 8, 1 und 8). Um die gleiche Zeit wurden übrigens die Schriftzeichen der Bibel ausgewechselt, statt des alten phönizischen Alphabets wurde die Quadratschrift gewählt, eine Modifikation der aramäischen; auch dieses erleichterte Veränderungen. Freilich ist selbst noch, wie hinzuzufügen, die späte alexandrinische Bibelübersetzung der Septuaginta vielfach verschieden, vor allem kürzer als der heute vorliegende masoretische Bibeltext. So entstand das Komposit, das Pentateuch genannt wird, einschließlich vielfacher Interpolationen und Verschweißungen in den Propheten, besonders im Jesaja. Derart wird auch der entstellte, ja ungelöste Zustand eines Ketzerbuches wie des Hiob erklärbar, das nur um den Preis solcher Interpolationen und Streichungen in den Kanon kam. Ein amerikanischer Semitist, D. B. Macdonald, sagt über diesen besonders redigierten Fall mit Recht: »Stelle man sich vor, Goethe wäre vor Beendigung des Faust gestorben, der erste Teil wäre herausgegeben, der zweite aber ungeordnet und die Lösung ungeschrieben; dann hätte ein mechanischer Herausgeber all das genommen, schlecht und recht zusammengebunden und mit dem Ende des Volksbuchs vom Faust abgeschlossen. Dies ergäbe ungefähr eine Parallele zum gegenwärtigen Zustand des Hiobsbuchs«; wobei nur als Wichtigstes hinzu imaginiert werden muß, daß der »mechanische Herausgeber« gar nicht so mechanisch wäre, sondern etwa ein Mitglied des S. Officium Inquisitionis, mit dem Gesetzbuch de puritate fidei zur Hand. Und der so gegen einen häretischen Text, wenn er nicht verdammt werden kann, immerhin verschneidend, das Gegenteil okulierend vorginge. Selbstverständlich sind viele Teile der redigierten Bibel, nämlich die theologisch-politisch harmlosen, so die Dauer der Sintflut oder auch die Zeugungskraft eines Patriarchen, nur harmlos verändert. Doch das Buch Hiob und, wie man weiter sehen wird, der Text ad Kain, ad Jakobs Kampf mit dem »Engel«, gar ad Paradiesschlange, ad Turmbau von Babel, kurz sehr pointierte Stellen sind keineswegs harmlos; so wenig ist es also auch ihre klerikale Umwertung, ja Verteuflung. Und keine Bibelredaktion glättete auch sonst die Bruchstellen, nicht einmal die relativ harmlose zwischen Jahwist und Elohist, sofern sie über den gleichen Gegenstand handeln. Bemerkt wurde mindestens: Reste von Ahnenkult sind noch erkennbar, zahlreiche polytheistische Reste, so allein schon im Plural Elohim und in den Anreden Gottes an seine Mitgötter (1. Mos. 1, 26; 11, 7). Adam wird zweimal geschaffen, im ersten Kapitel der Genesis anders als im zweiten, Fragmente einer im Priesterkodex gestrichenen Schöpfungsgeschichte finden sich, vor allem, was das rebellische Meer angeht, bei den Propheten (Jes. 51, 10) und im Hiob (38, 8–11). Der Jahwist wundert sich über die rituelle

Absonderung der Ägypter vom Tisch der fremden Gäste im Palast Josefs (1. Mos. 43, 32); also sind ihm die jüdischen Speisegesetze, obwohl scheinbar von Moses diktiert, offenbar noch unbekannt. Und was das Tempelritual im zweiten Buch Mosis angeht, so sagt selbst Jeremia 7, 22 das desavouierende Wort »Ich habe euren Vätern, als ich sie aus Ägypten führte, weder gesagt noch geboten von Brandopfern und anderen.« Dieses und vieles andere bezeichnet eben auch in weniger Rebellischem Aporien in Fülle; die Bibelkritik erklärt sie durch die stärkste Kraft der Philologie: durch chronologische Aufhebung der überlieferten Reihenfolge der Buchteile, vor allem durch Entdekkung verschütteter oder übermalter Grundelemente. Bemühender aber und viel wichtiger wird und bleibt die Erforschung *jener* Reste, die mit *priesterlicher Absicht, gegenrevolutionär in der Sphäre der Religion,* überdeckt worden sind. Es sind das nur mehr wenige erkennbare Inseln, doch sie ragen wie Berggipfel eines untergegangenen Lands aus dem Meer der Korrektheit. Als solche Azoren stellen sich eben die Worte der Paradiesschlange dar und das mancherlei Dasein auf eigene Faust, gegen Jahwes Faust, von Kain bis zum Messiasgedanken keinesfalls mehr mit Jahwe als dem geglaubten »Arzt Israels«. Item, ohne solche Benutzung und neue Wendung der Bibelkritik ist überhaupt keine Religionsphilosophie mehr möglich, am wenigsten eine des revolutionär-utopischen Begriffs.

5. Das Tor ist offen, auch ketzerischer Andrang hat immer dafür gesorgt. Dem Bauernkrieg, nicht nur dem deutschen, kam der aufsässige, vergebens unterschlagene Unterton scharf zugute. Selbstverständlich liegt auch an biblischem Ort und Stelle ökonomisch-soziale Unruhe den ideologischen Stößen zugrunde. Nur sind die Berichte darüber, gleichsam die Schlange in bar, noch mehr zurückgedrängt als die mythischen Reflexe gegen oben. Das politische Murren der Kinder Israel und was dann dagegen wütet »vom Herrn«, ist fast einzig 4. Mos. 16 ein Kapitel lang ausgeführter als selbst der »Aufruhr der Rotte Korah«. Und auch in der Korahstelle ist ein Volksaufstand völlig überdeckt, ebenfalls umkorrigiert, indem einzig von »Vornehmsten der Gemeinde« die Rede ist und »namhaften Leuten«. Die

sich freilich empörten wider Moses und Aron, mit einer Art von Priestertum der Laien. Doch dann wieder erscheinen sie selber als priesterliche Oberschicht, als Leviten, die verfrüht eine bloße Art Palastrevolte machten. Das ist alles, mit Ausnahme freilich des Schlusses und Ausgangs, wo sich – vor einer praktischen Revolte – der Reflex des Priestergotts, des Gotts für Priester und Herren, nicht nur in Unterdrückung von roten Legenden zeigt. Die gesamte Rotte wird natürlich von diesem Schreckensgott ausgerottet, hier nicht einem des Kriegs, sondern der weißgardistischen Abschreckung, als ob er, qua Schrift in Esras und Nehemias Hand, der Gott jedes weißen Terrors wäre. Dergestalt »daß die Erde ihren Mund auftut und verschlingt sie mit allem, was sie haben, daß sie lebendig hinunter in die Hölle fahren, so werdet ihr erkennen, daß diese Leute den Herrn gelästert haben ... Zum Gedächtnis der Kinder Israel, daß nicht jemand Fremder sich herzumache, der nicht ist des Samens Aarons« (das ist: des Hohepriesters), »zu opfern Rauchwerk vor dem Herrn, auf daß es ihm nicht gehe wie Korah und seiner Rotte« (4. Mos. 16, 30; 17, 4). Das ist also mindestens eine Andeutung vom verschollenen politisch-rebellischen Unterbau, zu dessen ideologischer Verteufelung sich eben der immer weiter verstärkte oder interpolierte Kultgott, Despotiegott der Priesterkaste empfahl. Hier wirkte jene Gottesvorstellung, die auch in dem rein als Gehorsam aufgefaßten Paradies hielt, als »einem Park, wo«, wie Hegel sagt, »nur die Tiere und nicht die Menschen bleiben konnten«. Ebenso aber ist hier gewiß nicht jene andere Gottesvorstellung, die auch in der Priesterredaktion ununterschlagbare, welche aus dem Land der Knechtschaft, Ägypten, durch die Wüste ins Land der Freiheit zu führen versprach. Doch Gottesvorstellung mit Futurum als Seinsmodus, wo dies Andere entsprang, kann sich in keiner von oben herab institutionalisierten und so im doppelten Sinn fertiggemachten Religion halten. Nicht bei nachexilischer Kultusgemeinschaft, zurückdatiert in die Moseszeit, nicht bei Steigerung der Transzendenz zum Zweck eines einzigen Zugangs zu ihr durch Priester und Kultus; bei Strafe allerhöchster Ungnade dieser Transzendenz, der selber nur mit Sühne und Buße alleruntertänigst behandelbaren. Von der Bibel – als derart ausgerichtetem, obzwar über und über zerklüftet bleibendem, vulkanisch bedrohtem Handbuch einer regierten Kultgemeinde – sollte in der Tat so, als »von Gott inspiriert«, nur noch mit Apologetik, äußerstenfalls mit Allegorese und mit Symboldeutung hinfort gedacht werden. Also mit gläubiger Textnachfolge schlechthin und nicht mit unterscheidender Verfolgung der wahren Achse in der Bibel: unserer wachsenden Selbsteinsetzung ins religiöse Geheimnis vor uns. Gewiß entstand auch bei fehlender Kritik der biblischen Bruchstellen ein nicht nur glättender, ja ein tiefsinnig-gleichnishafter Kommentar, so in der jüdischen wie christlichen Exegese des Mittelalters und weiter. Sondern es gibt sogar den Fall, daß gerade wegen Unkenntnis von Bibelkritik, jedoch mittels eines produktiven Mißverständnisses der Textaporie eine epatante Spekulation möglich war. So etwa bei Philon, wenn er die zweimalige Erschaffung Adams im Buch der Genesis nicht von zwei verschiedenen Quellen her begriff, sondern buchstäblich nahm und akzeptierte. Danach einen irdischen und einen himmlischen Urmenschen schaute, welch letzterer hernach erst den Menschensohn in Jesus, den Messias, den Logos so ganz und gar nicht theokratisch erhöhen ließ. Jedoch dergleichen ist paradoxe Ausnahme von der Regel, daß erst die kritisch bemerkte Bruchstelle aus *überdecktem* oder (im Buch Exodus) *unaustilgbarem Subversivem* das Organon für die nichttheokratische Achse in der Bibel kenntlich macht. Deutlich gibt es so eine unterirdische Bibel, ihre Erforschung ist durch die Bibelkritik möglich geworden, obzwar bisher noch kaum begonnen, eine unterirdische Bibel diesseits wie contra wie ultra der heteronomen Beleuchtung, der Decke des Theokraten. Der homo absconditus, vom Eritis sicut deus bis zum Menschensohn und seinem nicht transzendenten Thronhimmel, sondern eschatologischen Reich: das machte die wirkliche Biblia pauperum aus. Diese intendierte auch tatsächlich, gegen den Baal, die »Aufhebung aller Verhältnisse, in denen der Mensch nur als gedrücktes, verächtliches, verschollenes Wesen vorkommt«. Insofern beruft sie, in beiden Testamenten, Religion der humanen Utopie, Utopie eines nicht Illusionären an der Religion. Oder, mit einer anderen Wendung des Marxschen, die Gotteshypostase völlig auf unsere Füße stellend: »Gott erscheint so als hypostasiertes Ideal des in seiner Wirklichkeit noch ungewordenen Menschenwesens; er erscheint als utopische Entelechie« (Das Prinzip Hoffnung, 1959, S. 1523). Darum: nicht »Entmythologisierung« sei's Panier, gar eine ohne Unterscheidung von Prometheus – und Baal – von dem »Kerygma«, sondern *Enttheokratisierung* läßt in der Bibel ihrem zu rettenden Text gerecht werden. Hat die Bibel doch auch nur insoweit und dadurch Zukunft, daß sie mit dieser Zukunft ohne Transzendenz transzendiert. Ohne transponiertes Über-uns, hoch droben, zeushaft, doch »mit aufgedecktem Angesicht« potentialiter im Vor-uns, unseres wahren Augenblicks (nunc stans). Die darauf bezogene wirkliche visio haeretica der Bibel ist folglich auch in ihr, gerade in ihr selber. Scharfes (oft unterschlagenes) Aufbegehren gegen Druck ist darin, geführt von beispielloser *Erwartung* eines wirklich Ganz-Anderen, wovon die Erde einmal voll wird. Die Mythologie des donnernden Kronion hoch droben haben andere Gottvorstellungen auch, meist nicht mehr als das; nur die Bibel pocht zentral auf den Gott der menschlichen Hoffnung, auf Erwartung des »Vollkommenen« – »wenn aber kommen wird das Vollkommene, so wird das Stückwerk aufhören« (1. Kor. 13, 10). Der Blick auf solch ein Zeichen ließ – nun mit ganz anderer Bibelkritik, nämlich Kritik *durch* die Bibel – ein Zweierlei in der Folge sehen, empfindlicher als das vorher, eine Schrift für das Volk und eine Schrift gegen das Volk. Und dies Zweierlei schärfte sich gegenseitig, in der unten gelesenen, selber weithin noch unterirdischen, apologetisch nicht mehr abgeblendeten Bibel. Sie machte in so vielen Partien mit Einem scharf: wohin es mit den Menschen in der Welt der Nimrode gekommen ist; worauf es mit den Menschen im Reich der Hoffnung hinaus soll.

IV. EXODUS IN DER JACHWEVORSTELLUNG SELBER, ENTTHEOKRATISIERUNG

Da will man etwas los werden. Alles sei eitel, auch das steht geschrieben. Einen Ton hat das, der niederdrückt, aber auch sich abstoßen, aufbrechen ließ. So daß alles, was neu gewesen, nicht viel anders als das Vorige war. Dies Vorige ist nun dasjenige, woraus der hörend selber Neugewordene austritt. Es widersteht dann einer, dies erst ist der Sache treu, und man kann sich darauf verlassen. Anders wäre so etwas auch früher nicht unstet gewesen und unterwegs.

EIN UNERHÖRTES JESUSWORT, VOLL ABFAHRT 20

Was war, muß geprüft werden. Es gilt nicht um seinetwillen, gewohnt vielleicht, aber hinter uns liegend. Es gilt nur, sofern und soweit das Wohin vor uns im Hergekommenen selber lebt oder nicht. Wurde falsch, was nach rückwärts bindet, so muß das Band zerschnitten werden. Dann erst recht, wenn es von vornherein unwahr war, lediglich als Fessel stimmte. Bezeichnend ist, wie wenig auch die treue Ruth zu dem zurückging, woher sie kam, sondern sie kehrte nicht um und zog zu dem, wohin sie in freier Wahl gehörte. Aber wie merkwürdig scharf schlägt selbst jesuanische Güte an diesem Punkt nach anderer Seite als der des Herkommens aus. Wie ungehörig fühlt sich Jesus auch als leiblicher Sohn einem alten Zuhause und Gehorchen. Er hat es überschritten, seinem Bann aufgesagt, nichts mehr ist davon noch über ihm. Das alte Vater-Ich selber reißt ab, als Neugeborener steht hier einer mit ebensolchen da, Vater und Mutter verlassend, Jesus nachfolgend. »Und reckte die Hand aus über seine Jünger und sprach: Siehe, diese sind meine Mutter und meine Brüder« (Matth. 12, 49). Ein unbotmäßiges Ich brannte hier durch, aus gesetztem Nest samt dem Vorstand darin; verwandt sind allein die gewählten Jünger, noch verwandter dasjenige, was ihm und ihnen in sehr anderem, nicht mehr drückendem Bund gemeinsam ist. Statt Mutter und Brüdern freilich kann hier auch ganz anderes fremd geworden sein, lange vor Jesus. Ganz unschüchtern ging das an, aus sich selbst heraus und hat die Jugend »verdorben«.

21   ÄLTERE BILDER AUS AUSBRUCH;
DER SCHLANGE ERSTE BETRACHTUNG

Wer mündig wird, läßt nicht mehr über sich verfügen. Und Neues kam seit je von unten her, hat sich von da an gegen gesetzten Brauch gesetzt. Gerade anfangs gibt es ja allerhand, das wider den Stachel löckt. Es war ja selbst in der überarbeiteten Schrift nicht ganz verwischbar, so wurde es beschimpft. Blieb auch deshalb stehen, weil sonst die Strafe nicht Platz fände, abschreckend, wie gewünscht. Den Ton gibt die Schlange an, die ebenso verführende wie weckende, ihr Bild ist ja auch in allen anderen Erscheinungen ihrer nie einfach geblieben. Führt Gift mit sich, am Stab des Äskulap dagegen ebenso die Heilung, ist der Drache im Abgrund, doch anderswo der helle Blitz hoch droben. Und lange nachdem sie die Ureltern unglücklich gemacht haben soll, heilt ein Blick auf die aufgerichtete Abgottschlange die Kinder Israel vom Aussatz. Gelogen hat die Schlange auch nicht, wie es doch zum listigsten aller Tiere auf dem Felde gehörte; wenigstens im wichtigsten Punkt ihres Versprechens nicht. Denn wenn sie Adam versprach, zu werden wie Gott, und Jachwe hernach den Adam sieht, so spricht er: »Siehe, Adam ist worden wie unsereiner und weiß, was gut und böse ist« (1. Mos. 3, 22). Was vor allem auch ist das für eine Sünde, werden zu wollen wie Gott und wissen, was gut und böse ist? So wenig ist das selber eindeutig, ja Sünde überhaupt, daß wohl unzählige Fromme nachher eher den Nichtwillen zu werden wie Gott als Ursünde angesehen hätten, falls dieser Text das erlaubte. Und zu wissen, was gut und böse, ist das nicht ohnehin die Menschwerdung selber, heraus aus dem bloßen Garten der Tiere, zu denen Adam und Eva noch selber gehörten. Und welches Mißverhältnis zwischen der Strafe Jachwes (der Aussetzung, dem Beilhieb Tod) und einer Schuld, die schließlich dem »Ebenbild Gottes«, wie der Jahwist vorher sagt, doch gar keine sein kann. Es sei denn, diese Schuld kam dem Text sehr zupaß (wie allen Weißwäschern des Oben später), indem hier der erste schwarze Sündenbock gesetzt ward. Der Freiheitsglanz der Sache ist aber gerade an dieser Stelle schlecht verhehlt, der auffallendsten in dem, was unterirdische Bibel genannt werden darf. Er ist desto weniger verhehlbar, als die verbotene Frucht, die Augen öffnende, nicht als Tollkirsche wächst, sondern ausdrücklich am Baum der Erkenntnis, »und daß er ein lustiger Baum wäre, weil er klug machte« (1. Mos. 3, 6). Das mit der Schlange bezeichnet immer wieder in der unterirdischen Bibel die Untergrundbewegung mit Licht im Kopf, statt der hohlen, untertänigen Sklavenunschuld.

Also geht dieser Ton auch weiter, unterdrückt gewiß, doch eben dadurch neu wichtig. Wenn auch vorerst, in dem nicht nur sehr altertümlichen, sondern zerrütteten Text, das Unschickliche und was darin war nicht so deutlich wird. Trotzdem erhellt, cum grano salis: Geist der Schlange lebt selbst noch in der zwielichtenen Geschichte vom *Kampf Jakobs* mit dem Mann an der Furt, der ihm den Weg sperrte (1. Mos. 32). Der ihn aber nicht übermochte, bis das Hüftgelenk Jakobs über dem Ringen verrenkt war, und auch dann noch hielt ihn Jakob fest. Er rang mit ihm bis zur Morgenröte; daran daß sein Gegner wegen des Tagesanbruchs den Kampf abbrechen wollte (uraltes Zeichen für ein nächtlich-chthonisches Numen), erkannte Jakob, er habe sich mit keinem bloßen Mann an der Furt eingelassen. Doch noch gab er den Gegner nicht frei, sie frugen einander nach ihren Namen, dessen Kenntnis nach dem Zauberritus Macht über den Benannten gibt. Das Numen verweigert ihn, außer daß es sich als ein Gott, ja im späteren Text als Gott selber stellt. Es folgt das keinesfalls demütige oder auch nur empfangende Gebet, vielmehr überhaupt kein Gebet, sondern eine Beschwörung, ein Himmelszwang, worin der Mensch der zwingende Teil ist: »Ich lasse dich nicht, du segnest mich denn.« Sogar noch der neue Name Israel (Gotteskämpfer) für Jakob ist eingefügt, eine abgerungene Etymologie des späteren Stammesnamens (in 1. Mos. 35, 10 von Jachwe nochmals bestätigt). Den äußeren Stoff dazu gab die Sage von einem lokalen Flußgott, einem Nachtgeist, der eben die Morgenröte fürchtet; dieses Lokalnumen mußte in der späteren Bearbeitung monotheistisch eingemeindet werden. Zugleich aber trat damit eine Ähnlichkeit auf mit der Mordstelle in 2. Mos. 4, 24–26, wo Jachwe Moses anfällt und töten will. Indem der Jahwist diese Art Jachwe auf die Jakob-Passage übertragen hat, indem der Jahwist wie weiterhin der Elohist Deckung mit dem Jachwe der Erzählung hergestellt haben und dem reinen Cherub (auf deren Seite sich der Jahwist nicht ganz befindet), wurde ein echter Zusammenhang mit der Revolte-Linie sichtbar. Auch der Kampf mit einem bloßen sperrenden Lokalgeist wäre bereits Revolte, eine außerbiblisch nur selten anzutreffende, nämlich gegen dämonische Furcht. Der Kampf mit Jachwe war ein geglückter, ohne Strafe dahinter, er vergrößert die Anlage fast bis zu einem möglichen Blick auf so Fernes wie den Kampf Hiobs, sicher aber bis zu dem, was rückwärts, also noch näher zum Schlangensamen liegt: dem *Turmbau zu Babel* (1. Mos. 11, 1–9). Hier allerdings wieder mit Strafe dahinter, mit einer Rache, die der Austreibung aus Eden noch eine verkleinerte Zugabe folgerichtig anfügt. Die Sintflut gegen die »wachsende Bosheit der Menschen«, diese ungeheuerliche, fast totale Ausrottung ist einige Jahrhunderte vorüber, da zeigte sich die Bosheit der Menschen gar von einer anderen, einer bildend-progressiven Seite, »eine Stadt und einen Turm zu bauen, des Spitze an den Himmel reiche, daß wir uns einen Namen machen«. Ja die Haggada, die volkstümlich erzählerische Überlieferung neben und nach dem Abschluß der Bibel, in manchem wohl noch »Volkes Stimme« ohne Priesters Korrektur und Korrektheit enthaltend, diese folkloristische Überlieferung und nicht immer nur Ausschmückung unterwandert obigen Text in einem Midrasch noch ganz anders. Sie läßt die Turmbauer sagen: »Gott hat kein Recht, die obere Welt für sich selbst zu wählen und die untere uns zu überlassen. Daher wollen wir einen Turm bauen, mit einem Idol an der Spitze, das ein Schwert hält, als wolle es Krieg mit Gott« (Gen. R. 38, 7).

Fast gleichgültig in diesem Zusammenhang, daß sich der Stoff zur Turmbaulegende wirklich aus Babylon herschreibt, aus dem siebenstöckigen astralmythischen Hochtempel; der stand zur Zeit des Jahwisten, um 900, schon länger unvollendet da, ein Exempel mithin für den alten Archetyp Hybris-rächender Gegenschlag. Aber der »Babelgedanke«, wie das der junge Goethe vor dem Straßburger Münster und in Verehrung für seinen Erbauer nannte, schließt sich als dies Schaffenwollen wie Gott genau an den Rat der Paradiesschlange, also das Werdenwollen, Seinwollen wie Gott an und wird deshalb mit der Sprachverwirrung, der Zerstreuung in alle Länder theokratisch verworfen. Ja die Haggada fügt an einer höchst subversiven Stelle sogar noch den Tod Mosis in den Turmbau-Archetyp ein, in dessen behauptetes Unrecht gewiß, doch als eines von obenher. Diese Stelle ist von der geduldig abbrechenden, das Leben abbrechenlassenden Passage in 5. Mos. 34 recht verschieden; der Mensch hat nicht umsonst vom Baum der Erkenntnis gegessen, auch wenn noch jeder Turm in den Tod, noch keiner in den Himmel gewachsen ist. In der Haggada-Erzählung weigert sich aber Moses zu sterben, er hält Jachwe sein eigenes Wort vor: »In der Thora hast Du geschrieben (5. Mos. 24, 15): am Tage sollst du dem Armen seinen Lohn geben, daß die Sonne nicht darüber untergehe, warum gibst Du mir nicht den Lohn meines Werks?« Jachwe hält Moses darauf seine Sünden vor, darunter die Erschlagung des ägyptischen Fronvogts, als wäre diese nicht der erste Akt der Befreiung aus Ägypten gewesen. Ja eine andere Version dieser anderen Turmspitze contra Oben, worin der Mensch nicht vorkommt, bemerkt unverhohlen, Moses habe sterben müssen, damit er nicht gleich Gott gehalten werde, Jachwes Todesengel habe ihn nur mit Mühe überwältigt, Himmel, Erde und Stern hätten zu weinen begonnen nach Mosis Tod. Und Jachwe habe nur deshalb Moses eigenhändig begraben, damit niemand zu seinem Grab wallfahre und ihn statt seiner verehre; doch die ganze Welt sei Mosis Grab. Keine Legende hat treuer als hier die Auswechselbarkeit der Jachwevorstellung durch einen Menschen bedeutet; eine Auswechselbarkeit, welche freilich schon im Mythos der Ebenbildlichkeit des Menschen mit Gott angelegt war. Die Priesterschaft hat diesen Mythos nicht gestrichen, und er hat nachdem in der Kategorie des Messias, als des zweiten Gotts, in der Kategorie des Menschensohns, Frucht getragen. Mit freilich anderem Jachwebild als dem sperrenden, Sprache verwirrenden, das Gesicht auslöschenden: »Belügt einander nicht; denn ihr habt ja ausgezogen den alten Menschen mit seinen Werken und angezogen den neuen, der erneuert wird zur Erkenntnis nach dem Ebenbild« (Kol. 3, 9). Dergleichen mag, mit dem unter dem Kampf Jakobs Gemeinten hinter sich, gewiß aber nur gemäß dem Exodus gelten, dem Auszug, den das Furchtbild Jachwe auch aus sich selber erfahren hat. Kampf allein macht nicht selig, man muß auch die Hilfe des veränderbaren Zeichens haben, das mit uns mitgeht.

22   DURCHBRÜCHE
IM THEOKRATISCHEN JACHWEBILD SELBER;
DES EXODUSLICHTS (2. MOS. 13, 21)
ERSTE BETRACHTUNG

Aber was mit uns geht, mußte auch in sich selber anders vorgestellt werden können. Sei es auch nur gegen ein Droben, dem man wie den hiesigen Herrn gegenüber sich als gebranntes Kind verhielt. Ihm nach dem Munde redete, ihm wie befohlen opferte, um es zu beschwichtigen. Den versteckten Schützen sollte das günstig stimmen, gerade den versteckten, so doppelt unfaßlichen, abgehobenen, der Hunger oder Pest, aber auch, bei zufriedenstellend geliefertem Zehnten, gegebenenfalls Gnadenbrot abschnellte. Das Opfern findet sich bei allen Kulten, außerbiblisch durchaus, macht sich aber biblisch ganz früh und dann freilich nicht nur beschwichtigend, vor allem nicht glatt aufgehend in der *Kainsage* bemerklich (1. Mos. 4). Sie ist, was schon eigentümlich, ja ganz gegen die Abrede auch auf einen anderen Gott bezogen als auf den üblichen, dargestellten. Und das mit einem verräterischen, nur halb zugedeckten Bruch in dem Bild dessen selber, dem hier geopfert wird. Denn man vergesse nicht: wenn Kain Feldfrüchte opfert, so Abel Blutiges, die Erstlinge seiner Herde samt deren Fett, und Jachwe sah nur

Abels Opfer gnädig an, er freute sich nur am Blutigen. Dann aber die gestellte Wendung, daß gerade nun Kain blutig wird, der erste Mörder, und der gleiche Jachwe (dem Abraham später die befohlene Schlachtung seines Sohns zutraut) Kain verflucht. Dann aber wieder, als ob er nicht der gleiche Gott wäre, der alte harte, der bis ins vierte Geschlecht schlägt, mildert Jachwe nicht nur seinen Fluch, sondern hebt ihn auf. Statt der Reichsacht über den Vogelfreien ergeht wie von andersher das Gegenteil: »Nein, sondern wer Kain totschlägt, soll siebenfach gerächt werden«; und das sogenannte Kainsmal ist, wider die übliche Vorstellung, ja genau eines des Schutzes (»damit niemand ihn erschlüge«). Damit nicht genug zeigt sich auch noch der Samen des erst als Brudermörder Dargestellten und Verfluchten reich gesegnet: aus ihm kam Jubalkain, »von dem sind hergekommen die Geiger und Pfeifer«, kam Tubalkain, als »Meister im Erz- und Eisenwerk«. Im überlieferten Text, der so sehr auf den Brudermörder ausgerichtet ist, findet sich sogar eine vielsagende, eine schon von den Masoreten bemerkte Lücke (1. Mos. 4, 8), im gleichen Vers 8 selber, nämlich die Lücke einer Auslassung: »Da redete Kain mit seinem Bruder Abel...(!) Und es begab sich, da sie auf dem Feld waren, erhob sich Kain wider seinen Bruder Abel und schlug ihn tot.« Der nur Feldfrüchte geopfert hat und deshalb den Zorn des lieber bluttrinkenden Jachwe geerntet hatte, der gleiche Kain mit seiner ausgelassenen Rede stimmt als Mörder nicht zu den früheren. So wenig gewissermaßen wie der ihn rettende Gott nachher zu dem verfluchenden und bluttrinkenden stimmt; der Wechsel im Bild beider ist unübersehbar. Es gab spätjüdisch eine Sekte der Kainiten, die genau bei der Auslassung im Vers 8 Lunte zu riechen glaubte, nämlich eine, die sprengte, umkehrte, gerade Abel in Unrecht setzte. Von daher auch der Satz der Kainiten: »Am Blute freut sich der Herr dieser Welt«, doch ein anderer als er sei bereits, wie bei der Ablehnung des Opfers Abrahams, vorgestellt worden, habe sich als besserer vorgestellt. Womit man sich zugleich, also keineswegs unvorhergesehen, im wachsenden Gebiet jener Gottvorstellung befindet, die nun – mit welchen Rückfällen allerdings – den Menschen nicht mehr anfrißt. Mit Rückfällen immer wieder, hin ins Molochhafte, von dem Numen an, das

Moses anfällt und ihn töten will, weil das Blut der Beschnei-
dung nicht fließt (2. Mos. 4, 24–26), bis zum letzten angenommenen Menschenopfer, das bei Paulus Jesus heißt. Trotzdem
steht – ein deutlicherer Widerruf seiner selbst als beim Kainsmal – die abgelehnte Opferung Isaaks bereits nicht mehr ganz in
der blutführenden Reihe. Das beginnt zwar mit der despotisch-
launigen Probe, den Knecht Abraham auf seinen hündischsten
Gehorsam prüfen zu wollen, auf sein geopfertes menschliches
Gefühl und nicht nur auf seinen geopferten Verstand. (Weshalb Kierkegaard diesen schon selber ausgeweiteten Abraham
vergebens als Exempel von »beseligendem Bewußtsein« preist,
»vor Gott jederzeit Unrecht zu haben«.) Freilich, als Abraham
die Probe bestanden hatte, vor einem wahrhaft starken Stück
von Gott, ließ der Herr ab, nahm indes den erst recht unschuldigen, ganz anders wehrlosen Widder an des Sohnes Statt. Jedoch folgt dann die den Moloch schon ganz sprengende, gleichsam erwachende Stelle (1. Mos. 22, 14): »Abraham hieß die
Stätte Morija, wo der Herr *sieht*.« Und selbst das Widderopfer,
vom Menschenopfer ganz abgesehen, lief trotz seines bleibenden Kultbestands wenigstens bei den Propheten, in ihrem un-
heidnischen Jachweblick, nicht mehr so gottgenehm. Derart
lichtet sich gerade beim ältesten großen Propheten, bei Amos,
die Vorstellung Jachwe gänzlich vom Opferrauch und dem göttlichen Vergnügen daran. Das anders, neu gemeinte Numen,
wenn es auch weiter gnädig gestimmt werden muß, braucht
nicht mehr Abels Erstlinge, gleichsam die Isaaks der Herde, ihr
Blut und Fett. Ja: »Ich bin euren Feiertagen gram und verachte
sie und mag nicht riechen in eure Versammlungen. Und ob ihr
mir gleich Brandopfer und Speisopfer opfert, so habe ich kein
Gefallen daran; so mag ich auch eure feisten Dankopfer nicht
ansehen« (Amos 5, 21–22). Wie weit ist das von den Erstlingen
und Zehnten, gar geschlachteten Kriegsgefangenen entfernt,
die den Stammesgötzen regelmäßig abzugeben waren, um den
Übermenschlichen und wie oft Unmenschlichen bei satter Laune
zu halten. Schon an der möglichen Veränderung des göttlichen
Grundherrn und Tributnehmers zeigt sich eben: dem menschlichen Ändernwollen seiner entspricht ein recht veränderbares,
Bewegliches in der Jachwevorstellung selber. Zeus sitzt, den

ganzen griechischen Mythos hindurch, stabil noch bis zur Kugel, als die ihn, höchst säkularisiert, Parmenides˙ definierte. Die alte Jachwefigur, an Rückfällen in den orientalischen Despoten freilich reich und immer wieder voll statisch-senkrechtem Druck von oben herab, zeigt immerhin Platz für Veränderung, Mitgehen, Wanderschaft von Eigenschaften wie kein anderer Gott. Am stärksten schließlich, wie nun gezielt zu erinnern sein wird, bei Moses selber, vor ihm sozusagen, als dieser seine Feuervision nach ihrem Namen fragte. Und siehe, er wurde in dieser Bibel selber gar keine Erinnerung an einen Gott, der im Finsteren thront, nichts als der Uralte, das tyrannische Vater-Ich von je und damit erschöpft. Sondern der Berg Morijah, wo der Opferdämon endlich *sieht*, bog sich, indem er seine Vorstellung (Repräsentierung) nun auch in die Zukunft setzte (»Eh'je ascher eh'je, Ich werde sein, der ich sein werde«, 2. Mos. 3, 13, »herausführend aus der Last Ägyptens«), ganz in einen Auszug und seine Erwartungsdimension ein. Solche Imago (wenn auch viel später in einen realen Auszug nolens volens hineinprojiziert) macht nun sogar dem selbstzufriedenen Weltherrn von einst Schwierigkeiten und das viel ausgesprochener dualistisch als im Kainszeichen, selbst im Abrahamsopfer. Sogar Exodus aus jeder bisherigen Jachwevorstellung selber war mit diesem Futurum als wahrem Seinsmodus des unter Gott Gedachten nun möglich, besser als bei allen interpolierten Abrahamsverheißungen vorher. Exodusbibel wurde möglich, auch von dem Pharao weg und gegen ihn, der als Jachwe selber nur Ägypten machte und nicht das Kanaan, nicht »neuen Himmel und neue Erde«; kurz: das Rebellische, das Prophetische, das Messianische einer nicht mehr nur unterirdischen Bibel wirkt in dem Morijah eines Eh'je ascher eh'je wie halbwegs freigelegt.

Sehr viel mußte gehofft werden können, bis solch Voreilendem vertraut wurde. Sehr viel mußte sich vom Herrn getäuscht und verraten vorgekommen sein, bis die Priester dem Löser zugestanden, dermaßen nur zukünftig zu sein. Dermaßen Eh'je ascher eh'je, dermaßen ein wanderndes Wohin nicht nur in der Wüste, sondern in der Zeit zu sein. Freilich war Jachwe den Kindern Israels selber ein neuer Gott, trotz der interpolierten Stelle I. Mos. 4, 26, wo dieser Name rückwärts wie vorwärts vereinsamt erscheint. Der Gott der legendären Erzväter, ihrer Beduinenstämme hieß El, auch Schaddai; die Genesis beginnt sogar mit dem noch gar nicht heno-, gar monotheistischen Plural Elohim. Auch wo Jachwe nachträglich mit den alten Gottbildern zusammengelegt wurde, ist doch mit den mehreren Namen bereits die besondere Wandelbarkeit der israelitischen Gottesvorstellung bezeugt. Der Jachwe selber, der ausgemacht-eifernde, nun schlechthinnige Eingott, noch ganz und gar ohne eigene Fahrt und künftige Offenheit seiner, war ursprünglich der Stammesgott der Keniter, die um den Sinai ihre Weideplätze hatten. Jachwe (der »Wehende, Blasende«) fiel hier wohl mit dem Sturm-, dem Vulkangott des damaligen Sinai zusammen. Eben dies Jähe, Unvorhersehbare, dies zweifellos auch erhabene Tremendum mit Rauch und Donner zeichnet noch den Herrn, den Moses nach der Flucht aus Ägypten von den Kenitern übernommen, in deren Stamm er eingeheiratet hat; zum Vulkan Sinai gehört auch der Herr, der so lange nachher, im Tempel Salomos (1. Kön. 8, 12) »in Finsternis« wohnen wollte. Erst recht das an Ort und Stelle selber: «Der ganze Berg Sinai rauchte, darum daß der Herr herab auf den Berg fuhr mit Feuer, und der Rauch ging auf wie ein Rauch vom Ofen, daß der ganze Berg sehr bebte« (2. Mos. 19, 18). So noch weit weg von den Lichtungen, die die Eigenschaften Gottes zu Vorbildern für die Menschen machen sollten. Und gar noch von dem Dereinst, das Moses genau doch in dem Eh'je ascher eh'je vor sich hatte, als unfixes Futurum des Vor-sich in der eigensten Jachwevorstellung selber. Ganz auch ohne naturhaften Berg hoch droben, gar astralmythisches Gestirn des Über-uns oder fertig ausgespannten Himmels. Und derart kommt am sehr hiesigen, nämlich menschhaften Rand des Eh'je ascher eh'je dieses Entscheidende noch hinzu: Moses evoziert dieses aufgegangene Symbol als dasjenige des «*Wegzeichens aus der Knechtschaft*«, als die *Fahne* wie den Erwartungshorizont der Befreiung. Diese möglich gewordene Wendung eines gleichzeitigen Druck- und Donneridols in zeitliche Führung und noch fernes Ziel ist geschichtlich beispiellos; Moses hat das beschworen, doch in der noch so finsteren, dräuenden Jachwevorstellung war immerhin Raum für die Wolke am Tag, die Feuersäule in der Nacht, die *einem Exodus durch die Wüste nach Kanaan* vorherzieht. Und dem regional, werthaft nicht mehr vergleichbar war nachher Platz für die immerhin interpolierbare Sublimierung des puren Unterwerfungsgotts zu dem des moralstiftenden Bundesbuchs, trotz Brandopfer und Dankesopfer und lauter Kult: die zehn Gebote hypostasieren einen »Arzt Israels«, wie es später hieß, nicht mehr den omnipotenten, auch das Gegenteil verlangen-könnenden Autokraten über leibeigener Gefolgschaft. Von da-her konnte der Prophet Amos sagen, nachdem er dem Opfer-wie auch noch Kultgott den Exodus daraus zuschrieb: »Es soll aber das Recht offenbart werden wie Wasser und die Gerech-tigkeit wie ein starker Strom« (Amos 5, 24). So konnte Jesaja, indem so viel Kiddusch-haschem, Heiligung des Namens vom menschlichen Pneuma her schon ergangen war, vom ehemaligen Blutherrn, Vulkangott, auch noch Herrn Zebaoth sagen, er sei »Der Heilige in Israel«. Das konnte, kraft Revolte, kraft begin-nendem Einsatz des Humanum in die biblische Gotthypostase, nun anders klingen als die dem so gar nicht entsprechende grie-chische: »Zeus steht als Züchtiger allem, was zu laut und lär-mend sich gebärdet, und er richtet streng« (Äschylos, Die Per-ser, v. 828 f.). Wie merkwürdig dagegen ein kommender Gott, ein Meer der Gerechtigkeit, wie Jesaja höchst unpräsentisch, höchst utopisch sagt; und dem allein soll nun der wirkliche Lob-preis gehören. Wie sehr freilich gibt es da noch vollen alten Hofdienst und jene alte geglaubte Theokratie, deren Auftrag ja die Einschüchterung ist; und Majestät erdrückt, so oft in den Psalmen, sogar bei den Propheten. Doch das Exoduslicht gerade aus Pharao und seinem geschaffenen Ägypten heraus war nicht mehr rückgängig zu machen, weshalb dann auch das Weltschöp-fer- und nicht nur das Weltherrenbild vor dem des Zielnumens und seiner nicht bleibenden Statt immer mehr zurücktreten mußte. Das desto mehr, je ägyptischer sich auch das gelobte Land hinter der Wüste anließ. Je mehr das *vorhandene* Kanaan enttäuschte, gemäß einem Gott, der doch selber noch nicht ist, der sich selber erst verheißend und bestenfalls bei seinem Wort stehend futurisch ist wie nichts sonst.

Das war das Volk nun los, Ziegel zu schleppen. Aber Milch und
Honig hat es im gelobten Land, dem sehr erkämpften, eben
nicht geschleckt. Hungern starb nicht aus, ja mehrte sich, das
Fruchtgefild, als es endlich nach vierzig Jahren erreicht war,
mußte mit großer Mühe erobert werden. Immer wieder bra-
chen neue Feinde vor, nur mit Kelle und Schwert zusammen
wurde das Haus gebaut. Auch als das Leben sicherer wurde,
ließ fürs Volk der Druck nicht nach. Die ägyptischen Vögte hatten nur den Namen gewechselt, sie saßen nun in den israelitischen Städten selbst, und auf den übernommenen Gütern. So
kam dem Volk unter seiner eigenen neuen Oberschicht die
große Enttäuschung, ja das Sein wurde schlechter als in der
Nomadenzeit der Wüste und vor Ägypten. Mit dem Einrücken
der israelitischen Beduinen in die formierte Arm-Reich-Schich-
tung Kanaans ging auch das alte einfache Leben des Stamms
verloren, als das zum Teil noch urkommunistische. Der Reichtum Weniger schaffte hier, wie überall und in allen Zeiten, das
Elend Vieler, das Gemeineigentum verschwand, Privateigentum
trat an seine Stelle, mit ihm die wohlbekannten Unterschiede
zwischen Herr und Knecht. Schuldner wurden von den Gläu-
bigern in Sklaverei verkauft, das Getreide wurde vom Groß-
grundbesitz außer Landes exportiert, zu höheren Preisen, und
so eine Mangelkrise zuhause erzeugt. Das Buch Richter deckt
dergleichen, mit seinem Heldenzeitalter, noch vielfach zu, aber
die zwei Bücher Könige sind voll von Berichten über Hungersnot und ihr damit zusammenhängendes Gegenteil: »Es war eine
große Teuerung in Samaria« (1. Kön. 18, 2); sodann: »Der König (Salomo) machte, daß soviel Silber in Jerusalem war wie
Steine« (1. Kön. 10, 27). Die patriarchalische Familie selber
und eine gewisse beschränkte Dorfkommune mit Nachbar-
schaftsbindung verschwanden zwar noch nicht ganz, doch eben
der Stammverband mit seiner Grundlage, dem Gemeineigentum, hört auf. Zugleich änderte sich die Vorstellung Jachwes;
sie hielt sich als siegbringende gegen den unterworfenen Baal

der früheren Herren, doch sie verlor bei den neuen ihr bedui-
nisches, gar echt mosaisches Gesicht, aus der Knechtschaft herausführend. Mischehen und Handelsverkehr der Herren mit
den Kanaanitern brachten Kontakt mit deren Göttern, den ein-
heimischen Baalim. Noch entscheidender wurde, daß die Baalim
die Fluren und Weingärten beherrschten, als Lokalgötter der
Fruchtbarkeit; Jachwe dagegen war in Kanaan fremd, ihm gehörte weder Weinstock noch Feigenbaum noch Hof und Haus.
Er war zuletzt ein Gott der Völkerwanderung zu paradiesisch
imaginierten Weideplätzen, er war kein Gott der Grundbesit-
zer, für deren Lokalität war sein Segen nicht zuständig. Von
daher die dauernde »Abgötterei«, die ökonomisch und darin
auch magisch-religiös bedingte: Baal, nicht Jachwe war um den
Segen der Scholle zu bitten. Ihm gehörten seit alters die Erstlinge der Ernte, ihm waren seit alters die Erntedankfeste Kanaans zugedacht, samt den »Hörnern am Altar«, womit auch
die Jachwetempel geschmückt waren (Amos 3, 14). Daß Jachwe
sich trotzdem hielt, daß ihm die Baalheiligtümer zugeschlagen
wurden, Sichem und Bethel, daß der Ertrag des Bodens als »Ge-
wächs Jachwes« erschien und die Erntefeste Baals zum israelitischen Passah, Laubhüttenfest und dergleichen umgeformt werden konnten: diese Zähigkeit eben verdankt Jachwe einzig der
Erinnerung an den Sieg, der mit ihm gewesen und weiter mit
ihm verbunden schien. War er kein Ackergott, so doch der
Blitzgott, der auch in Kanaan gewaltig sichtbar blieb, hoch am
Himmel, über allen Baalim und Königen. Ja er erscheint im
Deborah-Lied, dem sehr alten, immer noch als der rauhe Starke,
wodurch die Verlassenen über die Mächtigen herrschten, »ein
Neues hat Gott erwählt« (Richter 5, 8). Und trotzdem: Jachwe
war im Volk wachsend damit belastet, wenn nicht um den Sieg,
so um die Früchte des Siegs gebracht zu haben; erste Zweifel
wurden hörbar, auch am Gott der Väter, als einem solch wan-
delbaren. Jeremia (15, 8) macht derart auch viel Früheres laut,
wenn er zu Jachwe klagen läßt, er sei »geworden wie ein Wasser, das nicht mehr quellen will, wie ein Trugbach, auf den kein
Verlaß ist«. Indes nun traten, gerade von den Überlieferungen
der Beduinenzeit her, halbnomadische Opponenten auf, gegen
die Klassenscheidung wie gegen einen Baal-Jachwe; es waren

die *Nasiräer.* Und sie predigten nichts Geringeres als ein neues religiöses Wunschbild (unter der Maske des alten): Rückkehr zum *einfach-gemeinsamen* Leben, Jachwe als *Gott der Armen.* Die Nasiräer hatten Verbindung mit den Kenitern und Rehabiten, dem Stamm, in den Moses eingeheiratet hatte, und von dem ein Teil mit Israel nach Kanaan gezogen war (Richter 4, 11). Die Rehabiter aber waren Nomaden geblieben, mit Gemeineigentum, ohne Herr und Knecht; weder von der Ackerbaukultur noch von den Göttern Kanaans wurden sie verführt, blieben dem Kult ihres alten, vom Sinai her angestammten Jachwe treu. Sie verschmähten den Wein (der Islam hat diese echte Beduinensitte erhalten und geheiligt), und noch zur Zeit Jeremiae galt nicht nur diese Enthaltsamkeit, sondern auch das Nomadentum der Rehabiter als Jachwe besonders wohlgefällig (Jer. 35, 5–10; 18 f.). Und eben die Rehabiter, diese Gegner des damaligen Tel Aviv, gar damaligen Capua, waren die Pflanzschule der Nasiräer oder Naziriten (nasir, der Abgesonderte), einer Sekte, um nicht zu sagen Institution, die bis auf Moses zurückgeführt wurde (4. Mos. 6, 2–5), vielleicht nicht mit Unrecht. Zur Abstinenz trat hinzu, daß der Nasiräer kein Schermesser über sein Haupt fahren ließ; im Haar lag, wie der Simson-Mythos erinnert (Richter 16, 19), dem Nasiräer die magische Kraft, die durch keine Domestizierung vernichtete. Und wenig Einrichtungen aus uralter Zeit, mitsamt ihrem asketisch-»antikanaanitischen«, provokativen Charakter, haben sich so gleichmäßig durch die gesamte Bibel hindurch erhalten wie das Nasiräat. Simson, Samuel, Elias waren Nasiräer (Richter 13, 5; 1. Sam. 1, 11; 2. Kön. 1, 8), aber auch Johannes der Täufer, diese ungefüge Gestalt aus der Wüste. »War bekleidet mit Kamelshaaren und mit einem ledernen Gürtel um seine Lenden, aß Heuschrecken und wilden Honig« (Mark. 1, 6), und seiner Mutter ward verkündet: »er wird groß sein vor dem Herrn, Wein und starkes Getränk wird er nicht trinken« (Luk. 1, 15). Auch die Verkündigung eines Nasiräers bereits vor seiner Geburt läuft durch die Bibel hindurch, sie ergeht gleichmäßig für die Nasiräer Simson (Richter 13, 14), Samuel (1. Sam. 1, 11), Johannes den Täufer (Luk. 1, 13); und schon bei all diesen so Verkündigten kam kein Reicher ins Himmelreich. Zusammenhänge der Nasiräer als einer Gruppe mit anderen spätjüdischen Sekten des Anti-Mammon, mit den Essäern und Ebioniten (Ebionim, die Armen), sind nicht so sicher; fest steht nur: der urchristliche Liebeskommunismus sprang nicht aus dem »Buch der *Könige*«. Er konnte sich auf eine Überlieferung in Israel stützen, die genau bis zu den Keniten zurückreicht, und auf die im Nasiräertum erhaltene Erinnerung an nomadisches Gemeineigentum, ja an vornomadische Urkommune. Der Nasiräer trat auf als Naturmensch, der Provo, der er war, wurde aber ambulant, sofern er sich mit ebenso fremdartigen Gestalten aus einer *anderen Reihe* berührte: den israelitischen Derwischen, die die Bibel bereits Propheten nennt (nebiim). Diese freilich haben mit den späteren israelitischen Propheten wenig gemein, Amos weist jede Verwechslung mit ihnen ab, mit ironischer Nüchternheit (Amos 7, 14); die späteren Propheten fühlten sich als Gesandte, nicht als Besessene. Von Haus aus waren aber auch die Nasiräer den Schamanen Jachwes fremd; denn diese Schäumenden kamen gerade aus der entgegengesetzten Gegend her, aus der orgiastischen Seite des – Baalkults. Trieben sie doch Gliederverrenkung, blutrünstige Selbstverletzung wie die Baalspropheten (1. Kön. 18, 26 und 28), diese Spottgeburten für Elia; sie betäubten sich mit orgiastischer Musik, fielen herdenweise in prophetische Raserei (1. Sam. 10, 5). Freilich schäumten einige dieser verachteten Gestalten nicht für Baal, sondern für Jachwe; ein Baals-Institution wirkte hier ausnahmsweise nicht für die Herren-Altäre, gar für die gekommenen Ahabs und Isabels. Auch verband sich das Halb-Nomadische der Nasiräer zuletzt mit einiger magischer Boheme: Samuel wird bereits als Prior von Prophetenscharen erwähnt (1. Sam. 19, 20), sicher standen ihnen Elias vor und sein Jünger Elisa. So geschah denn schließlich trotz allem, kraft eines geschehenden Umschlags vom Besessenen, bloß Archaischen zum Hörenden, Richtenden, Hoffenden, die folgenreiche Verbindung von Nasiräertum und echter Prophetie, also von *sozialer Predigt* und dem *Willen eines neuen Jachwe und seinem Tag*. Samuel, um 1050, der Königsmacher in der Zeit der Philisternot, trat noch nicht innenpolitisch auf, aber Elias, um 850, bedrohte den König Ahab und die tyrische Isabel, Elisa aber vernichtete die ganze Dynastie. Die Erfahrung also, daß Kanaan nicht Kanaan sei, sollte durch den *Abfall Israels vom Wüsten-Jachwe* erklärt werden. Dieser blieb der Gott des Auszugs, auch wenn er zurückzog in die einfache Gemeinschaft der Nomadenzeit. Nasiräer-Einfluß, vor-agrarische, urkommunistische Erinnerung war sogar in der Einrichtung des Feier- und Jubeljahrs (3. Mos. 25, 5–17, 23–54); obgleich hier nicht umwälzend, nur partial reformierend. Als Forderung des gemeinsamen Genusses, der Arbeits- und Bodenruhe, der Relativierung des Privateigentums alle sieben, alle fünfzig Jahre. Jachwe zog auf dieser Stufe noch nicht aus der alten Imago eines Stammgotts aus, in universal sittliche Vorsehung, Vorsehung, wie bei den Propheten. Doch er verließ in der Nasiräer-Predigt die Klassengesellschaft Israels, ihm wurde allein die Stammeszeit zugeordnet, ohne Reich und Arm, die ruchlos aufgegebene. Auf diese Art schien Jachwe zugleich von dem Vorwurf entlastet, seine Verheißung in Kanaan nicht erfüllt zu haben: nur der entstandene Mammonsbeter sollte untreu geworden sein, der Volksauswucherer, nicht der Gott.

Aber der Zweifel blieb, auch die urväterliche Sitte trieb ihn nicht aus. Die Lage verschlimmerte sich immer mehr, zum Hunger trat Todesgefahr durch riesige Feinde. Ganz anderer Art als die Zaunkönige, mit denen man sich während der Eroberung oder doch noch unter Saul herumgeschlagen hatte. Was war Goliath gegen die assyrischen Streitwagen, was aber auch der kurze salomonische Glanz gegen die mehr als tausendjährige Lebensangst, die ihm folgte. Die neuen Propheten, seit Amos, bekämpften daher mit dem Reichtum zugleich die Verflechtung seines Staats in die Welthändel. Dadurch glaubten sie das Land vor den Großmächten am Nil und Euphrat zu retten, es ihnen gleichsam unsichtbar zu machen. Dieser demokratisch-pazifistische Grundwille, als ein den Nasiräern verwandter, zum Teil mit ihnen verbundener Haß gegen kanaanitischen Herrenglanz, geht der moralischen Prophetenpredigt vorher und liegt ihr ökonomisch-politisch zugrunde. Der Pufferstaat Palästina soll zwischen den Rivalen Ägypten–Assyrien neutral bleiben, ein unaufdringlich-wartendes Land in Gottes Hand. Erst recht daher Abkehr von jeder inneren und äußeren Annäherung an die Struktur der Großmächte, an ihre Geld-, Latifundien- und Luxuswirtschaft. Aber dazu trat nun die gewaltige *sozial-moralische* Predigt, wie sie jede Dämpfung der alten Großmannssucht weit überholte. Sie erging als Jachwes erzhuman gedachter Wille von Amos bis Jesaja und weiter: »Lernt Gutes tun, trachtet nach Recht, helft dem Unterdrückten, schafft den Waisen Recht und helft der Witwen Sache« (Jes. 1, 17). Die Ausbeuter und Bauernleger sind Jachwe ein Greuel: »Er wartet auf Recht, siehe, so ist es Schinderei, auf Gerechtigkeit, siehe, so ist es Klage. Wehe denen, die ein Haus an das andere ziehen und einen Acker zum anderen bringen, bis daß kein Baum mehr da sei, daß sie allein das Land besitzen« (Jes. 5, 7 f.). Das alles ist Erbe von den Nasiräern, wie es auch sonst in der Liebe zu der Propheten-, zur Beduinenzeit erscheint, als der Kinderzeit, ja der Brautzeit Israels mit Jachwe, wie Hosea sagt. Privateigentum wird freilich nicht mehr wie bei den Nasiräern bekämpft, jeder Mann soll unter seinem Weinstock sitzen und unter seinem Feigenbaum, doch deshalb und zu dem Ende, daß es keine Knechte mehr gibt und Erstickte vor Tag: »Ich will den Erdboden heimsuchen um dieser seiner Bosheit willen und die Gottlosen um ihrer Ungerechtigkeit und will dem Hochmut der Stolzen ein Ende machen und die Hoffart der Tyrannen demütigen. Ich will einen Mann teurer machen als feines Gold und einen Menschen werter als Gold aus Ophir« (Jes. 13, 11 f.). Der Gott, der das will, ist zuverlässig nicht der gleiche, dem in den verschiedenen Fifths Avenues der Welt die Kirchen standen und stehen; er ist aber auch, bei Eidesstatt Thomas Münzers, nicht Opium des Volks. »Denn so spricht der Herr: Nun sollen dem Riesen die Gefangenen genommen werden und der Raub des Starken Los werden; und ich will mit deinen Quälern abrechnen und deinen Kindern helfen. Und ich will deine Schinder speisen mit ihrem eigenen Fleisch, und sollen mit ihrem eigenen Blut trunken werden wie mit süßem Wein; und alles Fleisch soll erfahren, daß ich bin der Herr, dein Heiland und dein Erlöser, der Mächtige in Jakob« (Jes. 49, 25 f.). So der sozial-moralische Inhalt bei den Propheten; endgültig explosiv wurde er durch die *sozial-apokalyptisch* subversive Predigt. Diese erscheint zwar äußerlich als eine, die die uralte Verbindung von Schuld–Sühne benutzt. Böses Geschick ist danach Strafe oder erziehende Zuchtrute, der Gerechte aber wandelt unsträflich im Licht, alle erlangen ihren wohldosierten Lohn, auch in Kanaan, gerade hier. Doch ist die Predigt bei diesem Gerechtigkeits-Automaten nicht stehen geblieben, dem angeblich fehlerlosen von oben, obwohl sie unleugbar damit beginnt und die *Tauschform Schuld–Sühne* als letzte von den Propheten erinnert blieb. Deshalb auch erinnert und dann mit vorläufiger Unterbrechung des Subversiven als stellvertretende Heimzahlung von oben herab. Was Jachwes Verantwortung fürs Unglück in Kanaan auch sonst, ohne Propheten, entlastete; so verwenden gerade die pastoralen Freunde Hiobs, die korrekten, sehr spät noch dies mechanische Motiv. Hatte doch bereits Gideon ganz im Anfang, bei Kriegsunglück die Frage gestellt, die den Propheten erst recht vorlag, und die nachher bei Hiob kulminierte: »Ist Jachwe mit uns, warum ist uns denn solch alles widerfahren? Und wo sind alle seine Wunder, die uns unsere Väter erzählten und sagten: Jachwe hat uns aus Ägypten geführt?« (Richter 6, 13). Auf diese Frage gab Jeremia – ganz noch im Äquivalenzverhältnis von Schuld–Sühne – die orthodox gewordene, die freilich nicht erschöpfende Antwort: »Und hast dein Volk Israel aus Ägypten geführt . . . und hast ihnen dies Land gegeben, welches du ihren Väter geschworen hattest, daß du es ihnen geben wolltest, ein Land, darin Milch und Honig fließt. Und da sie hinein kamen und es besaßen, gehorchten sie deiner Stimme nicht, wandelten auch nicht nach deinem Gesetz und alles, was du ihnen geboten, das sie tun sollten, das ließen sie; darum du ihnen auch all dies Unglück ließest widerfahren« (Jer. 32, 21–23). Das ist gewiß nur erst Jachwe-Apologie, die den Gott entlasten will, indem sie die Menschen belastet, und sie läßt die Menschen, trotz ihrer Freiheit Böses zu tun, noch unmündig. Doch macht die Schuld-Sühne-Predigt nur einen Anfangsimpuls in der moralisch-apokalyptischen aus, auch wenn die angeblich unerforschliche Entscheidung Gottes zu einer Sühne ohne rechte Schuld noch ganz unprophetisch daneben lag. Ja wenn selbst der Prophet, indem er die ganz andere Idee vom deus absconditus einleitet, deren gefährliches Mißverständnis zu einem Herrgott hin nicht eigens blockierte, vielmehr

Jachwe sogar sagen ließ: »Meine Gedanken sind nicht eure Gedanken, und eure Wege nicht meine Wege«. (Jes. 55, 8). Das wirklich *prophetisch Spezifische* dagegen kam eben aus der *ungerufenen Mitwirkung freier Moralität am Schicksal bis zuletzt, besonders bis zuletzt*. Diese Mitwirkbarkeit, ja neue Weichenstellung macht schon den Unterschied zwischen dem Propheten Jona und der durch ihn bewirkten (freilich nicht von ihm begriffenen) Abwendung des Untergangs Ninives und der griechischen »Prophetin« Kassandra, die den Fluch über den Atriden nur vorhersehen, doch durch keinen Anruf, keine bewirkte Umkehr wenden kann (vgl. Das Prinzip Hoffnung, S. 1514). Ersteres ist erst *moralische Gegenzugs-Predigt* in ihrem biblischen Novum, hier erst hat sie bis zu dem Satz angehalten: »Tut Buße, denn das Himmelreich ist nahe herbeigekommen«, und dem anderen, fast Theurgischen: »Bekehrt euch, daß eure Sünden vertilgt werden, damit komme die Zeit der Erquickung von dem Angesicht des Herrn« (Apgesch. 3, 19 f.). Die Propheten lehrten eine mündige Wahlfreiheit, die sich auch übers Verhängte erstreckt, sie lehrten die Macht menschlicher Entscheidung. Daher eben sprechen alle Propheten von der Zukunft nicht kategorisch, als von einer feststehenden, sondern hypothetisch, als von einer alterierbaren, alternativischen. Daher also auch der Sprung von Kassandra weg und noch von dem kontemplierenden Seher Teiresias zu Jesaja; das unterscheidet Israel auch von dem stets passiven Augurenspruch in allen übrigen Prophezeiung glaubenden Völkern. Der Mensch hat sein Geschicktes mindestens zur Wahl, und eine nicht hominisierte, wohl aber immer weiter humanisierte, in allen Menschen guten Willens sich weit über Kanaan verheißende Gottesvorstellung sollte dem das Fundament sein. Unlokal werdend, also auch ohne den bisherigen, von den Baalstätten übernommenen Kultus selber: der moralisch sich bebauende Jachwedienst zog bei den Propheten vom Ritual fort ins Intelligible, von bloßen Zeremonien um lokale Räucheraltare zum Gesinnungswerk an einem uns nicht gegebenen, sondern uns erst noch aufgegebenen Kanaan überall. Eine Erwählung Israels gilt dabei weiter, doch gerade sein Auszug aus Ägypten wird breit: »Seid ihr Kinder Israels mir nicht gleich wie die Kinder Äthiopiens, spricht der

Herr? Habe ich nicht Israel aus Ägypten geführt und die Philister aus Kaphtor und die Syrer aus Kir?« (Amos 9, 7). Und auch der so anlangende Segen wird, nach allen Propheten, allgemein sein, bei Jesaja sehen sich Erinnerungen des Sinai auf einen universalen Berg Zion übertragen: »Der Herr wird schaffen über alle eine Wohnung des Bergs Zion, und wo man versammelt ist, Wolken und Rauch des Tags und den Schein von Feuerglanz bei Nacht; denn er wird ein Schirm sein über alles, was herrlich ist« (Jes. 4, 5). Derart endet der Auszug des neuen Jachwe aus dem gekommenen Kanaan, dem in mehrerem Sinn partikularen, in eine gemeinsame menschliche Welt; *Jachwe wird zum numinosen Einheitspunkt der Gerechten aller Völker.* Diese Verlegbarkeit Kanaans, bis ins Eschatologische, dieser mögliche Auszug des von Jachwe Verheißenen, ja seiner selbst in eine immer noch künftige Statt ist aber das Werk der Propheten, mit Amos beginnend, mit Daniel nicht endend. Die bloße apologetische Anfangs-Intention: Jachwe und die Katastrophe in Kanaan zusammen zu denken, wurde mit alldem außerordentlich überholt. Es entstand im Gott der Befreiung ein voller Gott der Moralität, ein Idealgott, dessen Eigenschaften nun wirklich Vorbilder sein sollten für die Menschen. Ja hier beginnt das Jachwebild sogar aus dem ganzen angeblich so vortrefflichen Sechstagewerk der Welt auszuziehen. So wird das ebenfalls doch schwerlich gelungene Werk eines Schöpfergotts bei den Propheten bezeichnenderweise kaum erwähnt, sondern: »Ich will ein Neues machen, jetzt soll es aufwachsen, daß ihr erfahren werdet, daß ich Weg in der Wüste mache und Wasserströme in der Einöde« (Jes. 43, 19). Also zieht dieser letzte creator spiritus (ist er immer noch Jachwe?) beim Tritojesaja fast in einen noch nicht gewesenen, echteren, siebenten Schöpfungstag: »Denn siehe, ich will einen neuen Himmel und eine neue Erde schaffen, daß man der vorigen nicht mehr gedenken wird noch zu Herzen nehmen« (Jes. 65, 17). Der Auszug aus Ägypten, der Einzug in Kanaan wird so auf endgültig apokalyptischer Stufe wiederholt – mit Vertröstung, aber auch mit einer Palastrevolution im Gottesbild selber. Die Moralität gab nun dem Menschen ein gefährliches Maß, die Wege Gottes zu messen, der ihm als Synonym für Gerechtigkeit selber gelehrt wurde; und die ultima irratio regis reichte nun nicht mehr aus. Jachwe als Inbegriff der sittlichen Vernunft, das ist, nach dem Auszugsgott, das *zweite riesige Wunschbild* in der Theologie; selbst der Atheismus hat es nicht ganz aufgehoben, denn es hängt, wie immer auch unvermittelt, aus dem Sein ins Ideal über. Das Zukunftsparadies, das Jesaja von seinem Gott sprechen läßt: »Er wird nicht richten, nach dem seine Augen sehen, noch Urteil sprechen, nach dem seine Ohren hören, sondern wird mit Gerechtigkeit richten die Armen und rechtes Urteil sprechen den Elenden im Lande« (Jes. 11, 3–4) – dies den Menschen mündig machende Zukunftsparadies ist nicht mehr der Garten der Tiere, mit seiner hohlen Unschuld und Unwissenheit. Die Gerechtigkeit hört nun auf, lediglich eine von oben zu sein, eine Tausch-Mechanik, die der Schuld ihre Sühne, der Rechtschaffenheit ihren Lohn angeblich genau auszahlt. Wie das allerdings im apologetischen Anfangsimpuls der Prophetenpredigt noch behauptet war und ihr Vergängliches darstellt. Es gelang aber nicht, das Fatum als göttliches Rechtstribunal zu stilisieren; die vorhandene, mit Leid als Unrecht überfüllte Welt widersprach dem immer mehr. Und wurde trotzdem auf dem Zusammenhang Schuld-Sühne als Äquivalenz insistiert, so verwandelte sich eben die Gerechtigkeit aus einer Apologie Jachwes zu einer Waffe gegen ihn. Gerade die Äquivalenz des von oben Geschickten zum Sünder hier, Selbstgerechten dort erschien wie oft als schreiend falsch; und ein Ausgleich im Jenseits, ein den bösen Wohlergeher unbequem schreckender, den guten Elenden bequem vertröstender, war im alten Israel, vor Daniel, noch nicht angeboten. Der geprüfte Hiob setzte sich daher, sein Gewissen prüfend, energisch gegen sein nicht äquivalent erscheinendes Schicksal durch Gott. Wieder jedoch nicht ohne die vorangegangene Fortsetzung des Exodus, das heißt einer neuen Vor-sehung bei den Propheten.

Ergänzung 1: Sich als mündig prüfen können

Etwas auch mit sich selber ausmachen, das kam spät. Recht wird von Unmündigen gehandelt, weil etwas so geboten ist und befolgt werden muß. Denn Zuwiderhandeln zieht Strafe nach sich, bedingungsloser Gehorsam gegen das Gebot bringt Lohn oder schützt wenigstens vorm strafenden Übel. Wo nichts als der Herr spricht, das vorgesetzte Vater-Ich, dort ist weder eigene Gesinnung zum Guten noch Einsicht in das Gute erforderlich, wird auch gar nicht verlangt. Daß der Herr auch »ein reines Herz« erschaffe, dies ist eine späte Bitte, als eine, die sich niemand zwar von sich selber erfüllen kann, die aber bereits innere Bewegung, Reue, Umkehr voraussetzt, um überhaupt erbeten zu werden. Das bei den Propheten, hörbar im Gewissen redend, es aus wohl Anrührbarem in uns und nicht erst aus Befehl, als Befehl vernehmend. Obwohl die Zuchtrute von draußen und droben auch hier noch durchaus nicht verschwunden ist, schon deshalb nicht, weil die großen Herren, gegen die sich Amos zuerst kehrt, sich auf kein anderes Schlagzeug verstehen als dies ihr eigenstes. Aber auch die Zuchtrute paßte bei den Propheten nicht allein zu ihrem Gott als Mittel, sich zu zeigen; der Jachwe für Mündige strafte hier öfters durch das Mittel, sich nicht zu zeigen, das heißt, sich abzukehren. Wodurch auch der böse Trieb mit sich allein war und zusehen konnte, was er anzustellen fähig war, gleichsam so selbstverantwortlich geworden wie der gute. Und der gute Trieb: politisch wurde zwar geraten, sich »stille zu verhalten« (Jes. 7, 4), doch moralisch geschieht höchste Erregung, vom Amos bis zum letzten Jesaja, gegen den bösen Sinn wie vor allem gegen die Heuchelei. Gegen den Lippendienst, das »steinerne Herz im Leibe« (Ez. 11, 19), das zugleich Gebete plärren und Verbrechen tun läßt, aber nie inwendige Reue, Umkehr und ihre Früchte. Die ebenso zurück- wie vorlaufende Reue ist so prophetisch entdeckt, eine rein menschliche Kraft, die von der Gesinnung her wäscht und erneuert, nicht befohlen und rituell. Derart weiß man hier auch nicht immer, ob der stets zitierte Gott zur Umkehr ruft, der hierfür mit seinem Zorn zu beschäftigte, oder der Mensch im Propheten, der mit solch »erhöhtem« Gewissen zu seinesgleichen spricht. Noch ist das verdeckt, aber der Ruf zur Umkehr wirkte hier selber hörbar auch von innen, also von unten herauf. Hatte darum etwas, das auch noch die anging und anrief, die gar nicht unter dem rächenden jüdischen Gott lebten. Obwohl deren Seher gar nicht dar-

auf kamen, daß sich mit Menschen auch Kommendes etwas
aufweichen ließe.

Ergänzung 2: Hinnehmende und aktive Prophetie (Kassandra,
Jesaja, Probefall Jona), guter Wille und Wunschland Anti-
Schicksal

Wird Schlimmes vorausgesehen, dann wird es nicht nur be-
fürchtet. Es erregt auch eine Klage, als wäre das Unglück nicht
erst im Anzug, sondern unabwendbar schon da. Oder aber: ein
keineswegs selbstverständlicher Wille dankt vor dem Kommenden nicht gänzlich ab, auch wenn es überweltlich verhängt zu
sein scheint. Letzeres, das Geschick als eigentlich auf uns abge-
schossenes, geschicktes, wurde bis vor wenigen Jahrhunderten
fast ausschließlich als Blitzschlag von oben herab geglaubt. So
verhielten sich dazu auch seine geglaubten Vorherseher oder
Propheten, deren es, qua sogenanntem zweiten Gesicht, auch
ohne Besessenheit, ja nicht nur biblische gibt. Aber es ist nun
bezeichnend: die lediglich ankündenden und nicht anrufenden
Propheten heidnisch-antiken Stils und die biblischen verhielten
sich zum Gang des Verhängnisses navigatorisch verschieden.
Auch das kraft der biblisch angerufenen *Umkehr* moralisch wis-
sender Art, mit ihrem angenommenen Einfluß aufs Verhäng-
nis. Eben die Haltung der griechischen Kassandra war lediglich
die der bloß passiven Klage, zum Unterschied von der aktivie-
renden Donnerpredigt der israelitischen Propheten. Was Kassandra anzeigte: der Untergang Trojas, das Schicksal des Atri-
denhauses, dies unabwendbar »Notwendige« rief niemanden
zum »Not-wendenden« auf, am wenigsten Kassandra selber; so
endete sie mit den Worten: »Genug des Lebens«. Da ist alles
unausweichlich wie auch beim unheilverkündenden Orakel, diesem nur anders kassandrahaften, ex institutione. Nicht nur mit
dem weitblickenden Apollo über sich, sondern ebenso doch mit
Atropos, der Parze des Unabwendbaren in sich: wird das Unab-
wendbare zu vermeiden gesucht, so führt gerade der Wille zur
Vermeidung es herbei; das ist der Fall Ödipus, ein biblisch
ganz undenkbarer. Die biblischen Propheten fühlten sich ja genau zu einer Not wendenden Predigt der eigenen und dadurch

des Geschicks mächtigen Wandlung berufen und beauftragt; mit dem moralischen Charisma als dem ersten Recht zu prophezeien. Kassandra dagegen fühlte sich mit ihrer Gabe mehr geschlagen als gewürdigt, selbst der Seher Teiresias, der nicht nur als Unglücksprophet auftrat, setzte in der antiken Legende seiner Berufung kein gewürdigtes Charisma seiner selbst voraus: er erhielt die Gabe der Weissagung von Aphrodite als Entschädigung dafür, daß sie ihn blind gemacht, als er sie im Bad belauert hat; Jesaja ging durch die andere Prophetenschule, eben durch die des höchsten Engagements in der Zukunftschau mit moralischem Rückstoß und keinem bloßen Nachrichtenempfang von oben herab. Ersichtlich würde durch solch reine Sprachrohrtheorie (obwohl sie sich in schwächerem Grad bei Maimonides, in stärkerem Grad der »Eingießung« bei Thomas findet) die gewaltige Mannsnatur in der biblischen Prophetie eliminiert und vor allem die höchste alarmierte Moseswut, wie sie einem bloßen Sekretär Jachwes, lediglich dessen Order mitteilend, nicht möglich wäre. Item, die hebräischen Seher gaben nicht so sehr, wie alle anderen, Vorhersage des Schicksals als vielmehr Anweisung zur Vermeidung des Schicksals. Und sie vollzogen ihre Aktivität weiterhin dadurch, daß sie zum Prophetenzorn vorm goldenen Kalb die Prophetenhoffnung hinzufügten. Einen Anti-Kassandra-Effekt, der selbst bei Jeremia und gerade bei ihm apokalyptischen Frieden, Glanz nach der Umkehr fast stärker strahlen ließ als bei Propheten minderer Verzweiflung. Das sogar trotz oder gar wegen eines schwelenden Irrewerdens an Jachwes Gerechtigkeit, fast schon an Hiobs Anklage erinnernd: »Hat erwürgt alles, was lieblich anzusehen war, und seinen Grimm wie ein Feuer ausgeschüttet in der Hütte der Tochter Zion. Der Herr ist gleich wie ein Feind« (Klagelieder Jeremiae 2, 4 f.). Die tödliche Bedrohung Israels in Jachwes eigenem Land war zu Jeremiae Zeiten fast schon wie ein Stück soviel späterer Prognose geworden. Und trotzdem enthält jener mögliche Exodus, gerade der völlig in die Zukunft projizierte, eine schlechthin aktivierende Hoffnung, wie sie das Kassandrische, gar das verdinglicht Negativistische an sich gar nicht kennt. Immer aber geschieht ebenso jede Wende-Verkündigung hypothetisch, das heißt unter Voraussetzung eigener

Umkehr, mit der Prämisse eigener Entscheidung und dadurch Alternative; so bei Amos bis zu Daniel, dem letzten Propheten. Der der letzte blieb, weil, wie auch Maimonides sagt, die Prophetie in Zeiten von nichts als toter Niedergeschlagenheit erlischt und Hoffnungslosigkeit im Exil sie enden läßt (Maimonides, Der Führer der Verirrten, Meiner, II, S. 246). Entscheidend aber gilt auch für die Blütezeit der Propheten, daß deren Vision nicht kontemplativ blieb und so jede Prophezeiung des künftigen Schicksals, in dem es im Schlimmen wie Guten doch noch nicht ausgemacht ist, mehr werde als – Prophezeiung. Denn wendbares Schicksal als *Anti-Schicksal* macht letzthin das Wunsch- und Willensland der biblischen Prophetie aus. Nicht freilich ohne Zusammenhang mit sehr alten, ob auch interpolierten »Erweichungen« Jachwes und des von ihm verhängten Geschicks, vor allem als eines richterlich strengen. So in der Geschichte von Sodom und Gomorrha; sie enthält im Keim den immer wieder angedrohten Untergang Jerusalems und ebenso im Keim die Wendbarkeit des Verhängnisses, falls nur zehn Gerechte ihm im Weg stünden. Selbst die Rettung Noahs als des einzig Gerechten gehört ein weniges hierher, obwohl hier Jachwe den singularen Gerechten ohne dessen unnötige Umkehr und auch ohne menschliche Fürbitte von der Sintflut ausnahm. Immerhin hätte sich auch eine nicht-passive, nicht-alternativische Kassandra in der griechischen Mythologie kaum auf solche Präzedenzen berufen können (wie es Jesaja 54, 9 ad Rettung Noahs, Amos 4, 11 ad Sodom und Gomorrha tat). Schon deshalb nicht, weil die griechische Moira oder Urmacht der Notwendigkeit über Zeus selbst ihm also und wie sehr erst den Menschen unzugänglich. Während Jachwe gerade wegen seiner Alleinherrschaft und gar wegen seiner an ihm selber meßbaren »Gerechtigkeit«, auch schon für seine vormosaischen Schickungen, nicht umhin kann, verantwortlich, also moralisch besprechbar zu sein – malgré lui im Bunde.

Öfter brach hier so auch auf und durch, was seit alters im Wort
angestoßen hat. Amos war ein kühner Mann, über die reichen
Schinder erbittert wie keiner zuvor, doch dieser erste Prophet
hat wie noch Daniel als letzter auch ein Erbe. Gewiß eben
(Amos 2, 5–7): »Ich will ein Feuer in Juda schicken, das soll die
Paläste in Jerusalem verzehren ... Darum, daß die Gerechten
um Geld und die Armen um ein paar Schuhe verkauft werden.
Sie treten den Kopf der Armen in den Kot und hindern den
Weg der Elenden«: – solch roter Hahn wird vorher nie so gesetzt. Und dann gar die Weltwende ohne Jachwe, mit einem
neuen Regens bei Daniel (4, 13–14): »Und siehe, es kam einer
in des Himmels Wolken wie eines Menschen Sohn bis zu dem
Alten und ward vor ihn gebracht. Der gab ihm Gewalt, Ehre
und Reich, daß ihm alle Völker, Leute und Zungen dienen sollten. Seine Gewalt ist ewig, die nicht vergeht, und sein König-
reich hat kein Ende.« Dieser geheimnisvolle Text vom ablösen-
den Menschensohn ist nach rückwärts fast völlig vereinsamt,
kommt selbst unter Propheten nur bei Ezechiel (1, 26) andeu-
tend vor, nie in den Büchern Mosis. Und doch erschienen die
israelitischen Propheten (es wurde keiner von ihnen gesteinigt)
immer wieder im Licht Mosis; als wären sie keine ohne ihn.
Denn sittliches Gebot, Verheißung der Zukunft sind nicht erst
bei den Propheten entsprungen und lassen in ihrem älteren Ursprung oder geheizteren Eschaton Moses auch nicht beiseite,
um ihn etwa durch außerisraelitische Quellen zu ersetzen. So
wie das einmal »panbabylonisch« versucht wurde, mit dem uralt
vormosaischen Gesetzbuch Hammurabis und, was Verheißung
der Zukunft angeht, mit dem angeblich nur nachmosaischen
Messianismus aus Persien, mit der Lehre von Zoroasters künftiger Wiederkehr. Beidem jedoch, Hammurabis Gesetz wie dem
persischen Messianismus, dem überdies erst nach Jesaja (11, 1)
auftretenden, fehlt die Erinnerung an eine rechtlose Sklavenzeit
in Ägypten, an einen gewagten Exodus nach Kanaan – lauter
Sprengung statt dröhnender Apotheose. Es ist also diese stän-
dige Resonanz von Unverwechselbarem, welche die Propheten

ausschließlich an ihrem historischen Moses haben und welche dieser, ob auch mit so großem Bruch und Sprung, in ihnen erhält. Die Propheten denunzieren das gewordene Kanaan erbittert, doch erinnernd und hoffend zugleich: »Sie haben einen neuen David, einen neuen Exodus, einen neuen Bund, eine neue Gottesstadt erwartet; es hatte also das Alte für das Neue eine typisch vorausweisende Bedeutung bekommen« (v. Rad, Theologie des Alten Testaments, II, S. 344). Das bei bleibend schärfstem Gegensatz zur priesterlichen Kultreligion, auch zur ganzen Äußerlichkeit ritueller Gebote, die damals der Klerus und sein Establishment erst begannen. Die Moral wie die Utopie der Propheten wären aber ohne Moses nicht möglich gewesen, gerade auch nicht als *explosiv* entspringende. Und wenn Hosea mit Grund von der Wüstenzeit als der »Brautzeit Israels« sprach, dann nicht nur deshalb, weil damals »Gott sein Volk lieb hatte«, sondern weil sie noch Moses hatte, vom Schaden Israels in Kanaan noch nichts wußte. Ist doch auch genau aus der halbnomadischen Sekte, welche noch die Exoduserinnerung pflegte, aus den Nasiräern ein Prophet wie Elias hervorgegangen; und dieser ging wieder zurück in die Wüste, wo der Alte Bund geschlossen worden war und Mosis nicht in allem interpolierter Dekalog. Ja selbst der überwiegend *administrativ* interpolierte Tenor des Dekalogs ist in seinen guten Teilen von den Propheten vorausgesetzt: nicht als auferlegtes äußeres Gesetz, wohl aber wie die Artikel eines Zusammenhalts, eines mit dem Verheißungsgott durchaus *doppelseitig,* gar *synergetisch* geschlossenen Bunds. Das Volk des Exodus wurde bei Moses in eine moralische Allianz mit ihrem vom Sinai gelösten Gott gebracht, und so sich selber verpflichtet habend, sprach dieser Gott auch noch bei den Propheten. Demgemäß übersetzt auch die Septuaginta, nach geschehener prophetischer Predigt, b'rith, Bund mit diathēkē, das ist: wechselseitige Vereinbarung: fast »Verfassung«, wie sie auch Gott beim Wort nimmt, gerade auch ihm selber Moralität als sein Maß setzt. Ein ungeheures Erbe, ohne Zweifel, an der bei Moses schon sublimierten Gottesidee, auch noch über allen Ansätzen moralischer Ansprechbarkeit, wie vor dem Untergang Sodoms und Gomorrhas. Bis hinauf zu den dauernden Umkehr-Rufen bei den Propheten –

nicht nur ans Volk, sondern dadurch auch an den Jachwe des Bunds ergehend mit dadurch erst denkbar gewordener moralischer statt magischer Beschwörung. Und genau diese Art Beschwörung, als Bitte um Einkehr des Jachwe-Ideals in sich selbst, findet sich in der Moses-Überlieferung zuerst, allen Propheten eine Initiierung, lange vorher: »Moses aber flehte vor dem Herrn und sprach: Ach Herr, warum will dein Zorn ergrimmen über dein Volk, das du mit großer Kraft und starker Hand aus Ägypten geführt? Warum sollen die Ägypter sagen und sprechen: Er hat sie zu ihrem Unglück ausgeführt, daß er sie erwürgte im Gebirge und vertilgte sie von dem Erdboden? Kehre dich von dem Grimm deines Zorns und laß dich gereuen des Übels über dein Volk. Gedenke an deine Diener Abraham, Isaak und Jakob, denen du bei dir selbst geschworen und verheißen hast ... Also gereute den Herrn das Übel, das er drohte, seinem Volk zu tun« (2. Mos. 32, 11–14). Wobei nicht zuletzt von solchem Wende-Postulat her Moses im Pentateuch selber ein Prophet genannt wird, ja der größte: »Und es stand hinfort kein Prophet mehr auf wie Moses, den der Herr von Angesicht zu Angesicht erkannt hätte« (5. Moses 34, 10), und den er eben deshalb, dem gleichen Text nach, selber begrub, ein eifersüchtiger Jachwe, wonach »niemand sein Grab erfahren hat, bis auf den heutigen Tag«. Auch gehört es zu Moses, gerade als solchem nachwirkenden Ahnen wie umfunktionierten Erbgut unter den Propheten, daß es von ihm nicht mit Nominativ heißt: *er* habe Gott, sondern *ihn* habe Gott von Angesicht zu Angesicht erkannt; fast also wie eine Reprise des Starstechens beim Isaakopfer, eben »des Bergs Morija, da der Herr *sieht*« (1. Mos. 22, 14). Ein Letztes noch geht von solchem Angesicht des Moses verbindend weiter, zwar nicht bei den alttestamentlichen Propheten, wohl aber bei Jesus, der anfangs doch durchaus als Prophet genommen wurde; es ist der *Schein* ums Angesicht. Als Moses vom Sinai niederstieg, »sahen dann die Kinder Israel, daß die Haut seines Angesichts glänzte, so tat er die Decke wieder auf sein Angesicht« (2. Mos. 34, 35). Als Jesus mit Jüngern auf einen hohen Berg ging, stieg ihnen dieser Mosesschein bis zur Verklärung Jesu: »Und er ward verklärt vor ihnen und sein Angesicht leuchtete wie die Sonne und seine Kleider wurden weiß wie das Licht. Und siehe, da erschienen ihnen Moses und Elia, die redeten mit ihm. Petrus aber hob an und sprach zu Jesus: Herr, hier ist gut sein; willst du, so wollen wir hier drei Hütten machen, dir eine, Mose eine und Elia eine« (Matth. 17, 2–4). Das eigentliche, das kosmisch einschlagende Endlicht, auch bei den Propheten selten und als ausgeführte Weltuntergangsvision im Deuterojesaja (24, 17–20) interpoliert, findet sich im überlieferten Moses allerdings noch nirgends. Das eschatologische Schema von Katastrophe und dann Glanz der Erwählten ist zwar in der Folge: Ägypten–Kanaan, Ertrinken im Roten Meer – Durchzug zum gelobten Land schon vorpointiert; doch vom Untergang der ganzen bisherigen Welt, daß man ihrer nicht mehr gedenke, wie Jesaja sagt, findet sich in den überlieferten Mosesworten nichts und vor ihm höchstens die Sintflut-Spur. Ist doch erst bei den Propheten ein Weltsprengendes (»neuer Himmel, neue Erde«) angesetzt, wenn auch noch als Werk in Jachwe und nicht, wie erst im späteren Buch Hiob, als Exodus aus Jachwe selber. Aber die Klage über sein Geschaffenes, ja das Rütteln an dessen Gitterstäben hieß zwar noch an den Mosesgott des Verheißens denken, kochend sogar, doch nicht des Erfüllens, selbst was die Taten Jachwes in besserer Vergangenheit angeht. So wurden die meisten Propheten, als hätten sie, freilich dann wieder wie Moses, noch gar kein gelobtes Land betreten, immer eschatologischer. Selbst bloßes Sitzenkönnen unter seinem Weinstock, wo niemand schreckt, wird Zukunft wie gar das Land, wo ehemals Milch und Honig fließen sollte, wie gar (Jes. 48, 18) eine Gerechtigkeit Jachwes, von der die Erde voll sein soll wie ein Meer.

Ergänzung 4: »Ich glaube an Gott, aber ich lehne seine Welt ab« (Iwan Karamasow); Bedeutung dieses Satzes bei den Propheten

Es fiel oft auf, wie wenig die Seher ganz nach hinten zurückblicken. Auf die ersten Tage sozusagen, mit denen doch die Schrift weltbildend beginnt. Sie haben Moses, erinnern sich auch der Vätergeschichte vorher, aber kaum der Genesis, jedenfalls nicht so, wie sie geschrieben steht. Vielleicht war dies den älte-

sten Propheten, als erst jahwistisch und vor allem priester-
schriftlich der elohistischen Vätergeschichte vorhergelegt, noch
nicht oder noch nicht so vertraut bekannt. Aber das gilt nicht für
die späteren Propheten, desto weniger als die ältesten, die weltschöpfenden Taten Jachwes auch ohne die Jahwisten- und Priesterquelle (1. Mos. 1–14) schon Legende und so von alters um-
liefen. Desto sicherer, wie erinnerlich (vgl. oben Kap. 15), als
der Schöpfergott, Menschen aus Ton bildend, Züge des ägyptischen Bildhauergotts Ptah trägt, aus dem mittleren Reich, und
betont finstere Tiefe, über der der Geist Gottes schwebt, an die
Urgewässer der babylonischen Schöpfungssage erinnert, mit
deren Wasserdämon in der Tiefe, Gottsieger, Gotterheller darüber. Letzteres Motiv vor allem (babylonisch: Kampf Marduks
mit dem Drachen Tiamat, dem Chaotischen in der Tiefe) kommt
ja bei mehreren Propheten mit Zügen vor, die der Jahwist gar
nicht aufgenommen hat. Also wird das eigentliche Abdämpfen,
gar Verschweigen des biblischen Schöpfungsberichts bei den
Propheten nicht auf Unkenntnis beruhen. Eben noch mehr und
Anderes, als die Jahwisten- und Priesterquelle sagt, wissen Propheten von der Genesis zu erzählen: so Jesaja (51,9 f.) vom urtümlichen Drachentöter, Meeraustrockner Jachwe, im nachpro-
phetischen Buch Hiob (38, 8–11) wird sogar am Anfang aller
Zeiten ein rebellischer Ozean gebändigt, gewickelt, begrenzt:
trotzdem eben zeigte die Prophetie auffallend wenig Zitatinter-
esse an der Genesis, ja fast findet sich Gegeninteresse. Gewiß
nicht gegen »Geist Gottes« als kreativ, wohl aber gegen das Ge-
nesispathos des Anfangs einer so unzureichenden Welt und den
Gott, der sein Werk auch noch sehr gut findet und das Gegenteil davon allemal auf die Menschen, die doch ebenfalls von ihm
geschaffenen, als die Sündenböcke abschiebt. Und indem der
gleiche Jachwe, schon als Weltschöpfer zugleich auch Weltregierer, an den Menschen, besonders gar an seinem auserwählten Volk, dies mächtig-nichtige Machwerk weitertreibt, entsteht
bei den Propheten eine Abkehr vom insgesamt so Gewesenen
überhaupt, kurz eben ein Zu-Ende-Machen, ein eschatologisches Schluß-Machen mit all solch gewesenem »Ägypten«, »Babylon« überhaupt. Von daher Jesaja (43, 18): »Gedenkt nicht
an das Alte, und achtet nicht auf das Vorige«, all das auf den ge-

schehenen Mißwuchs, auf die bisherigen Katastrophen der Verheißung, wo nicht auf den *deus creator* und Zulasser solcher Katastrophen bezogen, jedoch desto dringender für eine noch undiskreditierte Zukunft offen, ja für die unabgegoltene Verheißung in der – Vergangenheit. Nur um dessentwillen ein wenig später im gleichen Text (Jes. 46, 9 f.) und nur scheinbar als Gegenteil: »Gedenkt des Vorigen von alters her; denn ich bin Gott, ... *der ich verkündige zuvor, was hernach kommen soll*, ... mein Anschlag besteht«, doch genauer als je eschatologisch vermehrt, aus dem Seienden als Gewesenheit, aus der Gewesenheit als scheinbar bereits Seiendem, gar wahrhaft Seiendem heraus. So darum, entscheidend jetzt *contra Genesis des Anfangs* haltbar, eben bei Tritojesaja 65, 17 und, pointiert auf die Menschen bezogen, 66, 22: »Denn gleichwie der neue Himmel und die neue Erde, die ich mache, vor mir stehen, spricht der Herr, also soll auch euer Same und Name stehen«. Mit Vertröstung gewiß, auch hier noch, St. Nimmerleinstag bei dem bisherigen *deus creator*, der sich nun, immer noch mit einer Personalunion, an der erst Hiob zweifelte, als *deus salvator* selber prophezeit; doch Wiedergutmachung erscheint hier, als wäre wirklich das Erste vergangen. Nicht grundlos-paradox dient deshalb die unverhangenste Musik im Brahmsschen Requiem beim Jesajavers 51, 11: »Also werden die Erlösten des Herrn wiederkehren und gen Zion kommen mit Jauchzen, und ewige Freude wird über ihrem Haupte sein.« Soteriologisch genug in einer Religion, der doch eben in der Genesis, nach Vertreibung aus dem Paradies, der Tod ein ewiges Schicksal war und der Weg zum Baum des Lebens von Cherubim »mit bloßem hauenden Schwert« verstellt sein sollte.

Allemal wurden diejenigen, die mehr zurück blickten als voran sahen, nicht Seher genannt. Aber deren Gesichte waren dennoch oft von einer Zukunft angesaugt, die selber eine bislang nicht getrieben habende Wurzel eigen hatte. So eben wurde im Vergangenen nicht die Vätergeschichte, gar Moses zurückgedrängt, sondern die eigentliche *archē*, die überliefert-mythische vorweltliche. Als wäre sie kein rechter Ursprung oder schließlich mehr einer weltlichen Unfugs als des davon *Heilenden*.

Selbst das »Paradies« vor dem »Sündenfall«, auf das sich das »Siehe, es war sehr gut« zuletzt noch beziehen könnte, schien doch so wenig vollendet, daß das »neue Zion« in der Prophetie keinesfalls seine bloße Wiederherstellung sein wollte. Die paar Lobpreisungen des Jachwe-Schaffens und des durch diese archē Gewordenen (wie oft selbst in den Psalmen sehr bitter unterbrochen) wirken irregulär, mindestens wie von etwas so lange her, daß es gar nicht mehr wahr ist. Zwar werden immer noch zuweilen Schöpfungslegenden beiseite erwähnt, doch bezeichnenderweise meist rebellische, die in der Genesis der Priesterschaft gar nicht vorkommen. Zwar nennt selbst Deuterojesaja dem Anschein nach auch jenen bestaunten Jachwe, der den Erdboden gegründet, den Himmel aufgespannt (Jes. 48, 13), ja 44, 24 stellt sich Jachwe Israel im alten gleichen Atemzug vor als »dein Herr, dein Erlöser, der den Himmel ausbreitet allein und die Erde weit macht ohne Gehilfen«. Indes auch solch Simultanes, Homogenes, Hergebrachtes kommt an Zahl wie Gewicht gegen den Rettergott von der anderen Seite, der neuen Genesis nicht auf. Er ist und bleibt das Zielmotiv fürs Zurückdrängen der ersten Genesis im Bewußtsein der Propheten, und die Spannung zwischen dem Demiurgischen und dem von ihm Rettenden ist an solchen scheinbaren Koinzidenzstellen eben desto härter hörbar. Auch wenn das Ausmaß der Spannung sogar bei den weit überwiegenden Auslassungen des Weltschöpfers (um des Erlösers willen) noch nicht reflektiert ist. Auch wenn noch nicht antithetische Konsequenzen einer Gottzerreißung selber gezogen werden, wie später im Buch Hiob, gar viel später, manichäisch-dualistisch, bei Marcion, wo »unser Vater, der Weltschöpfer« um der Folie für Christus, den Retter, willen dezidiert zum Feind, nämlich Teufel wurde. Die Genesiswelt wurde jedenfalls bei allen Propheten eine Belastung Jachwes, noch ohne Auszug, aus ihm selber, doch mit Auszug aus den Himmeln, die gar noch des Ewigen Werke rühmten; iam homini religioso satis erat. Von daher also auch der echte Jesaja-, nicht nur Hiob-Nachklang bei Iwan Karamasow zuletzt im Gespräch mit Aljoscha: »Nicht Gott akzeptiere ich nicht, verstehe mich recht, sondern die von ihm geschaffene Welt und kann sie nicht akzeptieren« (Die Brüder Karamasow, Piper, 1959, S. 382).

Dualismus, mindestens Trennung der Gewalten klingt aber gerade auch in den stoßenden Koinzidenzen bei Deuterojesaja an. Wonach er, was auch von der üblichen Tradition betont werden mußte, »einmal von Jachwe, dem Schöpfer der Welt, ein anderes Mal von Jachwe, dem Schöpfer Israels reden kann, der Israel ›losgekauft‹ hat ... Mit dem Wort von der Erschaffung Israels meint der Prophet aber die Geschichtstaten, die die alte Exodustradition dem Gott Israels zugeschrieben hatte, ... die heilsgeschichtliche Loskaufung aus Ägypten, Typus und Modell einer künftigen« (v. Rad, Theologie des Alten Testaments II, S. 251). Das folglich, was bei alldem einzig, mindestens wesentlich bei den Propheten an der Weltschöpfung Ägyptenschöpfung bleibt, ist eben, daß sie zugleich eine Schöpfung der Verheißung, also des *Heraus-aus-Ägypten* sein konnte. Und das durch das überhaupt nicht inhaltlich Verbindende des *Schöpferischen selber,* des heraufrufenden, noch nicht heraufgerufen habenden, *nicht füllenden, sondern erfüllenden »Worts«.* Als welches nicht den Raum füllt, gar auf solch außermenschliche Weise, sondern die Zeit erfüllt, daß sie jede Geschichtsenttäuschung überwindet, jedes Anfangs-Eden im künftigen »Gottesreich« nicht nur – reproduziert. Das solches schaffensollende verbum mirificum des Stiftenden, Rettenden holt nun allerdings von einem Weltschöpfenden das Schöpferische selber ins Verheißungswort einer ganz anderen Genesis, als einer endlich rechten, hinein. Immer aber, so auch hier, daß das Kreative, das werkschaffende Schöpfungswort erst in der Schöpfung Israels, des messianischen an der ultimativen Stelle steht, das ist bei der künftigen Genesis, als der heilenden eines Heils. Das sonst Geschaffene und so uns Umgebende dient den Propheten auch im seltenen preisenden Jubel bestenfalls als Gleichnis für ein »es werde Licht und es ward Licht«, steht aber selber weit von Telos und Eschaton. Daher wird erst deren erwartete, keinesfalls erinnerte Genesis beim Tritojesaja wirklich laut: »Um Zions willen will ich nicht schweigen, und um Jerusalems willen will ich nicht innehalten, bis daß ihre Gerechtigkeit aufgehe wie ein Glanz und ihr Heil entbrenne wie eine Fackel; ... und Du sollst mit einem neuen Namen genannt werden« (Jes. 62, 1 f.). Zugleich geht dies Eschaton auch weit, wo nicht zu weit über das bloße Friedensreich auf Erden, mit dem ungeschreckten Sitz eines jeden unter seinem Feigenbaum hinaus; was die Antithese auch noch zum Behagen in der ersten Genesis und ihrem Raum nochmals pointiert. Sprengend sogar, wie gesehen, auch wenn die eigentlich *apokalyptische* Ladung im Eschaton deutlich erst beim letzten Propheten, Daniel, beginnt. Und dann von der syrischen Baruch-Apokalypse bis hin zur Offenbarung Johannis wachsend steigt; mit gänzlich weltsprengenden Merkmalen, wie sie bei den Propheten allerdings erst angedeutet, wenn auch keinesfalls abgetrennt sind. Als die Merkmale höchster eschatologischer Ungeduld, zugleich genauer endzeitlicher Beredung, riesigen kosmisch-antikosmischen Horizonts. Aber die Propheten sind den Apokalyptikern in jedem Sinne vorhergegangen, nicht zuletzt in dem des utopischen Temperaments, von dem der spätjüdischen Weisheitsbücher, die man an den Blitz im Eschaton sozusagen anhängen wollte, radikal verschieden. Gar ohne die prophetisch intendierte Umkehr von Erde samt Himmel selber wäre die Apokalyptik undenkbar, wäre sie ohne spezifisch hebräische – Promethie.

24   GRENZE DER GEDULD, HIOB ODER EXODUS
NICHT IN, SONDERN AUS DER JACHWEVORSTELLUNG
SELBER, SCHÄRFE DES MESSIANISMUS

A. Hiob kündigt auf

Ein guter Mann, der redlich handelt, traut anderen gern. Doch wird er scharf betrogen, dann gehen die Augen plötzlich und sehr weit auf. Hiob fühlt sich in dieser Lage, er bezweifelt, ja verneint Gott als einen Gerechten. Der Schlechte blüht, der Fromme kann verdorren, dies sieht Hiob an sich selber. Er leidet unsagbar und klagt Jachwe an, das ist: er sucht die Schuld seines Unglücks nicht mehr, nicht mehr nur in eigener Schwäche oder Schuld. Er träumt außer, über sich ein anderes Leben, ein besseres Schalten und Walten als das sichtbare, er versteht die elende Welt nicht mehr. Hiobs Frage ist die seitdem nicht mehr verstummte: wo bleibt da Gott? Das Leiden machte hier vielleicht weniger edel, doch es machte aufrecht und fragend.

Er verlernte nun ganz und gar das Murren nicht, und der Verstand stand nicht still. Das Murren der Kinder Israel ist ja biblisch vertraut, drang uns durch den priesterlichen Text immer wieder wachsend durch. Und so dürfte eben sein durchgehaltenstes Buch, das Hiobs, recht spät, zwischen 500 und 400 entstanden sein. Sehr viel früher freilich ist der Rahmen, das sogenannte Volksbuch vom Hiob, die Versuchung des Satan und das gute Ende. Der Dichter des Hiob hat ins Volksbuch das Seine hineingearbeitet wie Goethe seinen Faust ins Puppenspiel. Das Volksbuch selber, nur noch in den beiden ersten und im letzten Kapitel erhalten, muß sehr alt sein; denn die Chaldäer erscheinen Hiob 1, 17 noch als räuberische Beduinen (was dieses Sterndeutervolk gewiß seit langem nicht mehr war). Auch nennt Ezechiel schon zweihundert Jahre vor der wahrscheinlichen Abfassung der Hiobdichtung den Namen Hiob als einen wohlbekannten aus alter Zeit, zusammen mit Noah und einem gleichfalls archaischen Daniel (Ez. 14, 14 und 20). Seltsam wurde Hiob, und zwar der der Dichtung selber, von den Rabbinern untergebracht. Einige sagten, er habe zur Zeit Abrahams gelebt, andere wollten sogar wissen, er sei einer von Pharaos gottesfürchtigen Knechten gewesen, die 2. Mos. 9, 20 erwähnt sind. All das in der augenscheinlichen Absicht, den unbequemen Mann zu einem Nicht-Juden zu machen, wenn auch zu einem frommen. Trotzdem nennt der babylonische Talmud merkwürdigerweise Moses als Verfasser des Hiobsbuchs; der Wahrheit näher kamen nur R. Jochanaan und R. Elieser, als sie erklärten, Hiob sei einer von den aus der babylonischen Gefangenschaft zurückgekehrten Juden; so datierten sie das Buch – ein auffallend früher Fall von »Bibelkritik« – nach Cyrus. Übrigens wurde das Buch vom Gesetzesjudentum jederzeit als gefährlich betrachtet, trotz der angeblichen Verfasserschaft Mosis, als eine Schrift, von der man sich besser fernhalte. Sie gehört zweifellos in die jüdische Aufklärung der Spätzeit, doch in eine, die es sich nicht leicht macht und den ganzen Menschen packt, nicht nur seinen skeptischen oder auch pessimistischen Verstand. Weit muß sich der Dichter umgetan haben, seine Sprache ist die reichste im Alten Testament, ungewöhnliche Worte erscheinen, mit akkadischen und arabischen Wurzeln, ungewöhnliche Breiten der Naturanschauung. Ein Novum der Form ist der Dialog, obwohl er unmittelbar aus dem jüdischen Leben gegriffen ist, aus dem religiösen Diskurs. Der Dialog schreitet nicht in Einwänden fort, als gemeinsam suchende Unterredung, wie bei Platon; er besteht vielmehr aus Angriff und Verteidigung, mit immer härter herausgearbeiteten Gegensätzen. Die Verteidigung ist die Jachwes, denn seine Gerechtigkeit ist in Verteidigung gedrängt, in stärkster Form. »Warum leben denn die Ruchlosen, werden alt und nehmen zu mit Gütern?« (21, 7). Und warum hungern die Armen? Sie hungern nicht deshalb, weil sie gottlos wären, sondern weil die Reichen sie schinden und pressen, und Gott sieht zu. » Sie zwingen sie Öl zu mahlen auf ihren eigenen Mühlen und ihre eigene Kelter zu treten und lassen sie doch Durst leiden. Sie machen die Leute in der Stadt seufzend und die Seele der Erschlagenen schreiend, und Gott stürzt sie nicht« (24, 11 f.). Die (gleichsam) anti-kapitalistische Predigt selber war schon vor Hiob, bei den Propheten, aber nicht die Anklage gegen Gottes Nichtwiderstehen dem Übel: so beginnt von hier ab die fatale Notwendigkeit der Theodizee. Mitbedeutet von den griechischen Tragikern, doch im Buch Hiob vor allem beginnt die ungeheure Umkehrung der Werte, die Entdeckung des utopischen Könnens innerhalb religiöser Sphäre: Ein Mensch kann besser sein, sich besser verhalten als sein Gott. Hiob ist nicht nur aus dem Kult, auch aus der Gemeinde ausgetreten, lauter Angriff ist da.

Zunächst trat dem nur überliefertes Schmalz entgegen, das sich vom Neuen gestört sah. Die drei Freunde liefern die abgemachten, vorgeschriebenen, unwirklichen Klischees, halten Hiob die Tradition entgegen, doch sie bringen ihn nicht zum Schweigen. Weder der mild-gravitätische Eliphas, mit einer Fülle epigonaler Predigt, noch der hausbackene Bildad noch der grobe Zophar. Anfangs sind die Freunde nur zuredend, auch abwartend, dann jedoch, als Hiob beharrlich Jachwe bekriegt, werden sie selber feindselig, behandeln Hiob als verworfenen Sünder. Der wider Gott sein Schnauben kehrt und aus seinem Mund

Aufruhr hervorbringt, nämlich das Ende der Geduld, nämlich Kritik des überlieferten Rechtsgottes. Hiob weist auf sein Elend, seine Schwären, seine Verlassenheit: »Merkt doch, daß mir Gott Unrecht tut und hat mich mit seinem Netz umgeben. Siehe, ob ich schon schreie über Gewalttat, ich werde nicht erhört, ich schreie laut, doch es ist keine Gerechtigkeit da« (19, 6 f.). Schlimmer noch, er konvertiert die Gerechtigkeit nicht einmal, Jachwe ist wie Mord ohne Ansehung der Person: »Er bringt um beide, den Frommen und den Gottlosen« (9, 22). In seiner Allmacht, ja wegen ihrer, ist der Tyrann verantwortungslos: »Will man Macht, so ist er zu mächtig; will man Recht, wer will ihn vorladen?« (9, 19). Die Magna Charta gemeinsamer Gerechtigkeit gilt nicht: »Denn er ist kein Mensch, daß ich ihm antworten könnte, daß wir vor Gericht zusammentreten könnten; es ist keine Schiedsmann zwischen uns, der auf uns beide seine Hand legte« (9, 32 f.). Furchtbar erschien so der Widerspruch zwischen dem Prophetengott sittlicher Vorsehung und der Wirklichkeit eines rohen Zufalls oder eines – Teufels. Kanaan war selber Ägypten geworden, nur der Name war vertauscht, Israel hatte sein altes Elend. Der Zusammenhang Schuld-Sühne, Gerechtigkeit-Heil war dermaßen fragwürdig geworden, daß er auch außerhalb des Buchs Hiob lange keinen Trost mehr gegeben hat; so im 88. Psalm, einer der hoffnungslosesten Dichtungen, die jemals ins Credo geraten sind. Diese Dichtung erwähnt nicht einmal mehr die Sünde als mögliches Elends-Motiv, und sie mündet, der Verheißungen satt, in die echte Hiob-Frage: »Wird man in Gräbern erzählen deine Güte und deine Treue im Verderben? Mögen denn deine Wunder in Finsternis erkannt werden oder deine Gerechtigkeit im Lande, da man nichts gedenkt?« (Ps. 88, 12 f.). Und was die Sünde selber angeht, tauglich dazu, um das Unglück zur Strafe oder Zuchtrute zu denken, laut der Tradition, so entgegnet Hiob dieser Tradition mit der vernichtenden Frage: »Habe ich gesündigt, was tue ich gegen dich, o du Menschenhüter? Warum machst du mich, daß ich auf dich stoße und bin mir selbst eine Last? Und warum vergibst du mir meine Missetat nicht und nimmst nicht weg meine Sünde?« (Hiob 7, 20 f.). Die drei Freunde aber, die Advokaten Jachwes, haben all dem nichts entgegenzusetzen als das Vergeltungsdogma Schuld-Sühne in seiner starrsten Form. Ihr Jachwe hüllt sich in diese Fadenscheinigkeit, und der Jüngling Elihu, am Ende erscheinend, unterstreicht gar noch Jachwe als Nein und Feind, ja gibt sich, in 37, 21, als wäre er selbst ein Vorläufer des sogleich erscheinenden Gewaltherrn. Was die Freunde erzählen, ist immer wieder das Vergeltungsdogma von oben herab, und zwar ohne all den Bedingungscharakter, den es bei den Propheten besessen hatte. Die Gewalt des subjektiven Faktors, als der Moralität, auf den Gang des Schicksals, der gesamte Tiefsinn der Wahl und Entscheidung, die eigentümliche Mitregierung an der Welt, wie sie von Amos und Jesajas bis Maleachi den Menschen anheimgegeben ward: kein Element davon ist im Muckertum der vier Glaubensspießer geblieben. Doch genügt das moralische Bewußtsein Hiobs völlig zum Halt gegen Jachwe, den fragwürdigen Richter, und gegen seine Mitrichter, die Freunde. Und sollte es nicht genügen, so gilt eben, daß ein Gott, der es verdiente, so zu heißen, nicht zu strafen, sondern zu erretten hat; daß er am wenigsten Verborgenes zu richten hat, in dem kein Vorsatz ist. Ein Mensch überholt, ja überleuchtet seinen Gott – das ist und bleibt die Logik des Buchs Hiob, trotz der angeblichen Ergebung am Schluß. Die Urkategorie des Auszugs arbeitet hier in der gewaltigsten Verwandlung fort. Nach dem Exodus Israels aus Ägypten, Jachwes aus Israel, geschieht nun ein Exodus Hiobs aus Jachwe; freilich: wohin?

Sicher möchte der gequälte Mann weg von dem, der ihn schlägt. Er greift an, weil er in Ruhe gelassen werden will, er fürchtet, ohne zu achten. »Befiehl dem Herrn deine Wege, so werden sich deine Pläne verwirklichen« (Sprüche Sal. 16, 3); dergleichen wird nicht mehr geglaubt. Hiob fordert den ungeheuren Feind zur Rechenschaft: »Sieh, hier ist (auf der Anklageschrift) meine Unterschrift; der Allmächtige antworte mir« (Hiob 31, 35). Und Jachwe antwortet aus dem Wettersturm, er antwortet höchst merkwürdig, nämlich auf Fragen wieder mit Fragen, an die siebzig der Zahl. Er untermischt die Fragen mit wilden Beschreibungen, so des Pfaus, des Pferds, des Adlers, des Sturms, des Siebengestirns, des wilden Wickelkinds Ozean, der Wolken, des Behemoth und Leviathan. Hiob hatte in der Kritik der vor-

handenen Welt die Ahnung einer besseren gesetzt; Jachwe gibt
als Antwort ein Rätsel nach dem anderen aus der unvermittelten Naturseite und Naturmacht des Daseins auf, aus einem Sek-
tor mithin, den Hiob, trotz des Aussatzes, mit seinen Fragen
gar nicht meinte, mit seiner Anklage gar nicht berührte. »Wer
ist der, der so fehlt in der Weisheit?«, ist Jachwes erste Frage
(38, 2), die einschüchternde eines Schulhaupts. »Wo warst du,
da ich die Erde gründete?«, ist Jachwes zweite Frage (38, 4),
eine gereizt majestätische, eine schlechthin niederwerfende, und
es folgt ihr der Psalm seiner selbst: »Da mich die Morgen-
sterne miteinander lobten und jauchzten alle Kinder Gottes«.
Man hat Jachwes Fragen sarkastisch genannt, immerhin ging
ihnen Hiobs Sarkasmus vorher, als er rief: »Was ist der Mensch,
daß du besonders auf ihn achtest und bekümmerst dich mit
ihm?« (7, 17). Indem Hiob damit eine Psalmstelle zitierte, eine,
die an Ort und Stelle (Ps. 8, 5) dankbarste Verehrung des Ge-
schöpfs gegen seinen Schöpfer ausdrückte, indem er sie höh-
nisch zitierte, als ein unter Schmerzen sich windender Zweifler,
entstand kostbarerer Sarkasmus, als er einem Gott gegen einen
Wurm zu Gebote steht. Auch besteht eine bemerkenswerte
rhetorische Parallelität zwischen Hiobs Aufzählung seiner
Werke im Kap. 31 und Jachwes vom Kap. 38 an; wobei Hiobs
Register nicht nur, daß es vorangeht, dort Moralität setzt, wo
Jachwe Natur. Auch haben die Fragen Jachwes, eben als solche
der Naturkunde, nicht die Ewigkeit an sich, die anderen Schriften des Gottesworts eignet. Wenige Jahrhunderte nach Hiob,
bereits bei Plinius und Plutarch, wäre ein Teil der Naturwun-
der, die Jachwe vorsetzt, nicht mehr so stupend gewesen. Ein
Naturforscher, Alexander von Humboldt, rühmt zwar gerade
vom 37. Kapitel, vom Elihu-Vorspiel Jachwes: »Die meteoro-
logischen Prozesse, welche in der Wolkendecke vorgehen, die
Formbildung und Auflösung der Dünste bei verschiedener
Windrichtung, ihr Farbenspiel, die Erzeugung des Hagels und
des rollenden Donners werden mit individueller Anschaulich-
keit beschrieben; auch viele Fragen vorgelegt, die unsere heutige
Physik in wissenschaftlichen Ausdrücken zu formulieren, aber
nicht befriedigend zu lösen vermag« (Kosmos, Cotta, III, 35).
Indes waren das nicht Hiobs Sorgen, und es fehlt der faire An-

schluß. Jachwe antwortet auf moralische Fragen mit physikalischen, mit einem Schlag aus unermeßlich finster-weisem Kosmos gegen beschränkten Untertanenverstand. Gewaltig sind hierbei außer Zweifel die verwandten Naturbilder, fremdartig ist auch ein unverkennbarer Hauch von sozusagen dämonischem Pantheismus (im 65. und 74. Psalm präformiert oder gleichzeitig). Natur ist nicht mehr ein Boden oder bloßer Schauplatz menschlichen Geschehens, wie im 1. Kapitel der Genesis, sondern ein Kleid, mindestens eine Chiffre göttlicher Erhabenheit – Jachwes Werke sind nicht mehr anthropozentrisch. Humane Teleologie bricht ab, über ihr stehen Firmament und Kolosse. So sind auch, im Widerspruch zu Genesis 1, 10 und 14, die Sterne früher als die Schöpfung der Erde (Hiob 38, 7); so fehlt in den Worten des Gottes jede menschliche Teleologie, jede Verheißung auf menschliches Heil hinter dem Untergang der Natur (wie in den prophetischen Apokalypsen). Jachwe wählt zum Erweis seiner Majestät sogar sinnlose oder blutig-rohe oder monströse Beispiele aus der Tierwelt selbst; rationale Zwecke fehlen auch hier. Der Pfau »achtet es nicht, daß er umsonst arbeitet, denn Gott hat ihn dumm geschaffen« (39, 13 f.); »die Jungen des Adlers saufen Blut, und wo ein Aas ist, da ist er« (39, 30); vom Behemoth, dem Nilpferd, »läßt sich dünken, er wolle den Jordan mit seinem Maul ausschöpfen« (40, 18); und nicht vom Menschen, sondern vom Leviathan, einer Art Meer-Lindwurm, wird das Wort gesagt: »Auf Erden ist ihm niemand gleich; er ist gemacht, ohne Furcht zu sein« (41, 24). Die Behemoth- und Leviathan-Hymnen sind wahrscheinlich spätere Einschübe ins Buch Hiob; dennoch geben sie den Geist dieser Un-menschlichkeit höchst richtig, höchst malerisch wieder. Und mit vollkommener Bosheit ruiniert dieser Jachwe die Prophetenrede über seine sittlich-rationale, um Milch und Honig zentrierte Vorsehung; so in der Bekundung, in der auftrumpfend-heteronomen, »daß es regnet auf das Land, da niemand ist, in der Wüste, da kein Mensch ist« (38, 26). Das Ganze ist eine der Bibel so fremdartige Theophanie, daß fast wieder ein anderer Gott vorliegt, einer, der auch mit dem gefährlichen Vulkan-Jachwe nichts gemein hat. Er erinnert an eine dämonisch gemachte Isis oder an einen Natur-Baal schlechthin; er erinnert freilich sogar, verblüffenderweise, mutatis mutandis, über Jahrtausende hinweg, in etwas an – Spinozas Gott. Als hörte man sozusagen die zweck-, ja sinnfremde Jachwe-Sprache in Spinozas Versicherung wieder: Gott leite die Natur nach seinen universalen Gesetzen, nicht nach den besonderen Gesetzen und Absichten der Menschen (»adeoque Deus non solius humani generis, sed totius naturae rationem habet«). Dem Hiob-Jachwe fehlt selbstverständlich die Ratio und Autarkie der Ratio völlig, die Spinoza meinte; dennoch ist die antiteleologische Berührung erstaunlich. So ist nicht ausgeschlossen, daß eine der frühesten Quellen zu Spinozas Religion den letzten Kapiteln des Hiob entspringt, bei allerdings, was Spinoza angeht, völlig dämoniefreiem Pan.

Warum aber gibt Hiob sich nun als überführt oder gar überzeugt, warum sagt er: »Ich will meine Hand auf den Mund legen« (40, 4)? Rudolf Otto, in seinem Buch »Das Heilige«, hat gerade in dem wüsten Jenseits von Gut und Böse, als das dieser Jachwe sein Jenseits eröffnet, eine Lösung sehen wollen. Jachwe gebe Bilder von ausgesucht scheußlicher Erbaulichkeit; auch die Erinnerung an den 11. Gesang der Bhagavad-Gita liegt nahe, wo sich Krischna dem Ardjuna zeigt, nämlich als entsetzlicher Mahlstrom von Tod und Ausgeburten. Doch mit alldem wäre Hiob nicht überführt, gar überzeugt, sondern nur nochmals geschlagen, geistig erschlagen, durch metabasis eis allo genos, nämlich in die vorprophetische, ja vorkanaanitische Dämonie. Und: der Dichter des Hiob mag diese erklärte, gleichsam ehrlich kundgegebene Dämonie Jachwes (besonders mit kosmisch-erhabener Instrumentierung) trostreicher empfunden haben als die vorhandene Ungerechtigkeit unter der Maske des Rechtsgottes. Immerhin ist der Dichter des Hiob kein Vorläufer Rudolf Ottos oder gar der wahllosen Blutnacht-Freunde von heutzutage unter der Maske der Mystik. Sein verzweifelter Held war doch als Rebell angelegt, ja, wie ersichtlich wurde, er tritt auf als ein biblischer Prometheus, zu dem die Stelle: »Ich will meine Hand vor den Mund legen« (40, 4) nicht stimmt. Die schließliche Konformismus-Szene steht nur in alter Nähe zu dem überlieferten Volksbuch-Ende von Hiobs Heilung, von Hiobs Versöhnung mit Gott; die Szene ist hierzu die Überleitung. Sei es, daß sie vom Dichter angefügt wurde, um seine Ketzerei ungefährdet ausdrücken zu können; was ihm ja auch gelungen ist. Sei es, daß die Gewitter-Naturszene später interpoliert wurde; was wegen ihrer Spracheinheit mit den vorhergehenden Teilen, wegen ihrer dichterischen Gewalt unwahrscheinlich ist. Sei es schließlich, daß im Autor des Hiob zwei unvereinbare Gedanken zugleich umgingen: der rebellisch-humane und ein zu ihm disparater, außermenschlicher, kosmisch-heteronomer (eine Entzweiung des Zentralen, die unter großen Dichtern kaum eine Parallele hätte). So bleibt bei dem schwierigen Fall wenig anderes übrig, als die Gewitter-Szene im ersten Sinn zu interpretieren: als Deckung der Häresien, auf deren Bekundung es vor allem ankam. Die Größe Gottes aus der Natur (zu der die Psalmendichtung bereits mächtige Exempel gegeben hatte), der Preis dieser Größe wurde mit der alten Mantelerzählung des Volksbuchs verbunden; und der Mantel wurde sternbestickt. Wichtig, ja entscheidend ist bei alldem das meist Übersehene, daß der Autor bereits lange vorher eine *andere Lösung* gesetzt hatte, *eine aus der Tiefe der Rebellion genuin erzeugte*. Diese Lösung ist nur durch den heillos verderbten Text der Stelle, überdies durch die kirchenchristliche Harmonisierung, welche Luthers Übersetzung hinzugefügt hat, um ihre Eindeutigkeit gebracht worden, um das Salz ihrer Eindeutigkeit. Hiob sagt bereits in der Vulgata, wie auch in der Lutherbibel: »Aber ich weiß, daß mein Erlöser (redemptor) lebt, und er wird mich hernach aus der Erde aufwecken. Und werde darnach mit dieser meiner Haut umgeben werden und werde in meinem Fleisch Gott sehen. Denselben werde ich mir sehen, und meine Augen werden ihn schauen, und kein Fremder« (19, 25–27). Eine Menge protestantischer Theologen oder auch alttestamentlicher Philologen hat nachdem Konjekturen im verderbten Urtext versucht; so Duhm in seinem »Kommentar zu Hiob«, 1897, und Bertholet, ihm nachfolgend. Aber auch das im Text einwandfrei überlieferte hebräische Wort goël kann nicht mit Erlöser übersetzt werden, das heißt nicht mit dem christmilden Sinn, den dieses Wort seitdem angenommen hat. Es bedeutet auch nicht Jachwe als Erlöser, gemäß jüdisch-orthodoxer Auslegung dieser Stelle; denn der Sinn von goël ist: nächster Verwandter und Erbe, der die Pflicht hat, einen

Ermordeten zu rächen, in alten Zeit als goēl had-dām, als Blut-rächer (4. Mos. 35, 19). Der vorliegende Text selber, in seiner zusammenhanglosen Verderbtheit, lautet wörtlich so: »Und ich weiß, daß mein Rächer lebt und der zuletzt (letzte) auf dem Staub aufstehen (beistehen, fest-, bestehen) wird. Und nach-dem meine Haut zerschlagen sind dieses, und aus meinem Fleisch werde ich Gott sehen. Wenn (welchen) ich sehe für mich (mir), und meine Augen sahen und kein Fremder.« Ber-tholet (Biblische Theologie des Alten Testaments II, 1911, S. 113) ordnet dies Textchaos, unter Benutzung der Konjek-turen, versuchsweise so: »Ich aber weiß, mein Bluträcher ist am Leben und wird zu guter Letzt sich über dem Staube aufheben. Der Zeuge meiner Unschuld wird bei mir sein, und meinen Schuldbefreier werde ich für mich sehen, mit eigenen Augen sehe ich's und kein Fremder.« Im späteren Hebräisch freilich, also auch in dem des Buchs Hiob (vorausgesetzt, daß es an solch feierlichen Stellen keine archaischen Bedeutungen bevorzugt), bedeutet goēl genereller auch den Anwalt; doch stimmt diese abgeschwächte Bedeutung keinesfalls zu Hiobs Erbitterung, zu Hiobs Krieg gegen Jachwe. Sie stimmt nicht zu dem Verbre-chen, das er an sich begangen fühlt, und das er kurz vorher so gewaltig denunziert: »Erde verdecke mein Blut nicht und gib meinem Schreien keinen Ruheplatz. Auch siehe, mein Zeuge ist im Himmel und mein Eidhelfer in der Höhe« (16, 18 f.). So geht jede Bedeutung auf den Rächer, auf den Rächer Hiobs, der sich als ein Erschlagener fühlt, dessen Blut zum Himmel schreit, auf den Ungenannten, Ungekannten, der den Mord an einem Unschuldigen mit wirklicher Gerechtigkeit verfolgt und auf-hebt. Selbstverständlich ist mit dem »Bluträcher« statt »Erlöser« noch keine »Prophezeiung« Christi gegeben; aber auch der Bock als Gärtner, der Feind als Anwalt des Erschlagenen ist nicht gemeint. *Der Freund, den Hiob sucht, der Verwandte, der Rächer kann nicht der gleiche Jachwe sein, gegen den Hiob den Rächer aufruft.* Den er gleich nachher wieder angreift, dem er, in Kap. 31, den Kodex eines Gerechten entgegenstellt. Freilich die Stimme, mindestens Stimmung der drei Freunde Hiobs, der Herkömmlichen, ist in der ebenso herkömmlichen Exegese von 19, 25–27 bisher noch nirgends verhallt. Auch dann nicht, wenn der »Bluträcher« mindestens philologisch ununterschlagbar geworden ist; die Harmonisierung im Sinn eines gleichbleibend Theokratischen siegt immer wieder über die – andere Bibel, auch wenn sie noch so unverderbbar aus dem verderbten Text hervortritt. Also wird über Hiob und sein so Unzweideutiges stetig fort Verkehrung gemacht, zum Zeichen, wie nötig sie, nach so ungeheuer gewordenem Auschwitz, der Gottergebung ist. Die drei Freunde haben ihre Nachfolge noch nach Jahrtausenden, ad minorem gloriam des Neologen Hiob: »Auch in dem Ruf, in dem er an Gott (!) als Bluträcher appelliert, hat er wieder auf eine uralte (!) Vorstellung zurückgegriffen: Gott ist der Eigentümer alles Lebens; wo immer Leben durch irgendeine Gewalttat bedroht ist, da steht ein unmittelbares Interesse Gottes auf dem Spiel; das weiß (!) Hiob und darum appelliert er feierlich an Gott – gegen Gott« (also doch nicht an den gleichen). »In der ungeheuren Spannung seines Kampfes droht das Gottesbild ihm zu zerreißen. Schon in Kap. 14 hat sich etwas Derartiges angebahnt, aber dort versuchte Hiob eine Zerlegung im Sinne eines zeitlichen Nacheinander: zuerst waltet der Gott des Zornes« (auch gegen einen Gerechten?), »dann der, der sein Geschöpf liebt. Nun aber verschärft sich die Zertrennung des schützenden Gottes der Überlieferung von dem zerstörenden Gott seiner Erfahrung zu einem Nebeneinander. Ist Hiob die Existenz eines Freundgottes auch jäh und beglückend bewußt geworden, so vermag (!) er doch die Wirklichkeit des Feindgottes nicht auszustreichen. Er appelliert feierlich (!) von dem einen an den anderen, und er weiß, daß der Bürgegott, der Lösergott gegen den Feindgott« (obwohl beide doch nur Nebeneinander im Ewig-Gleichen sein sollen) »seine Sache zum Siege führen wird. Jeder Leser wird die beiden Stellen, Kap. 16, 19 f.; 19, 23 f.« (letztere eben die, in der der Bluträcher vorkommt) »als Höhepunkte in dem Ringen Hiobs empfinden; nirgends umfängt ihn eine solche Gewißheit und ein solcher Trost wie hier« (v. Rad, Theologie des Alten Testaments I, 413). Allerdings muß selbst diese Gewißheit des Lesers oder mehr noch der drei Hiobfreunde textgemäßer zugeben: »Aber als die Lösung darf man sie doch nicht bezeichnen, wie denn ja auch der Dialog hier nicht endet . . .; ein sicheres Zeichen, daß

die Angelegenheit (!) mit diesen tröstlichen Durchbrüchen«
(mehr abdrehender Exegese) »noch nicht erledigt ist«. Ist doch
der Bluträcher, zu dem Hiob ruft, nicht nur nicht der Zorn-
dämon, der das Blut selber vergießt, sondern am wenigsten
eben der schließlich auftretende, der nicht einmal mit Zorn, gar
Erlösung behaftete, der zu menschlichem Leid, gar eigenem
Retterblick gänzlich disparat auftretende Kosmos-Dämon am
Ende des Hiobbuchs. Diesen hatte Hiob schon lange vorher abgelehnt: »Er würde mich brechen mit einem Sturm und meine
Wunden mehren ohne Grund« (9, 17); Hiob wünschte gerade,
Jachwe möchte nicht so erscheinen und ihn erdrücken. Daß die
Welt auch ohne Mensch bestehen könne, daß sie nicht auf ihn
bezogen sei: diese Lehre ist am wenigsten die messianische, die
Hiob erwartet. Eher steht der Rächer dem Jachwe des Exodus
nahe, aus der »Brautzeit Israels«, doch so, daß der Exodus-Geist
mit der vorhandenen Schöpfung und Weltregierung überhaupt
nichts gemein hätte. Also: *volle Schärfe* des Messianismus erscheint, eine zur gegebenen Welteinrichtung völlig antithetische. Die Antwort auf Hiobs Fragen, auf seine Verzweiflun-
gen auf seine Hoffnungen des Andersseins werden im *Reich des
Rächers gegeben, das mit dem eigenen guten Gewissen verknüpft ist;* sie werden sonst nirgends gegeben. Dies also ist die
vom Hiobdichter intendierte Lösung; und sie zerschneidet die
Jachwe-Szene und ihre Abbiegung in eine Natur, worin der
Mensch nichts oder noch nichts gilt. »Wenn ein Mann könnte
mit Gott rechten wie ein Menschenkind mit seinem Freunde!«
(16, 21): dies allerhöchst erwünschte Du ist gewiß nicht im To-
huwabohu des Schicksals, aber auch nicht in einem vorgezeigten
bloßen Tremendum der Natur.

B. Dulder oder hebräischer Prometheus?
auch bei Wegfall Jachwes sind Hiobs Fragen nicht erledigt

Wie bekannt, wurde der erbittertste Mann als der geduldigste
hingestellt. Geradezu ausgestellt; Hiob sollte die Zweifler wieder in den Stall zurückbringen. Das Volksbuch hat über den
Dichter gesiegt; als sanfter Dulder steht der Empörer kirchlich
da. »Der Herr hat's gegeben, der Herr hat's genommen«, diese

Worte des Anfangs, »der Herr segnete Hiob hernach mehr denn vorhin«, diese Worte des Endes löschten das ganze kochende Zentrum aus. So wurde Hiob zum Muster der Geduld, und Spengler nennt ihn den arabischen Faust, weil er keiner ist. Denn was abendländisch Faust geworden wäre, meint Spengler, wird in der »magischen Seele« Kampf der Ergebung, Einwohnung in die umwölbende Kuppel schlechthin. Der Rebell Hiob wurde tatsächlich im Orient sprichwörtlich für sein Gegenteil, dergestalt daß hier unter den vielen Bildernamen des Kamels auch dieser ist: abu Eyyūb, Vater Hiobs. Der Koran preist Hiob, halbiert zum Dulder und sonst nichts, als ein Ergebungs-Vorbild, das selbst im Islam auffällt, und die neunte Sure spricht sein tiefstes Ringen quietistisch aus: »Es gibt keine Zuflucht von Gott fort als zu ihm hin.« Zwar den orthodoxen Juden ist der scheinbare Gottesdulder immerhin ein Ärgernis geblieben, aber der Kirche wurde er zum princeps aller, die sich löblich unterwarfen. Im Talmud gilt Hiob immerhin als höchst verdächtig, wie bemerkt: ba'at, er empörte sich, ist das generelle Urteil; freilich soll ja nach einer Talmudstelle Moses selber das Buch Hiob geschrieben haben, es könnte aber nur der der Haderwasser sein oder der Rebellion gegen Jachwes Todesengel, von der die Haggada erzählt. Die Kirche wiederum verwechselt Hiob zu oft mit seinen drei Freunden, mit den konventionellen Plattheiten, wie sie jede Klerikalisierung zum Maulkorb beistellt. Sie reduziert Hiob auf den banalen Eliphas, mindestens auf den Anfechtungs-Verwinder des Volksbuchs; so dient er als Vorbild des geprüften Gehorsams. Das soll dann der gleiche Mann sein, der Jachwe Mörder nannte, »er bringt um beide, den Frommen und den Gottlosen« (9, 22); das ist der titanische Herausforderer der Gottheit. Das ist der Mann, der auch keinen Halbgott zu dieser titanischen Entgegensetzung darstellte und brauchte, wie in der griechischen Tragödie gegen Zeus, sondern der sein eigenes Subjekt dazu verwandte und einsetzte, als Mensch standhaltend gegen eine geglaubte Allmacht des Feinds. Hiob insgesamt steht in einer Welt, wo das moralische Vergeltungsdogma sich durch furchtbare Erfahrungen als eitel erwiesen; er leidet nicht allein, er protestiert stellvertretend. Auch der Bedingungszusammenhang zwischen moralischer Entschließung und Schicksal, den die Propheten zu verkünden wünschten, war längst im einfachen Vergeltungsdogma der drei Freunde untergegangen, im Mechanismus gleichsam von Lohn und Strafe. Die Wirklichkeit zeigte dergleichen nicht, sie zeigte auch keine gütige Vorsehung, am wenigsten zeigt sie schließlich jener Jachwe, der aus dem Wettersturm den Menschen niederschmettert und ihn zum Bruchteil der Welt herabsetzt. Ja dieser Jachwe revidiert in dieser Szene selber das Vorsehungs-Wunschbild, das Hiobs Freunde zuletzt von ihm gemacht; mit tiefster Ironie fährt er sogar Eliphas deshalb an: »Mein Zorn ist ergrimmt über dich und deine zwei Freunde; denn ihr habt nicht recht von mir geredet, wie mein Knecht Hiob« (42, 7). Aber die angebliche Ergebung, die Hiob aus dieser Art Gottbelehrung schöpfen könnte, wäre also nirgends eine frohbotschaftliche. Sie erzwänge pure Resignation und keinen Trost; auch die Zukunft ist versperrt, der Jachwe der Endszene spricht, wie für einen Naturdämon in Ordnung, kein einziges messianisches Wort. Er greift die Hoffnung Hiobs in 19, 25, die sich angeblich auf ihn bezieht, mitnichten auf, konträr: alle Hoffnung ist und bleibt fundiert in Hiobs eigenem guten Gewissen und der Rebellion aus ihm, die einen Rächer sucht. Jachwes Erscheinung und Worte bestätigen geradezu Hiobs Unglauben an göttliche Gerechtigkeit, sie sind statt Offenbarung des Rechtsgotts wie der Atheismus eines Gottes selber in und aus Ansehung des Sittlichen. Fast ist so in der Dichtung der Jachwe-Szene ein Schein aus der paradoxesten aller Visionen, aus jener, der Jean Paul den Titel gab: »Rede des toten Christus vom Weltgebäude herab, daß kein Gott sei«. Desto weniger eben gewinnt sich daraus Ergebung, desto sicherer auch wird die vermeintliche Theodizee ihr Gegenteil: Auszug des Menschen aus Jachwe, Imagination einer Welt, die sich über den Staub erhebt. Keineswegs auch ist diese Welt bei Hiob die eines Fortlebens nach dem Tod, worin alles gut und nachträglich ausgeglichen. Das Judentum kannte dergleichen zu Hiobs Zeit gar nicht, der Leib wird in die Erde eingefahren, ins Schattenland. Hiob meint vielmehr eine Welt, die er mit eigenen erhaltenen oder erfrischten Augen noch sehen kann, gebracht durch den Rächer und den Schuldbefreier, der dem Prinzip der Ungerechtigkeit den Prozeß macht. Er meint im Menschen und seiner Moralität einen Weg, der sowohl Natur wie Gott durchschneidet. Noch fehlen all die Ausreden, die erst durch die wachsenden Hiob-Erfahrungen, Hiob-Gedanken theologisch notwendig wurden; es fehlen alle Apologien aus jetzt erst unvermeidlich gewordener Theodizee. Es fehlt der Sündenfall als ausgebildete Lehre, wonach die üble Schöpfung entlastet wird durch Adams Fehler und durch Dämonen, die eingebrochen. Es fehlt noch der ausgebildete Satansbegriff, der ungeheuerlichste Sündenbock Jachwes, auf den die gesamte Ungeratenheit des Daseins zu laden war; im Volksbuch von Hiob ist er lediglich ein Engel der Anklage, schlimmstenfalls ein skeptischer Neider, in der Hiob-Dichtung selber wird er überhaupt nicht genannt. Er galt in älterer Zeit vielleicht als Verführer zum Bösen (»Und der Satan stand wider Israel und gab David ein, daß er das Volk zählen ließ«, 1. Chron. 21, 1), doch auch hier keineswegs als Urheber. Sogar das angebliche Sturzmotiv Luzifers, das sich beim ersten Jesaja findet (»Wie bist du vom Himmel gefallen, du schöner Morgenstern!« Jes. 14, 12), wurde erst später auf Satanologie adaptiert; an Ort und Stelle bezieht es sich einzig auf den König von Babel. Und Hiob hätte bereits von der Tiefe seiner Rebellion her auf alle diese Entlastungs-Theodizeen entgegnet: Jachwe kann nicht allmächtig und gut zugleich sein, wenn er Satan zuläßt. Er kann nur allmächtig sein und selber böse, oder gut sein und schwach: in Allmacht und Güte zusammen ist für den Teufel so wenig Raum wie vorher für das Übel ohne Personifikation oder Strohmann. Allerdings haben die Propheten sowie die von ihnen beeinflußten Interpolationen im Pentateuch zuweilen eine andere, kaum beachtete Art von Dualismus, und diese wurde von Hiobs Einwänden weniger betroffen. Schon deshalb nicht, weil der Gegensatz hier nicht zwischen Gut und Böse läuft, zwischen Ormuzd und Ahriman, sondern zwischen Liebe und Gleichgültigkeit, sozusagen. Die Propheten, im Topos Jachwe ja noch verharrend, lehrten außer dem Unglück als Zucht- und Erprobungs-Mittel eines gerechten Vaters zuweilen auch eines, das von selber läuft, nämlich durch einfache Abwendung Jachwes von den Menschen. Im späteren Deuteronomium spricht Jachwe das aus: »Ich werde mein Angesicht vor ihnen verbergen, und

sie werden dem Raub preisgegeben sein, und es werden sie viele
Übel und Drangsale treffen. Sie werden an diesem Tage sagen:
Treffen uns diese Leiden nicht darum, weil unser Gott nicht bei
uns ist?« (5. Mos. 31, 17). Übel und Drangsale sehen hier also
drein wie gewisse Eigenwesen, die in der Gottferne, vermittelst
der Gottferne blühen; sie sehen nicht drein wie von Jachwe oder
auch von einem Gegengott gewollt. Sie sind losgelassenes Schicksal, losgelassen in Gleichgültigkeit und selber wirkend mit
Gleichgültigkeit gegen menschliches Anliegen – wie der Naturdämon am Schluß des Hiobbuchs. Gottes Allmacht und Güte
lassen an solchen Punkten also gleichermaßen nach: Ägypten
oder Assur können, in Gottes Abwesenheit, über Israel böses
Schicksal machen, als das eines selbstgebauten Wirbelsturms.
Die Propheten haben mit dieser Wendung eine Theodizee
ohne Sündenfall und Satan versucht; und sie klingt noch bei
Augustin nach, wenn er, trotz reichlichster Verwendung Satans,
bemerkt: das Übel stamme aus Gottesmangel, Gott sei fürs Böse
in der Welt keine causa efficiens, sondern einzig eine causa
deficiens. Hiobs Empörung freilich würde auch gegen solche,
von seinen drei Freunden verschiedene Theodizee aus Gottferne
sich nicht legen, desto weniger, als er eben selber Jachwe als disparaten Naturdämon sieht. Für das Elend in der Welt ist auch
ein Alibi Jachwes keine Ausrede und kein Ersatz für Verantwortung; wirkliche Allmacht und Güte würden auch nicht
gleichgültig werden und ermüden. Nicht dem Sünder gegenüber, erst recht nicht, wie Hiobs Realismus unaufhörlich feststellt, dem Gerechten gegenüber. Jede Theodizee ist seitdem,
an Hiobs harten Fragen gemessen, eine Unredlichkeit. Das Buch
Hiob hat die Advokaten der Allmacht und der Allgüte in Gang
gebracht, es hat zugleich alle ihre Harmonisierungen a limine
verhindert. Für Menschen, die aus der Vorstellung vom Schöpfergott oder auch Rechtsgott Jachwe so gründlich ausgetreten
sind, daß er ohnehin nicht mehr existiert, ist zwar seine Rechtfertigung überhaupt kein Problem mehr oder, wie es scheint,
ein rein religionshistorisches. Die einfachste Lösung der Theodizee, sagte die französische Aufklärung, ist die: que dieu n'existe
pas. Wird also zum sittlichen Atheismus, als der die gesamte
Theophanie am Schluß des Buchs Hiob verstanden werden kann,

der ontologische gefügt, dann wirkt zu guter Letzt das ganze Problem Theodizee als Apologetik ohne causa sui. Ja – und das ist wichtig – auch die Fragen und Anklagen Hiobs, seine gesamte Rebellion scheint bei Wegfall eines thronenden Gott-seins gegenstandslos.

Ist das nun wirklich so, nämlich was sein bitteres Fragen selber angeht? Besitzt das Buch Hiob auch für bequeme Atheisten keine andere Wirklichkeit als historische oder psychologische oder, wie selbstverständlich, poetische? Bleibt nicht viel – grausame Natur auch ohne Jachwe, um Menschen unbekümmerte, fühllose? Bleiben nicht Krankheit, Unordnung, Fremdheit, kalte Schulter im Dasein, bleibt nicht jenes Etwas im Dasein – auch ohne Verdinglichung oder transzendente Hypostase –, von dem doch Hiob sagt: »Schuldig oder unschuldig, es bringt beide um« (Hiob 9, 22)? Bleibt nicht der Tod, dem Hiob die entsetzlich zeitlosen Worte setzt: »Harre ich gleich lang, so ist doch die Unterwelt (scheol) mein Haus, und in Finsternis ist mein Bett gemacht. Die Verwesung heiße ich meinen Vater und die Würmer meine Mutter und Schwester. Wo ist dann mein Hoffen und mit all meinem Hoffen, wer sieht es? In die Unterwelt hinunter wird es fahren und mit mir im Staub liegen« (17, 13–16).

Ein fühlloses Universum bleibt, ein mit den menschlichen Zweckreihen noch weithin unvermitteltes; ist auch nicht Anklage die uns gebliebene Reaktion, so mindestens riesiges Fragen, riesig negative Verwunderung. Ja was nun selbst das unter Theodizee Gedachte angeht, nun zum *Problem* eines immanenten Sinns zertrümmert, ganz ohne Apologie und Aberglauben einer transzendenten höchsten Obrigkeit und ihrer interessierten Schonung: brauchen die Wunschträume, die es so schwer haben, keinen Trost, daß für sie trotzdem etwas vorgesehen sei? Brauchen die Werke, die gegen das Unmenschliche errichtet werden, brauchen die konkret-seinwollenden Utopien, die Planungen des Noch-Nicht-Gewordenen nicht im Weltkern ein Korrelat? Muß das harte Zusammen von Elend und von Tendenz zu seiner Überwindung, von Ausbeutung und von progressiver Dialektik in der Ausbeutung nicht verstanden werden? Muß materialistische Dialektik selber, nämlich daß sie einen solch langwierigen, solch entsetzlichen Prozeß braucht, nicht auch – gerechtfertigt werden? Woher stammt das Reich der Notwendigkeit, das so lang bedrückt?, wieso ist das Reich der Freiheit nicht mit einem Male da?, wieso muß es sich so blutig durch Notwendigkeit hindurcharbeiten?, was rechtfertigt seine Verzögerung? – Das sind Angelegenheiten, die gerade auch beim Atheismus übrig bleiben, sofern er nicht geschichtsloser und irrealer, ja irrsinniger Optimismus ist. Und ebenso geschichtsloser Nihilismus, mit den Menschen als lächerlichen Illusionserzeugern (obwohl diese Menschen doch selber zur vorhandenen Welt gehören), mit lauter Tod-Fremde an sich um uns her, mit jenem gorgonisch-kosmischen Un-Mensch-Sein an sich, worin immer wieder nichts Uns-Angehendes verkapselt sein soll. Hiobs Fragen sind derart mit seinem Auszug aus dem scheinbaren Gerechtigkeits-Jachwe nicht ganz beantwortet. Sie bleiben transportiert, transformiert, auch vor starrmachendem – Gewittersturm, auch vorm Schweigen der Welt ganz ohne Jachwe. Die einfachste Lösung der Theodizee ist also nicht nur die: que dieu n'existe pas; denn dann tauchen die Fragen an den für uns ganz fühllosen, finster-gesprenkelten Weltgang selber auf und die schwierige Materie, die sich in ihm bewegt. Die einfachste Art ist die, daß es in der Welt immer wieder einen Auszug gibt, der aus dem jeweiligen Status herausführt, und eine Hoffnung, die sich mit der Empörung verbindet, ja die in den konkret gegebenen Möglichkeiten eines neuen Seins fundiert ist. Als einem Halt in der Zukunft, mit noch keineswegs vereiteltem, wenn auch keineswegs gewonnenem Prozeß, kraft unnachläßlichen Schwangergehens seiner Lösung, unserer Lösung. Der Auszug aus caesarischer Gottesvorstellung, wie ihn Hiob begann, den Menschen über jede Art von Tyrannei setzend, über die fragwürdige einer Gerechtigkeit von oben, auch über die neu-mythische einer Naturmajestät an sich: *dieser Auszug ist nicht auch einer aus dem Auszug selbst.* Konträr: gerade der Rebell besitzt Gottvertrauen, ohne an Gott zu glauben; das heißt, er hat Vertrauen auf den spezifischen Jachwe des *Exodus aus Ägypten,* auch wenn jede mythologische Verdinglichung durchschaut wurde, jeder Herrenreflex nach oben ursächlich aufhört. Der Gott, von dem im Hiob die Rede ist: an seinen Früchten erkannt, mit so viel Gewalt und Größe herrschend und erdrückend, tritt nur als Pharao vom Himmel her entgegen, doch Hiob eben ist gerade fromm, indem er nicht glaubt. Außer an Auszug und daß das letzte Wort human noch nicht gesprochen ist, vom Bluträcher, vom Blutstiller, kurz vom Menschensohn selber, statt vom Großherrn. Ein Wort, aus dem nun nicht mehr ausgezogen wird, sondern das selber, gänzlich schreckenlos, ins aufgehobene Oben einzieht.

V. AUT CAESAR AUT CHRISTUS

Wir selber gingen noch nirgends aus uns heraus und sind da. Sind an uns noch dunkel nicht nur wegen des zu nahen, zu unmittelbaren Jetzt und Hier, worin wir wie alles stehen. Sondern indem wir untereinander reißend sind wie kein Tier gegen seine Art, sind wir versteckt gefährlich. Und indem wir ebenso in zu viel anderem an uns durchaus noch versteckt sind, noch nicht herausgebracht, sind wir unfertig wie kein anderes Lebewesen, sind nach vorwärts noch offen. Selber ganz vorn an einem noch Kommenden mitmachend.

So setzen wir zugleich immer wieder von vorn an, gärend. Denn was anfängt, obwohl im Strom, fängt an, weil es überhaupt noch nicht angefangen hat. Und das deshalb, weil aus dem Menschlichen, das wir fronthaft für alle und alles sind, nur knapp das Wohin und nur höchst versucherisch das Wozu herausgebracht ist. Durchaus liegt dazu ein Vorangang vor, doch wie oft als taumelnder, immer wieder ins Lot zu stellender. Das gerade dann, wenn das Ziel des Fürsichwerdens deutlich vor Augen steht. Zuletzt auf unser aufgedecktes Angesicht hin: ein Zeichen unserer guten Sache hieß und heißt Jesus. Ist gleichfalls noch nicht aus dem Gären und seinem Unterwegs heraus, doch wie nichts anderes mit den Menschen verbunden und bei ihnen bleibend. Als das sanfteste Zeichen, gewiß, darin aber zugleich als das brennendste, uns umbrechendste, aufbrechendste. Anders, gar duckmäuserisch, wie so lang schon gehabt, wäre kein Reis entsprungen, kein »Ich bins«, sondern ein nochmals Eingelulltes. Da wird anderes an- und eingesetzt, gerade indem dieser Jesus uns bei Namen nennen will, ihn bekennt. Solch Wecken kann leise sein, doch immer erschüttern, macht neu.

Es gibt geborene Lämmer, diese ducken sich leicht und gern. Das liegt in ihrer Art, zu ihnen hat Jesus nicht gepredigt, gewaltig, wie es in der Schrift heißt. Am wenigsten steht er selber so gemildert da, wie ihn die sanften Heinriche meinen. Wie ihn die Wölfe vor allem für die Schafe zurecht gemacht haben, damit sie es doppelt bleiben. So still, so unbegrenzt duldsam wird ihr angeblicher Hirte dargestellt, als wäre er sonst wirklich nichts anderes. Der Stifter soll ohne alle Leidenschaft gewesen sein und dennoch, er hatte eine der stärksten: den Zorn. So warf er den Wechslern die Tische im Tempel um, ja vergaß hierbei die Peitsche nicht. Jesus ist also nur dort geduldig, wo es sich um den stillen Kreis der Seinen handelt; er selber scheint deren Feinde durchaus nicht zu lieben. Nun zwar die Bergpredigt: sie handelt gewiß nicht von der Erregung der Menschen widereinander um Christi willen, die Jesus als Eiferer seinen Jüngern anrät (Matth. 10, 35 f.). Die Bergpredigt mit ihrer Seligpreisung der Sanftmütigen, der Friedfertigen ist aber nicht auf die Tage des Kampfs, sondern auf das Ende der Tage bezogen, das Jesus nahe herangekommen glaubte, gemäß der Predigt des Mandäers Johannes; daher der *sofortige*, chiliastisch *unmittelbare* Bezug auf das Himmelreich (Matth. 5, 3). Für den *Kampf* jedoch, für die *Herbeiführung* des Reichs steht das Wort: »Ich bin nicht gekommen, Frieden zu senden, sondern das Schwert« (Matth. 10, 34). Desgleichen, als durchaus nicht nur inwendig, sondern auswendig, ausbrennend gedacht: »Ich bin gekommen, ein Feuer anzuzünden auf Erden; was wollte ich lieber, als es brennte schon« (Luk. 12, 49). Eben genau das meinen die Verse William Blakes in der auf 1789 beziehbaren Folgerung: »Der Geist des Aufruhrs schoß vom Heiland nieder / Und in den Weinbergen Frankreichs erschien das Licht seiner Wut.« Gewiß betreffen Schwert wie Feuer, das nicht nur zerstörende, auch reinigende, in der Jesuspredigt mehr als bloß Paläste; sie geht auf den ganzen alten Aeon, der weg muß. Doch vorn an stehen die Feinde der Mühseligen und Beladenen, die Reichen, die so wenig ins Himmelreich kommen wie – mit voller Ironie des Unmöglichen

– das Kamel durchs Nadelöhr. Die Kirche hat das Nadelöhr hernach sehr erweitert und so gewiß ihren Jesus aus dem Blick des Aufruhrs herausgenommen. Mildigkeit, nämlich gegen die Unrechttuer, nicht der Zorn Jesu wurde hier Trumpf. Doch selbst Kautsky, der nur noch »religiöse Mäntelchen« sah, mußte im »Ursprung des Christentums« (1908) zugeben: »Kaum hat der Klassenhaß des modernen Proletariats so fanatische Formen erlangt wie der des christlichen«. Und von ganz anderer, nämlich gerade von einer Seite des »religiösen Mäntelchens«, also malgré lui und darum besonders epatant klärt Chesterton über den Schein von lieb Jesulein auf und über nichts als ethische Bravheit nachher und ihre Reformen. Er gibt dem, in »Der unsterbliche Mensch«, folgendermaßen Saures: »Jene, welche die Christen beschuldigten, Rom mit Feuerbränden in Trümmer gelegt zu haben, waren Verleumder, aber sie erfaßten die Natur des Christentums viel richtiger als jene unter den Modernen, die uns erzählen, die Christen wären eine ethische Gemeinschaft gewesen und langsam zu Tode gemartert worden, weil sie den Menschen erklärten, sie hätten eine Pflicht ihren Nächsten gegenüber zu erfüllen oder weil ihre Milde sie leicht verächtlich gemacht hätte.« Unüberhörbar schlägt auch dieser Art das subversive Element des Urchristlichen hoch, dazu daß es mit dem Bisherigen und seinem Druck ein Ende haben muß. Darin ist genau ein Gegensatz zur bloßen Milch der frommen Denkungsart, ein Gegenstoß zum Kotau. Die Lauen wollte Jesus ausspeien aus seinem Munde, kein Wort Jesu paßt ideologisch in unsere bisherigen Gesellschaften, am wenigsten die Bergpredigt, jedes ist auf endzeitliche Erwartung, mehr: Bereitung aufgetragen. Seine moralische Anweisung ist nicht verständlich ohne die apokalyptische; das schon lange vor der späten, nicht nur jesuanischen, doch in der jesuanischen Predigt stets bedeuteten Offenbarung Johannis. »Wer beharrt bis ans Ende dieses zerbrechenden Aion, der wird selig« (Mark. 13, 13), das war so eine strenge Ergänzung zu den Forderungen der Bergpredigt. »Was ich aber euch sage, das sage ich allen: Wacht!« (Mark. 13, 36). Solches ist doch am wenigsten quietistisch, ja, wie William Blake sagt, gerade auch mit dem Licht in dieser unleugbaren Wut zusammenhängend.

Täufer für den, der kommen soll

Wer nur leidet, steht von daher allein nicht leicht auf. Es sei denn, er geht gegen den Druck an, der nicht bloß seelisch lastet. Meint zu hören, was ihn gründlich wendet, sieht eine Tür. Vor allem dann, wenn Wende in der Zeit andringt, eine, die nach vorn reißt, und das jäh. So in der Zeit Johannes des Täufers, sie schien erfüllt, das Maß des Bisherigen war voll. Buße sollte getan werden, denn das Himmelreich sei nahe herbeigekommen, und es galt, vor ihm reinlich zu werden. Mit Taufe im Jordan, dem strömenden Wasser, das seit alters nicht nur die Haut zu reinigen hatte. Aber neu war der Auftritt eines eigens Taufenden, der die Taufe vollzieht und vor allem nicht nur eine der üblichen rituellen Waschungen vornimmt, sondern erstmals eine, die für einen Kommenden reif machen sollte, einmalig. Johannes will mit einer unmittelbar vorherlaufenden Eigenschaft, die bisher kein Mensch, auch Elias nicht, in der Schrift hatte, der Bote des Kommenden sein, freilich nicht nur als Bote. Denn dieser Herold kennt den Stärkeren, der nach ihm kommt und nicht mehr mit herkömmlichem Wasser, sondern mit Feuer und neuem Geist zu taufen hat, selber nicht. Daher die anstößige, daher die unerfindbare Anfrage des Täufers an Jesus (Matth. 11, 3): »Bist du, der da kommen soll, oder sollen wir eines anderen warten?« und Jesu Antwort an einen, den er nicht zu seinen Anhängern gerechnet hat: »Selig ist, der nicht Ärgernis nimmt an mir« (Matth. 11, 6). Trotzdem – und das zeigt, wie wenig der junge Jesus sich selber als kommend sah – trotzdem ließ sich auch der anfangende Jesus bei Johannes auf sich selber hin taufen. Ebenso führt Johannes, der nicht nur ein Nasiräer aus der Wüste war, sondern dazu auch mandäisch-persisch beeinflußt sein dürfte, weiter als irgendeiner zuvor über nationalen Blutschein hinaus. Was der Täufer seinen Gott nennt, »vermag dem Abraham aus diesen Steinen Kinder zu erwecken« (Matth. 3, 9). Ein anderer Bund tritt vor und wartet, froh allerdings machte er noch nicht.

Einer sollte kommen, der endlich das Krumme gerade macht.
Immer war dergleichen erwartet, erst von oben her, dann aber,
als nichts geschah, von unten. Aus den Juden sollte der Held
kommen, ein Gesandter, doch einer, der sein Amt besser verwaltet als der, welcher es nötig macht. Denn läge die Welt nicht
im argen, so wäre kein Messias nötig. Jesus hat lange gezögert,
bis er als dieser auftrat, er fühlte sich vorerst als Jünger des
Täufers, nahm selbst die Taufe, fühlte sich unrein. Die Ver-
suchergeschichte (Matth. 4, 3–6) zeigt Jesu Überzeugung, es
sei des Teufels, sich Gottes Sohn zu nennen. Petrus, der erste,
der ihn Christus nennt, wird deshalb hart angefahren (Mark.
8, 33). Erst die »Verklärung« sechs Tage darauf, die außen gehörte Stimme aus den Wolken (Mark. 9, 1–7), scheint Jesus zu
dem alles überbietenden Bewußtsein seiner Sendung gebracht
zu haben. Und hier schon ist klar: die Sendung war zwar sanft,
doch *keinesfalls nur inwendig* gemeint, wie ihr das später, nachdem sie mißlang, nachgesagt worden ist. Denn beim Einzug in
Jerusalem hat Jesus das Hosianna angenommen; dieser Ruf
aber war der alte Königsruf des Volks. Er war gerade politisch
eindeutig, nämlich gegen Rom: »Gelobt sei das Reich unseres
Vaters David« (Mark. 11, 10), »Hosianna, der kommt im Namen des Herrn, ein König von Israel« (Joh. 12, 13). Vor dem
Hohepriester bekennt sich Jesus durchaus als Messias und nicht
eben nur inwendig und abstrakt, sondern mit sämtlichen, seit
Daniel überlieferten und erwarteten Machtzeichen (Mark. 14,
62). Vor Pilatus nimmt Jesus den Titel an: König der Juden;
unter diesem Titel wurde er gekreuzigt (das Kreuz ist die römische Strafe für Aufruhr). Wäre es richtig, daß Jesus gar nicht
der jüdisch erwartete Messias habe sein wollen, dann weiß man
nicht, wieso er Bedenken hatte, sich als Messias zu erklären, und
wozu er diese Bedenken überwand. Er hätte sich einen guten
Mann genannt, einen Seelsorger, allerhöchst einen Nachfolger
der alten Propheten; keine Halluzination vom Himmel her wäre
nötig gewesen, um sich zu diesem Wagnis: Tu es Christus zu
entschließen. Die Aufklärer zuerst, dann – mit weniger Un-

schuld – die antisemitisch-liberalen Theologen haben Jesus derart vom jüdischen Messiastraum abgerückt, soll heißen von der auch politischen Eschatologie. Dergleichen beginnt leider mit Renans »Leben Jesu«, wurde wissenschaftlich zubereitet durch Holtzmann, Wellhausen, Harnack, endet mit einer puren Innerlichkeit Christi ohnegleichen. Am schnödesten wiederum bei Wellhausen, den König der Juden betreffend: »Das Reich, das er im Auge hatte, war nicht das, worauf die Juden hofften. Er erfüllte ihre Hoffnung und Sehnsucht, indem er dieselbe auf ein anderes Ideal, höherer Ordnung, richtete. Nur in diesem Sinn kann er sich den Messias genannt haben: sie sollten keines anderen warten, er war nicht derjenige, den sie wünschten, aber er war der wahre, den sie wünschen sollten. Wenn man also, was man doch eigentlich muß, dem Worte die Bedeutung läßt, in der es allgemein verstanden wurde, so ist Jesus nicht der Messias gewesen und hat es nicht sein wollen. Sein Reich war nicht von dieser Welt, das heißt, er setzte etwas total Anderes an die Stelle der Messiashoffnung« (Israelitische und jüdische Geschichte, 1895, S. 349). So wird die Eschatologie aus den Evangelien herausgeworfen, obwohl sie zu den philologisch am besten bezeugten Partien gehört, so hätte Jesus ein sozusagen rein ethisches Gottesreich verkündet, gänzlich außerhalb des apokalyptischen Traums, in dem seit Daniel die gesamte jüdische Frömmigkeit lebte. Es ist ja ein Verdienst Albert Schweitzers (Das Messianitäts- und Leidensgeheimnis, 1901), die richtigen Proportionen wiedergesehen zu haben, auch in der liberalen Theologie: Jesus hat die Ethik (als Buße, Vorbereitung aufs Reich) in die Eschatologie hineingestellt, nicht die Eschatologie in die Ethik. Das Eschatologische ist zwar auch bei Schweitzer nicht politisch-erdhaft-real gefaßt, sondern ausschließlich übernatürlich, zu sehr nur übernatürlich, zu fern von neuem Himmel *und neuer Erde zugleich;* immerhin: das kommende Reich gilt hier bei Jesus als *primär,* nicht die Liebe. Aus der Intention des Reichs folgt erst die der Liebe, und das Reich ist als kosmisch-katastrophales kein Ereignis der Psychologie, sondern eben des Kosmos, hin zum neuen Jerusalem. Jesus sah überhaupt keine Zeit mehr für einen Defaitismus bloßer Innerlichkeit, er lebte gänzlich in der öffentlichen, gut-prophetischen Anzeige des

Täufers: »Tut Buße, das Himmelreich ist nahe herbeigekommen«. Er sendet (Matth. 10) seine Jünger je paarweise in die jüdischen Städte, damit sie diese Kunde verbreiten; er bereitet sie auf die messianische Drangsal vor, die jetzt anbrechen soll, in der sie wie die anderen Erwählten schwere Verfolgung, vielleicht den Tod finden werden. Er erwartet nicht einmal, daß die Überlebenden so wie sie auszogen zu ihm zurückkehren werden, dermaßen nahe ist ihm das Weltende, die neue Welt: »Ihr werdet mit den Städten Israels nicht zu Ende sein, bis des Menschen Sohn kommt« (Matth. 10, 23). Selbst das Vaterunser enthält derart unmittelbaren Bezug auf die Drangsale des unmittelbar bevorstehenden Eschaton; es enthält nur bei falscher Übersetzung lauter Inwendigkeit. »Und führe uns nicht in Versuchung, sondern erlöse uns von dem Bösen«: Versuchung (peirasmos) bedeutet hier nicht individuelle Verführung zur Sünde, sondern Heimsuchung, eschatologische Drangsal, Verfolgung durch den Antichrist am Ende der Tage. Diese Verfolgung soll weggenommen werden, dieser Kelch soll vorübergehen, der neue Äon soll geboren werden, ohne daß sein Anbruch Zeit, gar lange Zeit zu einer Gegenrevolution läßt. So unzweifelhaft war Jesu Glaube, der Bringer des nahen Zion zu sein, daß dieser Glaube erst am Kreuz von ihm abfiel. In dem furchtbarsten Augenblick, den, zusammen mit Todesqual, stärker als sie, je ein Mensch erlebt hat, in dem höchst konkreten Verzweiflungsschrei: »Mein Gott, warum hast du mich verlassen?« Das ruft nur einer, der sein Werk, als konkret anrichtbares, entschwunden sieht, das ruft kein bloßer Seelenleiter, kein Himmelskönig des puren Gemüts. Auch nasiräisch-prophetischer *Sozial*impuls ging durch die Botschaft an die Mühseligen und Beladenen, keine Todessehnsucht oder hochgeistige Vertröstung. »Denn er predigte als einer, der Macht hat, und nicht wie die Schriftgelehrten« (Matth. 7, 29) und erst recht nicht als sublimierter Christ des bloßen Seelentons, bloßer sozusagen ewiger Gesinnung und Spiritualität. Das Logion Matth. 11, 25–30 ist ein Jubelruf politisch-religiöser Art, es bezeichnet aufs Unzweideutigste den Regierungsantritt des Messiaskönigs, und sein letzter Satz ist ein Erlaß: »Mein Joch ist sanft und meine Last ist leicht.« Zuverlässig war damit nicht das Joch des Kreuzes gemeint, diese Art Last war die wenigst sanfte und leichte, sie hätte keine Frohbotschaft abgegeben. Subjektiv also hielt sich Jesus durchaus für den Messias im überlieferten Sinn, objektiv ist Jesus am wenigsten als Drückeberger in unerscheinende Innerlichkeit oder auch als Quartiermacher für ein völlig transzendentes Himmelreich aufgetreten; konträr, das Heil ist verkündet als Kanaan. Als Erfüllung dessen, was den Vätern verheißen war, ohne Hinfälligkeit, ohne Trivialität, ohne Verlust, ein Kanaan überboten in Quintessenz: »Es ist niemand, der ein Haus verläßt oder Eltern oder Brüder oder Weib oder Kinder um des Reiches Gottes willen, der es nicht vielfältig wiederempfange in dieser Zeit und im zukünftigen Äon das ewige Leben« (Luk. 18, 29 f.). Innerlichkeit gab es in bloßer Messiaserwartung schon genug, Himmel im geglaubten Droben übergenug: es war die Erde, die den Heiland brauchte und das Evangelium. Wenn überhaupt noch ein Zweifel darüber besteht, ob Jesus – vor der Kreuz-Katastrophe – als realer Heiland auftreten wollte, so wird der Zweifel durch *das Wort: Evangelium selber* behoben. Jesus, der es nicht einmal verschmähte, als medizinischer Wundertäter zu agieren, gebraucht das Wort Evangelium im Sinn einer Wunderheilung auf der ganzen Erde, durch das Reich Gottes (Mark. 1, 15). Folgende sehr wenig inwendige Definition schickt er dem Nasiräer Johannes ins Gefängnis: »Die Blinden sehen und die Lahmen gehen, die Aussätzigen werden rein und die Tauben hören, die Toten stehen auf, und den Armen wird das Evangelium gepredigt« (Matth. 11, 5). Sollten selbst einige Stellen, worin Jesus allzu vermächtnishaft vom Evangelium spricht (Mark. 13, 10; 14, 9), nachträglich glatt interpolierbar gewesen sein, so ist das Wort selber keineswegs ein spätes, keineswegs, wie Joh. Weiss das definiert, ein »bloßer Ausdruck der Missionssprache«, post crucem; also spirituell. Vielmehr blühte es genau zu Jesu Zeit unmißverständlich als religiöspolitisches Heilswort fürs Ende des konkreten Elends, für den Beginn des konkreten Glücks. Und nicht nur die unterdrückten Juden, auch die übrigen Orientvölker hegten damals eine Hoffnung oder ein Adventgefühl in bar. Ja sogar ihre Bedrücker, die satten Römer, gebrauchten das Wort Evangelium als Friedenswort, als öffentliches Glückswort sibyllinischer Art (auf der

Folie wüster Unsicherheit im letzten Jahrhundert der Republik); bekannt blieb die Weissagung eines göttlichen Königskinds bei Vergil, in der vierten Ekloge, auf Augustus bezogen: »Magnus ab integro saeculorum nascitur ordo ... redeunt Saturnia regna«, das ist: die goldenen Zeiten Saturns, die Saturnalien kehren wieder, und dies heißt gerade hier Evangelium, nichts anderes. Ein Altarstein im kleinasiatischen Priene preist den Geburtstag des Augustus ganz buchstäblich als Anfang der »evangelia« für die Welt, im Sinn des goldenen Zeitalters. Also drang das Wort auch in Palästina ein, in eine Welt, die mehr als je Platz für Frohbotschaft hatte, als *ein für alles Weitere unabdingliches politisch-soziales Glückswort* drang es ein. Verband sich bruchlos mit dem Olam-ha-Schalom, mit dem Friedensreich des überlieferten Messianismus bei den Propheten. Es hätte sich nicht mit bloßer Innerlichkeit oder Jenseitigkeit verbunden; dazu eben war erst jene allgemeine Umdeutung in der Missionssprache nötig, die Jesus nie vorgenommen hat. Ja, auch die keineswegs friedlich-dualistisch-transzendent-eskapierenden Katakombenchristen machten ja keinen Frieden mit Nero und seinem Reich; sonst wären sie gewiß dessen wilden Tieren nicht vorgeworfen worden. Also ist es dieser sehr wenig lahme Christusimpuls, der nicht zuletzt den Bauernkrieg inspiriert hat, den nicht ohne Grund praktisch-chiliastischen. Urtümlich echt war das Evangelium identisch mit seinem umwälzenden Realsinn: »Die Zeit ist erfüllt, und das Reich Gottes ist herbeigekommen« (Mark. 1, 15). In summa, Messias wie Evangelium bedeuten: Jesus hat sein Amt nie als abgeschwächtes, nämlich unweltliches aufgefaßt.

Dem widersprechen am wenigsten die beiden schein-pneumatischen Christusworte, mit denen seit zweitausend Jahren christliche Harmlosigkeit bewiesen, auch gefordert wird: die Worte *vom inwendigen Reich* und *vom Reich nicht von dieser Welt*. Jesus hat nie behauptet: »Das Reich Gottes ist in euch«, die Stelle (Luk. 17, 21) lautet vielmehr richtig übersetzt: »Das Reich Gottes ist mitten unter euch« (ἐντὸς ὑμῶν); und er sagte das nicht zu seinen Jüngern, sondern, auf die Jünger deutend, zu den – Pharisäern. Er antwortete damit auf ihre Fangfrage, wann das Reich Gottes komme, und die Antwort meint: das Reich Gottes ist auch räumlich nahe, es ist hier in der Gemeinde derer, die sich zu ihm bekennen. Auch antwortet Jesus ebenda nicht so, wie Luther übersetzt: »das Reich Gottes ist in euch«, um dergestalt e contrario erst recht die Unweltlichkeit des reinen Gemüts zu markieren. Weiter sagt Luther: »Das Reich kommt nicht mit äußerlichen Gebärden«; Jesus behauptet vielmehr, wörtlich übersetzt: »Das Reich kommt nicht unter Beobachtbarkeit« (meta paratērēseōs). Beobachtbarkeit, paratērēsis war aber in der hellenistischen Bildungssprache, die der Arzt Lukas hier Jesus sprechen läßt, ein medizinischer und astrologischer Ausdruck, er bezog sich nicht auf Inwendigkeit, er bezog sich einzig und gleichnishaft auf astrologische Vorzeichen oder medizinische Symptome. Gemeint und verkündet wird also statt dieser ruhigen Beobachtbarkeit einzig jäher Sprung, total verwandelnder *plötzlicher* Durchbruch. Jesus spricht vom Durchbruch in der Gemeinde seiner Bekenner; nur sie, die nicht erst langsam den Mantel nach dem Wind hängen, nach den Vorzeichen auf der langen Bank astrologischer Konjunkturen, sondern die in neuer Gemeinschaft jäh bereit, bereitet, versiegelt sind, werden den ebenso urplötzlichen Einbruch des Reiches samt dem sehr wenig inwendigen Apokalyptikum bestehen, zu ihm gerüstet sein. Weiter nun: »Mein Reich ist nicht von dieser Welt«, diese Wendung vor Pilatus ist zwar grammatisch, wenigstens dem schlichten Sinn nach unmißverständlich (ἡ βασιλεία ἡ ἐμὴ οὐκ ἔστιν ἐκ τοῦ κόσμου τούτου), doch sie findet sich nur im Johannesevangelium, dem weithin unhistorischen, dem bereits paulinisch gehaltenen, und sie dient einem erkennbaren posthumen Zweck. Sie dient dem Zweck, daß der Christ vor einem heidnischen Gericht sich auf die Worte seines Meisters berufen konnte des Sinns: Christus und die Christen haben nichts mit Hochverrat gemein. Daher läßt Johannes die Verhandlung vor dem Hohepriester weit lückenhafter als die anderen Evangelisten; desto breiter aber führt er die römische Gerichtszene aus. Desto ungünstiger stellt er die Juden, desto günstiger Pilatus dar; der hohe römische Beamte sollte selber einen Präzedenzfall geben, indem er dreimal von Jesus bekundete, er finde keine Schuld an ihm, indem er dreimal ihn loslassen wollte. Und Johannes benützt vor allem nun die Gerichtsszene, um Jesus ein Wort sprechen zu lassen, das in der Tat gesucht harmlos, ja – bei dieser Gelegenheit – fast salvierend wirkt. Doch Johannes eben übernahm desgleichen am wenigsten aus den sonst bekundeten Worten Jesu, sondern aus den Nöten der Gemeinden und aus dem Wunsch, sie zu erleichtern; das Motiv ist also primär nicht christologisch, sondern forensisch-apologetisch (vgl. zu dieser Stelle Joh. Bauer, Kommentar zum Johannes-Evangelium, 1925). Es widerspricht dem Mut, ja der Würde Christi, daß er gerade vor Pilatus das defaitistische Wort gebrauchte, daß er sich vor dem römischen Richter als sonderbarer Schwärmer darstellte, als ein – für die Maße des Römers – fast komisch-ungefährlicher. Dagegen der Würde christlicher Gemeindemitglieder widersprach es nicht, sich mit diesem Wort (solange die Märtyrer-Sehnsucht noch nicht ausgebrochen war) vor Gericht herauszureden; daher auch die unterstrichene »Bosheit« der Juden, die unterstrichene Noblesse des Pilatus und die deutliche captatio benevolentiae, in nachjesuanischer Zeit. Ob die Johannisstelle irgendeinen Christen vor Nero gerettet hat, ist zweifelhaft, doch desto sicherer schließlich verhalf sie dazu, als die Pilatus und Nero selber Christen geworden waren, die irdischen Ansprüche des Christentums gänzlich zu entspannen. Der folgenreiche Satz wurde nun nicht mehr als apologetisch für die Opfer der Welt interpretiert, er wurde zur Apologie für die Herren der Welt: was zuverlässig nicht in der Absicht des Johannes lag. Jesus selber aber kann diesen Satz auch in solch weiterer Implikation nicht gesprochen haben; er setzte nirgends einen Dualismus zwischen dieser und jener Welt in der Weise, daß diese Welt unangefochten blieb und neben jener Welt durch einen Nichteinmischungspakt bestehen konnte. Diese Welt mußte vor jener Welt vergehen, sie wurde von ihr gerichtet, wie das gerade doch Johannes der Täufer vom Christus verkündete: »In seiner Hand ist die Wurfschaufel, und er wird seine Tenne fegen und wird den Weizen in seine Scheuer sammeln, und die Spreu wird er mit ewigem Feuer verbrennen« (Luk. 3, 17). Ja wo überall sonst der Ausdruck »diese Welt«, »jene Welt« erscheint, außerhalb seiner Interpolation in die Gerichtsszene, fehlt ihm der Alibi-Sinn durchaus. »Diese Welt«

ist gleichbedeutend mit dem »gegenwärtigen Äon«, »jene Welt« mit dem »künftigen besseren Äon«, dem mellon aion, das ist mit der künftigen Weltperiode, im *Gegensatz* zu der jetzt bestehenden Welt. So bei Matth. 12, 32; 24, 3: gemeint ist eschatologische Spannung, nicht geographische Distanzierung von fixem Diesseits hier, fixem Jenseits dort. Das einzig Reale dieser Welt wird nun ihr Untergang in jener, deren besserer Äon in diese Welt selber mit endlich Jüngstem Tag einbricht. Solches Reich soll ja nicht den Toten, sondern den Lebendigen gepredigt sein, den hier schon versammelten; es bedarf dazu keines Tods und erst post-mortalen Jenseits (Matth. 16, 28; Luk. 21, 32). Selbst die Worte im Zinsgroschengespräch: »Gebt dem Kaiser, was des Kaisers, und Gott, was Gottes ist« (Matth. 22, 21) unterstützen nicht den Defaitismus vor Pilatus; so sehr diese Worte von Paulus, erst recht von den späteren Kompromiß-Christen strapaziert worden sind. Die Desinteressiertheit des Zinsgroschengesprächs ist vielmehr selber echt eschatologisch: denn nur weil das Reich nahe herbeigekommen, ist Caesar hier gleichgültig. Die Desinteressiertheit vor Pilatus dagegen ließe gerade die Eschatologie, diesen gewissesten Teil der Jesuspredigt außer Acht, sie wäre eine absolute Desinteressiertheit, keine bedingte, ironische, höhnisch-gefährliche, wie in allen anderen Worten Jesu übers noch Bestehende. »Jetzt geht das Gericht über die Welt, nun wird der Fürst dieser Welt ausgestoßen« (Joh. 12, 31) – Platz wird geschafft für den neuen Äon Himmel und Erde, also fürs wahrste Hier von neuem Himmel und neuer Erde. So scharf auch Paulus, gar Marcion die Transzendenz Christi betont haben, so wenig ist sie doch bloße überirdische Entführung, so gewaltig will sie doch als neue Welt sich in die vernichtete alte setzen. Des Menschen Sohn bleibt nicht im Ganz-Anderen, er fährt selbst hinter der Kreuzeskatastrophe, selbst hinter der Auferstehung nieder: nicht als Desinteressement, sondern »mit großer Kraft und Herrlichkeit« (Luk. 21, 27), durchaus als Himmelfahrt auf neue Erde. Gleich der Ankunft des Himmlischen Jerusalem auf ihr, am vollbetonten apokalyptischen Ende, geschmückt wie eine Braut. Die alte, zu alte Erde hat den Kairos dieser Dringlichkeit gewonnen, ja deshalb erscheint es auch, als brauche das ohnehin so nahe herbeigekommene Himmelreich überhaupt *keine Gewalt mehr*. Dem entspricht besonders doch der Jesus der Bergpredigt, der hinter jede Seligpreisung von Gewaltlosigkeit sogleich (Matth. 5, 3–10) die ihnen gekommene Nähe des Himmelreichs setzt. Das heißt, nicht oder nicht nur als populären Lohn, sondern das begründende »Denn« vor »ihrer ist das Himmelreich« bedeutet wesentlicher, daß jede Gewaltanwendung, jede Art Austreibung der Wechsler aus dem ohnehin untergehenden Tempel, in einer Zeit, deren Zeit endlich gekommen ist, als überflüssig verkündet wird. Aber die Gewaltrevolution, welche die Niederen erhöht, die Hohen erniedrigt, wird beim *Apokalyptiker* Jesus vollends in der *Natur* vollzogen, sozusagen stellvertretend für eine Revolte der Menschen selber, durch die Überwaffe einer kosmischen Katastrophe. Dergleichen ist dann gewiß keine letzthinnige Feindesliebe an sich, ist zwar automatischer Kairos-Glaube (das Maß ist voll, die Zeit erfüllt), aber kein Friede mit Belial und seinem Reich. Wobei selbst das kampflose menschliche Dulden vor der Katastrophe sich stets nur auf das Unrecht bezieht, das *einem selber* zugefügt wird, und nicht ein Dulden des Unrechts ist, das *anderen*, als *Schwachen* und *Geringen* geschieht; für dieses sehr bequeme, sehr verbreitete Nichtwiderstehen dem Übel gilt am wenigsten das Himmelreich; es gilt vielmehr das Wort von den Lauen, die Jesus ausspeien wird aus seinem Mund. Gewiß doch, im Zentrum von Jesu Botschaft – und das ist der Kreatur das Härteste an ihr oder ihr moralisch zu betreibendes Paradox – ist *Liebe,* Agapē. Aber sie als Menschenliebe umfassender Art, als nie bisher erhörte Umkehr jeder Aggression, hat eben in Jesu Predigt wie in der noch obwaltenden sozialen Wirklichkeit einzig Raum im Auszugslicht eines ohnehin bereits nahen Advents. So wie umgekehrt freilich der *Inhalt* des Advents selber, um dessentwillen er geschieht, Agapē zu sein hat, mit erlangtem Friedensreich der Kinder Gottes und keinen anderen Taten als denen der Nachfolge Christi. Indes doch allemal: wo dieser Hintergrund nicht so nahe hereinscheint als wäre er schon bald, wo es um die Krisis, das heißt Scheidung, Ent-scheidung der noch kämpfenden Endzeit geht, dort ist Jesu Predigt härter als die aller bisherigen Propheten des Olam-ha-Schalom. Dann ist von Feindesliebe wenig mehr die Rede, es erscheint eben – und das nicht erst später interpoliert – überraschender geistlicher Krieg: »Ich bin nicht gekommen, Frieden zu senden, sondern das Schwert« (Matth. 10, 34); »Wer mich verachtet und nimmt meine Worte nicht auf, der hat schon, der ihn richtet: das Wort, welches ich geredet habe, das wird ihn richten am Jüngsten Tag« (Joh. 12, 48). Immer wieder besteht so bei dem Rebellen und Erzketzer Jesus *außerhalb des Advents* ein Kampf zwischen dieser vorhandenen Welt und jener, die an ihre Stelle treten wird und mitten in der gegenwärtigen ihre Wehen hat. Mit Krieg, Verfolgung, großer Standhaftigkeit der Auserwählten (Mark. 13, 8 f.) – *dieser Aeon und der jähe Umgang, Anbruch des künftigen Aeon überschneiden sich im Raum der Erde.* So ist Jesus als Empörer von den Römern gerichtet worden, und mit Grund fürchteten der Hohepriester und die Pharisäer den Mann, dem das Volk anhing (Luk. 19, 48), dem die gesamte Priester-Theokratie und Gesetzesreligion, wie sie seit Esra und Nehemia stabilisiert worden war, zur vernichtungsreifen Welt gehörte. Solcher Jesus war gefährlich, gegen ihn und seinen eschatologischen Radikalismus kam nicht unbedingt aus Mißverständnis eine Interessengemeinschaft der jüdischen Oberschicht mit den römischen Bedrückern zustande. Genau in den Augen dieser Welt wurde nicht ein harmloser Schwärmer ans Kreuz geschlagen, sondern der adventhafte Umwerter der vorhandenen Welt, das große Exemplar einer anderen ohne Unterdrückung und Herrengott. Die Priester beriefen sich nur zum Schein darauf, daß Jesus sich als Gottes Sohn, das ist als Messias bekannt hatte, und daß er deshalb »nach dem Gesetz« (3. Mos. 24, 16) wegen Gotteslästerung zu sterben habe (Joh. 19, 7). Denn es gab in dem Jahrhundert vor Jesus, seit dem Ende der Hasmonäer-Dynastie, durchaus Schwärmer, die sich für den Messias ausgaben, und als Schwärmern ist ihnen nichts geschehen. Ebenso gab es auch nach Jesus den Heros des Aufstands gegen Hadrian, Bar Kochba, das ist Sternensohn, und eine Autorität wie Rabbi Akiba selber weihte ihn als Messias. Aber Bar Kochba kämpfte obzwar am Abgrund der Verzweiflung, für das vorhandene Judäa, mit Reich, Arm und Priestern gemeinsam. Er war Rebell gegen Rom, doch er kämpfte für die Erhaltung der heimisch überkommenen

Welt einschließlich ihrer priesterlichen Theokratie; so konnte er von Priestern gesegnet werden, so galt der Messias-Titel, der einmalige, ungeheure, hier nicht wie bei Jesus als Blasphemie. Jesus dagegen war nicht etwa zu friedlich, um als Messias wenigstens erwogen werden zu können, sein Menschensohn-Reich lag vielmehr zu fern von jenem immer wieder eingetretenen und legitimierenden *Herren*-Jachwe, der *nicht* aus Ägypten geführt hat. Der Menschensohn-Messias gab sich also auch nicht als kämpfender Erhalter oder als romantischer Wiederhersteller eines bloßen Davidreichs mit seinem Herrengott. Nein, er setzte sich durchaus als neuer, nämlich von Anfang bis Ende eschatologisch-umwerfender Exodus: – *in Gott als Mensch.*

Moralische und eschatologische Beleuchtung in den Evangelien

Auch die besten Dinge, die es gibt, können nicht zugleich getan werden. Besonders dann nicht, wenn das eine das andere zu entwerten scheint, mindestens stärker den Willen erregt. So daß mit einem Schlag bewirkt werden kann, wozu das Betreiben des langsameren Geschäfts tausend Schritte braucht und vielleicht nicht einmal ankommt. Der stärkste bekannte Gegensatz dieser Art ist im Verhältnis der sittlichen und der Heilspredigt Jesu. Ist für einen sittlichen Wandel überhaupt Zeit gelassen, hat er in der kurzen Spanne, bevor das Reich kommt, überhaupt Raum? Die zehn Gebote waren für ein langes Leben auf Erden eingerichtet, obzwar sie keineswegs bequem waren, und man mit Stehlen, falschem Zeugnis, gar Töten schneller vorankommt. Auch das Gebot »Du sollst deinen Nächsten lieben wie dich selbst«, das bereits 3. Mos. 19, 18 steht, und das von Jesus nur bekräftigt wird, nicht als seine Predigt, sondern als Angel des Gesetzes und der Propheten (Matth. 22, 40): auch dieses Gebot ist auf dauerhafte Verhältnisse eingestellt. Es macht den Egoismus zum Maß und beschneidet ihn zugleich, indem es die Nächsten in die Sorgfalt einschließt, die man für sich selber hat. Welche Zeit, welcher Raum, welcher soziale oder auch nichtmehr-soziale Bezug ist aber den Geboten der Bergpredigt gegeben? »Tut denen wohl, die euch hassen, und wer dich schlägt auf einen Backen, dem biete den anderen auch dar, und wer dir den Mantel nimmt, dem wehre auch nicht den Rock, und wer dir das Deine nimmt, da fordere es nicht wieder« – ist hier an ein Verhalten in der vorhandenen Welt gedacht? Diese Ratschläge machen ihren Befolger schuldig, indem sie nicht nur das Unrecht dulden, das ihm selbst, sondern auch das seinen Brüdern angetan wird: bezieht sich also das Nichtwiderstehen dem Übel und die Mahnung wider das Schwert nur auf die späteren Vorgänge, die zum Opfertod führen und führen sollen? Sehr oft ist die ökonomische Naivität aufgefallen, mit der in der Predigt Jesu der Arbeits- und Ernährungsvorgang behandelt wird, in Analogie zu den Lilien auf dem Felde und den Vögeln unter den Himmeln (Matth. 6, 25–28). Das Ergebnis eben war die schnelle Verarmung der jerusalemischen Gemeinde, wonach Paulus für sie bei den Korinthern und Römern betteln muß. Es bewährte sich das große Wort eines Rabbi der frühchristlichen Zeit: der Mensch sei leichter zu erlösen als zu ernähren. Sehr oft wurde das seltsame, vom Standpunkt der Geschäftsmoral ganz unerhörte Gleichnis vom ungerechten Haushalter angegriffen (Luk. 16, 1–9); der Rat, sich Freunde zu machen auch mit Veruntreuung, auch mit dem ungerechten Mammon. Beides: der Rat, sich nicht um seinen Haushalt zu sorgen, wie die Ausschaltung aller moralischen Unterscheidungen innerhalb der Mammon-Welt selbst hat nur einen Sinn, wenn das Wesen der Welt bald vergeht. Wenn die eschatologische Predigt Jesu jede andere auf sich bezieht; dem Wort gemäß, mit dem Jesus dominierend auftritt: »Die Zeit ist erfüllt, und das Reich Gottes ist herbeigekommen. Tut Buße und glaubt an das Evangelium« (Mark. 1, 15). So wird wirklich die Welt gleichgültig, so werden die ungeheuerlichen Regeln der Bergpredigt weder auf ein langes noch auf ein irdisch erfolgreiches Handeln bezogen. Das nachher (durch Paulus, gar Luther) so folgenreiche Wort Jesu: »Gebt dem Kaiser, was des Kaisers, und Gott, was Gottes ist« hat bei dem Stifter noch keinen dualistischen Sinn. Noch gar den einer doppelten Buchführung; die Kaiserwelt ist vielmehr so unwichtig und trotz ihres Glanzes so wesenlos wie der Aufenthalt in einer Herberge für eine Nacht, wenn in der Frühe des nächsten Morgens schon wieder aufgebrochen wird. Entscheidender für Jesus ist der echt chiliastische Rat, sein Hab und Gut den Armen zu geben, sich auf diese Art subjektiv wie als Objekt dem Interessenkreis Caesars zu entziehen, diesem nichtigen Kreis und seiner kurzen Frist. Das Evangelium ist von hier aus gesehen *kein soziales,* auch nicht *primär ein moralisches.* Es ist eines der eschatologischen Erlösung: »Das Evangelium predigen vom Reich Gottes, dazu bin ich gesandt« (Luk. 4, 43). Die eschatologische Hoffnung liegt der Predigt Jesu schon von der ersten galiläischen Zeit an zugrunde. Sie ist den Worten Jesu nicht erst von den Evangelisten hinzugefügt (wie Opfertod und Auferstehungsgedanke), sie zählt vielmehr zu den philologisch am besten bezeugten Partien des Neuen Testaments. Doch erscheint mit all dem freilich nur die eine, wenn auch stärkere Seite der Predigt Christi; daneben, darin, wo nicht streckenweise darüber erscheint bereits mit dem Rat, sein Hab und Gut den Armen zu geben, Liebespredigt irdisch erreichbarer Art und um der Liebe selbst willen. Eben durch dies Ineinander und seine oft schwierigen Bezüge entsteht das Problem einer zweifachen, vor allem auch ineinanderscheinenden Absicht und Lichtgebung der Predigt Jesu, zwischen Jetzt und Nachher, Hier und Dort. Die holländischen Maler hatten das Problem einer doppelten Beleuchtung in ihre Bilder gebracht, dergestalt daß ein Gegenstand zugleich von der Kerze und vom Mondschein beschienen war. Eine solch doppelte, diesesfalls unvereinbare Beleuchtung wollte man ausnahmslos auch in dem Evangelium erblicken: eben diejenige des sozialen und des eschatologischen Evangeliums. Albert Schweitzer, der dieser Frage am dringendsten nachgegangen ist (Das Messianitäts- und Leidensgeheimnis, 1901), sprach sogar von einer durchgängigen »Interims-Ethik« Jesu; indes das Reich selber jenseits von Gut und Böse liege, als »Über-Moral«. Die total eschatologische Beleuchtung gilt in der Tat für die hier unten auf längere Dauer unvollziehbaren Forderungen der Bergpredigt und im einzelnen besonders eben für die Ratschläge mit und aus ökonomischer Gleichgültigkeit, so für das Gleichnis der Lilien auf dem Felde, sie gilt jedoch nicht, entgegen Schweitzers totaler Relativierung der moralischen Beleuchtung, für die angegebene Liebespredigt Jesu, indem deren Moral zum Reich ja bereit und würdig machen sollte, mehr noch: in ihren tiefsten Partien nimmt sie am eschatologischen Reichsgehalt schon teil. Jesus gibt zuweilen sogar Anordnungen für diese Welt, die strenger sind als jede mosaische, auch talmudische; so das Verbot der Ehescheidung (Mark. 10, 2–12). Diese Verhärtung ist desto isolierter und sozusagen diesseitiger, als Jesus, in Ansehung seiner Nachfolge, nicht im mindesten ein Familienband anerkannte (Matth. 10, 35–37), auch besteht im Reich, da dort der Geschlechtsunterschied entfällt, keine Ehe (Mark. 12, 19–25). *Rein sozial-moralische Predigt* jedoch ist bei Jesus nur solche, die mit brüderlicher Gesinnung um ihres Tuns und um der Brüder selbst willen beschäftigt ist. Das eben ist seine Liebespredigt, sie kulminiert in dem tief bezogenen, doch gänzlich anschaulichen, auch gänzlich immanent-praktizierbaren Satz: »Was ihr dem geringsten meiner Brüder getan, das habt ihr mir getan« (Matth. 25, 40). Überhaupt ist es der Liebespredigt (der Umkehr der bloßen Gottesliebe in die Liebe zu den Mühseligen und Beladenen) wesentlich, daß sie – zum Unterschied von der Bergpredigt – auch auf längere Frist nicht ganz unausführbar ist. In der kleinen Urgemeinde und ihrem freilich auf Spenden angewiesenen Liebeskommunismus war der Traum der brüderlichen Güte exekutierbar. Und in ihr, über ihr jenes Zentrum in der Moralität Christi, das sehr einfach heißes Erbarmen heißt, ganz männlich zugleich. Der Bruch mit der Kreatur zerbrach diese nicht zu einem kurzlebigen Monstrum an Weinerlichkeit, der Bruch mit der Welt bagatellisierte deren ökonomische Unterschiede noch nicht mit Schmieröl. Der Reichtum gilt als Feind, das Evangelium geht einzig an die Mühseligen und Beladenen, und der reiche Jüngling erhält den Auftrag, alle seine Güter zu verkaufen und den Erlös mit der Gemeinde zu teilen (Mark. 10, 21); das nicht formal, als bloße medicina mentis, zum Bruch seiner Kreatur, sondern als deutlichen Inhalts-Auftrag, mit der Inhalts-Ethik der Besitzlosigkeit. Wieder ist zwar von Werterzeugung nicht die Rede, doch ein einziger Satz der Apostelgeschichte hat über Jahrhunderte hinweg auch ohne Kommen des Reichs, Liebeskommunismus propagiert: »Die Menge aber der Gläubigen war ein Herz und eine Seele, auch sagte keiner von seinen Gütern, daß sie sein wären, sondern es war ihnen alles gemein« (Apgesch. 4, 32). Und auch die so gefeierte allgemeine Armut selbst sollte eine

selbständige und eigenwertige Funktionsbeziehung zum Reich
haben. Genauer: das Philadelphia des Liebeskommunismus ist
Grundbedingung und Adventsort des Reichs; so wird es auch
zur *weltlichen Norm.* Davon handeln zahlreiche Gleichnisse
Jesu, dergestalt daß die Hingabe seines Guts ein Schatz ist, den
man im Himmelreich erwirbt und den keine Motten fressen
(Luk. 12, 33), aber auch, daß die Brüderlichkeit ihn bereits darstellt. Die Kleinheit eines solchen Keimreichs in dieser Welt
verhindert es nicht, bereits ein zusammen-gezogenes Werk der
anderen Welt zu sein. Hier also ist ins Dasein selbst ein Element des Endzustands gesetzt, das weder Ungeheuerliches verlangt, das heißt Vernichtung des Subjekts durch Liebe, wie in
der Bergpredigt, noch soziales Desinteressement. Allerdings, indem eben Philadelphia für das Reich reif und bereit machen
sollte, galt es am Ende, so gut es als Adventsort eingerichtet
war, doch ebenfalls nur für kurze Frist. Sogar die Brüderge-
meinde bewegte sich dann in sich selbst wie in einem bereits
verlassenen Raum; ihr Raum gehörte zwar utopisch zum Reich
und konzentrierte es, doch das Verhältnis war das des Samen-
korns zum Baum, und der Baum zeigte nicht nur größere, auch
unvorstellbar andere Qualität der Liebe. Item: »Verkauft, was
ihr habt und gebt Almosen. Macht euch Beutel, die nicht ver-
alten, einen Schatz, der nimmer abnimmt, im Himmel, wo kein
Dieb zukommt, und den keine Motten fressen . . . Lasset eure
Lenden umgürtet sein und eure Lichter brennen und seid gleich
den Menschen, die auf ihren Herrn warten, wann er aufbrechen
wird von der Hochzeit, auf daß, wenn er kommt und anklopft,
sie ihm alsbald auftun« (Luk. 12, 33-36). Hier allein schon
könnte die letzthin gleichmäßig moralisch-eschatologische Funk-
tionsreihe nicht deutlicher sein. »In extremer Weise gilt das für
Jesus selbst, sofern er das eschatologische Ereignis schlechthin
ist« (Käsemann, Exegetische Versuche und Besinnungen 1/2,
Göttingen, 1967, S. 199/200). Kein Zurücktreten des Lebend-
Moralischen, gewiß nicht, doch steter apokalyptischer Bezug
seiner in Jesu Wandel und Predigt ist auch noch für Historiker
dieses Wandels unerläßlich. Wie unerläßlich erst ist dieser apokalyptische Bezug für die Exegese einer so ungeheuer gemeinten
Relation von Moral und Reich. So gerade auch für *historisch-*

treue Exegese der Jesuspredigt und ihrer Urgemeinde: »Die apokalyptische Gedankenwelt ist die geistige Welt, in der die Männer des Neuen Testaments zu Hause waren« (Stauffer, Theologie des Neuen Testaments, 1948, S. 6). Auch dann zu Hause waren, als nur Enttäuschung oder eine sich einrichtende Schickung nach den sittlichen Seligpreisungen der Bergpredigt kamen und durchaus nicht das Himmelreich; als die alte lange Zeit auch den Jüngsten Tag weit, weit überzog.

Die Jünger hungerten brüderlich, der Lauf der Dinge änderte sich nicht. Die Liebe ist nicht geraten, es sei denn im ganz kleinen Bund, fast wie zuvor. Außer dem Vorhang im Tempel, wovon es angegeben ward, riß nichts mitten entzwei, das Reich war nicht nahe herbei gekommen. Die vermutete kurze Frist bis zu seinem Anbruch hatte gegen weltliches Verhalten großenteils gleichgültig gemacht oder Ungeheuerliches gefordert, das, wenn überhaupt, nicht dauernd ausgeführt werden kann. Als die Frist verstrich, entstand ökonomisch, aber auch moralisch, erst recht sozial ein wenig bestimmter Raum. Der ursprünglich gleichgültige, fast verächtliche Rat, dem Kaiser zu geben, was des Kaisers ist, wurde nun für die Liebe zu den Mühseligen und Beladenen gefährlich. Denn die Weltindifferenz bewirkt, daß alles beim Alten belassen wird; sie bewirkt auch, wie bei Paulus erkennbar, daß das Alte stillschweigend anerkannt wird. Welche Gemütsruhe bei Paulus vor Sklaverei (gegen welche die Stoiker doch immerhin reklamiert haben); er ermahnt die Sklaven sogar zum überzeugten Gehorsam gegen ihre Herren. Innerlichkeit und Jenseitigkeit also begannen das niederfahrende Himmelreich zu ersetzen. Die Reichen selber wurden pardoniert, ja fast des Himmels versichert, wenn sie Almosen gaben: »Einen fröhlichen Geber hat Gott lieb« (2. Kor. 9, 7); das klang anders als der Satz vom Kamel, das leichter durch ein Nadelöhr kommt als ein Reicher in das Himmelreich. Desgleichen fehlt bei dem civis Romanus Paulus jede Spannung zum Staat, nicht nur die nationalrevolutionäre, auch die moralische. Christen, die den Willen Gottes tun, können nach Paulus mit dem Staat gar nicht in Konflikt kommen, schon deshalb nicht, weil auch die Moralität bei Paulus zurücktritt, und Luthers Sola-Fides-Lehre bei ihm ihre Wurzeln hat (dies, was

Münzer später nannte: »Auf Christi Kreide zechen«). Die Welt wird da mit einem merkwürdigen Mischaspekt von Vergänglichkeit und Unveränderlichkeit zugleich betrachtet; vergänglich ist sie nach der Verheißung Jesu, unveränderlich ist sie (solange sie besteht) als Herrschaftsgebiet des Teufels. Da die Christenverfolgungen noch vor der Tür standen, ist Paulus über den Dualismus zwischen Caesar und Gott beruhigt. Viel beruhigter als später Augustin, der zwischen civitas terrena und civitas Dei Feindschaft von Anfang bis Ende gesetzt sah. Viel beruhigter als jene Kirchenväter, die, wie Chrysostomus, auch nach Konstantin noch Liebeskommunismus, ja bereits sozialen, priesen. Dafür steigt allerdings, folgerichtig, bei Paulus die eschatologische Predigt und Deutung an, die Predigt des Reichs – freilich als eines *nach dem Tode*. Der Dualismus zwischen Welt und Gott sieht sich hier sogar in Jesus selbst hineingetragen, nämlich in den Jesus des irdischen Wandels, der Liebeswerke und in den anderen, auferstandenen. Das eben meint die seltsame Antithese: »Hoffen wir allein in diesem Leben auf Christum, so sind wir die elendesten unter allen Menschen. Nun aber ist Christus auferstanden von den Toten und der Erstling geworden unter denen, die schlafen« (1. Kor. 15, 19 f.). Und alle christliche Gegenwart ist ein Wandel »im Glauben, nicht im Schauen« oder nur im indirekten, in »einem Schauen durch einen Spiegel in einem dunklen Wort« (1. Kor. 13, 12); das Christenleben ist wesenhaft ein Warten auf die *Enthüllung* Christi. Dadurch wurde statt Erwartung Warten gesetzt, Psychologie der Geduld, Rechtfertigung des Kreuzes durch Opfertod. Freilich stammt nicht bloß die Opfertod-Theologie von Paulus, sondern auch das ausgebildete Hoffnungs-Mysterium um die Auferstehung: mit ihr wird dann die Vernichtung der über den gegenwärtigen Aeon herrschenden Mächte eingeleitet, mit ihr der Morgendämmer einer neuen Schöpfung. Diese Eschatologie war nicht mehr diejenige Jesu, die vom nahe herbeigekommenen Reich; es war schlechthin eine der Hoffnung und dessen, was die Hoffnung wachhält. Insofern allerdings hatte sie ein Sozial-Gefährliches an sich, nämlich Willens-Erregung durch die Hoffnung, Wille zum Auszug oder Einbruch ins Reich. Wie dergleichen von den Montanisten bis zu den Wiedertäufern und darüber hinaus exekutiert worden ist, mit keineswegs passivem, keineswegs werklosem Glauben. Der Konservatismus Pauli hat aber seine eigene Eschatologie an der Quelle gedrosselt: durch Vergegenwärtigung des Heils. Die Christengemeinschaft soll bereits eine präsente Vorwegnahme des Heils sein (in verwandter Weise und aus verwandten Gründen hat späterhin Augustin den Traum vom Tausendjährigen Reich auf das bereits vorhandene Kirchenleben redressiert). Also trat nicht nur das moralische Evangelium (mit Liebeskommunismus) zurück, sondern schließlich doch auch das neu-eschatologische (um die Auferstehung Christi), zu dem Paulus selber das Zeichen gegeben hatte. Indem schließlich das höchst interpolierte letzte Christuswort am Kreuz: »Es ist vollbracht« zupaß kam, um das wirklich Ausstehende eschatologischer Zukunft zu verriegeln. Crux locuta est, resurrectio finita est: alle noch weitere Geschichte wird sich einrichten im zurückbleibenden Jammertal, und das Apo-kalyptische wird nach vorn blokkiert, indem es buchstäblich verstanden, ja wirklich nur Enthüllung sein soll, nämlich eines bereits Vollbrachten. Statt des noch Ungelungensten, obzwar Einleuchtendsten selber, das es gibt, und dem das als sein Messias Gedachte per definitionem et per effectum wirklich noch nicht gekommen ist. Dennoch ist das originale Evangelium gerade in seinem tätig-offenen Fragment geeint: moralisch als Liebe zu den Mühseligen und Beladenen, eschatologisch als Hoffnung auf das, was unser »aufgedecktes Angesicht« heißt.

28   MENSCHENSOHN ALS GEHEIMZEICHEN
        CHRISTI STATT GOTTESSOHN;
           »GEHEIMNIS DES REICHS«

Leicht zu sagen, daß es mit dem Menschen nicht weit her sei. Dieser Satz klingt erfahren, kommt sich unter Umständen sogar bedenklich vor. Letzteres dann, wenn nicht sowohl Selbsthaß als selbstgerechter Menschenhaß sich ausgerechnet christlich verkleidet. Wille, das Leben aus eigener Kraft zu bessern, erscheint dann bald leer, bald hoffärtig und jedenfalls nutzlos. Ein so klein kariertes Bild vom Menschen hält am besten kirre, gar eben, wenn es nichts als schlecht ist und zu anderem ohnmächtig. Kraft von oben wird erwartet, oft als Ausrede, alles hier unten im Argen zu lassen, denen sehr bequem, die davon gerade recht gut leben. Adam fiel, in ihm und durch ihn selber ist dann nur mehr oder minder Flickwerk möglich. Aber nun, wenn es gerade auch in der Bibel mit dem Menschen doch sehr weit her wäre, ja so sehr weit wie nirgends sonst? Sie enthält das merkwürdige Wort: Menschensohn, und das bei Jesus als eigentlichsten Titel des Messias, des also nicht nur von oben gesandten. Der Titel klingt darum nur scheinbar bescheiden oder gar machtlos im Vergleich mit dem Titel Gottessohn. Tatsächlich ist er hoch, ja der höchste und meint, daß es mit dem Menschen ganz außerordentlich weit her sei; seine Kraft und Gestalt ist die letzte, die alles überwindende. Man hat zwar das Wort Menschensohn selber (υἱὸς ἀνθρώπου) als eine sinnlos-wörtliche Übersetzung des semitischen Ausdrucks, des aramäischen bar enâsch, des hebräischen ben adam ausgeben wollen; bar enâsch, ben adam bedeute einfach Jemand oder ein Mensch schlechthin. Wellhausen vertrat die Auffassung, wieder mit antisemitischem Akzent: υἱὸς ἀνθρώπου sei eine Art Mauschelgriechisch, das deutsche Wort »Menschensohn« ein leerer Bombast. Paulus habe ebendeshalb den Ausdruck Menschensohn vermieden, den barbarischen, für Nicht-Semiten völlig unverständlichen. Aber im Neuen Testament kommt das Wort Menschensohn fast ausschließlich als Aussage Jesu selber über sich selbst vor, als leidenden, sterbenden, aber vor allem doch (Mark. 8, 38) als sieghaft wiederkehrenden. Zwar wurde die Echtheit dieser Stellen bezweifelt, dann ganz ohne Anwürfe, so von Bultmann, anders von Käsemann, als wären sie erst von der nachösterlichen Apokalyptik eingefügt. Aber schon bei Daniel findet sich der merkwürdige Ausdruck, wenn auch ohne vollen messianischen Bezug, und gerade sein apokalyptischer Klang eben lag ohne Zweifel schon dem lebenden, dem vorösterlichen Christus, als besonderes Humanum nahe. In Wahrheit also meint das Wort Menschensohn auch im Semitischen an den Stellen, wo es in der Bibel gebraucht wird, zuerst bei Daniel 7, 13, ein Ungewöhnliches, sehr Gewaltiges. Menschensohn ben adam bedeutet schließlich Sohn des *himmlischen Urmenschen,* des göttlichen Adam. Der Sohn aber ist hier das Gestaltige der Wesenheit, die in ihm erscheint, nicht etwa das von ihr Gezeugte. Dies Gewaltige und sein sprachlicher Ausdruck konnte bei Paulus fehlen, weil die Fleischwerdung es überdeckte, doch das in ihm spezifisch Bezeichnete: der himmlische Urmensch fehlt bei Paulus durchaus nicht. Jesus wurde darnach nicht erst Mensch durch die Fleischwerdung, sondern er ist Adam, erster, anderer, geistlicher Adam in seiner Wesenheit selbst. » ... der andere Mensch kommt vom Himmel« (1. Kor. 15, 47). Die Kategorie des präexistenten Urmenschen selber ist alttestamentlich bereits im Buch Hiob gesetzt: »Bist du der erste Mensch geboren, bist du vor allen Hügeln empfangen?«, fragt Eliphas (Hiob 15, 7); er nimmt also einen vorweltlich Geschaffenen an, höhnt nur, daß Hiob das schwerlich war. Aber auch schon bei Ezechiel gärt diese Kategorie: »Du Menschensohn«, ruft hier Jachwe, meint scheinbar den König von Tyrus, doch der himmlische Adam zieht auf, unverkennbar, »du bist ein reinliches Siegel voll Weisheit und über die Maßen schön. Am Tag, da du geschaffen wurdest, mußten da bereit sein bei dir dein Paukenwerk und Pfeifen. Du bist wie ein Cherub, der sich weit ausbreitet und deckt; ich habe dich auf den heiligen Berg Gottes gesetzt, daß du unter den feurigen Steinen wandelst« (Ez. 28, 12–14). Der Cherub ist ein höchster Engel, im Besitz vollkommener Kenntnis, vor Gold und Glorie strahlend; so sah also dieser Adam aus, wirklich ein anderer Adam als der dumpfe, aus Lehm geschaffene. *Eschatologisch* aber, wie bemerkt, taucht das Wort Menschensohn zuerst beim Propheten Daniel auf: »Und siehe, es kam einer in des Himmels Wolken, wie eines Menschen Sohn bis zu dem Alten und ward vor ihn gebracht. Der gab ihm Gewalt, Ehre und Reich, daß ihm alle Völker, Menschen und Zungen dienen sollten« (Dan. 7, 13 f.). Der Menschengestaltige, Menschensohn an dieser Stelle kann nicht das Volk Israel sein (wie der leidende Gottesknecht, Jes. 53); denn er kommt mit den Wolken des Himmels. In ihm verbirgt sich vielmehr der himmlische Urmensch nun schlechthin als eschatologischer, ein mystischer Adam, zur Erlösergestalt entwickelt. Hierhin gehören auch die merkwürdigen Hypostase der »Weisheit« Gottes, sie tritt aus ihm als ein vollständiges Wesen heraus, nicht dualistisch, doch personenhaft verselbständigt und gleichfalls von Anfang an. Ja, die »Weisheit« steht nicht einmal bei Gott, sondern durchaus mitten unter den Menschen: »Öffentlich am Wege und auf den Straßen steht sie« (Sprüche Salomonis 8, 2) und spricht: »Der Herr hat mich gehabt im Anfang seiner Wege; ehe er etwas machte, war ich da. Ich bin eingesetzt von Ewigkeit, von Anfang vor der Erde; da die Tiefen noch nicht waren, da war ich schon bereitet; da die Brunnen noch nicht mit Wasser quollen« (ebenda 8, 22 ff.). Die Zusammenhänge der dergestalt personifizierten »Weisheit« mit einem »himmlischen Urmenschen« bei Gott, aber auch mit dem *Logos* Philons und des Johannesevangeliums sind klar; ebenso vor allem der mit der Menschensohn-Kategorie gemeinsame präexistente, von Gott fast emanzipierte Topos. Nun sind freilich alle diese Quellen jung, wenn auch gewiß nicht »nachösterlich«; keine fließt deutlich aus dem *vorexilischen* Judentum her. Ezechiel, um 570, ist babylonisches Exil, das Buch Hiob und die Sprüche Salomos, beide um 400, sind nachexilisch, das Buch Daniel, um 160, gehört zur spätesten alttestamentlichen Literatur überhaupt. Möglicherweise ist sogar der angeführte Passus Ez. 28, 12–14 unecht, mithin in noch späterer Zeit interpoliert; daher vielleicht das merkwürdige Mischbild zwischen König von Tyrus und Adam-Cherub. Weil also das ältere Judentum von einem himmlischen Urmenschen, Ur-Menschensohn nichts enthält und sein Begriff ziemlich unvermittelt auftaucht, hat man für solchen ersten Gottmenschen auch außerjüdischen Ursprung vermutet. Ja man hat ihn bereits notiert: nach Reitzenstein ist der himmlische Urmensch-Mythos altiranischen Ursprungs, auch sollte er erst in den Tagen Christi jüdischen Sekten bekannt geworden sein. (Das iranische Erlösungsmysterium, 1921, S. 117; vgl. auch Kraeling, Anthropos and Son of Man, New York, 1927.) Das vorexilische, ja vorjesuanische Israel hätte danach keinerlei präexistenten Adam gekannt, er sei rein iranischer Import. Bei all dem steht jedoch spezifisch-biblisch fest: der davidsche Messias, als der gerade Jesus, vor der Gleichsetzung mit dem Menschensohn, empfangen ward, wurde im Spätjudentum eben durch die himmlische Urmenschen-Lehre spezifisch erweitert, riesig überboten. Er wurde nicht ins Transzendente, soll heißen: in ein räumliches Jenseits dieser Welt entspannt, durchaus nicht, doch makrokosmisch-metakosmisch erweitert. Die Apokalypse setzt eine andere Szene als die der alten Davidsherrlichkeit, sie setzt neuen Himmel und neue Erde insgesamt. In diese Dimension paßte der bloße Davidssproß nicht mehr, er weitete sich zu jener präexistenten Wesenheit in Menschgestalt, die der apokalyptischen Szene sozusagen geometrisch entsprach. Die ihr vor allem auch *inhaltlich* entsprach, nämlich als eines der doch *altlatenten Gegenbilder* zu Jachwe: aus der Familie der *Schlange, Kains*, des *Hiobschen Rächers*. Derart wurde zur Zeit Christi, nachdem die Urmensch-*Dimension* gewonnen war, nun auch die *doppelte Erscheinung* Adams in der Genesis wichtig, eine Doppeltheit zugleich, welche nicht erst aus der Spätzeit der Genesis-Redaktion erklärt werden kann. »Und Gott schuf den Menschen ihm zum Bilde, zum Bild Gottes schuf er ihn; und er schuf sie Mann und Frau« (1. Mos. 1, 27). So der *Priesterkodex;* der *Jahwist* dagegen, der mit Genesis 2, 4 einsetzt, führt eine ganz andere Adamsschöpfung, einen keineswegs ebenbildlichen Adam vor: »Und Gott der Herr machte den Menschen aus einem Erdkloß und blies ihm den lebendigen Atem in seine Nase. Und also ward der Mensch eine lebendige Seele« (1. Mos. 2, 7). Der Jahwist ist weit älter als der Priesterkodex, aber der Priesterkodex ist in den Quellen, die er bearbeitet hat, genau so alt wie es die Quellen des Jahwisten sind; nur die Redaktion und das Arrangement stammen aus der nachexilischen Zeit, sind das Werk Ezechiels, Esras, Nehemias. Zwar läßt sich nicht angeben, wie weit die Bearbeitung der alten Saga, im einzelnen und im bestimmten Fall, selber neuen Stoff eingeführt hat; also könnte auch der Ebenbild-Adam, Glanz-Adam des Priesterkodex nachexilisch sein, aus Iran eingeführt. Das aber ist deshalb höchst unwahrscheinlich, weil der Priesterkodex nichts interpoliert hätte, was – wie der gottgestaltige Urmensch – die Einzigkeit, die Erhabenheit Jachwes gekreuzt hätte. Also wirkt hier höchstwahrscheinlich eine sehr alte Saga subversiver Art; diese Saga mag auch iranisch sein und so altiranisch, wie sie will, sie ist deshalb keineswegs, wie vor alters Bousset meinte (Die Religion des

Judentums im neutestamentlichen Zeitalter, 1903, S. 251), »in der Gedankenwelt Israels unerhört und ein völliges Novum«. Nicht das steht zur Frage, ob der Priesterkodex das Gotteben-bild interpoliert hat, sondern ein Problem ist eher, weshalb er das Ebenbild nicht entfernt oder verleumdet hat; gleich dem Eritis sicut Deus der Schlange. Letzthin also gehört auch die Lehre vom himmlischen Adam (als Prototyp des Menschen) zu den Azoren der Bibel, das heißt zu den gebliebenen Bergspitzen einer untergegangenen subversiven, anti-theokratischen Tradition. Gerade das Spätjudentum nun hat die doppelte Adams-geschichte auch jederzeit mit Bedeutung bemerkt, teils ohne, teils aber auch mit Beziehung auf den Menschensohn Messias, das heißt jetzt also: auf die bei *Jesus erst ganz durchbrechende Beziehung Menschensohn = Messias*. Philons Hauptwerk (Legum allegoriae I, 12) war noch nicht in der Lage, sich die doppelte Adamsschöpfung bibelkritisch zu erklären, und ging deshalb spekulativ vor; so sah Philon eben ein allerschütterndes, so bald christologisches Geheimnis im Widerspruch des Genesis-Texts, Adam betreffend. Er sah in dem erstgeschaffenen, dem Ebenbild-Adam das Geheimnis des himmlischen Adam oder Ur-Menschen selber, wobei der himmlische bei Philon zwar noch nicht der Messias ist, aber diesem trotzdem durch die entschei-dende Himmelsgeburt, Gottgestalt nahesteht. Auch Philons Messias-Logos (ohne den der Christus vom »Logos«-Anfang des Johannesevangeliums und der Paulusbriefe undenkbar wäre) ist der »Abdruck des göttlichen Wesens«, er ist der »erst-geborene Sohn«, der »Hohepriester, der die Menschen mit der Gottheit verbindet«, der »sichtbare Gott, als die Wohnstätte des unsichtbaren«. Das alles bereitet die *eigentlich christlichen* Prädikate des Menschensohns vor, ebenso aber ihre Verbindung mit dem himmlischen Adam. Entscheidend für die geglaubte Präexistenz des Menschensohns ist hier Joh. 3, 13: »Und nie-mand fährt gen Himmel, als der vom Himmel hernieder gekom-men, nämlich des Menschen Sohn, der im Himmel ist«, dann vor allem Joh. 17, 5: »Und nun verkläre mich, Vater, bei Dir selbst, mit der Klarheit, die ich bei dir hatte, ehe die Welt war.« Pau-lus selber gebraucht zwar, wie bemerkt, den Ausdruck Men-schensohn nicht, doch unzweideutig meint er seinen Inhalt, meint er Hintergründe, die seit Daniel, seit Genesis 1, 27 diesem Ausdruck zugeordnet sind. So Kol. 1, 15, von Jesus-Adam sprechend: »Welcher ist das Ebenbild des unsichtbaren Gottes, der Erstgeborene vor allen Kreaturen.« So gar 1. Kor. 15, 47 und 49: »Der erste Mensch ist von der Erde und irdisch, der andere Mensch ist der Herr vom Himmel. Und wie wir getragen haben das Bild des irdischen, so werden wir auch tragen das Bild des himmlischen.« Der erste Mensch ist bei Paulus allerdings nicht derjenige Philons, er ist gerade der schwache Adam, »gemacht in das natürliche Leben«, indes Christus nicht als Protos, sondern als Eschatos erscheint, »der letzte Adam gemacht in das geistliche Leben« (1. Kor. 15, 45). Aber dieser Eschatos ist in Wahrheit doch Philons Protos oder »das Bild des himmlischen Menschen«; denn er wendet die Sünden des schwachen Adam gerade alle wieder zum Urglanz in sich zurück. Der letzte Adam geht überall hinter die schwachen zurück, eben indem er ihn vom Lehmkloß befreit, ins Ebenbild restituiert: »Wie in Adam alle sterben, so werden in Christo alle lebendig gemacht werden« (1. Kor. 15, 22). Derselbe Parallelismus der schöpferischen Redressierung erscheint Römer 5, 11-20: gegen die Sünde, gegen den Tod, gegen das Gesetz, die alle zur Ordnung des schwachen Adam gehören; für die Gerechtigkeit, für das Leben, für die Gnade, die alle zur Ordnung des himmlischen Adam gehören. Die Voraussetzung herrscht, die auch sonst in der alten Apokalyptik grundlegende, daß die Endzeit die Geschehnisse der Urzeit im umgekehrten Sinn wiederholt, als Apokatastasis, als Wiedergutmachung, obgleich, was gerade für den *Messianismus* entscheidend ist, mit dem dauernden Pathos des Neuen, des Nie-Erhörten, des Unerhörten in der Wiedergutmachung. Diese Wiedergutmachung produziert so genau das neue, das endlich lichtschlagende Ebenbildliche, Gottgestaltige. Wie auch im 1. Petrusbrief 1, 20 Jesus als wiederkehrender Urmensch erscheint, »der zuvor versehen ist, ehe der Welt Grund gelegt ward, aber geoffenbart zu den letzten Zeiten um euretwillen«. Als dieser fleischgewordene Ur-mensch, der Gott koordinierte, tritt Jesus als Prätendent des Gottesreichs auf. Und eben als diese vorweltlich-menschliche Substanz bleibt er mit den Seinen auch nach der Welt erhalten, ja erbt das Gottesreich selbst und macht es zu einem menschenhaften. Der Makrokosmos-Meta-kosmos der Apokalypse, wohin der Davidsohn hineingestellt wurde, wird so zuletzt zum *Makanthropos,* Großen Menschen, selber: »Bis daß wir alle hinankommen zu einerlei Glauben und Erkenntnis des Sohns Gottes und ein vollkommener Mann werden, der sei im Maß des vollkommenen Alters Christi« (Eph. 4, 13). Es sind das die Maße einer neuen Welt, nicht mehr die der alten, der Welt des dem Menschlichen abgetrennten, unbegreiflichen Jachwe. Von dem einer der Freunde Hiobs noch sagen konnte: »Er ist höher als der Himmel, was willst du tun, tiefer als die Hölle, was kannst du wissen?« (Hiob 11, 8). Genau diesem Menschenverächter und Agnostiker wird vom Autor des Epheserbriefs geantwortet, auf Grund des Makanthropos-Glaubens und der darin erscheinenden, menschlich-adäquaten Maße durch und in Christus: »Auf daß ihr begreifen mögt mit allen Heiligen, welches da sei die Breite und die Länge und die Tiefe und die Höhe« (Eph. 3, 18). So groß wurde hier vom Menschen gedacht, besser: von seinem Geheimnis; *es war rückwärts wie vorwärts sehr weit mit ihm her.*

Zweifellos, man hat sich über den Menschen aus Lehm nicht beruhigt. Jesus als wiederkehrender Adam wurde durchaus als der erste, ebenbildliche gedacht. Ja es gibt noch eine *zweite Linie* des Menschensohns, auch wenn sie an Jesus noch vorbeiführt. Diesfalls als seltsame, utopisch so lehrreiche Übertragung des Menschensohn-Archetyps auf einen Jesus, besser: einen Christos in – Moses selber. Die Haggada macht den Urpropheten in jeder Weise präexistent: Die Engel, welche Jakob in seiner nächtlichen Vision auf- und niedersteigen sah (1. Mos. 28, 12), waren ihr in Wahrheit Moses und Aron. Die Erhöhung des Urpropheten erreicht einen Gipfel in der »Himmelfahrt Mosis«, einer apokryphen Schrift aus dem ersten nachchristlichen Jahrhundert (Die Apokryphen und Pseudoepigraphen des A.T., herausgeg. von Kautzsch, 1900, II, S. 311 f.). Gleichsetzung mit dem Himmelsadam, ohne Spur einer Trübung, ist in dieser Schrift völlig prononziert. Moses spricht hier zu Josua: »Denn Gott hat zwar die Welt um seines Gesetzes (andere Lesart: um seines Volks) willen geschaffen, aber dasselbe, den Erstling der

Schöpfung, nicht auch von Anfang der Welt an offenbart ...
Deshalb ausersah und fand er mich, der von Anfang der Welt
dazu vorbereitet war, der Mittler jenes Bunds zu werden« (1,
12). Die gleiche Majestät Mosis erscheint in den Abschiedswor-
ten Josuas von ihm: »Alle Sterbenden erhalten nach ihrer Größe
Gräber auf Erden, aber dein Grab reicht von Sonnenaufgang
bis Untergang und vom Süden bis zur Grenze im Norden: die
ganze Welt ist dein Grab« (11, 8). Hier ist Moses der weltimmanente Urmensch, und der weltimmanente, in die Welt ein-
geschreinte Urmensch ist Moses; einer anderen, früheren Apo-
kryphe jedoch wird er ohne alle Physis, selbst ohne nötige
Fleischwerdung zu weit mehr. Das in äthiopischer Sprache erhaltene Buch Henoch, aus dem zweiten vorchristlichen Jahrhundert, sieht genau wie Daniel den Menschengestaltigen als präexistentes Wesen bei dem Uralten im Himmel, aber dieser Urmensch übernimmt dann, in den ein Jahrhundert späteren »Bil-
derreden« des äthiopischen Henoch, das Amt des Messias. Der
Himmelsadam wird der Bringer, ja Inhalt des neuen Aeon, ganz
im Einklang mit den Menschenzwecken; die der erste Aeon der
Schöpfung noch nicht verwirklicht hat. Auch der Ausdruck
Menschensohn verschwindet in den jüdischen Apokalypsen
nicht mehr: er lebt im Buch Henoch, im IV. Esra, in der Baruch-
apokalypse. Und nun steigt das Urmensch-Bild sogar im Rab-
binismus, erst recht in der späteren jüdischen Geheimliteratur
ganz hoch auf: ältester und letzter Menschen-Glanz werden
identisch. Fast unverbunden steht die Selbstanbetung in Adam-
Messias neben oder in der absoluten Verehrung Jachwes – ein
Menschen-Totemismus, fast stärker als der christliche. Der erste
Adam wird im Talmud geschildert als ein Riese, seine Statur
und Größe füllten beides, Himmel und Erde. Gar die Kabbala
lehrt den »*Adam Kadmon*« als das eigentliche Weltgeheimnis
und zugleich als den Schlüssel zu ihm: »Die Menschenform«,
sagt der Sohar, »ist das Urbild von allem, das oben im Himmel
und unten auf der Erde ist; deshalb wählte es der Heilige Alte
(Gott) als seine eigene Form« – Adam Kadmon ist Makrokosmos und Gottmodell zugleich. Die Kabbala verteilte die zehn
»Sephirot«, das heißt die zehn göttlichen Ausstrahlungs-Attri-
bute ganz anatomisch gar auf die Figur des Adam Kadmon. Sie

verteilte ihn auf den Makrokosmos, der nun ganz ein Mak-anthropos ist: Der die Sephirot »Krone«, »Weisheit«, »Ver-stand«, als Namen auf Kopf und Hals der Urgestalt trägt, die »Schönheit« kommt auf die Brust, die »Liebe« auf den rechten, die »Gerechtigkeit« auf den linken Arm, die »Grün-dung« auf die Genitalien, die »Stärke« auf den linken, der »Glanz« auf den rechten Schenkel, das »Reich« auf die Fü-ße. Daneben verwendet die Kabbala abenteuerliche Philo-logie, um ihren Adam Kadmon in der Bibel selbst an den Anfang des Seins zu verlegen statt, wie auch in der No-tierung des ersten Adam (1. Mos. 1, 27), ans Ende des sech-sten Schöpfungstags. Die Bibel beginnt mit den Worten: bereschith bara elohim, am Anfang schuf Gott; bei anderer, »esoterischer« Wortteilung aber, mit entsprechend veränderten Vokalen lautet der Satz: bara schith bara elohim, er schuf Wid-der, er schuf Elohim (göttliche Gewalten). Das Er ist dann das »Ainsoph«, das Urnichts, das zum Etwas schaffend ausstrahlt, schith aber, *der Widder,* ist der *Adam Kadmon,* die Elohim sind eben die Sephirot, die Gebietskategorien an Adam Kad-mons Weltleib. All das ist volle Phantasterei, doch eine, die bemerkenswert absticht gegen den Lehm-Adam der Nullität, gegen Jachwe in der Orthodoxie und seinen Menschenwurm tief unten. Nicht-menschlich, das soll hier heißen: unerforsch-lich steht im Hintergrund einzig »Ainsoph«, das Nicht-Etwas, das heilige Ur-Nichts des Alleinen, in dessen Dunkel Adam Kadmon mit seinem Haupt sich verliert. Entlehnungen als Be-rührungen mit dem neuplatonischen Emanationssystem und der Genesis (der die Kabbala entstammt) sind hier zahlreich, doch wichtiger ist: besonders nahe sind sie der Anthropos-Logos-Lehre *der radikalen Ophiten* (dieser Parteigänger der Paradies-schlange, der Adamerweckerin), die damit erneut auftauchen. Auch diese hatten schließlich ihren Schlangengeist als den Gro-ßen Menschen dargestellt, in der Welt, genauer: im verhindert-verdeckten Paradies der Welt. Der Schlangen-Urmensch ist ihnen einmal der paradiesische Okeanos oder Jordan, von dem geschrieben steht: »Und es ging von Eden aus ein Strom, zu wässern den Garten, und teilte sich in vier Hauptwasser« (1. Mos. 2, 10). Zum anderen ist Eden, dem der Fluß entspringt,

das Gehirn des Großen Menschen, wird von den Himmels-
sphären wie von umschließenden Häuten, wie von Gewändern
umgeben. Große Phantasterei auch hier, doch wieder eine in
Menschengestalt und derart, daß sie selbst das höchste Glücks-
land, das himmlische Paradies, vom Thron des Vaters *entfernt*
und dem Urmenschen *eingemeindet*. Adam Kadmon ist der
zwar in Gott ruhende Kosmos, doch vor allem, zuletzt ist er,
was *nach Aufhebung des jetzigen Aeon dieses Kosmos übrigbleibt*. Die jetzige Welt nimmt einen Raum ein, in den sie nicht
gehört; ihre wahr gewordene Gestalt ist die des (archaisch-mes-
sianischen) Makanthropos. Auch dieser ungeheure, doch menschengestaltige Hoffnungsgedanke durchzieht die Kabbala mit
neuer, nicht bloß postvitaler, sondern ebenso postmundaner
Triumphlehre, der gnostischen Auferstehung auch jederzeit
apokalyptisch verbindbar. »Von Anfang an«, predigt der be-
deutendste Gnostiker, Valentinus (überliefert durch Clemens
von Alexandria, Stromata IV, 13, 89), »von Anfang an seid ihr
unsterblich und seid Kinder des ewigen Lebens und wolltet den
Tod auf euch verteilen, damit ihr ihn verbraucht und auflöst,
und der Tod sterbe in euch und durch euch. *Denn wenn ihr den
Kosmos auflöst, selbst aber nicht aufgelöst werdet*, herrscht ihr
über die Schöpfung und über alle Vergänglichkeit«. Nicht bloß
die jetzige Welt, auch das Schöpfer- und Erhalter-Prinzip, das
ihr substituiert wurde, geht nach alldem auf im neuen Himmel,
der neuen Erde der Menschen-Hypostase (und sonst keiner).
Ja wie eine immer ferner entwichene Erhabenheit, ja wie Vergessenheit steht das alte Vater-Bild in dieser Menschen-Mystik.
Ihr gehört auch die schönste, die dauerhafteste, die jeden A-
Theismus überstehende Form des Gebets an, jenes gottlosen
Gebets, das in einem apokryphen Eva-Evangelium sich findet,
die menschlichste Unio mystica als Unio mit dem Menschensohn: »Ich bin du und du bist ich, und wo immer du bist, da bin
ich und bin in alles Lebende gesät, und aus welchen Orten du
auch willst, sammelst du mich; wenn du aber mich sammelst,
sammelst du dich selbst.« Diese herrlichste Vertrauensweise ist
eine der Sentenzen des apokryphen Eva-Evangeliums (vgl.
Wendland, Die hellenistisch-römische Kultur, 1912, II, S. 298);
sie lebt ohne Vater-Unser, ist gänzlich im Einklang mit einem

Anthropos Agnostos, als dem einzig Wesenhaften, das aus der Zerstreuung, nach der Sammlung hier übrig bleiben soll. Sehnsucht nach Identität macht mithin in dieser Religionsbewegung gerade den Makanthropos gegenwärtig – nicht mehr als Welt-, sondern als Reichsfigur.

AUCH DIE GRÖSSE DES MENSCHENSOHNS VERSCHWINDET; DAS REICH IST »KLEIN«

Ließ sich aber ein so groß gedehntes Selbst überhaupt gegenwärtig machen? Zum Menschen, ja zu jedem lebenden Wesen gehören seine bestimmten Maße, in diesen ist er uns gewohnt, vertraut, zum Unterschied von unbelebten Stoffen. Ein Hügel läßt sich vielleicht als Berg ansehen, im Flachland, ein Berg kann zum Himmel reichen und wird immer gewaltiger ein Berg. Aber der *Riese* Adam, Himmel und Erde füllend, von dem die Rabbinen schwärmten, bleibt nicht Mensch, er ist ein Monstrum. Vertraut-Humanes erträgt Erhöhung, erträgt Himmelfahrt und bleibt vertraulich, doch es erträgt keine kosmisch-himmlische Ausdehnung. In der Folge ging der Makanthropos-Gedanke sogar zu seinem äußersten Gegenteil über: zu einer Art neuem Astralmythos. Nicht nur im Aberglauben drang dieser wieder vor, auch in der berühmten Gleichung Mikrokosmos-Makrokosmos, wie sie von den Stoikern zuerst durchgeführt wurde und letzthin aus dem Großen Menschen abstammt. Der Mensch ist die Welt im Kleinen, die Welt der Mensch im Großen: diese Analogie setzt im Grund das Humanum zugunsten des Kosmos ab. Der Mensch ist bei Paracelsus die »Quintessenz« der kosmischen Gewalten, er enthält das Wesen aller Dinge in feinster Verdichtung; aber ist der dergestalt homogene Herr der Welt nicht dadurch auch ihr bloßer Spiegel? Bezeichnenderweise tauchte die Mikrokosmos-Lehre, als säkularisierte Makanthropos-Idee, nicht so sehr in menschgläubigen Zeiten auf als in kosmozentrischen; in der Weltfrömmigkeit der Stoa, dann der Renaissance, bei Paracelsus, Leonardo. Der wieder makrokosmische Umfang des Mikrokosmischen konnte wegen seiner erneut makrokosmischen riesigen Dimension eben jenes Kolossalische, Monstrumhafte erlangen, das dann als Erdgeist zu Faust sagen läßt: er gleiche dem Geist, den er begreift, nicht ihm. Merkwürdig heruntergekommen andererseits, doch freilich nicht ganz so kosmomorph erschien die Makanthropos-Idee auch im systematischen Aberglauben wieder, besonders bei Swedenborg. Kant, in den »Träumen eines Geistersehers«, hat viel betroffenen Hohn über die Meinungen oder Gesichte dieses Magus ausgeschüttet; der Makanthropos im Weltraum, wie er bei Swedenborg nachgeistert, wird lehrreich so ironisiert wie charakterisiert. Lehrreich, weil nicht bloß Nüchternheit, sondern auch Instinkt des menschlichen Maßes, ein selber mystischer Instinkt, gegen den *Weltkolossus* der Inwendigkeit protestiert. Nachdem Kant Swedenborgs Seelen- und Geisterlehre verspottet hat (die bereits eine kosmographische ist), fährt er fort: »Hieraus kann man sich nun, wofern man es der Mühe wert hält, einen Begriff von der abenteuerlichsten und seltsamsten Einbildung machen, in welche sich alle seine Träumereien vereinbaren. So wie nämlich verschiedene Kräfte und Fähigkeiten diejenige Einheit ausmachen, welche die Seele oder der innere Mensch ist, so machen auch verschiedene Geister ... eine Sozietät aus, welche die Apparenz eines großen Menschen an sich zeigt, und in welchem Schattenbilde ein jeder Geist sich an demjenigen Orte und in den scheinbaren Gliedmaßen sieht, die seiner eigentümlichen Verrichtung in einem solchen geistigen Körper gemäß ist. Alle Geistersozietäten aber zusammen und die ganze Welt aller dieser unsichtbaren Wesen erscheint zuletzt selbst wiederum in der Apparenz des größten Menschen« (Werke, Hartenstein, 1867, II, S. 372 f.). Kants Hohn über die Swedenborgiade ist freilich gesprenkelt und selbstbetroffen, wie bemerkt; er ist es wahrscheinlich am meisten an dieser eben zitierten, auch wegen Swedenborgs Makanthropos-Idee zitierten Stelle. Wieder erscheint diese Idee als Monstrosität, nicht nur der Form, sondern auch dem Gegenstand ihrer Phantastik nach, sofern nämlich Makanthropos gleichzeitig kosmisch sein soll. Dergleichen ist in der Tat, wie Kant spottet, ebenso kindlich, wie wenn ein ganzer Weltteil unter dem Bild einer sitzenden Jungfrau vorgemalt wird, und es ist Astralmythos dazu. Es macht aus dem Traumbild: Nichts als Humanum in der ganzen Welt – wieder einen kosmischen Leviathan; es liefert das Humanum dem gegebenen Riesenall aus. Freilich behauptet Swedenborg zu guter Letzt gar nicht mehr, daß sein großer Mensch einen Raum, gar einen Weltraum fülle, dieser besteht vielmehr aus einem bloßen Verhältnis, und zwar von Seelen oder Geistern. Also stellt Swedenborg in diesem Punkt selbst schon einen Ausgang aus der Landschaft des kosmisch-extensiven Menschbilds, Menschensohnbilds dar. Es bahnt sich, trotz aller Analogie zur Kosmographie, im *Adam Kadmon bloßer Sozietät* sogar eine Erinnerung der *anderen, der postmundanen Makanthropos-Idee* an: der des *Corpus Christi und des Reichs.* Für diese gilt Kants Spott nicht, und er bezieht sich nicht darauf; denn die Sozietät, welche in der Apparenz eines großen Menschen und schließlich des größten Menschen erscheint, kehrt selber in Kants Ethik als mystischer Hintergrund wieder. Die Sozietät ist bei Kant die Bürgerschaft intelligibler Welten, der der Mensch nach seinem moralischen Charakter zugehört: und sie hat selber, als sittlich-religiöser Zusammenhang des menschlichen Geschlechts, intelligible Menschgestalt. Erst als Utopie solchen Endzusammenhangs erlangt das Gestaltbild Makanthropos seinen Ernst wieder, jenseits müßig-geschmackloser Schwärmerei und leerer Analogie. Das Gestaltbild ist hier ein Zielbild; unter Adam Kadmon waren ernsthafterweise nur Alpha und Omega gedacht, und auch das Alpha des Anfangs nur dazu, damit das *Omega des Endes* durch die ganze Schöpfung hindurch visiert sei. Makanthropos ist das Haupt am Ende der Welt, die Gestalt des künftigen Reichs. Dieses Sinns lebte der riesige Humanismus solcher Vision mit Recht in der christlichen Spekulation fort, in der nicht mehr kosmozentrischen, in der menschengläubigen. So bei Baader: »Der vom Haupt, in welchem der gestaltende Geist aller Glieder zentral wohnt, jedem von uns (nach Paulus) als einzelnem Glied gesandte Geist ist die Gestaltungsidee, zu welcher jedes Glied mit Hilfe des Haupts und der übrigen Glieder sich ausbilden und wachsen soll. Wie denn auch (Eph. 4, 13) der Sohn Gottes als Menschensohn in Zukunft das ganze Schöpfungsall nur dann erfüllen und hiermit bestehen wird, wenn die Zeit seiner vollen Mannesgröße erfüllt sein wird, das heißt, wenn sein großer Leib mit allen Gliedern vom Haupte aus erfüllt, jener also völlig ausgebreitet sein wird« (Baader, Werke IV, S. 352). Der Menschensohn ist nicht so groß wie die Welt geworden, sondern nur so groß wie ihre wirkliche »Quintessenz« oder wie das Eine, was nottut.

Dies bedeutet aber weiterhin, eine andere, stillere Größe geht auf. Jesus als Kind nimmt nicht viel Platz ein, überbietet trotzdem seinen Gläubigen alles. Gar die nicht entäußerte Nähe, worin der Menschensohn erfahrbar ist, kommt ohne Donner aus. Hier sind die unermessenen Räume keine unermeßlichen, das Reich enthält weder Behemoth noch Leviathan. Das unter der Herrschaft des Menschensohns Gedachte, das Makanthropische des Endes konkurrierte mit der vorhandenen Welt und ihrer Ausdehnung nicht. Der total gedachte Menschensohn blieb im Maß der Nähe; freilich blieb er deshalb und gerade deshalb auch nicht im *vorhanden gegebenen* Menschenmaß innerhalb dieser vorhandenen Welt. Das macht zuletzt den Unterschied zwischen der angeblichen Anthropomorphisierung der Griechengötter und dem Menschengott des Neuen Testaments. Die Griechen nahmen lediglich den gegebenen Menschen, der naturalistischen Figur nach, setzten ihn als Rahmen fürs fleischgewordene Numen. Sie nahmen nicht einmal den gegebenen Menschen in seinem immerhin transzendierenden Ausdruck, sondern eine Art prachtvolles Menschentier als Gott, ein schönes, endliches, übersichtliches. Wobei das ehemalige Geheimnis des religiösen Tierbilds ebenso verloren ging, aus »Natürlichkeit«; das einzige griechische Götterbild, das noch numinos wirkt, ist die Medusa.

Selbst das antike Jesusbild – als guter Hirte dem Orpheus, als bärtiger Christus wahrscheinlich dem Zeus des Phidias, in verjüngender Weise, nachgebildet – ist naturalistisch, nicht humanistisch im Sinn des Corpus-Christi-Gedankens und seines Haupts. Dieses Format Humanum also war im mystischen Urmenschen nicht gedacht, so wenig, wenn nicht noch weniger als der makrokosmische Koloß. Es ist die Unbekanntheit, der Rand zur Unbekanntheit, der allen klassisch-klassizistischen Anthropomorphismen religiöser Art fehlt; es fehlt ihnen *offen* gehaltenes Maß des *Anthropos Agnostos*. Und deshalb steht auch jedes Gedankenbild, das den Menschensohn und seinen Endraum präzisierend ausmißt, außerhalb dieses Raums. So das Gedankenbild des Menschensohns bei Hegel; so vor allem das Humanum, das Hegel als Christentum aus dem langen Götterprozeß herausschlägt. »In dieser ganzen Geschichte ist den Menschen zum Bewußtsein gekommen, und das ist die Wahrheit, zu der sie gelangt sind: daß die Idee Gottes für sie Gewißheit hat, daß der Mensch unmittelbarer, präsenter Gott ist« (Hegel, Werke XII, 1832, S. 253) – es ist dennoch nicht das im Menschensohn intendierte Subjekt, das dergestalt die Idee Gottes in sein Selbstbewußtsein hereinnimmt, zurücknimmt. Denn Hegels Religionssubjekt ist gleichfalls ohne Ränder zum Menschengeheimnis, ist gleichfalls beruhigt in den Maßen des vorhandenen Menschen, der vorhandenen Gemeinde, der vorhandenen Welt, ja eines vorgeordneten Vaterglaubens. Der frühe Hegel spricht in seinen theologischen Schriften den tiefen und wahren Satz über den objektiven Gott als einen entfremdeten: »Der Geist der Zeit offenbarte sich in der Objektivität seines Gottes, als er nicht dem Maße nach in eine Unendlichkeit hinaus, sondern in eine uns fremde Welt hinübergesetzt wurde, an deren Gebiet wir keinen Anteil haben, sondern in das wir uns höchstens hineinbetteln und hineinzaubern können, als der Mensch selbst ein Nicht-Ich und seine Gottheit ein anderes Nicht-Ich war« (vgl. Haym, Hegel und seine Zeit, S. 481 f.). Aber das Ich und das Fürsichsein, das Hegel aus der Entfremdung zurückholte, war selber ein verdinglichtes Fixum, hatte seine Geschichte, Abgeschlossenheit und Gegenständlichkeit dahin. Hegels Humanum (»Reich des substantiellen Willens«) ging im Staat unter, Hegels Religion hat es nicht gerettet, ja nicht einmal wiedererkannt. Folgerichtig fällt klassizistischer Humanismus auch in der Sphäre der Religion hinter Hiob, hinter die Menschensohn-Idee, hinter die Erkenntnis zurück, daß ein Mensch besser, daß er zentraler sein könne als sein Gott. Religion des nur schön, des übersichtlich gemachten Menschensohns ist in der Tat, wie bei Hegel, allemal »Bewußtsein der Versöhnung des Menschen mit Gott«. Religion des brauenden Reichs dagegen holt Göttliches nicht in bekannte Menschenmaße zurück und macht Gleichgewichte der Versöhnung; konträr: der Menschensohn und sein Raum sind *ungegeben*-menschlich. Sie stehen fast ebenso schief zur vorhandenen Subjektgestalt, wie sie zu den Riesenmaßen eines vorhandenen Kosmos schief stehen; Anthropos Agnostos hat erst recht keinen Bezug zu der schlechten Unermeßlichkeit der Jachwe-Idee. Sondern eben: stillere, geheimere Größe geht auf, ja: der Makanthropos der Mystik ist letzthin klein, mit vollem Paradox, und gerade diese Kleinheit macht ihn zum Makanthropos. Es ist allerdings Kleinheit ohne jeden Gegensatz zur Größe, Kleinheit der Nähe und Durchdrungenheit, existierende Quintessenz des Einen, was nottut. Es ist die *Kleinheit des erfüllten Augenblicks*, in der religiösen Sphäre als Augenblick der Unio mystica vorerscheinend. Dieser Augenblick ist in Wahrheit ein alles Humane enthaltendes Immer und Überall oder die aufgeschlagene Wirklichkeit im Jetzt und Hier; seine religiöse Ausdehnung ist in der christlichen Mystik einzig das Reich. Dies ist das Land hinter dem Rächer, das Hiob visioniert hat, das Land Wunderbar des Deuterojesaja: »Die Erlösten des Herrn werden wiederkehren und gegen Zion kommen mit Ruhm, und ewige Freude wird über ihrem Haupte sein« (Jes. 51, 11); ewige Freude, nur diese. Alle christlichen Wunschmysterien vereinigen sich darin, sie sind nicht mehr mit äußerer, gar ungeheurer Gegenständlichkeit behaftet, als mit einer zum Menschen fremden. Die despotische Größe der Jachwe-Vorstellung ist darin ausgetilgt, doch das unter dem Gott des Exodus Gedachte kommt zu einer gottlosen, einer Menschensohn-Geltung. Zu einer höchst unfertigen, in sich selber noch keinesfalls gelösten; wonach also das in Jachwe, statt Jachwe eingesetzte Rätselwort Menschensohn nicht nur formal, sondern erst recht inhaltlich, seinem eigensten Anliegen nach ein nicht voll gelöster, ein gewiß noch nicht voll gelöster Schluß ist.

Was nicht in den Kram paßt, läßt sich so harmlos machen als wäre es weg. So wurde schon manches unhandliche Wort heruntergespielt, so etwa das über die Reichen und das Nadelöhr. Und wie gar dies allemal fremdartige Wort Jesu über sich selbst: Menschensohn, womit sich der Herr, der gar keiner sein wollte, vorstellte. Wie einfach wäre dies Wort, wenn gar nichts dahinter wäre als etwas überflüssig gewordene Umschreibung dessen, was gar nichts in petto hat, sondern lediglich, aramäisch, auf zwei Beinen geht. Wellhausen hat ja in der Tat behauptet, der Ausdruck Menschensohn besage im aramäischen Sprachgebrauch nichts anderes als jeweils einzelner Mensch (zum Unterschied vom Genus Mensch). So wie in unserer Sprache das Wort Vieh genushaft ist und ein Einzelnes oder Mehreres davon als Stück vom Genus, als Stück Vieh bezeichnet wird. Danach hätte so etwas Gewöhnliches auch nie ein Titel Jesu sein können; erst die falsche griechische Übersetzung in υἱὸς τοῦ ἀνθρώπου habe den unbequemen Zauber entzündet. Er konkurriert nun nicht mehr, so unangenehm selbständig, mit den Prädikaten Gottessohn, Herr, den freilich leichter, nämlich von oben herab einordenbaren. Indes: es hat sich gezeigt, daß der Terminus Menschensohn auch im Aramäischen keineswegs üblich war, vielmehr als altertümlich-dichterisch erschien, folglich auch einen ganz ungewöhnlichen terminologischen Sinn tragen konnte. Eben den in Daniel 7, 13 betonten Sinn der so wenig nur grammatikalischen, so sehr spekulativen Probleme ums Menschensohnbild; und mit einer Art von Hör- oder Druckfehler ist das ebenso implikationsreiche wie nach seiner Herkunft immer noch ungeklärte Wesen Menschensohn gewiß nicht aus dem tiefsten Jesusproblem, ja Jesus-Stolz geschafft, den es darstellt. Menschensohn, das ist ja keine Bezeichnung durch die Jünger, sondern ausschließlich eine Selbstbezeichnung Jesu selber; keine ist bei ihm häufiger. Und, was allemal das Entscheidende ist: Menschensohn, mit dem Zentralwort *Mensch* darin, dazu mit dem absichtlichen *Novum* wie *Absconditum* in seinem Ausdruck, bezeichnet eine andere Linie, mehr: einen anderen Topos Christi als die dynastische, sozusagen legitimistische Bezeichnung Gottessohn, die soviel üblicher gewesene. Letztere reichte von den zahllosen morganatischen Sprößlingen des Zeus bis zum neuägyptischen Gottsohn Alexander und weiter; der Menschensohn gehört zur palästinensischen Urgemeinde und sonst nirgends hin. Das trotz der sozusagen ausländischen Ströme, die von Philons Mittler-Logos-Begriff, vor allem von seinem »ersten Adam« her, dem von Jachwe zuerst geschaffenen, von diesem »himmlischen Urmenschen« her gleichsam wieder genealogisch eingeflossen sind; zu Paulus in 1. Kor. 15, 47 und, sehr anders, in die Apokalyptik. Jedoch auch hier liegt der Akzent mehr auf einem »präexistenten« Urmenschen als auf dem, gleich dem zweiten Adam, von Gott geschaffenen; ja bei Philon wie in Paulusbriefen mischte sich zu Adam sogar die eigentümliche, nämlich fast jachwefreie Legende des »ersten Hohepriesters« Melchisedek (1. Mos. 14, 18 ff.) – alles um einer anderen Linie willen. Im Hebräerbrief wird so Melchisedek zum Vorgänger, wo nicht Doppelgänger Jesu und genau das, auch noch den »ersten Adam« überbietend, ja das Autochthone Jesu noch überpointierend, als Ahne seiner selbst: »Er ist ohne Vater, ohne Mutter, ohne Stammbaum und hat weder Anfang der Tage noch Ende des Lebens. So gleicht er dem Sohn Gottes« (doch eben so, daß er gar keine geschöpfliche Sohnschaft, keinen dependentunoriginalen Ursprung aus Jachwe hat und braucht, dieser Menschensohn) »und bleibt Priester in Ewigkeit« (Hebr. 7, 3). Und was Philon angeht, so gibt es bei ihm zwar keine an Melchisedek, später an Jesus gemahnende Anderheit zu Gottvater, wohl aber eine verwandte *Teilung* des Schaffenden, »Sprechenden«, Logoshaften in Jachwe, zugunsten des der Weltschöpfung präexistenten himmlischen Urmenschen später bei Paulus. Danach eben ist der zeugende Logos einerseits zwar die in sich bleibende göttliche Weisheit, andererseits aber ist er der aus der Gottheit Heraustretende, das selbständige Abbild, der erstgeborene und doch auch unentstandene, folglich uneigentliche Sohn, soll heißen: gerade als »heraustretender Logos« (λόγος προφορικός). Ein »Mittler«, wie er nicht minder, sondern mehr, das heißt, ohne Transzendenz zum Urmenschhaften, zum eigenen Humanum in der Welt gehört und es besorgt. Wobei freilich die Kategorie Menschensohn bei Philon in der Bezeichnung des »Mittlers« ebenso fehlt, wie sie nachher lediglich in den *Selbstbezeichnungen* Jesu, nicht bei seinen Jüngern als Titel Christi vorkommt; denn dazu bedurfte es erst der Apokalyptik. Das macht: das mit dem »Hervortretenden« als Menschensohn Gemeinte kann – nach dem Maß der nicht so sehr präkosmischen als schlechthin eschatologischen Daniel-Prophetie – überhaupt erst apokalyptisch, im wiederkehrenden Christus ganz aktiv, folglich sichtbar werden; außerhalb dieser letzten Dinge bleibt das Ganze des Menschensohnhaften nur die Selbstbezeichnung des sich wissenwollenden Jesus. So stark und häufig freilich ist diese Selbstbezeichnung bei Jesus, daß alle anderen daneben fast verschwinden, – und gerade weil Jesus als Menschensohn am meisten eschatologisch geladen ist. Derart ist genau in der apokalyptischen Literatur, so im äthiopischen Henochbuch, der Menschensohn als präexistentes himmlisches Wesen, zum Unterschied von Philons Lehre, an der Weltschöpfung schon deshalb nicht beteiligt, weil er erst das Aktive am Ende der Zeiten, bei Schaffung eines neuen Himmels, einer neuen Erde zu sein hat. Allerdings führt – wie zu sehen sein wird – das *herrscherhaft* Apokalyptische aus der eingeborenen Menschennähe des Menschensohn-Archetyps heraus, doch ist es dem nicht mit uns lebenden, sondern von obenherab daherfahrenden Kyrios-Bild Christi, aus der späteren hellenistischen Zeit, qua Menschensohn, noch charakteristisch fern. Gerade weil erst der kommende Menschensohn sich evangelisch ganz ausschütten soll, weil doch erst im eschatologischen Rahmen die Gleichsetzung des Menschensohns mit Jesus bereits vollzogen war, hat die Kategorie Menschensohn nicht nur ihren, wie gesehen, vorhandenen zwischenmenschlichen Klang, sondern auch ihren zukünftig-total gemeinten. Daher allerletzt das während-Geheimnisvolle, besser: Geheimnisträgerische darin; die Philologie wird es gewiß nicht aufheben, liegt es doch letzthin an nichts Geringerem als am homo absconditus selber.

Auch derart blieb das nur mit uns Anhebende so bei uns wie noch dunkel. Es gab noch gar nicht den Herrn *Jesus* als Titel, hochgestellt und besonders sichtbar wie die übrigen Fürsten auch. In der Urgemeinde gab sich als »Höchster« einzig der Menschensohn, nicht das so ganz Andere, ja Entgegengesetzte des Kyrios Christos. Es ist das bahnbrechende Verdienst Boussets (Kyrios Christos ^{5}1965), gerade an den Titeln Menschensohn und Herr das Jesusbild der palästinensischen Urgemeinde vom kulthaft gewordenen des hellenistischen Christentums unterschieden zu haben. Wonach also selbst in den relativ späten johanneischen Schriften (Ev. Joh. und Briefe) der Titel Kyrios noch gänzlich fehlt oder auch bewußt gemieden wird. Statt dessen spricht der Menschensohn, auch im Vor-Schein künftiger Erhöhung, philadelphisch durchaus, wie es zu seinem Topos gehört, seinem nicht theodynastischen, also auch nicht theokratischen. Der Menschensohn spricht hier als Weinstock zu den Menschen als seinen ihm homogenen Reben: »Ihr seid meine Freunde . . ., ich sage hinfort nicht, daß ihr Knechte seid; denn ein Knecht weiß nicht, was sein Herr tut« (Joh. 15, 14). Wonach auch die Johannesschriften diese Frommen so nahe an Jesus heranführen, »daß sie feierlich – vielleicht liegt hier ein latenter Gegensatz gegen Paulus vor – das Prädikat der Christusknechte von sich ablehnen und deshalb offenbar auch den Titel κύριος meiden« (Bousset, l. c., S. 155). Zweifellos wird der erhöhte, der gerade apokalyptisch enthüllte Menschensohn in den Evangelien durchaus als Richter gedacht, gar in der Herrlichkeit seines Vaters, umgeben von seinen Engeln (Matth. 16, 27; 25, 31 ff.), furchterregend durchaus, auch in einem Blick der Urgemeinde, nicht erst der hellenistischen, gar einer byzantinischen. Jedoch wichtig ist gegen diese eingesetzten Thronbilder, daß selbst sie den Menschensohn selber in dessen Erhöhung durchaus nicht an einen Dominus maximus triumphans verlieren, sondern sein Gleichnis wird mindestens der Hirt, der die Schafe von den Böcken scheidet (Matth. 25, 32), und vor allem, in der ganz ausgebrochenen Apokalypse, das Lamm als einzige Leuchte in einem himmlischen Jerusalem (Off. Joh. 21, 23). Nicht nur ein Herr Jesus, sondern das Apriori seiner als Menschensohn wird also immerhin auch in einer beginnenden Kultgott-Kirche, Kyrios-Hypostase kenntlich gehalten. Als Apriori von *mystischem, einzig mystischem Humanum,* womit er angetreten, und wonach er nicht nur gelehrt hatte: »Ich und der Vater sind eins«, sondern: »Was ihr dem geringsten meiner Brüder tut, das habt ihr mir getan.« Demnach also ist überwiegend erst im späteren hellenistischen Christentum neben, ja anstelle der umgehend-kommenden Gestalt Menschensohn der Imperator-ähnliche, kultgöttisch verehrte Kyrios Christos getreten. Und die Menschensohngestalt blieb bei den Armen, den inwendig und vor allem auch auswendig Aufbegehrenden, gegen alles Oben, wo der Mensch nicht vorkommt, bei den häretischen Brüdern vom guten Willen, vom gemeinsamen Leben, vom vollen Geist, vom freien Geist, bei Thomas Münzer und seiner Allstedter Predigt übers Menschensohn-Gesicht bei Daniel und über den wirklichen Eckstein Jesus, den die Bauleute verworfen haben. Aber der Kyriosgott Christos kam denen zupaß, die auch die Christengemeinde in eine Art Militärdienst vor ihrem Kultheros brachten und dadurch am Ende zur Treue gegen die mehr weltlichen Herrscher und schließlich gegen die Obrigkeit, die bei Paulus und anderen ja ebenfalls »von Gott« ist. »Seit langem bereits ist auf die Analogie verwiesen worden, die der Kyrioskult der Christen in dem römischen Kaiserkult besitzt... In dieser Atmosphäre ist das antiochaeische Christentum und das der übrigen urchristlich-hellenistischen Gemeinden geworden und gewachsen. In diesem Milieu hat sich die junge christliche Religion als Christus-Kultus gestaltet, und aus dieser Umgebung hat man denn auch für die herrschende Stellung Jesu im Gottesdienst die zusammenfassende Formel χύριος herübergenommen ... ›Und wenn es dann sogenannte Götter gibt, sei es im Himmel, sei es auf der Erde, wie es denn viele Götter und viele Herren gibt, so haben wir einen Gott, den Vater, und einen Herrn Jesus Christus‹ (1. Kor. 8, 5 f.). Mit diesen Worten drückt der Apostel Paulus selbst sein Siegel unter diesen ganzen Zusammenhang ... Kyrioskult, Gottesdienst und Sakrament werden die gefährlichsten und bedeutendsten Gegner der urchristlichen eschatologischen Grundstimmung. Werden jene einst völlig ausgebildet dastehen, so wird diese ihren alles mitreißenden Schwung verloren haben. Das aber wird die Entwicklung sein: Der Menschensohn wird so ziemlich vergessen werden und als eine unverstandene Hieroglyphe in den Evangelien stehen bleiben, dem im Kulte gegenwärtigen Kyrios gehört die Zukunft« (Bousset, l.c., S. 91, 99, 103 f.). Nur die kirchenhaft-obrigkeitliche Zukunft gehörte und gehört dem Kyrios allerdings zu, nicht die, welche der Urgemeinde und ihrem Menschensohn überhaupt erst als Zukunft galt, als der anzubrechende »bessere Aeon«, als das, was seitdem der Christenheit, wenn nichts anderes, so immerhin einen ständig weggeheuchelten oder wegeskamotierten Stein des Anstoßes in ihrem Herrn Jesus bildet. Setzte sich dieser, bei weggeschobenem Menschensohn, doch selbst als der offizielle Sohn Gottes in den Menschensohn ein, an dessen Stelle: und eben dann, auch noch beim offiziellen Sohn-Mythos nicht als Kyrios, sondern erst recht, trotz allem, erst recht wieder als – Menschensohn. Deus homo factus est, diese letzte biblische Wendung des biblischen Exodus auch noch aus Jachwe verwandelte demgemäß den apokalyptisch geglaubten Tag, Triumphtag Jachwes am Ende der Tage in ein ganz anderes »aufgedecktes Angesicht«, nämlich unseres, als des Menschensohns, auch bei Paulus (2. Kor. 3, 18). Item, wenn die ältere Eschatologie das Kommen Gottes weissagte, so weissagt die christliche das Kommen, die Parusie Christi. Das schließlich ist das letzte, bezeichnendste Bibelwort aus dem nicht einmal mehr antitheokratischen, sondern schlechthin untheokratischen Topos Menschensohn. Dessen allernächste Tiefe reimt sich am wenigsten mit den kultischen, den immer wieder heidnischen Kyrios-, zuletzt gar (byzantinisch) Pantokrator-Titeln der Hoftheologie um, über, gegen Jesus.

31   CHRISTOZENTRISCHES OHNE REST,
                 NACH JOHANNES 17, DEM
                »SCHLÜSSEL DES EVANGELIUMS«

Die Armen hatte es nicht gestört, daß ein selber so Armer zu ihnen sprach. Er war auch dadurch einer der ihren, nicht ein Herr, dem sie mißtraut hätten. Aber mit einem Menschensohn, der nicht wußte, wo sein Haupt hinzulegen, kam umgekehrt, nämlich von obenher, auch später nichts Ansprechendes. Auch deshalb erhöhte sich die Erinnerung Jesu stets kultgewohnter zum Herrn und von daher zu jener Art Herrlichkeit, in der das Herrgemäße nicht nur etymologisch uns mitschwingt. So vor allem im vierten Evangelium, dem spätesten, von der Urgemeinde am weitesten entfernten. Ist es doch bestimmt nicht vom Apostel Johannes geschrieben, sein Autor, besser: seine Autoren sind auf Pauli Hörensagen über Jesus angewiesen. Vor allem kamen viele, oft frühgnostische »Ergänzungen« (wie die fast naiv gehaltenen Wundererzählungen von Kap. 2 ab zeigen) in den von Haus aus ohnehin schon spekulativen Text. Dennoch ist gerade hier Evangelienkritik von der alttestamentarischen Bibelkritik charakteristisch verschieden, gerade in Ansehung vieler Zufügungen: ein konform machender »Priesterkodex« fehlt (noch) weithin. Im Milieu der Autoren dieses Evangeliums hatte sich noch keine Priesterkirche gebildet, trotz beginnendem Übergang zur Kultgemeinschaft, trotz paulinisch einwirkenden Entspannungen des urchristlichen Aufbruchs zum relativen Frieden mit der vorhandenen Welt. Bezeichnend und trotzdem überraschend ist derart: der Titel Kyrios, der im hellenistischen Frühchristentum so entscheidend vordrang, fehlt oder verschwindet fast ganz, und keine »Knechte«, sondern »Freunde« sind es ja, die in Joh. 15,14 f. angesprochen werden. Mehr noch: »Die den Johannesschriften eigenartige Christusmystik führt diese Frommen so nahe an Jesus heran, daß sie *feierlich* – vielleicht liegt hier ein latenter Gegensatz gegen Paulus vor – das Prädikat der Christusknechte von sich ablehnen und deshalb offenbar auch den Titel Kyrios meiden« (Bousset, l. c., S. 155). Und auch die »Herrlichkeit« Christi, von der Joh. 17 wesentlich handelt, setzt nicht die zu schluckende Unnahbarkeit eines allerhöchst rangierten Kyrios, eines Gottessohns dynastisch. Statt dessen hat das vierte Evangelium, obwohl es das späteste ist, genau das Wort Menschensohn aus der palästinensischen Urgemeinde nicht nur bewahrt, sondern der Kommunikation mit Christus wesentlich, sakramental austeilend verbunden. Nicht ein Kultgott, sondern der Menschensohn gibt sich expressis verbis den Seinen zu Trank und Speise (6, 53). Auch der Titel Gottessohn samt dem milden Pathos über Jachwe als Vater, auch diese möglichen Nachklänge, Mitklänge von Kyrios, ja paradoxen Konformismen ohne Menschensohn tangieren das sonderlich christozentrische, das Nicht-Theokratische dieses Evangeliums nicht. Am wenigsten im 17. Kapitel, dieser Nachreife von Abschiedsrede des Stifters, einem Kapitel, das nicht mit Unrecht ein »Schlüssel zum Evangelium« genannt wurde. Hermetisch dabei selber, vom Stifter des Christförmigen kräftig überreicht.

Also nicht sterbend, sondern abschiednehmend und das ohne viel Kreuz darum her. Jesu Vermächtnis ist als solches nicht »unverständlich« und doch gibt es sich als »geheime Jüngerbelehrung« (Käsemann, Jesu letzter Wille, 1966, S. 17). Jesus spricht als der unerschaffene Urmensch auch hier, spricht vom Vater, der demnach nicht sein erzeugender Vater zu sein brauchte: »Und nun verherrliche mich bei dir selbst mit der Klarheit, die ich bei dir hatte, ehe die Welt war« (Joh. 17, 5). Jesus hat sich in den Herrn der Geschaffenen als ein selber Ungeschaffener, als der Menschensohn an sich, per se eingesetzt, trotz der passiven Formel des bloßen Gesandtseins, als einer für Jesus gar nicht spezifischen. Denn die Formel vom Vater, der ihn gesandt hat, »ist schließlich in unserem Evangelium weder die einzige noch die kennzeichnendste christologische Formel. Von Gott gesandt ist nach 1, 6 auch der Täufer und ›Gesandtsein‹ bedeutet zunächst nichts anderes als ›Bevollmächtigtsein‹. Immerhin ist schon nach rabbinischem Grundsatz der Delegat der Repräsentant des Senders und vom Empfänger diesem gleichzusetzen. Im Evangelium wechselt deshalb die Formel: ›der Vater, der mich gesandt hat‹ unablässig mit der anderen vom Einssein mit dem Vater, welche ihr erst ihren spezifisch christologischen Sinn gibt« (Käsemann, l. c., S. 25 f.). Item, das schlechthin Christozentrische des »Ich und der Vater sind eins« ist und bleibt gerade fürs esoterischste Evangelium zentral, das nochmals pointiert: »Alles, was der Vater hat, ist mein« (Joh. 16, 15). Also ist die Homousie unüberbietbar, freilich nun, an *diesem* Ende: *Gleichheit*, wenn nicht mit dem Vater, also auch Weltschöpfer, mit *welcher Idee dann von Gott?* Zweifellos beruft Jesus mit dem Vater auch den Weltschöpfer im überlieferten Sinn, dessen Wille geschehe. Ja dem Vater wird in diesem Evangelium stellenweise auch all das an Spendereigenschaften wieder zurückgegeben, was doch der Christus selber als seine eigensten, jetzt erst entsprungenen angegeben hat: Licht, Wahrheit, Leben, himmlisches Brot und Wasser; es fehlt, beim ohnehin ewigen Jachwe, nur das Auferstehende. Und dennoch ist diese scheinbare Rückadressierung und Theodizee (als ob es Hiob nicht gegeben hätte) schon deshalb bloßer Vordergrund, bloß exoterische Verhüllung gleichsam, weil Jesus doch nur von sich selber, das heißt von seinem *erstmaligen* Eintritt und Auftritt sagt, er sei das Licht und das Leben. Wenn auch im Johannesevangelium das Eschatologische scheinbar vor dem Protologischen, vor dem *Anfangs*-Licht seines Prologs zurücktritt, so doch nur so, daß der dortige Logos (»Am Anfang war das Wort und das Wort war bei Gott und Gott war das Wort«) durchaus schon als das Alpha einer anderen Welt als der geschaffenen bedeutet war und so erst mit Christus am Ende zu einer anderen Welt hin hervortritt. Das Eschatologische ist also mit diesem nur polemisch auf das Protologische der *ersten* Genesis Bezogenen nicht etwa ausgespannt und auf einen Ur-Creator (oder auch gnostisch, Emanator) der vorhandenen Welt zurückdatiert, sondern umgekehrt: das wahre Proton von Urlicht (»und die Finsternisse haben es nicht begriffen«) ist gerade erst das Eschaton einer *zweiten* Genesis, – durch den Logos Christus. Und wahrer Schöpfer wird der Logos Christus, der einer neuen Kreatur, Menschen bildend, nach seinem Bilde und so von dem »Fürst dieser Welt« (Joh. 16, 11) gehaßt; »denn sie sind nicht von der Welt, gleichwie ich nicht von der Welt bin« (Joh. 17, 14). Eine deutliche Abtrennung mithin des Menschensohn-Logos und seines Veni creator spiritus vom Deus creator, den beginnenden Dualismus beider setzend. Wenn auch erst eines beginnenden, indem in der Abschiedsrede ja eremitische, gar pur-transzendente, akosmische, nirwanahafte Fluchtmotive noch völlig fehlen, trotz, vielmehr wegen des »Herausziehens der Jünger« aus der Zugehörigkeit zum supponierten »Fürsten dieser Welt«. Als welcher ja eben die Welt selber nicht erschöpft, in welche die Abschiedsrede doch gerade die Jünger schickt, als in den *Schauplatz* der Geschichte; bis hin zum Parakleten, der ja auch noch auf dem Schauplatz (obgleich nicht in dem Aeon) dieser Welt erscheinen soll. Und trotzdem herrscht in der Vermächtnisrede Christi ein eigener Dualismus, nämlich immer wieder, wie angegeben, die *Idee von Gott* betreffend, vom »Vater«, mit dem genau die Homousie behauptet wird. Damit erst ist zu alldem Vorigen der *entscheidende* Punkt in der Schlüsselgewalt des vierten Evangeliums erreicht und der *gegen* jede *Herrengott-Idee* folgenreichste. So höre man nun folgende Be-deutungen im Vermächtnis, die letzthin – andere Theophanie im Menschensohn betreffend. Alle diese Stellen beziehen sich auf einen, keineswegs nur den Heiden noch unbekannten Gott: »Sie kennen den nicht, der mich gesandt hat« (Joh. 15, 21); »Und solches werden sie darum tun, weil sie weder meinen Vater noch mich erkennen« (Joh. 16, 3); »Du hast mich geliebt, ehe die Welt gegründet ward. Gerechter Vater, die Welt kennt dich nicht, ich aber kenne dich, und diese haben erkannt, daß du mich gesandt hast. Und ich habe ihnen deinen Namen kundgetan und will ihn kundmachen, damit die Liebe, mit der du mich liebst, sei in ihnen und ich in ihnen« (Joh. 17, 24–26). Bei alldem geht es um das Nennen eines bisher auch den Juden unbekannten Exodus-Namens, eines solchen, der dem bei den Propheten, bei Hiob, gar im Eh'je ascher eh'je intendierten zwar gewiß nicht konträr ist (wie nachdem der Manichäer Marcion gemäß diesen Johannesstellen völlig antithetisch setzte), der aber trotzdem jede Art Herren-Gottbild (auch ohne sichtbares Götzenbild) mitten ins Kyrie traf. Eine Realität dieser alten Herrschafts-Hypostase wurde vor den Jüngern zwar nicht verneint, doch das bisher unbekannte und einhellige Gegenzugs-Bild könnte genau den Mühseligen und Beladenen, Erniedrigten und Beleidigten nicht näher sein. Wie denn auch das Vaterunser dem, »Der du bist im Himmel«, gerade eine Heiligung des Namens ansetzt, die keineswegs nur die überall übliche Lobpreisung meint, sondern eine Wendung zum ganz anderen Namen als Kraft wirklicher Heiligung dazu. Und eben das mit einem Maßstab von Göttlichem, der nicht mehr theokratisch ist, ja der christförmigen Güte unter uns Menschen den alten eifernden Gott gar noch als – Vorbild setzt, sondern umgekehrt: »Und vergib uns unsere Schuld, *wie wir vergeben unseren Schuldigern*«. Das also ist eine Heiligung des Namens, als des endlich Christgleichen im Sinn der Homousie, ja im Sinn des »Beistands«, als den der letzte Wille Christi zuletzt auch noch den Parakleten bezeichnet, – gegen den »Fürsten dieser Welt«. Der »Geist der Wahrheit« soll doch gerade, solange die Parusie noch aussteht, von Christus zeugen und nicht von der »Furcht des Herrn«, der des alten Religionsstatus, und was der Paraklet spricht, wird er aus Christus zu nehmen haben, nicht aus Theokratie oder auch dem lieben »Gnadenthron« des Himmelvaters. »Ich habe euch noch viel zu sagen, aber ihr könnt es jetzt nicht tragen. Wenn aber jener, der Geist der Wahrheit, kommen wird, der wird euch in die Wahrheit leiten. Denn er wird nicht aus sich selber reden, sondern was er hören wird, das wird er reden, und was zukünftig ist, wird er euch verkündigen. Derselbe wird mich verherrlichen, denn von dem Meinen wird er's nehmen und euch verkündigen. Alles, was der Vater hat, das ist mein. Darum habe ich gesagt: Er wird's *von dem Meinen nehmen* und euch verkündigen« (Joh. 16, 12–15). Wahrlich eine »Rede des toten Christus vom Weltgebäude herab, daß kein Gott sei«, – außer »dem Meinen«. Wie immer auch persische, ja frühmanichäische Einflüsse in solche Schlüsselstellungen des vierten Evangeliums hineingewirkt haben mögen (Geist der Wahrheit, Vohu mano war die Gerechtsame des letzten Zoroaster, am Ende der Tage): gerade die Einfügung des Geistes der Wahrheit, aus dem der Paraklet zu reden hat, ist eben keine *verfälschende* Interpolation, sondern eine *eindringende,* nämlich in die Heiligung (den Menschensohn-Inhalt) des vorigen Gottesnamens selber. Genau als solche hat sie ja auch später die häretische Mystik eines »dritten Evangeliums« bestimmt, von Origenes zu Joachim di Fiore hin, das im Schwang stehende Zeitalter des »Heiligen Geistes« nach dem des Vaters und des Sohns. So weittragend wirkte also der Einsatz Christi ins vorige theokratische Oben, worin der Mensch nicht vorkommt, am wenigsten der Mensch »in Wahrheit« vorkommt, also – wie eine andere biblische Formel diesen spezifisch christologischen Erkenntnisglanz vielleicht verdeutlicht – »mit aufgedecktem Angesicht«. Derart werden im Rätselwort Menschensohn und seinen Implikationen die guten Schätze, die an einen hypostasierten Vaterhimmel verschleudert waren, in ein noch so sehr hermetisches Humanum eingebracht. »Aufgedecktes Angesicht«, damit ist nicht allein eschatologisch, sondern apo-kalyptisch, das heißt eben auf-deckend, unsere stets gemeinte Identität selber bedeutet und diese als *Reich* des Menschensohns *überall*. Der alte »Tag Jachwes« am Ende der Zeit wird genau im vierten Evangelium zu einer Parusie Christi angesetzt, also des Menschensohns, der ohne Jachwe ist, durchaus A-Kyrios, also A-Theos zugleich, im wahren Sinn des Cur deus homo. Wie es demgemäß an anderer Stelle heißt: »Die Wahrheit des Gottesideals ist einzig die Utopie des Reichs, zu dieser ist gerade Voraussetzung, daß kein Gott in der Höhe bleibt, indem ohnehin keiner dort ist oder jemals war« (Das Prinzip Hoffnung, 1959, S. 1514). Jesus gab seine Abschiedsrede als geheime Belehrung der Jünger; fast nur der eine Augustinsatz: »Dies septimus nos ipsi erimus« hat sie als Inwendiges gehört, das endlich auswendig werden will, und als Auswendiges vorgesehen, das wie das Inwendige werden könnte. Keineswegs ist das schon mehr als ein Grenzideal im dauernden Austausch und Beistand unserer *nächsten* und *fernsten* Aufgaben, damit erstere nicht blind, letztere nicht leer seien. Doch das Christentum, als Erbe des gezielten Exodus, hat damit den besten Anspruch an – Heimat gestellt. Wie oft nur als der Fluchtpunkt eines vertröstenden Entweichens, doch – wieviel orientierender auch als anderer, an sich haltenlassender Fluchtpunkt – perspektivisch, hin zum Ausstehenden. Das also am wenigsten mit der Faust im bloß inwendigen Sack oder, nur scheinbar umgekehrt, die Welt in Jenseiterei überfliegend; die gemeinte Frohbotschaft geschah vielmehr genau in der Welt und für sie, die im Argen liegt.

32 PAULUS, SOGENANNTE GEDULD DES KREUZES, ABER AUCH BESCHWÖRUNG VON AUFERSTEHUNG UND LEBEN

Die Jünger waren keine mehr, als alles so bitter ausging. Der Tod am Kreuz war nicht einmal ein besonderer, ein wenigstens hervorstechender. Täglich starben ihn gewöhnliche Verbrecher, und wieviele Sklaven, die ja nicht als Menschen galten, hingen an dem grausamen Holz. Zuverlässig hatten die Jünger, gar vorher die sagenhaften Hirten auf dem Feld, unter Frohbotschaft ein anderes verstanden. Ebenso hat der geschichtliche Jesus diesen Tod nicht erwartet, trotz der bangen Nacht zuvor in Gethsemane; gerade sterbend fühlte er sich verlassen. Hat er den Jüngern versichert, daß einige von ihnen lebend das Reich sehen werden, das nahe herbeigekommene, so nahm er sich am wenigsten davon aus. Der neue Moses dachte nicht, an der Schwelle Kanaans zu sterben, gar als Messias mit der Frohbotschaft. Nichts schien daher unter Jüngern einleuchtender, als daß dieser König durch den Galgen, dieser Lebensbringer durch den Tod widerlegt war. Selbst die medizinischen Wunder, diese sogar am meisten, legten die Frage nahe, warum der Blindenheiler und Totenerwecker sich nicht selber vom Kreuz herabhalf. Am Tod Christi aber haben illusionärer Wunschtraum und ein Paradox mehr getan als Berge versetzt: sie haben nicht bloß aus dem Grauen, auch noch aus der Schäbigkeit dieses Untergangs höchsten Sieg gemacht. Der lebende, unwiderlegte Jesus wurde von Petrus dreimal verleugnet, vom gleichen Petrus, der ihn, in Caesarea, zuerst »Tu es Christus« genannt hatte, um dann so feig wie sozusagen desillusioniert von ihm abzurücken. Als Jesus aber nicht mehr im Fleisch wandelte, gerade nach der Katastrophe, starb Petrus stolz als Märtyrer für den Gekreuzigten, und wieviel andere folgten nach. Gewiß, es wurde vom leeren Grab erzählt, auch von einem Jüngling nahebei mit weißem Kleid (bei Lukas und Johannes wiederum sind es zwei). Dann hatten Jünger die besonders leibhaftig wirkende Erscheinung von Emmaus, dann am See Tiberias gehabt. Und doch: waren Revenants damals, im allgemeinen, fast selbstverständlichen Spukglauben etwas Besonderes, nur dem Herrn Vorbehaltenes? Machten sie bei anderen Spukerscheinungen (und wären sie noch so realiter geglaubt worden) den Tod rückgängig? Waren sie vor allem eben auf den einmaligen, einzig seinsollenden Auferstehungstag des Einen, des ans Kreuz Geschlagenen begrenzt? Kurz, mußte einer Gottes Sohn sein, um nach seinem Tod umzugehen, war das sein messianischer Beweis? Wobei die spätere Auferstehungslehre des Einen ja nicht nur dem ungläubigen Thomas noch fremd war, jedenfalls kein gesehenes Zeugnis eines wirklich ganz Außerordentlichen abgab, eines die Katastrophe unermeßlich Überbietenden. Und gar noch die Opfertodlehre, sie kam, von ihrer Verwickeltheit abgesehen, ohnehin erst Jahrzehnte nach Petrus von Paulus her. Mächtig war also bei den ersten Jüngern einzig ein Nichtwahrhabenwollen von Jesu Tod und das kraft des *wachsenden Nachwirkens* seiner Person, mit dem aktiven Pathos: *diese Seele kann nicht vergehen, und ihre Hoffnung läßt uns nicht zuschanden werden.* Wonach nun – wie nie bei einem untergegangenen bloßen Helden – dessen Ende eher als Anfang ja genau als Anfang erscheinen konnte, als tief eröffneter. Allerdings nicht lange, nicht für die, die Jesus nicht mehr lebendig erfahren haben, sondern nur für einen so gläubigen Sinn wie den der ersten Jünger. So mußte schließlich eigne *Theologie* aufgeboten werden, kurz Opfertod statt Geistererscheinungen, schuldbezahlender Martertod und dialektisch erworbenes Ostern dadurch, danach. Paulus eben brachte, bereits außerhalb der Urchristen, das starke, das gerade für die Heidenmission notwendige Paradoxstück von Wendung: Jesus ist nicht trotz, sondern wegen des Kreuzes der Messias. Vor alters war noch geschrieben: »Ein Gehenkter ist verflucht bei Gott« (5. Mos. 21, 23), nun aber dekretiert Paulus mit Drehung ohnegleichen: »Christus hat uns erlöst vom Fluch des Gesetzes, als er ward ein Fluch für uns« (Gal. 3, 10) und: »Durch Kreuz, Auferstehung, Himmelfahrt hat Gott überhaupt erst Jesus zu einem Herrn und Christus gemacht« (Apgesch. 2, 36). Item: nicht durch Leben, Wandel, Lehre (wie es den Jüngern erschien), gar durch Einsetzung des Menschensohns ins Jachwetum (wie es der priesterlichen Orthodoxie erschien), sondern allein auf und durch Golgatha erschien der Messias, ja wurde er erst geboren. Dazu bot sich gewiß auch innerjüdisch eine nachmosaische Stelle im Deuterojesaja, eine sogar besonders ausgeführte, scheinbar wie auf Schädelstätte vorgreifende: »Fürwahr, er trug unsere Krankheit und lud auf sich unsere Schmerzen ... Darum will ich ihm große Menge zur Beute geben und er soll die Starken zum Raub haben, darum daß er sein Leben in den Tod gegeben hat und den Übeltätern gleich gerechnet ist und er vieler Sünden getragen hat und für die Übeltäter gebeten« (Jes. 53, 4–12). Dieses freilich ging an Ort und Stelle nicht auf den Messias, sondern auf Israel und sein höchst bedroht gewordenes Dasein, nunmehr eher durch Schmerz und seinen fernen Lohn auserwähltes. Immerhin waren von hier zu der noch späteren Konzeption eines leidenden Messias Beziehungen möglich, als des Sohnes Josephs, des in die Grube geworfenen, zum Unterschied von dem damit gar nicht verbundenen siegenden Messias als dem Sohn Davids. Entscheidend aber flossen in Pauli Opfertodlehre (Harnack nannte sie statt des Evangelium Christi ein Evangelium über Christus) gerade nichtjüdische Quellen, obzwar sehr verschiedene. Ein Hauptmotiv war hier von vornherein, einen Gottvater, der seinen schuldlosen Sohn dermaßen preisgab (wo ihn nicht selber mordete, wie später die Marcioniten sagten), von jedem solchen Anwurf des Verrats, gar der vollen Teufelei freizuhalten. Denn der unerforschliche Ratschluß oder Jachwes unprüfbar heiliger Wille, womit noch Hiobs Freunde weißgewaschen hatten, reichte spätjüdisch und vor allem heidenchristlich nicht mehr aus. Zur Vertrautheit, um nicht zu sagen Nachsicht mit Golgatha bot sich daher zunächst eine ausschließliche Schuld der Menschen an und raffinierter weiterhin eine Gleichsetzung von sittlich Schuldigen und verschuldeten Schuldigern; womit römisches Obligationenrecht in die Aufrechnung kam, Gottvater entlastend. Gnadenlose Gerechtigkeit rechnete nun Schulden auf, für die Bezahlung verlangt wurde, und der Christus der Opfertodlehre bezahlte sie mit seinem unschuldigen Blut, sogar noch durch überschüssiges Verdienst einen Gnadenschatz zu kirchlicher Verwaltung anhäufend. Und ein weiteres, anderes Quellwesen für Pauli Apologetik des Kreuzestods war gewiß nicht so juristisch-logisch, wohl aber der orientalisch-hellenistischen Heidenwelt, an die sich dieser Apostel wandte, mythologisch besonders naheliegend, nämlich vom kultisch bekannten Sterbensakt eines Gottes her. Hier bot sich, noch mit ganz anderem Resonanzboden als dem des Obligationenrechts, der uralte Archetyp eines sterbenden und wieder auferstehenden Jahrgotts an, heidnischster Art. Auch Vegetationsgötter wie Attis-Adonis, der babylonische Tammuz, starben, wenn auch ganz ohne stellvertretende Genugtuung, um im Frühjahr wieder zu erwachen. Sie hatten wider die Angst, daß der Gott unter der Erde, im Hades bleibt, sogar ihre stellvertretende Karfreitagsliturgie, hatten sogar ihr jubelndes »Attis-ist-erstanden«, ihr Auferstehungsostern sui generis. Heute tönt das noch nach in einem nicht nur säkularisierten Ver sacrum samt seiner theologischen Umdeutung, daß »die Natur bewußtlos die christlichen Mysterien feiert«. Zu Attis-Adonis kam der weitere kultische Ausgleich mit den diesfalls keineswegs »panbabylonischen« Dionysos-Mysterien, mit dem zerrissenen Gott und dem wiederauflebenden, der so über die Wintermächte siegt. In alldem folglich ist bereits heidnisch-mythisch eine paulinische Dialektik von Tod und Auferstehung, Nachtpunkt härtester Negation und Durchbruch, ja Getöse von Licht präformiert; anders eben hätte es, nachdem das *erlebte* Charisma von Jesus gleich »Licht und Leben« entschwunden war, keine mythisch rettende Andacht zum Kreuz gegeben. Freilich ein von einem Gottvater vereinnahmter Opfertod selber, als conditio sine qua non, mit dem hingeschlachteten Lamm Gottes als Bezahlung eines Debet, war in all dem übernommenen Jahrgott-Kalendergott-Mythos nicht enthalten, war eigener Paulinismus. Und doch auch er wieder nicht nur eigener, sondern mit einem Ursprung, der hinter dem verwendeten Obligationenrecht sogar noch viel weiter zurückliegt als der übernommene Vegetations- und Jahrgott-Mythos. Ist doch der nun letzte Quell der Opfertodlehre nicht nur besonders blutig, sondern auch besonders archaisch: er entspringt dem ältesten, so lang schon vermiedenen *Menschenopfer*, zuletzt noch vor – *Moloch*. Und so allerdings dem widerchristlichsten schlechthin; auch um diesen Preis also hat Paulus den neuen, nämlich Missionstext gesetzt: Jesus sei Messias nicht obwohl, sondern weil er am Kreuz geendet habe.

Wie ersichtlich wurde damit das Lamm, so sanft es war, höchst unsanft geschlachtet. Als wäre über ihm doch nur ein furchtbarer Götze geglaubt und da, der allein durch Blutstaufe beschwichtigt wird. Dieser Rückfall in höchst barbarische Zeiten und Mittel ist erstaunlich groß, und noch erstaunlicher ist der Rückfall von der Heiligung des Namens in ein derart barbarisches Gottbild. Da hilft auch keine infektuöse Erinnerung an abgeschiedene Landessitten: bei den Kanaanitern opferte der König in Zeiten nationaler Gefahr seinen eigenen Sohn, ebenso bei den Phöniziern. Aber deren Moloch wäre doch eine ganz artfremde Erinnerung gewesen, und ihn hat doch Jesus am wenigsten berufen. Sogar die gebliebenen Tieropfer waren, siebenhundert Jahre vor Jesus, von Amos, diesem ältesten Propheten, unvergeßlich angegriffen worden (Amos 5, 22), nachher von Hosea: »Denn ich habe Lust an der Liebe und nicht am Opfer und an der Erkenntnis Gottes und nicht am Brandopfer« (Hosea 6, 6); Matth. 9, 13 nimmt sogar, mit Zitat, Bezug auf Hosea. Und gar Menschenopfer: seit der abgelehnten Opferung Isaaks, so interpoliert sie auch sei, hatten Menschenopfer eben wegen der Heiligung des Namens liturgisch kein gutes Gewissen. »Und Abraham hieß die Stätte: der Herr sieht. Daher man noch heutigentags sagt: auf dem Berg, da der Herr sieht« (1. Mos. 22, 14); das Golgatha des paulinischen Opfertods nimmt diesen Berg samt den Propheten zurück. Gewiß, wie Jephtahs Tochter und ihr Schicksal zeigen (Richter 11, 30–40), reicht ein Menschenopfer noch in sehr historische Zeiten, doch nicht liturgisch, und der Dämon wird abserviert, dem mit unserem Blut gezinst wurde. Desto seltsamer also hinter Pauli Obligationenrechts-Theologie der längst vergessene, mindestens nicht mehr als Gott verehrte Kannibale im Himmel, Jesu Selbstopfer (nachdem ihm durch soviel unausweichliche Vorsehung sozusagen nichts anderes übrigblieb) satisfaktorisch annehmend. Nicht grundlos hat derart gerade diese Opfertodlehre Marcion, einen sonstigen Bewunderer Pauli, auf den umgekehrten Jachwe-Glauben gebracht, soll heißen: Jesus starb zwar als Opfer, doch als das eines »Mörders von Anfang an«, des Bösen in der Welt. Nicht grundlos hat auch Origenes, Ketzer und Patristiker zugleich, mindestens wohlverstanden, wenn Satan, nicht Jachwe als Adressat des Lösegelds von Golgatha angesehen und bezeichnet wurde. Wie verschieden davon ist jedenfalls die Liebe des Menschensohns, wenn er im letzten Abendmahl sein Fleisch und Blut den Brüdern hingibt, nachdem »des Herrn Wille geschehen muß«, wie verschieden ist das von dem Willen eines unnachlaßlichen Gläubigers selber, der Bezahlung der Schuld-Schulden arrangiert und vom Lamm, das zur Schlachtbank zu gehen hat, einstreicht. Selbstverständlich bei alldem: die erbarmungslose Opfertodlehre zur Rechtfertigung des Kreuzes tangiert den eigentlichen *Auferstehungsmythos* noch nicht, indem dieser und sein Wunschmysterium ja auch ohne den Martertod leuchtete. Reicht doch das einsame Sterben, mit seiner unerträglichen Negation, für die Sehnsucht und den Wunsch nach einem Osterglauben aus; so wie dieser selber im Licht und Leben des noch wandelnden Jesus ja genug Nahrung hatte, an dem durchs christförmige selber gesetzten Zeichen. Die Opfertodlehre dagegen hatte auch an diesem Ende ein Motiv und einen Effekt, der – qua Leib, Leben, Blut kassierendem Oberherrn – über Todestrost und Auferstehung zuguterletzt in weit Irdischeres hineinhing. Und das erst erklärt nun den Rückfall dieser Lehre ins Molochhafte längst vergangener Zeiten oder besser: es ließ diesen Rückfall hinter eine längst humanisierte Jachwe-Vorstellung politisch-ideologisch empfehlen; von *diesem Moment* im Paulinismus bis Luther und weiter hinaus. Denn damit war eben das Subversive in der Bibel vermöge des geopferten Lamm-Mythos zum letzten Mal unterbrochen. Es sollte sich so die sogenannte *Geduld des Kreuzes* sanktionieren, die den Unterdrückten so empfehlenswerte, den Unterdrückern so bequeme, und insgesamt der bedingungslose *Gehorsam vor der Obrigkeit schlechthin*, als der von Gott seienden. Ja noch jede Theologie der Hoffnung, die sich mit an die Spitze des Verändernden, Neuen stellen möchte, macht sich ebenso wieder konform, indem sie, mit genehmer Passivität, der Hoffnung Jesu vor und bis zum Kreuz gerade die Spitze abbricht. All das mit Bezug auf diese nicht zum Quod ego der Rebellion, auch weniger zur Dialektik als zur Apologetik gehörenden Kreuz-Partien bei Paulus; »Leid, Leid, Kreuz, Kreuz, ist des Christen Teil« sagt von daher auch der spätere Luther (zu den geschundenen Bauern, nicht zu den Herrn). Kurz, ohne die Opfertod- und entsprechende Jachwe-Rezession wären auch dieses Sinns die politischen Kreuzbefehle Pauli ohne Halt. Das gerade in *sonstigem Wende-, Novum-, Rettungs-Pathos*, in seinen gewaltigen Antithesen zu bloß »Gesetzhaftem« selber. Dazu aber: »Jedermann sei untertan der Obrigkeit . . ., wer sich wider die Obrigkeit setzt, widerstrebt Gottes Ordnung« (Römer 13, 1 f.); eine unerträgliche Beziehung der Sklavenhalter auf den Herrn Jesus Christus kommt hinzu: »Ihr Knechte, seid gehorsam in allen Dingen euren leiblichen Herren ... Alles, was ihr tut, das tut von Herzen als dem Herrn und nicht den Menschen« (Kol. 3, 22 f.); – die Nützlichkeit einer Geduld des Kreuzes konnte, besonders bei Ausbleiben der Wiederkehr Christi, nicht größer sein. Und doch, stets wieder, nicht qua Schmerzensmann und Molochopfer, sondern qua des ebenfalls paulinischen, des riesigen Akzents auf eine offenbare Imago von Unverweslichem in der Ausstrahlung des irdischen Jesus: der Heidenapostel, voll von Zahlmeisterei, hat trotz auch adoptierter Vegetationsgott-Mythologie erst eine Taufe in den Tod, Nicht-nur-Tod Christi seinen Gläubigen gebracht. So machte er ihnen – immer vom Phōs kai Zoē, Licht und Leben des gesalbten Jesus her – Platz für ein nie so gewesenes Wunsch-, gar Freudenmysterium unempirischster, doch postulativster Art: »Hoffen wir allein in diesem Leben auf Christus, so sind wir die elendesten unter allen Menschen. Nun aber ist Christus auferstanden von den Toten und der Erstling geworden unter denen, die da schlafen ... Denn gleichwie sie in Adam alle sterben, so werden sie in Christus alle lebendig gemacht werden« (1. Kor. 15, 19–22). Das half zwar keinem Mühseligen und Beladenen gegen das Elend seines Lebens und vor allem nicht gegen diejenigen, die nicht nur als alte Adams daran schuld waren. Doch es versuchte ein Unerfaßtes in den Menschen aufzurufen, für das die Kiefer des Tods (indem er ihnen exterritorial ist) gleichsam nicht zuständig wären. Von solcher nicht an die lediglich geschärfte Todesart des Kreuzes gebundenen Anti-Todmystik her hat der Christus des Paulus schließlich in die *nihilistische* Phobie, die damals zum erstenmal aufgetretene, der Spätantike gewirkt. Auch darin ein Tribun des Menschgemäßen, gegen die härteste Anti-Utopie in der vorhandenen, uns hier besonders heteronom gesetzten Welt, – gegen den Tod.

33

NOCHMALS AUFERSTEHUNG,
AUCH HIMMELFAHRT,
WIEDERKEHR ALS BEHAUPTETE
WUNSCHMYSTERIEN TROTZ OPFERTOD;
HOMOUSIE GAR MACHT DEN TRIBUN JESUS
AM WENIGSTEN UNSCHÄDLICH

Die Güte lebte weiter und mochte nicht recht vergessen sein. Aber hinter alldem stand stets, nicht nur in der Bergpredigt, das Reich sei nahe. So traten fürs nicht oder noch nicht gekommene Reich drei Erscheinungen des Unsichtbaren ein, wohin Jesus gegangen sein sollte. Als das erste irdisch-überirdische Mysterium galt die Auferstehung, als zweites die Himmelfahrt, als drittes die Wiederkehr. Die nachgesagte *Auferstehung* half zwar nicht vom Kreuz herab, sollte aber aus dem Grab heraushelfen, das uns alle erwartet. In der Folge wurde das auch anders, selbstbetreffender aufgenommen als die bloß äußere oder allgemein geschehende Auffahrt eines Vegetationsgotts (von wo ja das Ostern herkam). War doch Jesus als so sehr betonter Erstling derer, die da schlafen und erwachen, kein Gott, sondern völlig unsereiner, ja schon im Abendmahl das Pharmakon unserer eigenen Athanasie gebenwollend, erstmals. Allerdings reißt nun das *zweite* Wunschmysterium, die *Himmelfahrt*, Jesus wieder von der Menschenart los. Es entfernt einen enthüllten Kyrios und Gottessohn immerhin scharf aus menschlicher Gemeinschaft, als geschähe damit eine Art nobilitierende Erhöhung von oben herab; als wäre Jesus wie ein Über-Herakles in ein Über-Sternbild versetzt. So machten die Evangelien selber wenig Wesens von dieser Himmelfahrt; Mark. 16, 19, Luk. 24, 51 berichten von ihr nur knapp, zum Unterschied von der Botschaft: Auferstehung. Erst Apostelgeschichte 1, 9–11 berichtet von der Auffahrt als auf einer Wolke geschehend, dem gleichen himmlischen Tragwerk wie bei der Wiederkunft; derart beendete die Auffahrt zum Thron die vierzigtägige leibhaft nah geglaubte Gemeinschaft eines Auferstandenen mit den Jüngern. Die Himmelfahrtsgeschichte erinnert außer an Herakles zwar auch innerbiblisch an die ebenso trennende, nämlich von Elisa losreißende Auffahrt des Elias (2. Kön. 2, 11), mit feurigem Wagen und feurigen Rossen; doch auch das wirkt dynastisch-solar, mit dem Wagen eines Sonnengottes, und überall so, daß emporfahrende Heroen der Erdsphäre verlorengehen. Auch paßte gerade die Himmelfahrt-Erscheinung nicht schlecht zu der gleichsam hochfeudalen Ausgespartheit Christi, die hernach als sogenannter Doketismus auftrat, das ist als die Lehre, daß Christus überhaupt nur einen Scheinleib besessen habe, von dem er sich schon vor der Kreuzigung getrennt habe, den Tod nur noch als Larve mitmachend, während das unbefleckte, das weißgekleidete reine Pneuma Christus damals schon beiseitegegangen sei, wo nicht herabgeblickt habe. All das sogar, wie ja bemerkt, mit Berufung auf eine merkwürdige Evangelienstelle, bereits die Gefangennahme Jesu betreffend: »Und es war ein Jüngling, der folgte ihm nach, der war mit einer Leinwand bekleidet auf der bloßen Haut, und sie griffen ihn. Er aber ließ die Leinwand fahren und floh nackt davon« (Mark. 14, 51 f.). Dieser Jüngling wäre nach der doketischen Deutung also der wirkliche Christus gewesen, wie er nicht zum Gerichtshaus und folglich nicht zum Kreuz und Tod gegangen wäre. Erst recht konnte solch nicht-menschlicher Pneumatismus an der Himmelfahrt pointiert werden und macht deren Zurücknahme von Wandel im Fleisch, ja von Menschensohn vollends kenntlich. Ganz zuletzt freilich ließ sich auch durch so scharfe Himmelfahrt im Bewußtsein der Gläubigen der Nicht-Herr nicht wegnehmen, ja dies ganze pneumatisch-steigende Hochwesen, mit dem besonderen Pathos des *Oben im Raum*, wurde am Ende lediglich Vordergrund für ein ganz und gar nicht nobilitiertes, vielmehr ins Oben *einbrechendes* Wesen. Eben dadurch kam der Jesus-Satz: »Ich und der Vater sind eins« buchstäblich nach Hause, mit schlechthin *usurpierendem* Sinn, so auch durch Himmelfahrt. Der Menschensohn schlug genau hier nicht nur durch den Gottessohn-Mythos durch, sondern genau auch durch den Thronsitz-Mythos »zur Rechten des Vaters«: ein Tribun sitzt nun auf dem Thron, hebt ihn so auf. Derart bleibt selbst bei Paulus der Christus auch nach der Himmelfahrt und mit der Himmelswürde ein Adam, gerade Paulus hält ihn ja in dieser Kategorie: »Der erste Mensch, Adam, ist von der Erde und irdisch, der andere Mensch ist vom Himmel« (1. Kor. 15, 47), und sein Menschcharakter bleibt ihm dort er-

halten, der eines tribunus plebis von Anfang an. Das anthropologisch bleibende Christbild wird gerade noch in jenem Teil des
Neuen Testaments dargestellt, der sich am spekulativsten mit
dem Himmelfahrts-Mythos beschäftigt, im Hebräerbrief. Hatten die Evangelien die Himmelfahrt »vernachlässigt«, so machte
der Hebräerbrief sie zentral: »Denn Christus ist nicht eingegangen in das Heilige, das mit Händen gemacht ist, sondern in den
Himmel selber, um zu erscheinen vor dem Angesicht Gottes
für uns« (Hebr. 9, 24); wodurch das bisherig »Heilige« Gottes
rein zum »himmlischen Jerusalem« übergeht, wenn auch noch
zu »den vielen tausend Engeln« dazu (Hebr. 12, 22). Himmelfahrt, wenn mit Christus selbst geschehend, wird hier auch, statt
Hochfahrt eines großen Herrn weg von der Rotüre zu illustrie-
ren, unter einem der auffallendsten Bilder aufwindender, auf-
ziehender Hoffnung verstanden, unter dem Archetyp des An-
kers: »Auf daß wir ... halten an der angebotenen Hoffnung, an
ihr haben wir einen sicheren und festen Anker unserer Seele,
der hineinreicht bis in das Innere hinter dem Vorhang, dahin
als Vorläufer für uns eingegangen Jesus« (Hebr. 6, 19 f.). Soviel über die andere Seite, die des Tribuns und eben auch gemeinten Befreiers im zweiten Wunschmysterium oder wie es in
einem anderen (obzwar ebenfalls fragwürdigen) Paulusbrief
von solcher scheinbaren Nobilitierung heißt, als Psalmzitat
dazu: »Er ist aufgefahren in die Höhe und hat das Gefängnis
gefangen geführt« (Ep. 4, 8). Daß der Christus hier das Gleiche
tun soll, was dem Wagen Jachwes zugeschrieben (Ps. 68, 18 f.),
macht das Tribunamt Christi desto sinnfälliger, nämlich sich
eindrängender in das, was wachsend das Amt der Jachwevorstellung wäre und vor lauter Thron es nicht ist. Was seit langem
so sublimiert wie euphemisch den Himmelszaren verklären
sollte: »Der Herr ist dein Arzt« (2. Mos. 15, 26), »Ich bin der
Herr, dein Heiland und Erlöser (Jes. 49, 26), und was dennoch,
trotz des einzigartigen Exodus-Symbols, am Bild der ebenso
hypostasierten wie unnahbaren Majestät nicht genuin haftete.
Wohl aber schrieb sich noch der andere, der das Gefängnis fan-
gende Sinn des Himmelfahrtmotivs von dem des Exodus her,
ja von Landbesitznahme, von Einnahme der obersten Region
durchs Haupt der Menschengemeinde. Daß die kanaanitische

Landbesitznahme gleich Kanaan selber real war, während der gesamte Himmelfahrt-Mythos mitsamt allen usurpatorischen Implikationen ein selber hypostasiertes Wunschmysterium war, besser wurde, auf diesen einschneidenden Unterschied muß man, einer besonders märchenhaften Wunschlandschaft von Religion gegenüber, nicht erst hinweisen. Aber der so wenig reale Usurpationsmythos gegen hypostasiertes Hoch-Droben und statt seiner, durch den Menschensohn, hat seinen Sinn dadurch, daß er die Konsequenz des »Ich und der Vater sind eins« eben bis in eine so lange geglaubte Transzendenz hinein durchführt. Und auch vom geglaubten Hoch-Droben kam nun, was das *dritte* Wunschmysterium, die *Wiederkehr* angeht: auch in diesem Eschaton schien den Christen kein bloßes Droben mehr.

Dem Herrn, der keiner sein wollte, wurde nicht nur nachgeblickt, er wurde auch neu erwartet. Seine Wiederkehr aus so viel Höhe hat die Menschen am wenigsten vergessen, sonst käme dieser ihr Jesus nicht zu ihnen zurück. Der Jesus freilich sieht hier anders drein als in der Bergpredigt, er erscheint, recht im Sinn Hiobs, auch als Bluträcher. Die Wiederkehr ist nur für die Mühseligen und Beladenen, Erniedrigten und Beleidigten sanft, denen vor allem, die zu ihm mehr als bereit sind. Ihnen kommt der Herr als Bräutigam gleichwie klugen Jungfrauen, streng aber kam er bereits den Lauen, auszuspeien aus seinem Munde, und wie erst den Bedrückern. Hierbei mengt sich allerdings, statt des durchaus Neuen, auch eine bloße Umkehr bisheriger Macht und Ordnung ein, dergestalt, daß die Niederen nur erhöht, die Hohen nur erniedrigt werden, vor allem aber, daß der Wiederkehrende von seinen Getreuen auch als bloßer Erzengel Michael eines himmlischen Thronherrn gedacht wurde; als wäre gerade an dessen Herrn-der-Heerscharen-Bild, trotz des Einbrechens dahin, nichts selber »Verklärendes« geschehen. »Denn er selbst, der Herr, wird mit einem Feldgeschrei und Stimme des Erzengels und mit der Posaune Gottes herniederkommen vom Himmel, und die Toten in Christo werden auferstehen zuerst. Danach wir, die wir leben und übrigbleiben, werden zugleich mit ihnen hingerückt werden in den Wolken, dem Herrn entgegen in der Luft und werden also bei dem Herrn sein allezeit« (1. Thess. 4, 16 f.). So weit bei aller Zurückwende zu den

Menschen nach der Auffahrt der übernommene Michael- und Heerscharenton, dann jedoch wieder die Menschensohnweise, gerade bei der Wiederkehr, der sonst lautest instrumentierten: »Siehe, ich stehe vor der Türe und klopfe an. So jemand meine Stimme hören wird und die Tür auftun, zu dem werde ich eingehen und das Abendmahl mit ihm halten und er mit mir« (Off. Joh. 3, 20). Das mithin, als wäre es die gleiche Liebe zu den Unterdrückten, die den Missetätern bei der Wiederkehr, der Parusie als Gericht entgegentritt, die den Befreiten als Rettung kommt. Gemäß der sehr christozentrischen Deutung Jakob Böhmes: es sei in der Apokalypse das gleiche enthüllte Licht, das den Bösen als Zorn, den Erwählten als Vermählung erscheint. Und zuletzt sollte die Wiederkehr eben die volle Gegenbewegung zur Himmelfahrt darstellen, zugleich ihre einzig gemeinte Frucht. Die Frucht war derart, daß der Himmel aus einer Privatheit des Gottes in eine Menschenstadt verwandelt wurde: das neue Jerusalem. Die Gegenbewegung zum Oben war derart, daß dies neue Jerusalem, gerade als himmlisches, zu den Menschen – herabzufahren hatte; nicht ohne die völlige Anthropozentrierung dieses neuen Himmels, dieser neuen Erde: »... bereitet wie eine geschmückte Braut ihrem Mann« (Off. Joh. 21, 2). Ja mit solchem zuletzt hat jesuanische Homousie das Vaterbild mitsamt der ihm zugeordneten alten Sonne- und Mondwelt völlig annektiert: »Und die Stadt bedarf keiner Sonne noch des Monds, daß sie ihr scheinen; denn die Herrlichkeit Gottes erleuchtet sie, und ihre Leuchte ist das Lamm« (Off. Joh. 21, 23). Dessen Leuchten wird derart völlig gleich mit dem Leuchten der Herrlichkeit Gottes; es soll also an diesem Christus – völlig anders als bei den nicht-messianisch auftretenden Religionsstiftern Moses, gar Mohammed – nicht Gottähnlichkeit, Homousie, sondern eben Gottgleichheit, Homousie bis zuletzt, genau zuletzt triumphieren. Bloße Gottähnlichkeit hatten die Arianer behauptet, und mit ihr wäre ja kein Selbsteinsatz des Menschensohns in den Vater, keine Leuchte des Lamms und seiner Stadt als göttliche Herrlichkeit selber behauptbar gewesen. Statt dessen hat gerade eine Orthodoxie, indem sie auf dem Konzil von Nikäa die arianische Lehre verdammte und die Lehre des Athanasius von der Homousie mit

dem Vater kanonisierte, dem Christus den angegebenen, den
– revolutionärsten Topos gebilligt, den je ein Stifter, je eine
Parusie innehatte. Das geht auf, unvermeidlich, wenn die Kategorie Menschensohn in mythische, aber auch mystische
Wunschmysterien eingeht, und macht, daß Christimpuls leben
kann, auch wenn Gott tot ist.

DER SCHLANGE ZWEITE BETRACHTUNG
(VGL. KAP. 21): DIE OPHITEN

Es ist so weit, an einen sehr kühnen Anstoß zu erinnern. Er
gehört unmittelbar zum Anmelden unserer selbst, das sogar in
sehr sonderbarem Kleid, dem der Schlange. Diese, aus dem Garten Eden, hat überdies zuerst Jugend verführt, Jünger gefunden. Solche Berührungen wurden nicht vergessen, obzwar stets
entstellt. Sie wurden nach Jesus wieder aufgegriffen, durch die
Ophiten (ophis, Schlange), jene gnostisch-christliche Sekte ums
dritte Jahrhundert. Die Ophiten (ihre Meinung kennen wir
fast nur aus ihren zeitgenössischen Gegnern) verehrten Ophis
auch so, daß sie den uralten Kult dieses Tiers aus der mutter-
rechtlichen oder einer noch älteren Zeit übernommen haben.
Sein Kult findet sich, mit positivem, später mit meist negativem
Vorzeichen, in vielen Religionen, obwohl ganz ohne die biblische Spitze. Die Schlange war das doppelsinnige Tier der ge-
heimnisvollen Erdtiefe, von dorther kommen die giftigen Gase
und die heilenden Quellen, die Träume, die Weissagungen, die
Vulkane und die Schätze. Die Schlange war dergestalt von Anfang kein einfaches Wesen: als Grundtier des Gifts und zugleich
der Heilung (Äskulapschlange); als Gott der vulkanischen Ausbrüche und zugleich der ewigen Verjüngung, Erneuerung. Sie
gehörte einerseits ganz zum Abgrund, ist Hydra, Python, Ty-
phon, und die Himmelsgötter überwältigen sie. Herakles besiegt die Hydra, Apollo den Python und errichtet Delphi über
seiner Höhle, auch Siegfried, auch Michael besiegen den »Drachen des Abgrunds«: aber zugleich ist sie die Blitzesschlange,
das Feuer am Himmel. Ins selbe obere Feld gehört auch der

Uräus, die ägyptische Königsschlange an Diademen und der Sonne. Die Ophiten nun – anderer Überlieferungen in der Bibel selber gewärtig und auf sie erpicht – häuteten ihr Idol ganz anders ein. Sie brachten den uralten, an sich rein naturmythischen Kult in den erstaunlichsten Bezug zur religiösen Rebellion: eben durch Gleichung mit der Paradiesschlange. Der Text hierzu lautet: »Diese Schlange ist die Kraft, die Moses zur Seite stand, der Stab, der sich in eine Schlange verwandelte . . . Diese allumfassende Schlange ist der weise Logos der Eva. Das ist das Mysterium von Eden; das ist das Zeichen, das dem Kain gesetzt, auf daß niemand ihn töte, der ihn fände. Die Schlange ist der Kain, dessen Opfer der Gott dieser Welt nicht annahm, das blutige Opfer Abels aber nahm er an; denn am Blut freut sich der Herr dieser Welt. Sie ist der, der in den letzten Tagen in Gestalt eines Menschen erschien zu Zeiten des Herodes... Niemand kann daher errettet werden und wieder aufsteigen ohne den Sohn, welcher ist die Schlange... Sein Ebenbild war die eherne Schlange in der Wüste, die Moses errichtete; das ist der Sinn des Wortes (Joh. 3, 14): ›Und wie Moses in der Wüste die Schlange erhöht hat, so muß der Menschensohn erhöht werden; . . . was durch ihn gemacht ist, ist Leben‹« (Hippolytos, Elench. V, vgl. Leisegang, »Die Gnosis«, 1941, S. 147 ff.). Die Ophiten interpretierten so die Schlange der Genesis nicht nur als das lebenerzeugende Prinzip, sondern zugleich als die weltsprengende Vernunft schlechthin; lehrte sie doch die ersten Menschen vom Baum der Erkenntnis zu essen, am Baume hängend schon als »Raupe der Göttin Vernunft«. Eritis sicut deus scientes bonum et malum – heraus aus dem bloßen Garten der Tiere, und die wirkliche Ursünde wäre es gerade gewesen, nicht sein zu wollen wie Gott. Statt dessen ist über die Menschen der Zorn ihres bloßen Demiurgen gekommen, von dem sie sich, nach Lehre der Ophiten, kraft des ersten Essens vom Baum der Erkenntnis freilich zu emanzipieren begonnen haben. Doch die lichtbringende Schlange, so sehr sie auch in der redigierten Bibel zur satanisch-finsteren Urmuhme des Bösen aufbereitet wurde, ruht nicht, an allen subversiven Bruchstellen der Bibel anwesend zu sein. Das gemäß dem angegebenen ophitischen Text, von der ehernen Schlange in der Wüste, die Moses aufrichtete und anblicken ließ, damit die Kinder Israel geheilt würden (4. Mos. 21, 8–9), bis zu Jesus; als solches Symbol durchaus nicht am Boden kriechend ihr Leben lang. Der Schlangensamen des Seinwollens wie Gott wirkte auch nicht nur in Personen subversiv, sondern dies biblisch-Prometheische erschien nicht minder im Schaffenwollen wie Gott, wie es im Mythos vom Turmbau zu Babel bedeutet ist; und auch er hat die schlechteste klerikale Presse. Auch ihm antwortet eine Vertreibung, diesfalls aus der Sprach-, ja Landeinheit in die Zerstreuung durch alle Länder; dieser Jachwe duldet wieder keine Spitze, die an den Himmel reicht. Von hier wieder hin zum sichtbaren Schlangensymbol, zur unvergessenen Heilschlange, Heilandschlange, die Moses in der Wüste aufrichtete: so stand deren Symbol noch bis zu König Hiskia im Land, auf den Höhen. »Er erst zerstörte die eherne Schlange, die Mose gemacht hatte, denn bis zu der Zeit hatten ihr die Kinder Israels geräuchert und man hieß sie nehustan« (2. Kön. 18, 4), das ist das Ding aus Erz. Diese Entfernung geschah um die Wende des 7. Jahrhunderts v. Chr., und noch 700 Jahre später schreibt das Johannesevangelium Jesus eben die Gleichung zu, die von den Ophiten dermaßen pointierte: »Wie Moses in der Wüste eine Schlange erhöht hat, also muß der Menschensohn erhöht werden« (Joh. 3, 14). Und von hier ab mischen sich in den Ophitismus die epatantesten Parallelisierungen des Kreuzestodes Christi mit der Verfluchung der Paradiesschlange, weil sie den ersten Menschen »die Augen aufgetan«. Beide erlitten den Zorn des Demiurgen, die Heilandschlange Christus wurde am anderen Baum, nämlich Kreuzesstamm selber, aufgenagelt. Aber: die Wiedererscheinung Christi – hier erfolgt eine Berührung mit dem persischen Mythos vom dritten, endgültig erscheinenden Zoroaster –, diese dereinstige Parusie Christi wird in Gestalt der *Blitzesschlange* geschehen. »Der Herr bricht ein um Mitternacht«, er wird sodann, endlich, die ganze verworfene Welt des Demiurgen in Trümmer schlagen. Ersichtlich zugleich: hier schafft ein Rebellionsmythos ohnegleichen; überraschend genug, daß er leider nur pneumatisch geblieben zu sein scheint. Bei so mächtigem Trotz, so einzigartiger Umwertung des Schlangenworts, bei so hartem Bissen, den das Eritis sicut deus allemal für die rein theokratische Exegese darstellte. Die ungeheure Gleichung Christi mit der alten Schlange, der alleinigen Muhme Mephistos, gab den Rest, der dann kaum begreiflicherweise sogar pneumatisch, nicht nur politisch zum Schweigen gebracht werden konnte. Samt der bei den Ophiten besonders scharfen Umadressierung des Kreuzes von dem guten Vater weg, der einen Sohn hingegeben, auf den Teufel dieser Welt, der zum zweiten Male das Licht der Herausführung austrat und nun gründlicher.

So weit diese sonderbare Lehre, es ist ihr selber in der Folge nicht gut gegangen. Wie kaum eine andere Ketzerei ist diese ins lediglich Wunderliche abgeschoben worden. Und ihre Überlieferung ist nicht nur besonders lückenhaft, sondern wohl auch allzu gnostisch verschmiert worden, damit man das Knappe, Wesentliche, Gefährliche nicht merke. Ab ovo mußte doch die ungeheuerliche Gleichung Schlange–Christus als noch ungeheuerlichere Blasphemie erscheinen. Darum wurden die Ophiten von den Kirchenvätern, sonach in der Kirchengeschichte nicht einmal recht hochgespielt, als die argen Ketzer, die sie doch sind. Sie waren eher als Narren sekretiert, mit Abscheu gewiß, doch sonst der Vergessenheit empfohlen. Das desto lieber, als ja der ophitische Anstoß selber: das Mißverhältnis zwischen dem Apfelessen vom Baum der Erkenntnis und seiner Straffolge nicht zu beunruhigen aufhörte. Auch nicht, wie sich von selbst versteht, in der nichtchristlichen, in der rabbininischen Theologie; obwohl Christus als die Schlange hier gerade zupaß gekommen wäre. Doch eben der *Problemstachel* des sogenannten Sündenfalls war auch ohne die Gleichung Schlange–Christus da, und er steckte primär im Alten Testament. So wurde er von rabbinischer Theologie der christlich-scholastischen geradezu eingeliefert; das vor allem bei Maimonides. Lehrreich, gerade bei ihm, also in der längst gelungenen Vergessenheit des Ophitentums, dessen unausgelöschten Problemansatz zu sehen – und freilich dahinter die übliche, die üblich-korrekte, so unzureichende »Lösung«. Trotzdem mußte der Denker und nicht Nachbeter Maimonides (Führer der Verirrten I, Meiner, S. 30 ff.) hierzu so beginnen: »Ein Gelehrter warf vor Jahren mir gegenüber folgende wichtige Frage auf, die ernste Beachtung verdient ... Der Fragesteller sagt: Aus dem einfachen Wortlaut der Schrift scheint hervorzugehen, daß die ursprüngliche Absicht des Schöpfers hinsichtlich des Menschen die gewesen sei, daß er wie alle anderen Lebewesen sei, ohne Vernunft und Denkvermögen und nicht zwischen Gutem und Bösem unterscheide. Als er aber ungehorsam war, brachte ihm dieser sein Ungehorsam diese große, dem Menschen ausschließlich zukommende Vollkommenheit als Lohn ... Dies ist aber nicht anders als wenn jemand sagte, daß irgendein Mensch, weil er gesündigt und besonders schwere Frevel begangen hat, in ein besseres Geschöpf verwandelt, nämlich als Stern in den Himmel versetzt würde.« Es ist das eine Frage, die zwar allzu auffällig die Strafe über dem Lohn verschweigt, diesen aber jedenfalls als Frucht, als sonst gar nicht erlangbare Folge aus dem »Ungehorsam« definiert; erst so kam ja, gemäß dem fortfahrenden »Fragesteller«, die Menschwerdung der von Jachwe nur als Tiere geschaffenen Adam und Eva. Die Antwort des Maimonides auf diesen (vielleicht von ihm selbst erst gesetzten) Fragesteller versucht selbstredend eine Apologetik des »Menschenschöpfers«, dahingehend, daß dieser dem Adam durchaus schon die Vernunft gegeben hätte, doch jene unsinnliche, unaffektive, die der gefallene Mensch dann gerade verloren hat, und nicht die trübe der Werturteile. »Deshalb«, schließt hier Maimonides (recht gewunden, während sein Fragesteller zwar weniger scharfsinnig, doch schärfer und gezielter war), »deshalb wird gesagt: ›Ihr werdet wie Gott sein, indem Ihr Gutes und Böses erkennt‹. Es wird nicht gesagt: ›indem Ihr Wahres und Falsches erkennt oder begreift‹. Bei dem Unbedingten« (sc. dem Gegenstand der Erkenntnis, nicht der bloßen Meinung) »gibt es ja überhaupt kein Gutes und Böses, sondern nur Wahres und Falsches.« Bei bewahrtem, ja vielleicht geschärftem Problemansatz lebte also auch bei Maimonides und verwandt nachher bei Thomas ein sozusagen Ophitisches gleichsam weiter, indem es immerhin den Stachel zu einer hochnötigen Apologetik des Erkenntnisverbieters abgab. Wobei allerdings die Fragestellung sicher länger anhielt als die gewundene, die vergebens sich herauswindende Antwort, als welche von der ophitisch definierten Schlange sicher dem Fragesteller gemäßer hätte gegeben werden können. Dabei hielt sich der Ophitismus, der für die Überlieferung und in ihr so sekretierte, an sich selber bis ins sechste Jahrhundert, auch als offenbar noch der Verfolgung wert: Justinian gab 530 noch ein Gesetz gegen die Ophiten heraus. Und wenn nicht Marcion selber, der Evangelist des zum Demiurgischen fremden Gottes, so haben doch die Marcioniten später noch lange (wie der Bischof Theodoret um 450 berichtet) die Paradiesschlange contra den Weltschöpfer geehrt, die dem Baum der Erkenntnis zugehörige, und sollen das Symbol einer ehernen Schlange bei ihren Mysterien gebraucht haben (vgl. Harnack, Marcion, 1924. S. 169). Ja bis ins späte Mittelalter hielt sich diese eherne Schlange, diesfalls gar im Abendmahlskelch, ornamental auch in der ohnehin orientalisch-mystischen Dekoration der Templerkirchen. Hammer-Purgstall, der große Orientalist und übrigens Gegner der Templer, wollte auf Reliquienschreinen dieses merkwürdigen Ordens sogar noch das »ophitische Diagramm« entdeckt haben, wie es Origenes beschrieben hat: genau als eine Weltlinie des Kontrastes zwischen Jachwe minus Exodus und dem Schlangengeist der besseren Welt. Ja selbst in einigen, offenbar sektiererisch gebrauchten Barockbibeln lassen sich noch Illustrationen mit merkwürdig genau erhaltenen Zusammenhängen sehen: die eherne Schlange im alten Vorhof des Tempels ist dargestellt als gekreuzigter Christus und das Golgathakreuz als Baum der Erkenntnis mit aufgenagelter Schlange. Der Dichter des »Merlin«, Immermann, wollte sogar, in seinem Roman »Epigonen« (9. Buch, 2. Kap.) noch ophitische Zeichen auf alten thüringischen Friedhöfen entdeckt haben (vorausgesetzt freilich, daß Immermann nicht zu tief in Neanders Kirchengeschichte geblickt hat, in die stärkste damalige Erinnerung an die Ophiten). Und immer wieder wirkte zu jener Zeit Hegel, zwar gewiß nicht in der ophitischen Gleichung Schlange–Christus, die ihm gewiß als die skurrilste erschienen wäre, wohl aber, wie bemerkt, in der krypto-ophitischen Umwertung des Paradieses. Die Gleichheit der Menschen im »Urstand« hat Hegel nicht angezogen, sofern Hegel noch halbfeudal war, erst recht aber nicht – aus vertretbaren Gründen – der am »Urstand« gefeierte, dem Adammacher so wohlgefällige Verstandschlaf. Daher eben mit unterirdischem Gruß zur Verführerin: »Das Paradies ist ein Park, wo nur Tiere und nicht die Menschen bleiben konnten« (Werke IX, S. 413); daher ad Adams Entschluß: »Wir können also sagen, daß er aus dieser Dumpfheit herausgeht, zum Licht des Bewußtseins kommt überhaupt, näher, daß das Gute für ihn ist und das Böse« (Werke XI, S. 194 f.; vgl. weiter Bloch, Subjekt–Objekt, Erläuterungen zu Hegel, 1962, S. 331 ff.). Obwohl wir übers Ophitische fast nur auf sekretierende Berichte angewiesen sind, besonders auf die des Irenäus, ließ also der sogenannte Sündenfall es nie ganz vergessen, samt dem höchstgradig ketzerischen Urton. Der Bogen selber ist groß, von einem der vielen Tierkulte zu der Sirene am Baum der Erkenntnis, zu einem Christus-Luzifer, zur dritten oder Blitzesschlange, endlich gelingend, apokalyptisch. Die Phantastik darin ist ebenso groß, die frühgnostische, doch größer ist der durch jeden Wust hindurchschlagende Lichtwillen darin. So daß wiederholt werden kann, was weit mehr als mythengeschichtlich durchdringt und was alldem, statt des ophitischen »Diagramms« seine Chiffer gab: Die Paradiesschlange ist die Raupe der Göttin Vernunft. Zum Glück gibt es in der Geschichte der Revolutionen einige Vernunft, der man diese Chiffer immerfort ansieht, durchaus nicht mehr wunderlich, eher – selbstverständlich.

DES EXODUSLICHTS ZWEITE BETRACHTUNG 35
(VGL. KAP. 22): MARCION, BOTSCHAFT VON EINEM
FREMDEN GOTT OHNE DIESE WELT

Es ist nun so weit, an einen anders kühnen Anstoß zu erinnern. Marcions Lehre führt die Schlange nicht betont mit sich, war aber fast noch stärker versucherisch. Marcion, um 150 in Rom, der bittere Christ, der dem »Gesetz« der Welt und ihres Schöpfers schärfst entgegengesetzte, gab das antithetische Stichwort. »Antitheseis« hieß auch das verlorengegangene, doch in Zitaten seiner Gegner halbwegs erhaltene Buch Marcions. Und es richtet sich gegen alles, was das blühende wie das verderbliche Leben in dieser Welt angeht, gegen das fleischliche Wohlergehen, aber auch gegen den Tod (der zum Fleisch gehört). Mißwachs alles, von seinem geglaubten Schöpfer her, unserem leiblichen »Vater«; und er ist grausam, »gerecht«, gnadenlos. Im Vatikan, in der langen Galerie, die zur Bibliothek und der Skulpturensammlung führt, findet sich unter Hunderten von Inschriften, großenteils aus den Katakomben, auch eine aus Marcions Geist (und Hiob wäre sie wieder nicht so fern gewesen). Ein Relief zeigt die erhobene Hand und den Vorderarm eines Mädchens, durchaus nicht zum Beten bereit, obwohl nach oben zeigend. Denn unter dem Relief steht in drei ungelenken, doch wohlgezielten Zeilen: »Procope, levo manus contra deum qui me innocentem puellam sustullit quae vixit annos XX, pos. Proclus.« Das Mädchen, das dermaßen seine Hand gegen den geglaubten Gott erhebt, der es mit zwanzig Jahren unschuldig hinweggerafft, spricht mit Procop vermutlich ihren Verlobten an, und den Stein hat Proclus, ihr Vater oder Bruder oder wer sonst aus einem Kreis gesetzt, der laut Katakombe doch christlich war und trotzdem ebenso wie ein Marcionit *gegen* den Herrn über Leben und Tod. Die Aufschrift gibt keine heidnischen Planetengötter mehr an, als Regenten des überwiegend bösen Geschicks (der unpersönlichen »Heimarmenē«); das contra deum meint vielmehr einen Singular, einen direkt monotheistisch gewohnten. In nuce also steckt hier die Stimmung, die Gesinnung, in die das Marcionitische eindrang: contra deum = contra Jachwe als Weltbildner-Weltherrn. Marcion nun, der Stichwortgeber zu ganz christlich gemeinter Antithesis, suchte Jesus radikal aus dem bisherigen jüdisch-biblischen Gottrahmen herauszubrechen. Das gewiß nicht, wohlgemerkt, mit irgendeiner weltlichen Spannung, gar Feindschaft mit den Juden (Marcion verehrte den Juden Paulus als seinen Meister), wohl aber sollte Jesus mit der Bibel Jachwes, soweit sie diese ist, nicht das Mindeste gemein haben. Marcion setzte Christi Botschaft nicht nur als eine dem Alten Testament entgegengesetzte, sondern als eine absolut andere; der Bruch mit dem Alten folgt hier also aus dem unvergleichlich erscheinenden Sprung des Evangeliums ins Neue. Dergestalt ist erst von Marcion ab der Begriff eines Neuen Testaments überhaupt entstanden und abgehoben worden; wobei Marcion freilich, überall noch die alten Schläuche witternd, nur den Paulusfreund Lukas und zehn von den erhaltenen Paulusbriefen in seinen Kanon, als den des neuen Weins, aufgenommen hat. Insgesamt entfernte Marcion sämtliche Bezüge auf den Jachwe des Alten Testaments, den hier völlig redämonisierten, samt den für Marcion so unbequemen Propheten, und auch noch die Taufe durch Johannes, als dem »wiedergekehrten Elias«, fiel weg. Zugleich aber wird der Anschluß an Paulus immer klarer, an den so betont antithetischen, dem vorher gegebenen Gesetz feindlichen. Derart hatte Paulus zwar nicht Jachwe als dem Weltschöpfer, jedoch als dem Weltregierer, genauer jetzt: als Gesetzgeber widersprochen. Paulus hatte als Apostel jenen Hiatus zwischen »Gesetz« und »Evangelium« gesetzt, auch zwischen »Gebotsmoral« und »Freiheit«, »Gerechtigkeit« und »Gnade«, womit Jesus mindestens unverwechselbar werden sollte. Andererseits aber nahm Marcion – den bösen Weltschöpfer über dem Weltregierer nicht verfehlenwollend – ganz heftigen Anschluß, außerhalb Pauli, an den alten, zu seiner Zeit erneuerten *Dualismus* der altpersischen Religion. Mit Ahriman und Ormuzd, dem bösen und dem guten Prinzip, weltschaffend dann das eine, welterlösend das andere gedeutet. Das eben ließ außer dem bösen Weltregierer auch den bösen Weltschöpfer in den Blick kommen, mythologisch, bald auch bei Mani und den Manichäern und noch im Kampf der »civitas terrena« und der »civitas Dei« bei Augustin. Der persische Dualismus jedenfalls, mit dem schlechthin bösen Ahriman als einzigem Pol zum Guten, schärfte bei Marcion die Antithese Pauli zwischen Gesetz und Evangelium bis zur Unversöhnlichkeit und also auch das radikale Novum, als das Marcion das Evangelium abhob. Hat doch noch Paulus bei aller Erhebung über das alttestamentliche Gesetz dieses durchaus als »Zuchtmeister«, paidagogos, auf Christum relativ geehrt (Gal. 3, 24) und vor allem auch selten oder nie die Identität des Demiurgen mit dem höchsten Gott angetastet. Trotz 2. Kor. 4, 4 über die »Ungläubigen«, denen der *Gott dieser Welt* den Sinn verblendet hat, daß sie nicht sehen das helle Licht des Evangeliums von der Herrlichkeit Christi, welcher (allein) ist das Ebenbild des (wahren) Gottes«. Andererseits jedoch differenzierte Marcion mit Paulus die persisch übernommenen, dann gnostischen Dualismen erheblich, vor allem die pure Reduktion des Jachwe-Prinzips aufs Böse: Marcions Nicht-Evangeliums-Gott ist nicht der schlechthin Böse, sondern dieser steht bei ihm im Dienst des *grausam-*, des *erbarmungslos-Gerechten.* Womit allem jedoch Christus so wenig gemein hat wie *der dieser Welt völlig fremde, an ihr unschuldige Gott,* der Christus contra deum huius mundi offenbart hat (vgl. Harnack, l. c., S. 106 ff.). Marcions Bestimmung geht also auch über die verwandte, die keimende eines Theos Agnostos hinaus; denn dieser bloß unbekannte Gott, von dem Paulus in Athen gepredigt hat (Apgesch. 17, 23), dem die Athener einen Altar errichtet hatten, so sehr er den bisher völlig fremden mitbedeuten mag, so erlöst er bei Marcion doch nicht zugleich von Fleisch, Macht, Welt, Sternen, Gott über diesen Sternen, wie es zu Marcions schlechthin Entführendem gehört. Keinen Zweifel allerdings läßt auch Marcion, daß diese so jubelnd entführend gemeinte, heimführende Botschaft, dieser extremste Exodus weltfeindlich schlechthin anschlägt, also empirisch selber finster ist. Bringt sie doch nicht nur, wie der von Marcion ausgeschiedene, der große Archetyp Exodus im Alten Testament, aus der Gefangenschaft weg, sondern dazu noch aus Fleisch wie aus jedem Diesseits und in keinerlei besseres. Dies rein pneumatische, rein logos-mythische Weltvalet schlechthin hat in seiner Askese kein Land vor sich, worin auch nur vergleichsweise Milch und Honig fließt; und am wenigsten soll Christus gemäß diesem rein pneumatischen Doketismus der Marcioniten im Fleisch auferstanden sein. Ja der wahre Christus war ihnen nicht einmal im Fleisch geboren; damit behaftet hätte nach Marcion die Botschaft vom völlig neuen, völlig fremden Gott gerade ihre *Reinheit* des Impulses nicht geben können. Indes, auch hier, auch mit diesem abstrakten und so oft banalisierten Asketischen, auch mit dieser Kehrseite der totalen Fremdheitsbestimmung an Marcions Gott zeigt sich keine Abkehr vom *Menschen* in dieser Welt; konträr: gedacht war ja desto vollere Zukehr zu ihm. Zu seinem eigenen, eigenst gemeinten Transzendieren in die Fremde einer mit ihm einzig identischen Heimat. Nicht bloß ein Mädchen aus der Fremde sollte die hiesigen Blumen besser binden lassen als zuvor, und kein fremder Hergereister sollte nur von einer blauen Blume in der Ferne romantisch erzählen und nur derart beunruhigen oder zitternd einen neuen Griff weisen, vielmehr: ein nie Gehörtes, nie Ersehenes, doch zutiefst Vertrautes trat ein, das eben deshalb, weil es hier noch niemals war, Heimat ist. Daher sollte Christus bei Marcion doch ebenso, trotz der empirisch höchst finsteren Askese, mit einer höchst sinnfälligen Musik der Entführung kommen oder, wie auch Tertullian meinte: Christus hatte gerade die durchbrennenwollenden, die dem guten Gott zugehörigen Geschöpfe aus ihrem falschen Vaterhaus zu rauben. Wohin Christus die Braut bringt, dies sollte, wie in jeder Mystik, also auch solcher ohne statuierte Askese, genau mehr, nicht etwa noch weniger sein als das hier schon bekannte Licht und Leben. Gerade darin hat sich Marcion – mit sehr geringer empirischer Publizitätsfähigkeit der Freude, gewiß – auf Paulus berufen: »Was kein Auge gesehen hat und kein Ohr gehört und in keines Menschen Herz gekommen ist, das hat Gott« (das darunter absolut Erwartete) »denen bereitet, die ihn lieben« (1. Kor. 2, 9). Dies *empfangend Fremde,* Niegehörte, erst durch Christus überhaupt Ahnbare gibt für Marcions Anti-»Gesetz«, Anti-»Gerechtigkeit«, Anti- »Weltschöpfer und Weltregierer« den gemeinten »Freiheits«-, »Gnade«-, »Heimkehr«-*Sinn.* Am stärksten sollte dadurch vor allem die Weltschöpfung, mit diesem »Deus« creator, durch den Exodus, kraft endlich erlangter Frohbotschaft, gekündigt werden – ultima Antithesis est creatoris finis.

Was bei alledem aufs höchste überrascht, ist das Überraschende selber, ganz als Blitz dargeboten. Und zwar als völliger *Sprung,* hinsichtlich alles bisher Geschehenen, nur wert, daß es zugrunde geht. Was durchgehends im Argen liegt, kann auch nur Arges treiben, betreiben; das gilt bei Marcion für die ganze Geschichte bis Jesus. So enthält sie auf ihn hin keinerlei Vermittlung; Jesu Geburt steht danach mit Bedeutung im Jahr Null, dem Beginn jener neuen Zeitrechnung, die an sich schon nur noch scheinbar in der historischen Zeit stehen soll. Das marcionitisch interpretierte Jahr Null ist so völlig verschieden von innerhistorisch gesetzten und so vorgekommenen bloßen Zählungs-Anfängen, etwa dem römischen ab urbe condita. Paradoxerweise wäre nur der »gleichfalls« total gemeinte Neu-

beginn des jakobinischen Jahrs Null zu erinnern, seine Abrei-
ßung vom gesamten »Alten Testament« der Geschichte, als
einem puren Fürsten- und Pfaffenbetrug. Im unvergleichbar
anderen, nämlich religiösen Topos lehnt aber auch Marcion, mit
vollen Primeurs, jede historische Vermittlung vor seinem
Novum ab; also nicht nur eine Vermittlung durch Taten und
Werke, sondern auch noch durch etwa geschehene Ahnungen
oder Verheißungen. Auch durch Propheten, sogar durch die
ophitische Paradiesschlange sollte das Unvorhersehbare der
christlichen Botschaft nirgends verfügbar gewesen sein; keinerlei
Geschichtlichkeit gilt hier vor dem abrupt erschienenen Heil,
vor seiner auch historice *gratis* data gratia. So kam durch
Marcion jenes Sprungbewußtsein in die Welt, das immerhin
auch gegen alle Rezeptionen sprechen ließ: Die Geschichte hat
kein Heil, das Heil hat keine Geschichte. So unwahr dieser Satz
in seiner Verabsolutierung ist, so bedeutsam steht doch seine
Warnung, ja sein Gegengift gegen alle ebenfalls verabsolutierte
Vermittlungskette durch Geschichte da, und wie erst gegen ein
Aufgenageltsein, lebendigen Leibs, aufs Kreuz der Geschichte.
Freiheit statt totaler Determinierung von rückwärts her bietet
sich derart übertrieben gegen ebenso übertriebene Vorbe-
stimmtheit; soll doch das Novum auch noch in seiner Vermittlung den Sprung nicht einbüßen, der so zu ihm gehört wie das
Imprévu zum Wunder des – Wunderbaren. Genau damit öffnet
sich nun auch die weitere Tiefe des objektiv Überraschenden
bei Marcion (ohne welche der bloß *historische* Sprung formal
wäre). Es ist eben die Tiefe der *Fremde*, und zwar als eines
ebenso völlig Unvertrauten wie darin heimatlich nächst-Ver-
trauten. Der fremde Gott, der nicht nur an der Welt unschuldige,
von ihr unbefleckte, sondern ihrer sich erbarmende, berührte
einzig in Christus, auch in ihm noch verhüllt, die Erde. Verhüllt
auch noch in seinem Evangelium, und gerade dieses transzendente Absconditum soll in seiner Ferne das einzig Einleuchtende
sein; denn bereits Sagbares kann hier nur entstellen. So beginnt
Marcion seine Antithesis: »O Wunder über Wunder, Verzük-
kung, Macht und Staunen ist, daß man gar nichts (sc. außerhalb
seiner Freude) über das Evangelium sagen noch darüber denken
noch es mit irgendetwas vergleichen kann« (vgl. Harnack, l. c.,

S. 118 ff.). Nach Marcion wußten bis Christus nicht nur die Menschen, sondern auch der von ihnen verehrte Schöpfergott nichts von diesem toto coelo getrennten Fremdgott; dieser Satz, noch jeden Dualismus überbietend, traf die Pater-Christus-Relation des Apostolikum ins Herz. Eben das mit nichts als dem christlichen Eros sich adäquierende totale Fernblau gab dieser Fremde zugleich die tiefste Vertrautheit: »Heimat ist etwas, worin noch niemand war.« Die Verbindung von Fluchtmotiv aus unzugehöriger Enge und Lage, wohin der Mensch hineingeboren, mit dem Entführungsmotiv des fremden Hergereisten aus bisher totaler Fremde in das »aufgedeckte Angesicht« unserer selbst in dieser uns einzig wahlverwandten Fremde, -- diese Verbindung kam kaum in einer bisherigen Religionsweise vor. Zweifellos: bisher total Unvermitteltes, absolut-Neues, absolut-Fremdes ist *politisch*-geschichtlich ein jakobinischer Nonsens. Doch anders klingt das *soteriologisch*-endzeitlich, im urchristlichen Sinn. Besonders auch deshalb, weil bei Marcion ja eine Sehnsuchts-, ja Erwartungsstelle in uns berührt wurde, der es leichter ward, ans Ungekommene als ans Gekommene zu glauben. Womit sich also keinerlei geschichtliche, wohl aber eine psychisch-*eschatologische* Vermittlung sozusagen hier zeigen mochte. Ja noch ein Anderes dazu: eine Berührung (in der christlichen Botschaft) von stärkster Vertrautheit und stärkster Freude zugleich. Jenes »Ganz-Andere«, von dem Marcion schwärmte, konnte ja in nichts ein Blick der Gorgo sein, der erstarren ließ; echte Freude sollte heimbringen. Das ließ sogar das starke Element von Transzendentem in dieser Freude aus dem Heteronomen jeder Transzendenz in gar keine umschlagen, eben in ein uns nächst-Einleuchtendes. Der Menschensohn Christus hat gewiß gar keinen, also auch keinen fremden Gott über sich, gar einen noch besonders gnadenvollen, doch Marcions christliches Phantasma hatte ja sein Oben einzig als Signallicht herwärts von Atopos.

VI. AUT LOGOS AUT KOSMOS?

Es gibt ein Innen, das nur weilt und brütet. Daher dann nur sich selber ausbrüten will, oft sogar wie ein Huhn scheinend. Doch echtes Grübeln, nämlich das Suchen darin ist sich auch ein Rufen vor jener Tür, die ins Freie führt, selber aus dem Freien herkommt. Ein Draußen ist darin und diesesfalls, was das Rufen von dorther angeht, lockend oder aber auf Aufmachen wartend. Ist derart gleichfalls noch zuständlich, wie unser eigenes Innen, ist mindestens überwiegend zuständlich und nicht allein so gegenständlich, als ginge es uns gar nichts an. Draußen geht uns aber außerordentlich viel an, erst in diesem Feld ist auch die Selbstpflege etwas wert. Woher denn ein noch so in sich webendes Innen, gerade als menschliches, mit sich nicht ausgefüllt sein kann, vielmehr erst Auswendiges braucht und darauf hört, schließlich darin bildet. Sonst ist das Inwendige, statt allerletzt Aufgeschlagenes zu werden, bloßes Ofensitzen und ist danach. Samt der einsamen oder auch schönen Seele, die auf fremde Kreide zecht, sich selbstgerecht verdinglicht. Lediglich inneres Licht ist bald eine karge Leuchte, und christlich war überdies auch noch viel unversuchtes Lieschen darin. Nicht nur Selbstpflege mit versucherischer Weite dazu, sie bestehend, bestanden habend. Sonst wird Inwendiges am wenigsten wendend, wozu es doch da ist.

ORPHEUS UND DIE SIRENEN　　　　37

Dies uns so Eigene meldete sich auch, wo das Draußen nur hie und da seiner zu bedürfen schien. Also nur in Einigem der Mensch sich dem Lauf der Dinge entgegensetzen wollte, vor allem konnte. Dieser Lauf ging ja ohnedies an sich selber weiter, nachdem er das bißchen Ichzauber dagegen sehr mit Maßen angenommen und so selber vereinnahmt hatte. Man denke an die Sage von Orpheus, besonders an ihn als den Sänger des Rechten, der freilich zum Zuhören zwingt und sich ad notam nehmen läßt. So jedoch, daß selbst in den Sagen sich draußen nur Vereinzeltes ändert; ein eigenwilliger, gar Gegenton zum Bestehenden schlägt hier nur von Fall zu Fall ein. Das tönende Ich des Orpheus macht in der Sage, daß wilde Tiere, gar Bäume und Flüsse herankommen, ihm zuzuhören. Mit der Macht des noch ruhigen, des besänftigenden, obzwar schon schmelzenden Wohlklangs drang Orpheus in die unbeweglichere Unterwelt, rührte selbst die Furien, das Rad des Ixion stockte, Eurydike trat fast wieder nach oben an den Tag. Ganz weißer Zauber aber wurde gegen den schwarzen, menschenfeindlichen der Sirenen eingesetzt; der Gesang des Orpheus brachte sie, geradezu widerlegend, zum Schweigen, und sie stürzten sich ins Meer. Ihre berauschende Lockung, hinter der nichts als Krallen, Zerreißen und Tod stand, nahm so, indem sie der Gesang des Orpheus apollinisch überbot, ein selber gebanntes, widerlegtes Ende. Freilich hat später Orpheus einen Schwarm trunkener Mänaden, der ihn bei der Klage um die verlorene Eurydike traf, nicht so wie die Sirenen widerlegen können. Er wurde von den Rasenden vielmehr zerrissen wie einst Dionysos, jetzt gleich diesem kein einbrechender menschlicher Gesang, sondern ein orgiastischer Lebensgott. In diesem Ineinander nicht mehr nur besänftigend, beschwichtigend, gar durchbrechend, sondern gleichfalls mänadischem Naturlauf zugehörig. Auch wenn Orpheus in der weiteren Sage, als zerrissener, nun gerade wieder mit Eurydike vereinigt wird, im Hades, der tränenvollen Stille, dem so wenig dionysischen Ort. Indes war es doch eben die treue Klage um Eurydike, welche die Mänaden erbittert hat und den Sänger einer keinesfalls orgiastisch bleibenden Lehre zerreißen ließ. Neu-sirenisch gleichsam, als befände man sich ebenso bei einem singenden Logos wie noch im Bauch der alten Welt.

Und doch war der Wille, sich durch sie durchzuschlagen, hindurch zu schlagen, stärker. Die orphische Schule, wenn man so sagen kann, ehrte ihren sagenhaften Meister deshalb, weil er imstande war, aus dem Hades wieder zurückzukehren. Worauf es im Ganzen bei diesen Weihen ankam, war Herausführung ihrer Mysten aus der Angst eines ungewissen Lebens und eines desto gewisseren Tods. Solch eine rettende Flucht oder fliehende Rettung wirkt in dem sonst so leib- und weltfromm scheinenden griechischen Leben fremdartig. Doppelt fremdartig, gar noch vom dionysischen Rauschklang her, wirkte orphische Askese, Enthaltung vom Leib und seinem Diesseits, mitten in der bleibenden Hiesigkeit der griechischen Welt. Nun aber wurde soma mit sēma, Leib mit Grab gleichgesetzt und dem gliederlösenden Rauschgott stand es nur noch zu, die Bande des Leibgrabs zu sprengen. Es galt, das Rad des Ixion wirklich anzuhalten, als das Rad unserer Geburt in immer wieder neue Leiber. Ohne daß es freilich, bei all diesem nicht mehr Sirenischen, all diesem Herausführen aus Welt, auch akosmisch hergegangen wäre. Die Welt selber, der man orphisch entrinnt, nimmt mindestens in ihrem Oben, nämlich als Licht, wieder auf; gerade die Sonne, ob auch in immer wieder übertragenem Sinn, bleibt »heidnisch« stehen. Dennoch störte die orphische Gleichung Leib–Grab das griechische Welt-, gar Diesseitsgefühl buchstäblich fremdkörperhaft. Weit mehr als bei Platon, der ja auch aus diesem und nicht nur aus apollinischem Grund auf die orphischen Weihen nicht so gut zu sprechen war. Indem selbst Platons Schau der Ideen hiesige Welt ebenso verließ, wie sie sie hoch droben – bis auf die Idee des Schmutzes, wie gar des Lichts – verdoppelte und »himmlisch« wieder enthielt. Wobei die Orphiker schon lange vor Platon das spätgriechische, vorab gnostische Denken probierten, das die Welt als Gefängnis ansah. Als zu verlassendes, mit dem Ruf paue, paue, steh still, höre auf – gegen den Weltlauf, als das Rad des Ixion, gerichtet. Und doch eben auch so, daß das Wort, das sprengen könnte, nicht selber in lauter akosmischer Leere verhallt. Da ist vielmehr ein immer noch griechisch-welthafter Rest, ja, wie zu sehen sein wird, ein noch viel weiter herkommendes, nämlich orientalisch-heidnisches, also *astralmythisches* Erbe. Wonach sich der menschliche Geist lange genug im Bann wie Umkreis der äußeren Natur wärmte und nicht daraus entschweben wollte, konnte.

Lang genug zog bloßes Innen aus widrigem Draußen nur für sich selber aus. Blieb privat, hielt sich aus den Händeln heraus, setzte sich ab und nur zu selten tätig dagegen. Der dergestalt Weise wurde daher auch nur selten verfolgt, es gibt den nicht nur epikurischen, sondern vor allem stoischen Ratschlag, im Verborgenen zu leben. Samt dem freilich nicht von Haus aus passiven Ratschlag, sich nicht in der Nähe von Verhältnissen anzusiedeln oder ansiedeln zu lassen, über die man keine Macht hat. Das aber oft auch mit der List bloßer erstrebter Gemütsruhe, die nicht bei der secessio plebis in montem sacrum, wohl aber bei bloßer Stoa im Gehäuse nicht weitblickend, sondern resigniert, also unecht weise sein wollte. Bis zu dem völlig scheinbaren Auszug, der schon deshalb voll Welt war, weil er, wie in aller höfischen Stoa, bekundete: es gebe Dinge in der Welt, die man mehr anerkenne, wenn man sie bekämpft als wenn man sie mitmacht. Anders aber, mindestens problemhaltiger ist der Logos des echt gemeinten stoischen Weisen selber. Der sich der Welt entlegen abwenden konnte, aus der er ebenso entsprang wie er letzthin, gerade bei seiner heftigen Abkehr, wieder mit der Welt übereinstimmen wollte. Mit »unverdorbener« Welt, mit Welt als »Natur«, als »Stadt des Zeus«, des rein pantheistisch gedachten. Hierbei setzte der stoische Weise durchaus aufrechten Gang, dabei ebenso »natürlich« bleibenden, der nicht nur von innerer wie äußerer Störung freimachte, sondern – zuguterletzt – den Logos auch außerhalb der bloßen Individuen in der Welt selber entdeckte und ihm verbündet war. Bis hin zu einem human durchwalteten Weltstaat, einem in seiner Stiftung doch ebenso nur ungestört freizulegenden, aus der imitatio naturae rectae selber folgenden. Der aufrechte Gang soll derart letzthin in dieser weltgläubigen Stoa nicht durch Bruch, sondern durch Steigerung, durch immer treuere »Naturalisierung« der Kreatur geschehen. Das heißt: die Überwindung der Störwelt im freien Menschen und seiner Unerschütterlichkeit will gerade dadurch aus der Weltnatur nicht austreten, sondern erst recht eine immanente Funktion des

wahren Weltseins, In-der-Welt-Seins, der Naturvollkommen-
heit darstellen. Bei so behauptetem Einklang von stoisch verstandener Freiheit mit stoisch verstandener Notwendigkeit in
der Welt soll also auch noch Geschick, Fatum, »Heimarmenē«
der stoischen Freiheit – je tiefer sie sich gerade vorkommen will
und behauptet – nicht als Störung, sondern umgekehrt als Lei-
tung gegenüberstehen – volentem ducunt fata, nolentem tra-
hunt. So wenig also wollte hier ein Gesang des Orpheus aus
einer kosmisch behaupteten Harmonie der Sphären austreten;
so eingebunden wollte hier gerade der *Logos,* der im Weisen
sich autark machte, mit Gang und Halt des *Kosmos* noch ver-
eint sein. Dergestalt erschien die Menschenseele letzthin mit
einem allwaltenden Pneuma in der vorhandenen, immanenten,
jenseitslosen Welt sogar besonders verwandt. Gerade das
»Hegemonikon« im freigewordenen Menschen, das aufrecht
durch die Welt gehen ließ, sollte noch ein Teil von deren »Logos spermatikos«, deren zeugender Vernunft selber sein und –
bleiben.

Der Auszug wurde denn freilich desto heftiger, je schlimmer
das Umgebende sich anließ. Je mehr Menschen ihr Geschick als
erdrückend und feindselig fühlten, an ihm wieder nicht rebel-
lisch, doch mit ihm zerfallen. So kam sich der Mensch hier
schlechthin als gefangen vor, die Seele erschien sich wie ein
Mädchen in einem entsetzlichen Fleisch-, Stoff-, Staatshaus, auf
nichts als auf Entführung wartend, auf den Weg heraus, der
Myste hatte ihn zu zeigen. Nicht zuletzt in der Einübung des
Tods, als welcher den Gnostikern ebenso ein Aufstieg sein
sollte, wenn auch ein bedrohter, wie die Geburt in diese untere
Welt ein Fall war. Die von der aufsteigenden, der rückkehren-
den Seele durchmessene Welt wurde ihnen aber auch in ihrer
planetarischen, ganz eigentlich kosmischen Höhe alles andere
als die von den Stoikern noch behauptete »Stadt des Zeus«.
Konträr, sie wurde hier von den Planetengeistern als den bösen
»Archonten«, den eigentlichen »Kosmokratoren« beherrscht,
einem durchaus nicht mehr freundlichen Fatum wie bei der
Stoa. Dergestalt ist vorzüglich der abscheidenden Seele, gerade
indem sie eine »Himmelsreise« macht, ein Paßwort nötig, damit

sie heil an den bösen planetarischen Weltherrschern vorbei-
komme, also am Schadenstiftenden im Kosmos, an den Quellen
der »Heimarmenē« selber. Als welche mithin, mit finster
gewordenem Astralmythos, menschenfeindlich schlechthin geworden ist, also gar keiner guten Stoa-Natur, gar keiner
»Homologie mit der Natur«, wie in der Stoa, kosmischen Platz
mehr gibt. »Ja nicht nur die Planeten, auch die zwölf Tierkreise
der Fixsternsphäre und die zwölf Sternbilder des Tierkreises
wurden zu den Dämonen des Untergangs gezählt; der ganze
Sternhimmel war ein Teufelsgebiß, das ganze Weltall eine
Tyrannei. Sonne, Mond und Sterne sind insgesamt die fatale,
die Schicksalssphäre, die Sphäre der Heimarmenē; Weltregent
ist der Teufel « (vgl. Das Prinzip Hoffnung, S. 1315). Von daher folglich das Paue, Paue, Halt an, Halt an zum Lauf der Notwendigkeit, bis zu einem gnostischen Paulus hin und seinem
»Rütteln an den Stäben dieser Todeswelt«. Sogar bis zu seiner
wörtlichen Beziehung aufs gnostisch-astrodämonische Feind-
land: »Denn wir haben nicht mit Fleisch und Blut zu kämpfen,
sondern mit Mächtigen und Gewaltigen, nämlich den Herren
der Welt, die in dieser Finsternis herrschen, mit den bösen
Geistern (Kosmokratoren) unter dem Himmel« (Eph. 6, 12).
Hin läuft das noch bis zu Augustin, von einem Jesus der christlichen Gnosis her, der den bösen Archonten den Kopf wendet,
damit sie den Menschen nicht mehr sehen können: »Das Christentum ist deshalb der heidnischen Philosophie überlegen, weil es
die bösen Geister unter den Himmel bannt und die Seele von
ihnen befreit« (De civ. Dei X). Weltvalet also, von der Gnosis
her, wohin man blickt, der Naturraum scheint völlig durch innere wie äußere Transzendenz gesprengt: und doch – wirklich
letzten Endes – und doch hat auch die Gnosis den alten Erd- wie
Himmelstopos ebenso nicht verlassen können. Gerade als über-
stiegenste nicht; denn genau der Aufstieg der Seele, als des
gnostischen Logos sozusagen, blieb hier, evolutionistisch wie
erst recht emanatistisch, gebannt, mindestens eingeräumt in
höchst naturmythische Kategorien. Das von dem Gnostiker
Valentinos weiterwirkend bis Jakob Böhme und Franz Baader;
sogar mit weit größerer »Physica sacra« als je in der welt-
frömmsten Stoa und ihrer Zeus-Natur. Sind doch Mond und

Sonne in dem Herausschaffen des Seelenlichts aus der Welt hier nicht nur dämonisch, sondern auch eine Art Baggermaschinen, welche das Gute heraus und nach oben schaffen. Besonders an Naturhaftem, nämlich an den beiden Geschlechtern war aber die gnostische Emanationslehre orientiert, vom Urlicht herab in die Welt. Diesfalls zugleich als die Wegangabe des Aufstiegs zurück zum Urlicht; Mond und Sonne, Weibliches und Männliches immer wieder gepaart, in »Syzygien«, auf den Stufen des Lichtgusses durch die Welt enthaltend. Valentinos vor allem hat diese Spektral- und ebenso Kategorialfolge solcher Abstiege (Emanationen) und ebenso Entfaltungen (Evolutionen) des Urlichts ausgeführt. Der Himmelskräfte also, die auf und nieder steigen, der Himmelsleiter, mit so viel altbiblischem, altbabylonischem Anklang, von Jakobs Traum (1. Mos. 28, 12) bis zu Plotins Ideenstrahlungen mitten durch die Welt. Das gnostisch Eigentümliche hierbei ist eben aber die Paarung, die »Syzygie«, die androgyne Kategorial-Hochzeit in jeder Gruppe dieser Ideenfolge: *nie wurde eine gemeinte Logosleiter, herab und hinauf, leibhafter, naturhafter bestimmt* und nie Kategorien sinnlich-emotionaler. Derart heißt das erste solcher Ideenpaare bei Valentinos die Stille (die sigē) – der Abgrund (der bythos), das zweite der Geist – die Wahrheit, das dritte der Logos – die Lebendigkeit und so fort bis zur achten, letzten Gruppe, worin das Licht direkt in die Finsternis scheint und so freilich in diese, die es nicht begriffen, hineinstürzt. Aber Hoffnung sollen auch da der Äther und das Licht sein, die sich aufwärts ziehend und versöhnend um die lediglich untere Welt spannen. Dergleichen Mond- und Sonnenzauber, Zauberbilder wölbten sich hier also über die noch so verteufelte Heimarmenē, treten aus Astralmythischem trotz alles Sursum corda, ja wegen dessen letzthin nicht aus. Noch mehr als in der Stoa empfängt wieder großer, ob auch in Überkosmos transponierter Astralmythos, sein Schauplatz bleibt beim alten, Mond und Sonne weichen nicht aus ihren Orten. Wonach selbst ein völlig neuer Frühling aus astralisch herstrahlendem und nicht aus innerem Licht erwüchse.

ASTRALMYTHOS UND BABYLONISCH-ÄGYPTISCHER EINSCHLAG DES ERDLEBENS, DES BESTIRNTEN HIMMELS IN DER BIBEL

Wie lang doch liefen alle Wege nach außen, samt dem, der sie ging. Was den Menschen schadete wie was ihnen half war großenteils nicht selber menschlich. Ihr eigener, etwa wendender Anteil am naturhaften Draußen und seinem Gang war gering. Statt dessen Angst vor Blitz und Donner, keine Handhabe gegen Mißwachs, kein eigenes Zutun bei fetten Jahren, noch weniger bei mageren, der Mensch verschoß im Pan. Auch wirkte dessen riesiges Sein nicht nur erdrückend, sondern vor allem verspukt; desto mehr saugte es in eine Welt hinein, worin der eigene, sich etwa entgegensetzende Kopf nicht vorkommt. Dem widerspricht das urtümliche, ausnahmslos geübte Zauberwesen keinesfalls, so wenig wie das urtümlich alles beseelende, animistische Weltbild. Auch der magische Griff, gerade dieser, kommt ohne panische Geister nicht aus, die dem Beschwörenden helfen sollen. Der sich ihnen ähnlich machen muß, aber mittels Tier- oder Dämon- oder Mondmaske vor dem Kopf, statt des Kopfs. Und brauchen solche Kulte auch überall menschliche Handlanger, schamanische, so zeigen doch selbst die großen naturmythischen Religionen vor ihrem Mond oder ihrer Sonne zwar mutterrechtliche oder vaterrechtliche Gemeinschaften, doch keine eigentlichen, genannten, personenhaften Stifter. Nicht einmal für die ägyptisch-, babylonisch-staatlichen Naturreligionen sind solche Stifter auch nur zu einem Bruchteil so deutlich vorhanden, herausgehoben wie Moses, Mohammed, vor allem Jesus. Statt dessen macht die Frage, wer eine der »heidnischen« europäischen Religionen »gestiftet« habe, mit Recht verlegen, ja sie ist fast sinnlos. Das macht: auch in den hypothetischen Ursprechern des naturmythischen Glaubens verschoß das Menschliche in Pan, wird schließlich wie raunende Erda in der Erdhöhle, wie der Sonnenriese Gilgamesch, wie der Weisheitsschreiber Thot, der schließlich nichts als der Mondgott ist. Viel wichtiger jedenfalls als Unterschiede zwischen sogleich naturierten, menschlich ganz überflüssig erscheinenden Urkündern war im Naturmythos der Unterschied zwischen Mutterrecht und Vaterrecht in ihm, zwischen Erd-Mond-Walten hier, Sonnenherr-schaft dort. Die *weibliche, mutterrechtliche Weise* des Natur-idols, von Bachofen entdeckt, setzt und ehrt symbolhaft die Enge statt der Weite, die Höhle statt der Anhöhe, die Nacht statt des Tags, Gäa-Luna statt Sol. Das tönt noch in allen »chthonisch« gebliebenen Kulten nach, auch in der uterushaften »Pietät« der Antigone, doch vor allem in Mutterglorien von Kybele, Astarte, Isis, Demeter bis selbst zur Mondsichel, auf der Maria steht. Die *männliche, vaterrechtliche Weise* dagegen setzt und ehrt einzig das Sonnenzeichen, als das *herrschend*-kosmo-morphe Hoheitszeichen schlechthin. So eben Weite, Gebautheit, Himmelsleiter zum Ab- und Aufstieg des Lichts, Planetentürme, Stufenpyramiden statt der Höhlen, dann Pyramiden strengster geometrischer Ordnung, die Tempelwege selber, babylonisch, vor allem ägyptisch, als Nachahmungen des Sonnengangs. Be-sonders Maße wie Formen der Tempel sollten abbildlich nach astronomisch-kosmischen ausgerichtet sein; sie würden sonst nicht ihres solaren Gottes »Haus« bilden. Chaldäisch kam die Kuppel als Abbild der Himmelskuppel auf, deutlich im plane-tengeschmückten Pantheon und bis hin in die Hagia Sophia, mit christlich kaum gesprungener Firmamentfigur. Jede solche Imi-tatio coeli, als in Gotteshäusern geschehend, greift aber noch auf den alten, sonderlich »heidnischen« Astralmythos zurück und öffnet vor allem die Aussicht auf sein nachmatriarchali-sches, sein Sonnen-Primat. In diesem herrscht erst das volle Draußen, der voll, nämlich aus der matriarchalischen Höhle in die Höhe entfaltete Raum, Gäa mit Uranos zusammen, mit Ura-nos schließlich darüberliegend. Dergleichen Astralmythisches reicht nun nicht nur in Stoa und Gnosis hinein, sondern völlig paradox selbst in den Exodus-, also den aus der Natur heraus-ziehenden Logosmythos der Bibel selber, ihn erst recht über-deckend, doch ihn auch unabgegolten erschwerend, ihn jedenfalls – vom Buch Hiob bis zur Apokalypse – in einen un-mensch-lichen Raum bringend, in einen auch mythisch, gerade mythisch nicht erledigten.

Hierzu muß immer wieder beachtet werden, wie lang Ge-wohntes sich hielt. Wie Fremdes, aus kanaanitischem Boden und viel weiter oder höher her, in die »geistige« Schrift eindrang. Das vorisraelische Kanaan war als altes babylonisches Kolonialland ohnehin voll Boden- wie Sternkulten, und die Verehrung Jachwes hatte mit der der Baalim lang zu kämpfen. Auch aus Ägypten war viel mehr als bloß die Fleischtöpfe nicht vergessen, so Ptah der Schöpfer, der aus Lehm bildende. Gewiß wurde der vorderasiatische Einfluß auf die Bibel, vor allem der babylonische und freilich stärkste, um neunzehnhundert stark übertrieben; wie oft bei neuen Funden. Delitzsch, Winckler, Jeremias erzeugten den Komplex »Babel-Bibel«, wonach nicht nur die Zehn Gebote und vorher Sündenfall, Sintflut, Turmbau überwiegend babylonisches Sagengut sein sollten, sondern auch die Erzväter, die Josefsgeschichte und weitgehend, obwohl etwas weniger astralisch, die des Moses. Jesus aber wurde am Ende (Arthur Drews »Die Christusmythe«) ganz zu dem vorderasiatischen Vegetationsgott, Jahrgott, mit entsprechend kalendarischen, auch tierkreishaften Rückführungen seines Lebenslaufs. Mit so viel Gebrauch von Analogie überdies, daß genauso die Frage: hat Napoleon gelebt? als Parodie zur Drewschen Christusmythe gestellt und verneint worden ist. Das ebenfalls aus lauter applizierter Sage: Napoleon = Apollon, die Mutter Letitia = Leda, Geburt in Korsika = Kreta; die zwölf Marschälle = die zwölf Tierkreiszeichen um die Napoleon-Apollon-Sonnengott-Bahn; St. Helena = das Westland, wo die Sonne untergeht. Doch trotz solch lehrreicher Parodie, trotz der mit Recht vergessenen Übertreibungen des Babel-Bibelkomplexes von einst sind wichtige Teile der Bibel zweifellos astralmythisch beeinflußt, auch wenn sie dadurch keinesfalls ungeschichtlich, gar ohne Eigenes werden. Was vom Bibelfestesten aus »Panbabylon«, von Alfred Jeremias ja auch gar nicht behauptet wurde; er trennte vielmehr Kanaaitisch-Mythisches als Einschlag, gar bloße »Ausschmückung« von wirklich historischen Vorgängen und ihrem biblisch andersartigen Sinn. Zwar haben Panbabylonier noch das biblische Halleluja »restlos« aus hilal, dem altsemitischen Namen für Neumond hergeleitet, und so; doch dergleichen kommt auch sonst bei Etymologen vor, bloße Worte ausweidend. Dagegen: »Mythologische Motive, die der Erzählung anhaften, beweisen an sich nichts gegen Geschichtlichkeit des gesamten Stoffes ... In diesem Zusammenhang ist sogar für eine Gestalt wie Simson, dessen Geschichte nur rein Mythisches enthalten soll« (seine Haare gelten als die Sonnenstrahlen und so als seine Kraft) »und dessen bloßer Name als Beweis für seinen (astral-)mythischen Charakter vorgeführt zu werden pflegt« (Simson = kleine Sonne), »historische Grundlage nicht ausgeschlossen« (Jeremias, Das Alte Testament im Lichte des alten Orients, 1906, S. 73 f.). Hinzuzufügen wäre, daß ja auch die Tell-Geßler-Geschichte eine sehr alte skandinavische Sonnensage darstellt, die auf den Volkshelden und den finsteren Landvogt appliziert worden ist; ohne daß dies etwas gegen die geschichtliche Existenz der beiden, gar des schweizerischen Aufruhrs beweist. Trotzdem meldet sich allein schon beim verlangten Apfelschuß auf Tells Knaben ein rein astralmythisches Motiv, mit Geßler als Fenriswolf, auch Winterriesen, der die junge Sonne töten will; und es ist ein Motiv, das sich unleugbar analog auch in der Bibel an zwei entscheidenden Punkten wiederfindet. Mit ganz großen Entsprechungen beim Pharao des ägyptischen, beim Herodes des bethlehemitischen Kindermords. Aber auch Erdmythisches ist mit Sonnenmythischem verschlungen, wenn es bei Joseph in der Grube, beim phönikischen Attis, beim babylonischen Tammuz (hellenisiert Adonis), beim Sterbe- und Auferstehungs-Kult Christi um den sterbenden, auferstehenden Vegetationsgott und solaren Jahresgott zugleich geht. Wintergrube und Ostertag sind die nahe ineinander verschlungenen Schicksale in der Kreislaufbahn des gäa- wie astralmythischen Kalendergotts, des in die Unterwelt sinkenden, zu neuem Leben aufsteigenden Jahrgotts (am stärksten eben in den babylonischen Tammuzfesten repräsentiert). Und zuletzt gar mag dieser stereotyp gefeierte Kreislauf (alljährlich Winter, alljährlich Frühling) sogar durch eine *erst recht* astralmythische Pointe auch *zu Neuem* hin unterbrochen, gegliedert worden sein. Nämlich durch die *Tierkreisbilder*-Folge, worin die Sonne nach jeweils dreitausend Jahren ihren verändert liegenden Frühlingspunkt hat. Vielmehr durch die Deutung, welche dieser Tierkreislauf für die wechselnden, ihnen gemäßen Weltalter (Aeonen) haben sollten. Läßt man hierbei die – durch die zwölf Marschälle Napoleon-Apollons immerhin etwas travestierte – Zwölfzahl der Tierkreiszeichen beiseite, die zwölf Söhne Jakobs, die zwölf Apostel, sogar noch die zwölf Tore, zwölf Grundsteine des himmlischen Jerusalem (Off. Joh. 21, 12 f.): so hat doch die babylonische, die allzu panbabylonische Ausgrabung darin Recht, daß die Tierkreismythologie auch im biblischen Glauben als Signalzeichen, ja Hauszeichen eines neuen Aeon erschien. Ungefähr von 3000 an stimmte der Kalender nicht mehr mit der Stellung des Frühlingsäquinoktialpunkts der Sonne; er rückte ins Zeichen des Stiers, des »Apisstiers«, des »goldenen Kalbs« aus Ägypten wie in Babylon. Um Christi Geburt wechselte der Frühlingspunkt entschieden ins nächstfolgende Tierkreiszeichen über, den Widder, ins Haus arnion = »kleiner Widder«, und das »Lamm« hat gesiegt. So weit also gehört auch noch das Lammzeichen Christi in ein damaliges kosmisches Gemälde, vielmehr: das Zeichen der Sanftmut besaß für das damalige Bewußtsein ebenso eine astralmythische Bedeutung und »Herkunft«. Das Astralmythische umfing ganz die nicht-biblischen Feste und tingierte immerhin biblische, mitsamt allem Ineinander von Weihnacht und Sonnenwende, Ostern und Frühling, ver sacrum der Natur. Wonach zur Deutung dieser Feste der Einfluß der vorderasiatischen Kalenderreligionen ausreichte, nämlich ihre Beugung der human-pneumatischen Logoslinie unter irdisch-himmlische Zyklen. Was mindestens eine einfachere Erklärung abgibt, alles ebenso Naturmythische in Weihnacht und Ostern betreffend, als die ohne weiteres pneumatisch-superiore Erklärung, etwa derart, daß die Natur nur »nachziehe«, daß sie als ganz abgetane, ausschließlich zu unseren Füßen liegende, »bewußtlos die christlichen Mysterien mitfeire«. Sonst wäre der umgekehrte, der astralmythische Einfluß, auch auf die Bibel, ja gar nicht denkbar gewesen, wenn in ihm – bei allem Aberglauben und undiskutierbar gewordener Phantasterei darin – nicht jene riesige, jene unabgetane Umfassung »Natur« mitbedeutet gewesen wäre, die sich keineswegs nur zu einer bewußtlosen Vorstufe, einem unoriginellen Vorraum des Menschenwerks abwerten läßt. Dergestalt daß auch ein Natur-Inhalt, nachdem der Mensch sein eigenes Gebiet darüber errichtet hat, nur noch Spreu oder bestenfalls Rohstoff wäre, während das Menschenwerk das von ihm Gemachte, Hergestellte, Abgehobene als Umfassung und ihren Topos nur noch als Geist, Geist und wieder Geist für sich hätte. Allein schon das nie verstummte arkadische, gar das mikro-makrokosmische gewesene Retourner à la nature widerspricht dem, widerspricht der allzu superioren Verabsolutierung des Satzes: Der Mensch mache sich die Erde *untertan*. Und sonst wäre das Draußen, ja sein Materielles zu nichts selber da? Sonne, Mond und Sterne, selbst wenn sie gleichsam einen Platz besetzten, auf den sie nicht hingehörten, laut Apokalyptik, hielten nicht mindestens das Menetekel dieses Topos, seinen nicht nur spirituellen – Raum? Das sind die letzten Probleme, welche der ehemalige Einschlag des Astralmythos ins biblisch-logoshafte Selbstverständnis des Menschenhaften offensichtlich wach hält; nicht nur historisch, sondern metaphysisch. Aut logos – aut kosmos meint daher nicht ohne weiteres ein Entweder–Oder wie die Antithese: Aut Caesar aut Christus, mithin nicht schlechthinnigen Ausschluß des als Kosmos uns ebenso Aufgegebenen, Verwandelbaren, anders Möglichen der Welt. Mit einem noch Er-innerbaren, das »Natur« außer als kalte Schulter oder als Sendestelle des Grauens oder auch als Behälter des Vorbei noch als eine Stille oder als erweiternde Größe bedeuten läßt. Homolog mit dem gegebenen Naturleben, erdschön-arkadisch in seiner Stille, mond-sonnenhaft-syzygisch in seiner Hohen-Paar-Größe. Item: das ist die Verführung des »Heidentums«; sie wird in der Bibel nicht einfach abgeschüttelt, sondern umgebrochen und überboten.

EXKURS: ARCADIA UND UTOPIA   40

1. Auch schwach und sanft kann gewünscht werden. Doch nicht so auch gewollt, da ist gerade der Einsatz verschieden. Bloßes Wünschen kommt deshalb viel öfter und breiter vor, ein Mensch kann durchaus und lange Verlangen tragen, ohne zu wollen. Dann kann auch leichthin erwartet werden, das Glück möge uns von selber in den Schoß fallen. Ja gerade so mag es dann als besonders schön erscheinen.

2. Klar ist dann auch ein kindlicher Zug darin. Und oft auch ein stilles Bild der besseren Dinge, auf die sich Wünschen, nämlich als solch passives, bezieht. Wie Kindliches das Beschenkt-werden vorzüglich braucht und liebt, so fehlt ähnlich Erträum-tem auch alles, was erst noch zu erkämpfen, ja zu erstellen wäre, mit Anstrengung des Willens wie Verstands. Diese Art von Gutem ist dann jedenfalls draußen schon da, sie muß nicht erst durch uns *werden*.

3. So gab es denn auch erwachsener allemal einen sanften Zug nach dorthin. Wo ohnehin alles grünt und blüht und gemachtes Bett ist. Wo weder hartes Kämpfen darum noch auch sein Ma-chen irgend böse macht, auch gar nicht dort nötig ist. Derart lebte der eigentlich arkadische Traum in solchem Zustand, einem nicht sowohl gelungenen als nur nicht durchkreuzten. *Arkadien*, das ist: eine selber durchaus sanfte Landschaft, Ge-meinschaft, idyllisch vorhandenes einfaches Glück, von Wölfi-schem a limine fern. Wärme, Sicherheit, Heiterkeit, Unschuld blühen statt dessen, eine Gruppe Gleichgesinnter bewohnt ihr Tal in ebenso freundlicher Natur. Solche Idylle wurde nicht grundlos als ländlich hirtenhaft dargestellt, rein bukolisch seit den Idyllen des Theokrit oder auch im Nachbild vom edel-kynischen Garten Epikurs. Die Sage vom goldenen Zeitalter gab einen archetypisch wirkenden Text hinzu und später gar das Paradiesbild der Bibel, dieser Urgarten schlechthin, das ver-lorene Eden. Selbst die noch so künstlichen Gärten der Renais-sance, gar des Rokoko und wie erst der spätere englische Garten haben offenbar jenes »Heraus in eure grünen Schatten« mit sich geführt, das Händel vor seinem »Largo« singen läßt. Sozusagen ein Gartenhaftes an sich einte hier, seit Theokrit, quer durch' alle vorhandene Künstlichkeit und immer wieder Arkadisches im Sinn, ohne Wildnis, mit dauernder Anspielung, bald offe-nem Sentiment eines arkadischen Schauplatzes. Darin liegt nicht nur Schäferspielerei, sondern genau hier war auch, auf bedeu-tend höherem Plan, der Mozartgarten aus dem letzten Akt des Figaro, die Landschaft, wohin von der übrigen Welt kein rau-her Hauch mehr eindringt, der Stern zwischen unbewegten Gipfeln, »Hesperus blickt so freundlich auf unsere Liebe«, zärt-

liches Versteck, Blumenduft, Sommernacht, stilles Entzücken rundum. Auch was da in einer Klopstockode mit Rosenbändern rauscht »und um uns ward's Elysium«, die Leidenschaft selber mag wegen der intendierten Paradiesluft nicht ohne die Unschuld steter Zärtlichkeit sein, lauter ungefallenes Arkadien, keinerlei gefallener Venusberg. So auch ist Arcadia auf Bildern, in Literatur nicht volles Cythera oder gar Tassos Zaubergarten der Armida, nicht Schwüle also, sondern Freundlichkeit und Friede. Das aber durchaus jung, irdisch, keinesfalls seraphisch, auch nicht bei antikisch eingeblendetem Jenseitsglück, bei himmlischen oder weniger himmlischen Gestalten, um die Elysium ward. Wie ergreifend ist Arkadien gerade derart in Glucks Orpheusmusik, beim Anblick solchen Elysiums: »Welch reiner Himmel deckt diesen Ort, / Ein sanftres Licht strahlt meinem Blick«; – ungefallene Natur durchaus. Auch himmlische Gestalten fragen hier nach Mann und Weib, obwohl, ja weil Zärtlichkeit ihr arkadisches Ingrediens ist. Und Rousseausches Diesseits durch und durch ist bei alldem visiert, ein freilich selber stiller Protest gegen Druck wie »Unnatur«, Künstlichkeit. Vor allem eben Freundlichkeit teilt sich auch im Längeren und Breiteren dem Landstrich mit, wo immer er Arkadien heißt.

4. Von Haus aus klang zwar dieser Name noch keineswegs so schön. Arkadien hieß ursprünglich ein wenig auffallendes Weide- und Bergland im Peloponnes. Seine beglückende, gar selige Landschaft ist erst 42 v. Chr. entstanden durch Vergil. Ihm wurde der Anstoß zu solcher Verklärung vorher durch den Historiker Polybios vermittelt, der aus dem an sich banalen Arkadien stammte und Liebe zu seiner Heimat trug, schönfärbende. Er erhöhte deren Hirten zu besseren Menschen und zu urtümlichen, heiteren, dem Gesang ergebenen zugleich. Tatsächlich hatte ja der Hirtengott Pan, der als erster die Syrinx blies, dort seinen mythischen Ort. Als darum Vergil seine Hirtengedichte, seine Eklogen schrieb, bezog er sich auf Arkadien wie auf ein bukolisches Urland. Erneuert aber wurde eben diese schon in der Antike »sentimentalische«, das heißt nach Schiller »die Natur suchende« Arkadiendichtung zuerst wieder in der Frührenaissance, durch den Neapolitaner Sannazaro in einem

1480 geschriebenen Schäferroman, nun auch deutlich mit dem Titel »Arcadia«, und den zahlreichen, die folgten. Aber die Landschaft selbst, ohne poetische Handlung, ist doch erst durch Malerei ausgezeichnet worden, vorab durch die zwei Arkadienbilder Poussins. Freilich auch – und hier wurde der Manierismus zuständig, mit dem Schwarzblick der Vergänglichkeit gerade in der Natur, aus ihrer schönsten Friedlichkeit heraus – freilich auch bei Poussin mit einem schwer melancholischen Gegenschlag, mitten im Carpe diem. Denn auf dem einen Arkadienbild ist zugleich ein Totenkopf sichtbar, auf dem anderen ein Sarkophag, sozusagen als immanenter Fremdkörper, mit der Inschrift darauf: Et in Arcadia ego. Was dann Schiller allerdings, in dem Gedicht »Resignation«, gleichsam wieder mit altarkadischer Musik ergänzte, vielmehr umkehrte, den Sarkophag, die vita brevis beiseitelegend, die ars longa hervorziehend. Indem er den Spruch übersetzte: »Auch ich war in Arkadien geboren«, also das Ego des Künstlers zwar mit Praeteritum versah, aber doch auch mit gehabter arkadisch-musischer Zugehörigkeit für immer. Das Ego Goethe andererseits wurde bei seinem zweiten römischen Aufenthalt, ganz ohne Manierismus, sogar in eine veritable »Gesellschaft der Arkadier« aufgenommen, wie sie gerade klassizistische Gesundheit, Einfachheit, Extremferne als arkadisch ehrten und gewiß auch verspießerten. Würdige Schäfer versammelten sich hier in gesuchter Panstille: »So wendeten sie sich ins Freie, in ländliche Gartenumgebungen, deren ja Rom selbst in seinen Mauern genugsame bezirkt und einschließt. Hierdurch ward ihnen zugleich der Gewinn, sich der Natur zu nähern und in frischer Luft den uranfänglichen Geist der Dichtkunst zu ahnen.« Weg nun wieder von der Ironie und doch auch den betonten Kategorien arkadischer Sache, zurück zu dem so wenig nach freier Luft oder Natur schmeckenden »Et in Arcadia ego« auf Poussins Arkadienbild: so setzte Goethe diese Inschrift sogar als völlig umkomponiertes, völlig weltfrommes Motto in den ersten Ausgaben seiner »Italienischen Reise«, zur Feier Italiens selber und der eigenen Existenz darin. Weshalb er das »Et in Arcadia ego« vom Totenkopf, vom Sarkophag gänzlich weg nun dezidiert auf sich als lebenden Künstler bezieht, Arkadien aber, das ehedem peloponnesische, dann rein poetische, konkret auf die Magna Graecia als Italien. Wäre hier der Tierkreis zuständig, so wäre das Zeichen übertragener Zwillinge, eines griechischen Castor, eines römischen Pollux, für solch ein Arkadien segnend. Näher für Italien als Arkadien sprach der Satz Alfieris, es sei das Land, wo die Pflanze Mensch am schönsten gedeiht. Goethisch als ein Gedeihen, Gesunden gleichsam an sich, ohne daß dem ein Kranksein vorausgesetzt wäre, das nun im üblichen Sinn zu gesunden hätte, auf das das Gesunden sich erst zu beziehen hätte. Und erst lange nach der »Italienischen Reise« und den Dichtungen von darausher, ist in Goethes Faust durch das Motiv von Faust und der Griechin Helena Arkadien wieder an seinen Ursprung zurückgelangt, in den Peloponnes, der ja auch die Heimat Helenas war. Zugleich aber wurde diese Heimat der einzig werte Ort der Begegnung, obzwar so weit darüber hinausgreifend: »Nicht feste Burg soll dich umschreiben! / Noch zirkt in ewiger Jugendkraft / Für uns, zu wonnevollem Bleiben, / Arkadien in Spartas Nachbarschaft. / Gelockt, auf sel'gem Grund zu wohnen, / Du flüchtetest ins heiterste Geschick! / *Zur Laube wandeln sich die Thronen,* / Arkadisch frei sei unser Glück!« (Faust II, 3. Akt, v. 9566 ff.). Wobei der *zwanglose* Anklang, der Anklang des *geschenkt Zwanglosen* in den beiden letzten Versen überdies unverkennbar ist. Das Zwanglose immer auch im Sinn des südlich Gutgeratenen, des organisch ungekünstelten Gesundens darin, daran, gemäß Goethes Credo in nicht nur antikischer Manier: »Was ist alles Lebendige für ein köstliches Ding, wie wahr, wie seiend.« Hierbei fehlte, im Einklang eines vorhandenen Glückspendenden, das unschuldige Glück Wollust denn doch nicht, freilich stets ohne Hörselberg. Nun wieder in Italien landend (mit einem freilich seltenen, nämlich dionysisch gewordenen Arkadien) in Heinses Roman von 1787: »Ardinghello und die glückseligen Inseln«, wo der Mensch nicht nur als Pflanze am schönsten gedeihen mochte. »Es ging immer tiefer ins Leben, und das Fest wurde heiliger, die Augen glänzten vor Freudentränen ... *Immerwährender Frühling,* Schönheit und Fruchtbarkeit von Meer und Land und Gesundheit«. Auch zu solcher Art Gastlichkeit also (gewiß nicht ganz im Sinn der würdigen »Gesellschaft der Arkadier«)

war die ursprünglich zahme peloponnesische Landschaft bei Heinse geraten; Pan hatte ihr das doch schon an der Wiege gesungen. Sicher von Vergil bis Goethe aber nahm Wünschen, Flehen, Kunst ohne allen Staat dahin Urlaub, mit dem merkwürdigen Rousseauismus bei alldem, der Tisch sei, wenn er nur in Ruhe gelassen wird, freundlichen Orts schon gedeckt. Soviel über die bedeutende Idylle und die Dichtung darüber, wie leicht und friedlich unser Leben sein könnte, naturheilkundig im weitesten Sinn, auf Enklaven des Gutgeratenen vertrauend.

5. Wie wichtig aber wurde die Rolle, die solch selig gesprochenes Land nun nicht nur dichterisch spielte. Liebenswürdig durchaus, es mit Italien zu vergleichen, doch selbstverständlich kamen sich die dortigen Bauern nicht ganz so arkadisch im Land vor wie der glückliche Besucher. So rückte also das Arkadische, trotz aller hiesigen Abschlagszahlungen, gar noch dekorativer Art, unablässig in *sozialutopische* Gegend ein, hier gerade mit diesem eigenen, nicht nur poetischen Zeichen an ihm. Das den Unterschied von passiv-Arkadischem zum Willens- und Plangedanken in der Sozialutopie selber bezeichnet. Es ist der Unterschied des arkadisch-spielenden, überwiegend passiven, auch aus der Gesellschaft eher herausfallenden Bilds und des eigentlich sozialutopischen *Herstellungs*-Modells, als eines die Gesellschaft oft abstrakt, doch immer immanent-konstruktiv verbessernwollenden. Indes ist alles Sozialutopische ebenso und lange von rein arkadischen Südland-Mutter-Natur-Archetypen beeinflußt; – entspannend, doch auch neu bedenkenswert.

So bereits, wenn am besseren Ort von vornherein nichts mehr sauer fällt. Wobei erst recht lustige Züge mitspielen, übertriebene, doch auch im Kleinen zu Ende geführte, man ist im Schlaraffenland. Gebratene Tauben fliegen ins Maul, die Flüsse führen Wein, das und anderes ist auch sozial arkadisch gemeint. Zu herabgesetztem Preis, gewiß, doch auch zu so herabgesetztem, daß es überhaupt keine Preise mehr gibt und sicher keine Mühe. So wenig, daß es auch vorher gar keine Mühe machte, so etwas schlechthin, an sich selber schon Schenkendes, Gastfreundliches, Gewährendes zu haben. Was völlig deutlich wird beim Einfluß des Arkadischen auf den *Topos* von Sozialutopien, besonders älterer, und in ihm. Sie liegen dann, wie in einem *vorhandenen,* ob auch *fernen Raum,* nicht einer *werdenden Zeit,* einer nur vom Jetzt, nicht vom (gesellschaftlichen) Hier entfernten. Üppiges Südland, gleichsam als Ersatz, mindestens als Lückenbüßer des sonst von uns erst *Herzustellenden,* findet sich schon seit den hellenistischen Sozialutopien eines Theopompos, Jambulos; nur *geographisch,* nicht *futuristisch* entfernt. Auch noch das Nirgend-Wo, die U-topia des Thomas Morus in der Renaissance braucht nur Seefahrt, um ins ohnehin Vorhandene hinzukommen; genau so wie die – sonst so wenig arkadisch-freundliche – Civitas solis des Campanella, hundert Jahre später. Da ist überall »glückselige Insel« oder mindestens Südküste, fast wie auf einem lockend-malenden Reiseprospekt, besser: wie auf den paradiesischen Tahitibildern Gauguins, besser: wie in den Wohnungen des Lichts selber. Erst von Merciers »L'An 2240«, im achtzehnten Jahrhundert, dann entscheidend, zum Beginn des neunzehnten, in Fouriers »Le nouveau monde industriel« wird Sozialutopie in Zeitferne, Zukunft verschoben. Genau der homo faber meldet sich, statt des Erdgünstlings, mit ihm eben der rerum novarum so begierige wie sie erst erschaffende, in veränderten Verhältnissen erstellende Mensch. Gewiß, der Ausdruck: rerum novarum cupidus ist selber alt und wurde von Caesar auf die primitiven Gallier eher als auf die geschichtsbildenden Römer angewandt. Gewiß erst recht und ganz anders gewiß gibt es bei Vergil wie gar die ganze Bibel hindurch futurische, zuletzt eschatologisch aufsprengende Verlegungen des Lands, wo Milch und Honig fließt. Vergils 4. Ekloge war auch außerhalb der Bibel von solcher Weissagung beeinflußt, gar innerhalb des Biblischen hat zuerst Augustin und wahrhaft nicht zuletzt Joachim di Fiore, im Hochmittelalter, die wirkliche Traube Kanaans gerade als *historisches Omega* gesetzt. Indes hob auch solcher Logos die weit genuinere Überlieferung des bloßen Geographikon, als eines vorhandenen, statt erst zu schaffenden nicht auf. Für die Kirche jedenfalls reproduzierte sich auch das noch so futurische Heilsland doch wieder im Fernraum, sei es auch in dem eines fertigen, wo nicht fertig möblierten Jenseits. Und näher zur eigentlich gesellschaftlichen Sperre in alldem, eben die eigene Arbeitsproduktivität der Menschen reichte vor Beginn der industriellen Revolution immer wieder nicht aus, um selbst noch das kühnste Utopia ganz ohne ferne Vorhandenheit zu denken. Also ohne Enklave-Sein dieses uns Aufgegebenen in einem bereits fern-Gegebenen, voll Gäa. Immer steht hier noch ein eleusinisches Fest dahinter, mit Demeter, der »beglückenden Mutter der Welt«, mit Kybele, der ganzen großen Mutter und der Lust, wie ihre Kinder sein zu können. Daher also die Meinung, die auch noch in *konstruktive* Sozial-utopien hineinreichende: das Glück, die Unschuld, die Ruhe, die Freundlichkeit solch besserer Welt sei selber – arkadisch zu gewinnen, das ist, ohne Kampf, ohne Anstrengung der Erzeugung, mit Geborgenheit a limine. So wirkte Arkadien auch entspannend, nicht nur ergreifend, ja mahnend als solche selber utopische Enklave von – Freundlichkeit. Insofern aber bleibt arkadisches Verhalten kein bereits genaues Mittel, um arkadische *Sache,* rebus sic stantibus, bei währendem Geßler, zu gewinnen. Jedoch ebenso: Arkadisches im *Frucht- und Zielbild* ist mehr als je eine *Mahnung* auf dem Weg, ist ein *Korrektiv* im – selber so viel tiefer implizierenden – Modell von besserer Welt. Mit dem so nun erlaubten Als-Ob? wie wenn das, was erst mögliche Frucht von Revolutionen in der Zeit sein kann, doch eine »selige Insel« oder Rousseaus Landschaft »Nouvelle Heloise«, kurz »Freundlichkeit« als Korrektiv des Rechten zu nehmen hätte. »So leicht und friedlich wäre unser Leben« (Brecht), so kräftig könnte »Gesunden an sich« auch schärfere Humanbauten vor Künstlichkeit sichern.

6. Sonst aber bleibt das Trennende zwischen beiden Arten, durchgängig. Zwischen Hirt hier und homo faber dort, dem machenden, heraustretenden. Zwischen Hütendem, auch überwiegend nur Pflückendem und dem Herstellenden, ins nie so Gewesene, nie bereits so Vorhandene hinaus-Bauende. Dergleichen jedoch ist im weiteren Verlauf trotzdem keine Alternative zwischen angeblich *nur* »Gewachsenem«, und *nur* »Konstruktivem«, zwischen Heideggers »Feldwegen« oder aber Th. Lessings »Untergang der Erde am Geist«, ja Klages' »Geist als Widersacher der Seele«. Arkadisches ist im Original kein Spießerglück, und am schändlichsten war seine Deutung auf »Blut

und Boden«; nur so aber stünde es in Alternative zur Konstruktion, vielmehr zu der anderen Verkommenheit, die den Geist eines Weltumbaus gänzlich in Hohlheit, Kälte, Künstlichkeit setzt. Statt dessen ist das Arkadische, wie bemerkt, ein Korrektiv, mit selber denkendem Vergißmeinnicht dazu; das genau im Plus ultra des Umbaus, des blauen Reiters ins Blaue, Konstitutiv-Arkadisches gilt nicht geringer auch als Korrektiv gegen allzu planende und verheizende Sozialutopie, die wirklich zum Bau gekommen ist. Das gilt aber genau in seiner angestammten Friedlichkeit, Menschlichkeit; also dann auch wachsend, rebus sic fluentibus, bei Strafe des Zielverlusts selber beim Bau des Wegs. Viel also geht da an Freiem noch um, hier mit doppeltem Sinn des Worts: als einem natürlich gemeinten Freisinn und als einem naturhaft Freien, unter glücklicherem Himmelsstrich. Wobei auch das Wort von der Pflanze Mensch idealisch nie ganz abgegolten war; selbst nicht im so viel höheren, weit umherblickenden Apoll von Belvedere. Noch dieses natürlichste Leitbild menschlicher Erscheinung entsprach arkadischem Geschmack, dazu so unchristlich wie möglich.

EXKURS: DAS HOHE PAAR ODER
MOND-SONNE-SYZYGIE IN DER LIEBE
UND IHRER UTOPIE

1. Wenn zwei sich lieben, sondern sie sich zunächst ab. Aber zwischen den beiden und um sie her wird das Wörtchen: Und zum Ereignis. Es verbindet nicht nur, sondern macht Zwei zu Eins und Eins wie nirgends sonst zu Zwei darin. Sobald dergleichen aus der regellosen Befruchtung sich herausbegeben hatte, konnte es auch merkwürdig groß erscheinen. So farbig wie öffentlich trat dann in einzelnen Erscheinungen und Fällen noch mehr als bloß Ich und Du vor. Schien also auch mehr als die sogenannte übliche Ehe nicht für sich und die Kinder da zu sein, sondern sichtbar, auch für die anderen. Farbig und öffentlich geht dann noch ein weiteres Füreinander auf, ja es ging einmal hoch darin her.

2. Fange man, um diese von vornherein gar nicht so unge-
meine Art zu merken, ganz im Alltäglichen an. Bei dem Jüngling etwa, der durchaus wünscht, mit seinem erwählten Mädchen auch gesehen zu werden. Meist eitel, gewiß, doch hebt sich
an diesem Wunsch nicht noch ein Bild ab, das sich eben *sehen*
lassen will? Vor allem eines, worin Strenges, sozusagen, und
Zartes, männliche Stärke und weibliche Anmut sich wohl er-
gänzen möchten? So etwas geht bis in den Kitsch, der ja ohnehin ältere Bedeutungen oft länger hält, geht in Romane à la
»Zwei Menschen«, von Richard Voss, früher aber auch in den
Räuberromanen, mit der eigens abgehobenen Zwei vom Haupt-
mann und seiner Räuberbraut. Bezeichnenderweise reicht noch
das mit Zwei Menschen als ganz eigenem Dual bis zur Zeitungs-
phrase von ehedem: Der Erbprinz und seine hohe Gemahlin
haben unsere Stadt betreten. Sie ganz Huld, er ganz Kraft,
Mondhaftes und Sonnenhaftes fleischgeworden. Sehr Altes,
Nachscheinendes ist mit letzterem offenbar zugleich im Bild,
ideologisch benützt, klassenmäßig nützlich, gut für Herr-
schaften, doch damit noch nicht ganz erschöpft. Am wenigsten
dort, wo man bedenkt, daß ein Image von Hohem Paar keineswegs nur eines um feine Personen war. Vielmehr wirkte darin
ein nicht nur sozialer, sondern selber, nämlich archetypisch-
astralisch, hochgelegener Überbau; voller Mythengeschichte,
wie zu zeigen sein wird. Das Arkadische und seine Imago berührte die freundliche Erde, Bona Dea, Magna Mater; die Hohe-
Paar-Imago dagegen imaginierte nichts geringeres als die Begegnung, Verbindung, Konjunktur von Mond und Sonne in
irdischer Liebe.

3. Derart also ging es buchstäblich hoch um die Zwei her,
nämlich nach oben ziehend. Die Elemente Weib–Mann wurden
durchaus kosmisch geladen, sozusagen, und das auf außerchrist-
lichem Grund. War doch Luna (zusammen mit Gäa) ebenso
ein mutterrechtliches Idol wie Sol ein vaterrechtliches; Gefühl,
bergende Nacht hier, Kraft, prangender Tag dort. Zwar stehen
der wirkliche Mond, die wirkliche Sonne nicht gleichzeitig am
wirklichen Himmel. Doch als erotisches Bild durchaus. So genau
mit Bezug auf große Liebe im Westöstlichen Diwan: »Die

Sonne kommt! Ein Prachterscheinen! / Der Sichelmond um-
klammert sie. / Wer konnte solch ein Paar vereinen? / Dies
Rätsel wie erklärt sich's? Wie?« Anschließend an einen türki-
schen Sonne-Mond-Orden, heraldisch die magische Zwei be-
wahrend, werden hier Hatem und Suleika ebenso gestirnhaft
auf ihren präsenten Doppelglanz bezogen. Goethe hat so ein
magisches Zwei vom Orient her erinnert: »Der Sultan konnt'
es, er vermählte das allerhöchste Weltenpaar«, weit zurück-
führend, in himmlische Hochzeit. Denn es gab gerade in der
babylonischen Astralreligion eine »Heilige Hochzeit«, diesfalls
des solaren Gottsultans selber. Als Himmelsvermählung Baal-
Marduks, des obersten Kultgotts des Tags, mit der Mondgöttin
Istar-Sarpanit. Hieros gamos, die heilige Hochzeit hatte so in
Babylon am Neujahrstag ein besonderes Fest für sich gehabt;
vielleicht ist sogar die in Eleusis den Mysten symbolisch vorge-
führte Hochzeit des Zeus mit der Demeter noch von diesem
orientalischen Unionsfest her. Ja, urbi et orbi wurde die Konjunktur aus Altbabylon auch spätrömisch reproduziert, als der
Kaiser Elagabel, vordem syrischer Baalpriester, sich mit der
Priesterin der karthagischen Mondgöttin Tannit höchst symbolisch vermählte. Das im gleichen Akt, womit er seinen Sonnen-
gott der karthagischen Mondgöttin antraute; rein dekorativ geworden, doch sichtbar in Kopie einer astralischen Hochzeit, wie
sie bei ihrem altbabylonischen Fest gleich einem besonderen
segenbringenden Saft auch auf der Erde ausgedrückt wurde
oder werden sollte. Hohes Paar, nun *antik*-orientalisch, zugleich
mit dem wichtigen Zuschuß des Hetärischen (»die keusche Luna
launet grillenhaft«), blühte so nach, ganz echt, auf ägyptischem
Boden in der Liebe des Antonius und der Kleopatra. Als Antonius mit seiner Frau Octavia zu den Athenern kam, feierten
ihn diese, ganz ungestirnt, als neuen Dionysos und trauten ihm,
ganz ohne Luna, die Burggöttin Athene an; Antonius selber
war noch römisch genug, tausend Talente Mitgift zu verlangen.
Aus dem Parthenonschatz wurden sie bezahlt, aber den Mythos
Hohes Paar hat er mit dem Leben bezahlt, als er sich zu Kleopatra wandte und bei ihr blieb. Beide lebten nun in Nachfolge
von Isis und Osiris, der Mondgöttin und jenes Osiris, der spät-
ägyptisch immer mehr an die Stelle des ursprünglichen Sonnen-

gotts getreten war, – diesesfalls, noch ebenso im vorderasiatischen Astralmythos, als untergehende und wieder belebte Sonne. Antonius-Kleopatra wurden nun nicht nur als Osiris-Isis verehrt, sondern verehrten diese selber aneinander; ihre Kinder aber nannten sie, deutlich genug, Helios und Selene. Noch die Schlange, durch die sich Kleopatra tötete, ist hier das Tier der Mondgöttin Istar-Isis; in Sidon wurde eine Istar-Statuette gefunden, die eine Schlange an den Brüsten hält. Nicht anders ist auch die historische Kleopatra in dieser Nachfolge gestorben, nicht anders hat sie sich vor den Augen der Legende als Istar-Isis auszuweisen gesucht, die mit Osiris-Antonius am Firmament bleibt; »Zwillingsgestirn«, wie noch Shakespeare zu dieser Paarung sagt. Sehr dynastisch freilich das alles, doch hier schon nicht damit erschöpft: Sichelmond mit Sonne zugleich, ein »Prachterscheinen«, das sich fast allen Liebesbildern des Orients mitgeteilt hat. Geeinte Zwienatur, mit den beiden Lichtern der Welt in sich, über sich, – eine erotische Utopie samt Mythologie vorchristlicher und auch durchaus außerchristlicher Art.

4. Nun aber: genau aus dem Volk kam jetzt ein anderes Paar her, dazu das folgenreichste. Die Szene schwingt sich sogar in biblisches Land, zu Simon Magus aus Samaria, dem Urbild des Faust und seiner nicht nur griechischen Helena. Simon Magus, ein Zeitgenosse Jesu, kommt freilich in der Apostelgeschichte (8, 9 bis 23) sehr schlecht weg, ein Geldmacher, Zauberer, Betrüger, soll sich zuletzt vor dem Kaiser Nero in die Luft eleviert haben, um sich wie Jesus als Gott zu beweisen, und zerschellte. Außer diesem konkurrenzhaft anmutenden Bericht gilt aber nicht nur, daß der wirklich historische Simon Magus die früheste gnostische Schrift: Megalē apophasis, Große Offenbarung verfaßt hat. Sondern auch: der Wandel und die Legende dieses Magiers gaben sich gerade als die *hintergründigste* Inkarnation des Archetyps Hohes Paar. Dergestalt daß hier ein Stifter von Anfang an als Suchender nach einem Verlorenen, einer Verlorenen auftritt, die es zu finden gilt. So kam er auf die Erde, nicht als Gottes Sohn, vielmehr als Gottvater selber, der einst mit seiner Tochter, seiner Geliebten, seiner zweiten Person eins war. Sie ist auch noch als das verlorene Schaf bedeutet, das der

gute Hirte trägt, und auch als die Sophia. Als die Weisheit, welche in den späteren Büchern der Bibel ja selber schon wie zweite Person in der Gottheit auftritt. Bei den Griechen, gab Simon Magus an, ist sie sogar als die Athene geahnt, die geheimnisvolle Tochter, die wahrhaft eingeborene, wie sie als Ennoia aus dem Haupt des Zeus entspringt. Doch eben diese Sophia, so lehrte Simon Magus als der *Urgott, Urmann,* als der *Gott-* *vater* der *Gottestochter* selber, – eben diese Sophia, statt als zweite Person der Gottheit mit der ersten in heiliger Blutschande und Ehe verbunden zu bleiben, blickte in die niederen Regionen unter ihr hinab, wo die Dämonen hausen, und wurde von ihnen geraubt. Nicht ohne daß sie sich in sie auch vergaffte, wie später die nach Troja geraubte Helena, die nicht nur passiv entführte, auch als wechselnde Luna bedachte. Genug davon, die Dämonen überwältigten Sophia, hielten sie in den untersten Räumen der Welt versteckt und wechselnd in weiblichen Leibern inkarniert. Sie teilt überhaupt dem Weib die geheimnisvolle Schönheit mit, der trojanischen Helena, aber auch, wovon sogleich, einer Helena in Tyrus, durchaus keiner Königin und in durchaus keinem hohen Ilion. Der Urvater indessen, diese einsam gewordene Megalē dynamis, Große Urkraft, hatte nach dem Raub Sophias seine Höhe verlassen, inkarnierte sich selber in wechselnden Gestalten quer durch alle unteren Welten, die verlorene Tochter-Geliebte zu suchen, zu finden. Seine letzte Verkörperung, also Fleischwerdung, verkündigte Simon Magus seinen Jüngern nachher, sei eben als Simon Magus in Samaria geschehen, und das Ende seines Suchens geschah in Tyrus. Denn dort eben geschah der höchste Augenblick: er entdeckte die geraubte Ennoia-Sophia in ihrer vers</ktesten Inkarnation als Hure in einem Matrosenbordell, als die tyrische Helena, so erniedrigt und dadurch so erkennbar, so geladen neu erhebbar wie möglich. Zweifellos gab Simon Magus mit der Legende dieses Augenblicks einen der gewaltigsten Archetypen zugleich, nämlich den der Anagnorisis, des Wiedersehens-Moments zwischen Verlorenen. Er kommt auch in Legenden nicht oft vor, biblisch ist Anagnorisis, als allemal jäh und erschütternd einschlagend, im Wiedersehen Josephs und seiner Brüder, griechisch bei Sophokles, im Wiederfinden, vielmehr sich Entdecken von

Elektra und Orest. Den eigentlichen, oben erzählten Hohes-Paar-Fall bei Simon Magus und der tyrischen Helena berichtet widerwillig Irenaeus (adv. haer. cap. 2); zugleich brachte das Bordell genau die tyrische Helena in die große lunarisch-astral-mythische Tradition außer der der Ennoia-Sophia. Wie Möhler sagt: »Jener syrisch-phönikischen Astarte, welche Lukian (De dea Syra 4) Seleneia nennt, wurde nicht nur durch Preisgebung der Weiber und Jungfrauen gedient, sondern die Sage erzählte, daß sie selbst zehn Jahre lang, und zwar in Tyrus sich preisgegeben habe« (vgl. Hilgenfeld, Die Ketzergeschichte des Urchristentums, 1963, S. 174). Mit der eigentlichen Anagnorisis-Legende aber nahm Simon Magus diese Selene-Helena zugleich in seinen Wandel wieder auf; Gott und die Bajadere auf astralisch. Zusammen zogen nun beide, der Magus und eine durchaus nicht büßende Maria Magdala, durchs Römische Reich. Um diese nun durchaus nicht dynastische Figur Hohes Paar bildete sich bald eine Kultgemeinde der Simoniten, von den Kirchenvätern aufs heftigste bekämpft, und sie versank. Weiter aber, was desto zäheres, gleichsam betroffenes Fortleben angeht: Simon Magus wurde erwiesenermaßen die älteste Quellfigur der Faustsage. Und Helena, wenn auch nur noch als die trojanische verstanden, gehört schon im ersten Faustbuch von 1587 zu Simon Magus-Faust, dem nicht vergessenen. Von Simon Magus her allein kommt überhaupt Helena ins Faust-Ensemble, so lang vor Goethe und dem neuen Gehalt seiner Faust-Helena-Konjunktur am Hof, in Sparta. Doch hatte die *christlich* gewordene Welt selber gerade für ihre großen, auch kanonisch dargestellten Liebespaare, für einen ebenso astralmythisch gemeinten oder gewesenen Hintergrund darin, wenig oder keinen gehaltenen Platz mehr. Nicht bei glücklicher und wie wenig erst bei unglücklicher Liebe, bei nicht triumphierenden, sondern bei leidenden, gar todgeweihten Paaren, trotz des deutlich hochgerahmten Duals auch hier. Die wesenhafte Paar-Transzendenz so verschiedener Konjunkturen wie Romeo und Julia, Paolo und Francesca da Rimini, Tristan und Isolde, aber auch so etwas Reales wie Abälard und Heloise, oder solch fast Nachchristliches wie Werther und Lotte liegen auf keinerlei weltanalogischem Hintergrund. Erst recht gibt es – nicht einmal in christlichen

Ketzersekten – keinerlei Sexualisierung auf der Ebene Ave Maria und Spiritus sanctus. Und halten sich an Maria noch so klar Istar-Isis-Bilder, an Jesus noch solche des Helios: so ist Maria auf der Mondsichel *stehend* und nicht diese selber, der auffahrende Christus trägt eine Sonnenfahne lediglich *in der Hand*. Und Maria war die Mutter Christi, nicht die Tochter, die verlorene Hälfte, die stellvertretend wieder vermählte eines Urgotts, Gottmanns. Als ein brabantischer Mönch namens Tanchelm sich im elften Jahrhundert mit der Jungfrau Maria, fleischgeworden in einem Bauernmädchen, öffentlich vermählte, fiel das sogar als Ketzerei aus dem Christentum heraus. Und höchstens in einem apokryphen, dem Ägypterevangelium, kommt – hier qua Salome-Jochanaan – aus der Begegnung des Messias Jesus mit der Maria Magdala noch ein – durchaus nicht blasphemisch gedachter – Reflex aus dem ersten und dem zweiten Licht am magischen Liebeshimmel.

5. Indes noch zur Zeit des Descartes standen Baal und Astarte erotisch am Himmel, zwar nicht am christlichen, doch an einem, der noch Orient bewahrt hatte, am Himmel eines jüdischen Mädchens Sara, und der Baal war der falsche Messias Sabbatai Zewi. Das Mädchen war auf der Straße gefunden, getauft, ins Kloster aufgenommen worden. Als sie erwachsen war, erfuhr die Novize in sonderbaren Träumen ihre Herkunft und mehr dazu. Der Geist ihres in einem großen Pogrom erschlagenen Vaters sagte ihr an, sie sei dem Messias zur Frau bestimmt, der in kurzem erscheinen werde. Sara floh aus dem polnischen Kloster, machte sich auf den weiten angewiesenen Weg, und sie sollte – ein tyrischer Zug – nur in Bordellen übernachten, um Sabbatai Zewi zu treffen. Der als wirklich geglaubter Messias damals in Kairo Hof hielt und mit dem sie sozusagen himmlische Hochzeit zu feiern hatte. Solches geschah 1666, das Zewi als das apokalyptische Jahr verkündigt hatte; wobei dieser Messias, durchaus an Simon Magus als inkarnierten Gottvater erinnernd, seine Erlasse unterschrieb: »Ich der Herr euer Gott, der euch aus Ägypten geführt«. Der falsche Messias hat die Braut wirklich empfangen, endete allerdings kümmerlich, obwohl er fast die ganze Judenheit des Barock erregt hatte. Nach-

dem ihm der türkische Sultan die Wahl zwischen Strick und Übertritt zum Islam gelassen hatte, starb er als Türhüter in einem Serail. Aber die Nachfolge des Hohes-Paar-Archetyps sollte sich später noch einmal in der Judenheit wiederholen, übrigens auch mit betontem Dekor aus Sulamith und Salomo, Salomo und Königin von Saba. Einige Getreue Sabbatai Zewis blieben durchaus, war doch hier vor allem auch die ebenso rein innerjüdische wie apokalyptische Form des alten erotischen Mythos neu und erregend. So daß kaum hundert Jahre später, in Deutschland, nochmals ein so gedoppelt-Messianisches aufstehen konnte und geglaubt wurde: Jakob Frank, der in Hanau, als Messias und wieder auch als Megalē dynamis wie Simon Magus, mit seiner eigenen Tochter als Gattin Hof hielt. Mit ihr als der zweiten Person in der Gottheit, deren erste er selber zu sein angab und zu sein geglaubt wurde. Der Herzog von Nassau war sein Jünger, und eine Sekte der Frankisten hat sich bis ins vorige Jahrhundert in Polen erhalten – auch ohne Faust-Helena, gar ein apokryphes Evangelium gelesen zu haben. Ja auch ohne die einzige andere Erscheinung des Hohen-Paar-Archetyps kennen zu müssen, die im christlichen Abendland, wenn eben auch freimaurerisch-orientalisierend, getönt hat. Nämlich Mozarts Zauberflöte, mit »Mann und Weib und Weib und Mann, reichen an die Gottheit ran«, mit Pamina als Tochter der Königin der Nacht, Tamino als Erben von Sarastros Sonnenkreis und ihrem segenstiftenden Bund. Womit hier der Mythos aufs anmutigste und menschenfreundlichste austönt, nach Eröffnung dieser solaren Loge. »Der Zauberflöte zweiter Teil«, den Goethe hernach, erstaunlicher, nicht erstaunlicher Weise, geschrieben hat, läßt Paminas, Taminos Ehe deutlich sogar an die Simon Magus-Helena-Erinnerung im Faust anklingen, zum Singspiel verkleinert. Und aus Pamina-Tamino wie aus Helena-Faust entspringt ein Kind, dort »Genius«, hier »Euphorion« genannt, so zerschellend wie aufsteigend. Wobei Mozarts und Goethes Pamina-Tamino aber blieb, im nachtönenden Märchen aus dem orientalischen Mythos, was dem Magus Faust mit Helena nicht blieb: die Dauer der Begegnung aus Metaphorischem von Sichelmond und Sonne in der Liebe, aus abgeschiedenen Zeiten, mit Helena als Schwester oder Frau.

6. Immer spielte da etwas mit, was nicht in unserer Haut zu stecken schien. Wie stand es also weiter mit der geglaubten Zwei auch außerhalb eines menschlichen Seins? War es doch Mond- und Sonnenhaftes zuerst, also durchaus nicht Menschliches, was in den Hohen Paaren sich verbinden sollte. Höchst bezeichnend für die dermaßen kosmisch fundierende Bindung ist die Zweiheit, die sich gerade auch in den mit Simon Magus-Helena gleichzeitigen Emanationslehren gnostischer, späterhin kabbalistischer Art findet. Denn die emanierenden Kategorien dieser Lichtgüsse von einem Ur-Einen her, weltbildend ins Dunkel hinab, zeigen selber durchaus »geeinte Zwienatur«. Und dies eben, wie oben schon gestreift, an lauter mann-weiblich abfolgenden Bildkategorien, Penis-Vagina-Entsprechungen zwischen Himmel und Erde. Diese emanierenden Bildkategorien, gnostisch Äonen, kabbalistisch Sephirot genannt, waren jeweils paarweise nebeneinander geordnet, die Zweiheit Mond und Sonne an Zahl wie sexueller Qualität ums Mehrfache überbietend. Ein Vorspiel dazu (obwohl ebenfalls noch auf Mond-Sonne, Göttin-Gott-Union zurückweisend) gaben bereits die Pythagoreer mit ihrer Tafel von zehn durchgängigen Zweiheitspaaren in der ganzen Welt: weiblich und männlich – ungerade und gerade – unbegrenzt und begrenzt – vieles und eines – links und rechts – bewegt und ruhend – krumm und gerade – ungleichseitig und quadratisch – schlecht und gut – dunkel und hell. Ein Vorspiel gibt diese pythagoreische Tafel freilich nicht so sehr in ihren gesprenkelten Wertbegriffen ab als in den Entsprechungen der jeweiligen Links-Rechts-Glieder und vor allem in der »Syzygie« des Und, womit sie zehnfache Hochzeit veranstalten, formale Qualitäten-Hochzeit der Kategorien. Nun aber sollte es gerade davon noch mehr zwischen Himmel und Erde geben, eben an erotisch-kosmischer Resonanz, Syzygie, Äonenpaaren mit keineswegs nur formaler Qualität. Und die gnostische Schulweisheit träumte davon durchaus, eben mit lauter Hohen Paaren in den Sephirot, als diesen. Der Gnostiker Valentinos, hundert Jahre nach Simon Magus, nannte die jeweiligen Weib-Mann-Kategorien (auch grammatikalisch weiblichen, männlichen Geschlechts) der himmlischen Emanation so: Die Stille (sigē) – Der Abgrund (bythos), Die Wahrheit

(aletheia) – Der Geist (nous), Die Lebendigkeit (zoē) – Der Lichtglanz (phōs), Die Gemeinde (ekklesia) – Der Mensch (anthrōpos) und so fort. Bis das achte und letzte Kategorienpaar ebenso androgyn erscheint: Die Weisheit (sophia) – Der Begriff (horos). Lauter Hohe Paare mithin in herabströmender Ideen-Ausgabe, in ebenso wieder nach obenströmender. Gelungene menschliche Paarbildung ist von dieser kosmischen, sich die goldenen Eimer reichend, dann nur eine Abbreviatur der Leben(zoē)-Licht(phōs)-Unionen im Astralischen selber. Wobei dann freilich gerade Liebe kein privates Weltereignis bleiben sollte, auch nicht in der gnostisch strömenlassenden Kabbala hernach, wenn die Äonenpaare, die hier die Sephirot hießen, bis zuletzt noch Weib-Mann zu sein hatten. Als Letztes fand sich hier, über dem irdischen Abglanz von coniunctio, sogar ein penisartiges Jot im Kreis: als Gotteszeichen selber – gnostisch konsequent, christlich ein Greuel. Signierte doch dies Zeichen aufs Überdeutlichste die stets vollzogene cohabitatio des Urwesens mit sich selber, eine allerhöchste Syzygie.

7. Sehr umständlich das alles, vom Überbordenden gar nicht zu reden. Wie anders sieht auch von daher die *christliche* Paarbildung aus, zunächst schon als die allen zugängliche. Denn wenn auch den bisherigen hohen Paaren das Hochgeborene durchaus unwesentlich war oder wurde, wenn sie nur so vorleuchten wollten, daß alle Liebenden wenigstens von fern nachfolgen konnten, blieb doch noch ein Stolzes, das nicht jedermanns Sache sein konnte. Vor allem aber kreuzte sich das hohe Paarwesen immer noch mit den heidnisch, astralisch himmlischen Hochzeiten von einst, den christlich verworfenen, nur noch gnostisch erinnerten. Diese Abkehr legitimierte die allen, die gerade den Mühseligen und Beladenen geweihte Ehe als ein ganz anderes, als ein fast ganz *pneumatisches* Sakrament. Vergeblich wurden noch die verschiedenen Marien des Neuen Testaments, vor allem aber Maria Magdala neben Jesus gestellt, auch das nur in christlicher Gnosis. Von der schönen Sünderin freilich, nicht von der Jungfrau Maria klingt so der Hymnus der »Pistis Sophia«, der viel Liebenden wirklich mehr als nur vergebend: »Vortreffliche Maria, du selige, du Pleroma (Fülle),

welche unter allen Geschlechtern gepriesen wird«. Solche Erhöhung machte aber fast gar keine Schule, es gibt höchstens Anfänge einer Maria Magdala-Jesus-Legende, und im apokryphen, nicht nur apokryphen Ägypter-Evangelium sagt Jesus gar: »Ich bin gekommen, die Werke des Weiblichen aufzulösen«, bei Gelegenheit eines fingierten Rencontre mit der immerhin hetärischen Prinzessin Salome, der Mörderin freilich und keineswegs bußfertigen. Doch auch in minder penetranten Fällen hat das christliche Liebessymbol, Ehesakrament für die alte Eva fast noch weniger Platz als für den alten Adam, und sie wird nicht heimgeholt wie Ennoia-Sophia, sondern gebrochen, ungebrochen, magdlich geformt. Das eben soll Weib und Mann von jeder Art coniunctio solis et lunae im Fleisch wegführen zum christehelichen Kultbild: *Gemeinde–Christus:* mit der Frau als Gemeinde, dem Mann als Haupt. Statt des kosmischen Hintergrunds wird das Corpus Christi Hintergrund, ohne oder mit immerhin tief herabgesetzter, tief verwandelter Art des Coelestischen. Was auch für den Mann als Haupt gilt: »Und seid einander untertan in der Furcht Christi« (Eph. 5, 21) ... »Denn wir sind Glieder seines Leibs. Um deswillen wird ein Mensch verlassen Vater und Mutter und seinem Weib anhangen, und werden die zwei ein Fleisch sein. Dieses Geheimnis ist groß; ich rede aber von Christus und der Gemeinde« (Eph. 5, 30–32). Item, der ehemalige Stern- oder Fremdherrschaftshimmel wird nun der Intention nach vom Corpus Christi ausgefüllt, gerade mit ganz anderem *Maß und Ziel* als dem kosmisch vorhandenen oder angeblich vorhandenen: »Dadurch soll der Leib Christi erbaut werden, bis wir alle hineinkommen zur Einheit des Glaubens und der Erkenntnis des Gottessohns, zur Reife des Mannesalters, zum *vollen Maß der Fülle Christi«* (Eph. 4, 12 f.). Die Elemente W und M, gar dasjenige zwischen ihnen, was man die Mondwildnisse der Liebesnacht genannt hat, all dies brennend-Solare samt seiner nicht eben jesuanischen Auflösung hat in solchem Ehesakrament allerdings keinen Platz oder nur verschwiegenen. Auch gilt die letztgenannte Epheserstelle nur indirekt oder allegorisch von dem einen Leib und seiner Gemeindefigur in der Ehe; direkt (denn unus christianus nullus christianus) wird hier das Corpus Christi *Kirche* apostrophiert. Und doch hat genau die Imago: christförmiges Menschenpaar genauso viel, wie sie an äußerer Höhe verloren hat, an nicht nur innerer Tiefe gewonnen. Die keineswegs ausgetragene Spannung zwischen panhafter oder aber pneumatischer Landung zeigt dergestalt gerade auch in Erotik und ihren großen Bildern ihren Gehalt; sogar beim gleichen Dichter. Shakespeares Antonius-Kleopatra-Liebe führt sehr hoch, rührt Helios und Selene an, jedoch Shakespeares Othello-Desdemona-Liebe hat in sich ein Stück von anderem Reich: »Sieh, schon wollen die Plejaden das Meer *berühren*«, so spricht, singt Othello den Introitus zur Liebesnacht; der Raumspektakel hört in dieser Liebe auf, die Welt wird tief. Hier doch erscheint eine Prävalenz des *Pneuma* in einem Sakrament, wo zwei Menschen in der Unio nicht etwa so groß werden wie die ganze Welt und doch diese als gestirnter Rahmen der Liebe noch bleibt. Das auch bei noch so anders betretener Tiefe des neuen, ausziehenden, nicht nur von Venus geführten Gehalts.

42   WIEDER LOGOSMYTHOS
ODER MENSCH UND GEIST:
FEUERBACHSCHES, CUR DEUS HOMO,
CHRISTLICHE MYSTIK

Das Unsere glimmt doch

Wer immer aber auszieht, kommt von einem Innern her. Ist dieses erst schwach und glimmend, kann es sich vom Äußeren rundum kaum abheben. Wenn das Außer-uns gar zu übermächtig entgegentritt, bleibt nur übrig, sich ihm zu fügen, hinzugeben. Das Selbersein aufgebend, das ohnehin noch kaum entwickelt ist, sich ja auch im umgebenden Clan noch weniger als vom Seinsdruck überhaupt absetzen kann. Ein sogenannter Wilder, dem von der Seele erzählt wurde, fand so etwas gar nicht in sich, schon deshalb nicht, weil es unsichtbar sein sollte. Aber er zeigte auf einen Vogel, der gerade vorbeiflog, wohl den seines Stammes und rief, da fliege seine Seele. Das war noch freundlich ichlos, vielmehr ungemerktes Innen mit sich führend, entführend, doch wie so gar nichts wurde der Mensch als ein vom Draußen unfreundlich angefaßter, bei Blitz, Donner, Sturm oder ständig unter Raubtieren. Und trotzdem zieht auch da schon die Spur eines ausschließlich menschlichen Einsetzens herauf, eines schlimm oder gut Beseelenden, wie es ohne den Menschen im Donner, in der Nacht, aber auch im Licht nicht so war. Indem von der ersten menschlichen Frühe an zu zaubern versucht wurde und das noch im Beten so gedämpft wie neuglühend weitergehen konnte, hat man von Anfang an sowohl ein Besprechendes wie ein Ansprechbares ins Äußere rundum gerufen. Das bei noch so wenig erfaßtem Innen der Menschen, ja gerade deshalb wurde der eigene Anteil so lang nicht bemerkt. Dabei rief er selber in ein Droben, obwohl doch schon die äußeren Geister sehr in der Höhe, ja gestirnhaft erscheinen mochten. Gefürchtete, mehr noch geliebte Vorstellungen befruchteten ein sonst nicht religiös zu nennendes Feld. Gilt das sogar für den ersten sich fromm fühlenden Aufblick zu Sonne und Mond, wie sehr erst gilt es für alles Menschgemäße im Ungemeinen. Wie er sich für allzu viel jenseitiges Licht geradezu entschuldigt und zu den Hirten auf dem Feld spricht: »Fürchtet euch nicht.« Ist es soweit gekommen, dann tritt der menschliche Teil im Aufblicken überhaupt nicht mehr zurück.

Feuerbach und das »Anthropologische«

Das Drinnen, das sich so aufmacht, hergibt, ausschmückt, ist vor allem wünschend. Hier stimmt es nicht, ein Sperling in der Hand sei besser als eine Taube auf dem Dach. Auch wo die Not ausfällt, die mit Manna traumspeisen läßt, bleibt ein weiterer Hunger, der sich in einer Ferne vorstellt, was er in der Nähe nicht hat, und sich dafür empfänglich macht. Die Bilder davon sind zweifellos mit der Farbe ausgemalt, die die Schlechtweggekommenen an ihren Herren und deren Tafeln sehen, und sie dienen dann großenteils zur Ablenkung von der *eigenen* Armut, zu jenseitiger Vertröstung. Aber das religiöse Übermaß dieser hinüber verlegten Bilder mußte immerhin in einem entbehrenden und trotzdem hochbegehrenden Innen gemacht sein, um sich dermaßen überhaupt in ein Drüben verlegen zu lassen, wo es doch nicht vorkommt. Die bloße Armut ist am wenigsten ein großer Glanz von innen, wohl aber muß doch ein reichlich phantasiehafter Glanz in den entbehrenden Menschen vorhanden, das heißt objektiv un-vorhanden sein, um sich überhaupt erst an ein Jenseits ihrer – verschleudern zu lassen. Sonst fehlte ja das Material, das den jungen Hegel, in »Positivität der christlichen Religion« mit so viel *subjekthaftem Logos* sagen ließ: »Außer früheren Versuchen blieb es unseren Tagen vorzüglich vorbehalten, die Schätze, die an den Himmel verschleudert worden sind, als Eigentum des Menschen wenigstens in der Theorie zu vindizieren – aber welches Zeitalter wird die Kraft haben, dieses Recht geltend zu machen und sich in den Besitz zu setzen?« Und so denn – recht viel Etagen darunter, doch durchgehalten – folgte dann Feuerbachs versuchte Rückgabe des Himmlischen an den Menschen, – freilich an einen bereits als vorhanden gedachten. Es folgte die »anthropologische Kritik der Religion«, der Götterbildung, dieser zurückzunehmenden Entäußerungen unserer eigenen Welt. Sie sind bloße Menschverdopplungen und hinüberverlegte Hypostasen: allerdings aber von Wunschinhalten, wie sie die bisherige Trennung des Menschen von seinem »Wesen« so voraussetzen wie mythisch – allzu mytisch aufheben wollten. Jedesmal ist der Gott nach dem Ebenbild seiner Verehrer beschaffen, grausam oder liebevoll, tunlichst unbeschränkt, raunend als Erde, strahlend als Sonne, unsterblich und den Wechselfällen des Geschicks möglichst entronnen. Derart Feuerbachs Zurücknahme ad hominem, den Kirchengott, implicite auch das pure Droben des Astralmythos anthropologisch entzaubernd, zugleich aber aufs Subjekt bringen wollend. Darum Feuerbach immer wieder: »Der Mensch glaubt Götter nicht nur, weil er Phantasie und Gefühl hat, sondern auch, weil er den Trieb hat, glücklich zu sein. Er glaubt ein seliges Wesen nicht nur, weil er eine Vorstellung der Seligkeit hat, sondern weil er selbst selig sein will; er glaubt ein vollkommenes Wesen, weil er selbst vollkommen zu sein wünscht; er glaubt an ein unsterbliches Wesen, weil er selbst nicht zu sterben wünscht. Was er selbst nicht ist, aber zu sein wünscht, das stellt er sich in seinen Göttern vor; die Götter sind die als wirklich gedachten, die in wirkliche Wesen verwandelten Wünsche des Menschen; ein Gott ist der in der Phantasie befriedigte Glückseligkeitstrieb des Menschen« (Über das Wesen der Religion, Werke 1851, VIII, S. 257). Ersichtlich und lehrreich bei alldem wird: Feuerbachs Einbruch in die Religion, vorzüglich in die christliche, gibt den christlichen »Schätzen« im Jenseits-Tresor eben einen Vorzug vor den bedeutend weniger mensch-analogen der heidnischen, der überwiegenden Gestirndienst-Religionen. Deren Material ist in Feuerbachs »Anthropologisierung der Religion« selber viel schwerer auf »Glückseligkeitstrieb der Menschen«, gar auf einen »Wesenstrieb seiner selbst« redressierbar. Demzufolge sind auch die meisten Enthimmelungen bei Feuerbach aufs »Wesen des Christentums« bezogen, nicht auf Gestirndienste (denen sich der Anthropologist sinngemäß erst in späteren Studien zugewandt hat). Selbst der »schwüle Liebestau« (Marx) der Feuerbachschen Humanisierung wäre nach einem Einbruch in Marduks, gar Vitzliputzlis Götzenladen kaum entwendbar gewesen; um vom Eritis sicut deus zu schweigen.

Es fällt auf, daß der so zurückgeholte Mensch hier trotzdem recht still aussieht. Feuerbach denkt, was die Trennung von unserem Wesen angeht, noch nicht gesellschaftlich, die ökonomischen Wurzeln dieser Selbstentfremdung bleiben unberührt. Aus gleichem Grund bleibt »der Mensch« hier ein so allgemeines wie statisches Genus; er erscheint nicht als bisher sehr variables Ensemble gesellschaftlicher Verhältnisse« (Marx). Weiter fällt auf, daß der Terminus Mensch, gerade nachdem er durchs »Ensemble gesellschaftlicher Verhältnisse« gewiß nicht erschöpft ist (auch bei Marx nicht), bei Feuerbach nicht tiefer durch den Einbruch in seine eigenen jenseitigen Hypostasierungen bereichert ist. Feuerbach führt, wenn er diesseitig-wunschbildend, idealisch sozusagen, vom endlich hiesig gewordenen Göttersein spricht, den homo homini homo wenig über ein liberal zuhandenes Wunschensemble hinaus. Nur hat keiner eben entschiedener als Feuerbach die ins Jenseits übertragenen menschlichen Wunschbilder als die des Menschen von sich selbst umzuadressieren versucht. Keiner, so läßt sich mit übertreibender Deutlichkeit sagen, war sogar, malgré lui, der radikalen Menschlinie im Christentum *methodisch* verpflichteter. Deshalb, zu diesem

Ende, ist Feuerbachs bloßes Menschgenus bei ihm selber durch so mächtige *Subjekt-Feier* überboten, wonach sie ja auch das aus dem Jenseits zurückgeholte Menschliche nun doch nicht so allgemein-bürgerlich, ja auch nicht nur als naturalistisch-dies-seitig faßt. Involviert doch genau eine *Wunschtheorie* der Reli-gion einen *überschreitenden* Akt darin, einen utopischen, der auch dann im Subjekt nicht abdankt, wenn all seine hyposta-sierte Jenseitserfüllung Illusion ist. Desto reicher vielmehr der Rang des seiner selbst bewußt und mächtig gewordenen Sub-jekts, gerade auch über der Natur, nicht nur in einem zerstobe-nen Jenseits. Enthüllt sich doch dessen Wunschbildnerei durch-aus als eine aus pur-menschenhafter Potenz, als einer nicht über-natürlich, doch innernatürlich durchaus transzendierenden. So zuguterletzt Feuerbachs Satz: »Der Glaube an das Jenseits ist daher der Glaube an die Freiheit der Subjektivität von den Schranken der Natur – folglich der Glaube des Menschen an sich selbst« (Das Wesen der Religion, 1845, Werke VII, S. 252); und weiter sogar: »Das Geheimnis der Religion ist das Geheimnis des menschlichen Wesens selber.« Womit sich nun Feuerbach, trotz seines vermeintlich statischen Menschgenus, fast auch im Vorhof eines homo absconditus aufhält, der sich noch nie von Angesicht zu Angesicht gesehen hat. Was alles zweifellos außer der Subjektivität auch dem Atheismus bei Feuerbach ein beson-deres Timbre gibt, zuguterletzt genau eines, das ohne das »anthropologisch« kritisierte Christentum gar nicht möglich gewesen wäre. Da ist bei Feuerbach kein ausschließlich entzau-berndes »Nichts-als«, kein »Nichts-als-Natur« in der illusionslos gesehenen, vom Jenseits befreiten Realität. Konträr: der Mensch hat dies Jenseits ja nur erfunden und mit erfundenen Wunsch-bildern, Wunscherfüllungen gefüllt, weil nichts als Natur ihm als Wirkliches nicht ausreicht und vor allem, weil sein eigenes Wesen noch keine Wirklichkeit hat. Dergestalt also ist Feuer-bachs Atheismus sowohl als Zerstörung einer entnervenden Illusion gedacht wie eben auch als anfeuernde Rückverwand-lung theologisch gemachter Entschränkungen in endlich mensch-liche. Feuerbach ist Aufklärung, indem er statt Kandidaten des Jenseits Studenten des Diesseits setzen wollte; wobei jedoch das Jenseits vorzüglich als die Nicht-nur-Chimäre eines »Reichs der

Freiheit« (der Kinder Gottes) gerade auch Kandidaten eines *besseren Diesseits* machen sollte. Der Astralmythos freilich hat bei Feuerbach für all das bedeutend weniger Raum als der christliche Mythos, gar sein Menschensohn hergibt; trotz aller Feier und Entscheidung fürs Diesseits als Natur.

Merkwürdige Begegnungen der anthropologischen Kritik mit mystischer

Was verfolgt folgt zugleich, wobei nicht immer Hassen ist, was hier ähnlich macht. Auch gibt es die bekannten Gegensätze, die sich berühren, vor allem wenn ihrer jeder auf die Spitze getrieben wird. Doch die hier nun gemeinte Berührung als die Feuerbachsche und die mystische ist noch anders beschaffen, nämlich von einer trotz allem christförmigen Wurzel her widerwillig, jedenfalls gegen die Abrede verwandt. Wie in Kap. 17 bereits gesehen, hat Gottfried Keller das wohl zuerst gemerkt, nach der Begegnung zweier entgegengesetzter Adepten dieser Art, im »Grünen Heinrich«, Kapitel »Der gefrorene Christ«. Ein Wanderprediger des Feuerbachschen ist abgereist, die Dispute dieses Freigeists mit einem nicht eben beschränkten Kaplan sind zu Ende, aber in Erinnerung daran liest der Kaplan, verblüfft, des Angelus Silesius »Cherubinischen Wandersmann«. Anthropologische Auflösung der Religion bei Feuerbach und bei Silesius: »Ich weiß, daß ohne mich Gott nicht ein Nu kann leben, / Werd ich zunicht, Er muß vor Not den Geist aufgeben.« Oder am Schluß des mystischen Barockbuchs, man weiß nicht, ob hinein oder heraus aus Gott: »Willst du weiter lesen, / So werde selbst das Buch und selbst das Wesen.« Keller läßt darum sagen, so nüchtern wie komparativ: »Alles macht beinahe vollständig den Eindruck, als ob der gute Angelus nur heute zu leben brauchte und es nur einiger veränderter äußerer Schicksale bedürfte, und der kräftige Gottesschauer wäre ein ebenso kräftiger und schwungvoller Philosoph unserer Zeit geworden«, scilicet, bei Keller, ein Feuerbach. Ja, weiter in anderem Text, das »Wach auf, gefrorener Christ« betreffend: statt des oberen Götzen und auch statt der äußeren Natur blickt genau der Umsturz Menschensohn durch. Zurück zu dieser rein christlichen Erbfolge, zurück ins vierte Jahrhundert, zur Auslegung des dies natalis bei Ephrem dem Syrer, maßgebend für die Ostkirche: »Heute hat die Gottheit das Siegel der Menschheit an sich gelegt, damit die Menschheit sich mit dem Siegel der Gottheit schmücke.« Zurück auch ins elfte Jahrhundert zum »Cur Deus homo?« des Anselm von Canterbury; wobei Anselm freilich für dies Cur die alte Bezahlung der Sündenschuld bemühte, dergestalt (cap. 17), »daß nur Gott diese riesige abtragen konnte, der Mensch aber sie abtragen sollte, weshalb Jesus der zahlende Gott und Mensch zugleich wurde«. Jedoch in Wahrheit brannte jenseits, vielmehr diesseits dieser alten Ablenkung gerade durch Anselm die Frage des Cur Deus homo, die Menschwerdung der Transzendenz zur immanentesten Immanenz weiter und äscherte, koagulierte, anthropologisierte eben den transzendenten Schein zur Wunschgärung unserer selbst. So »anthropologisch« hätte gar Angelus Silesius den Feuerbach und ganz gewiß den jungen Hegel gelesen. Angelus forderte ja analog die ans Jenseits verschleuderten Schätze ins nicht mehr verarmte Subjekt zurück: »Ich bin so reich als Gott, es kann kein Stäublein sein, / Das ich, Mensch, glaube mir, mit Ihm nicht hab gemein.« Wie immer auch das Feuerbachsche sich streckenweise in ein abstraktes Menschgenus verblasen, in Naturalismen einsinken mag, es trägt doch einen Funken des Subjekts, des aus Gott, aber auch aus einem bloßen Außeruns-Sein von Welt herausgeschafften, in die Pointe einer neu gemeinten, durchaus nicht kosmisch bleibenden Immanenz. »Mein erster Gedanke«, so resümierte derart der »Philosoph unserer Zeit«, mitten im mechanistischen Materialismus seiner Zeit: »Mein erster Gedanke war Gott, mein zweiter die Welt, mein dritter und letzter der Mensch.« Was schließlich bedeutet: die Kritik der Religion wurde damals mitten im Materialismus, nicht nur eine naturwissenschaftliche, sondern eben eine anthropologische, damit die wirkliche Blume aus der theologischen Illusion brechend. Das, wie zu sehen war, nicht ohne – Feuerbach selber übersteigende – Konkordanzen mit mystischer Häresie, qua Subjekt. Ist, wie Feuerbach sagt, das Geheimnis der Religion das des Menschen, dann ging so dieser, qua Wunschtheorie, auch als Ensemble *utopischer* Verhältnisse auf, noch nicht auf.

> Hier umbe bite ich got,
> daz er mich quit
> mache gotes.

Sich vor dem Draußen blind machen und halten, ist schlecht. Besonders wenn die umgebenden Dinge selber schlecht sind, falsch laufen. Das Wort mystisch aber kommt von myein, die Augen schließen. Nur: vor was wurden sie, wenigstens in der christlichen Mystik, geschlossen, vor Unerträglichem rundum, vor Druck von oben, als käme er so weg? Keinesfalls, die Mystiker, vom vierzehnten Jahrhundert ab, stammten aus höchst unzufriedener, aufbegehrender Laienbewegung, Volksbewegung, waren darin wachsend engagiert. Wurden demgemäß, oft schwer unterscheidbar, auch politisch, nicht nur kirchlich als Ketzer denunziert. Lollarden, Beghinen, die »Brüder vom freien, vom starken, vom vollen Geiste«, bis hin zu den Täufern, dann Hussiten standen zu jeder ihrer Obrigkeiten konträr. Bezeugten sich und das Ihre unabgegolten fort; nicht grundlos schließen Lenaus »Albigenser«, wohl als einziges Poem, mit den Worten: »und so weiter«. Myein, die Augen schließen, das bezieht sich derart, christlich-mystischen Ernstfalls, auf das Erwachen eines anderen Sinns, wie er ein elendes Draußen, ein im Elend haltendes Droben durchaus messen und verwerfen ließ. Und wurden vor dem Herrengott die Augen geschlossen, so genau deshalb weil er dem erwachten Menschensubjekt nichts Fremdes war, auch kein abgehaltenes, abhaltbares Objekt über uns. Sondern er galt einzig als unser tiefstes Subjekt selber, als der innerste *Zustand* (nicht: Gegenstand) unseres eigenen Elends, unserer eigenen Wanderschaft, unserer eigenen unterdrückten Herrlichkeit. So lehrte der Mystiker Sebastian Franck, der Thomas Münzer, auch nach dessen Ende, unter Gefahr Treue hielt: »Gott ist ein unaussprechlicher Seufzer im Grund der Seelen gelegen.« Die Herrlichkeit des Gemeinten, dermaßen unangelangt, stand einzig in der *Sehnsucht* des Subjekts, in der *Tiefe* dieses seines Grunds. Dem gleichen, *zwischen* Mensch *und Gott ununterscheidbaren* Grund, den Meister Eckardt vorher das »Fünklein, Bürglein, Kastell« des Menschgöttlichen, Gottmenschlichen genannt hat. Oder auch die »Synteresis« (das ist: wahre »Selbstbeobachtung«), worin sich das »aufgedeckte Angesicht« beider tauscht, sich als »Selbstheit«, »Selbigkeit« findet. Demgemäß eben Eckardt, im »Sermon von der ewigen Geburt«, den Christlogos betreffend, das *verborgene* Wort, das mitten in der Nacht kam, da *alle Dinge schwiegen:* »Seht, gerade weil es verborgen ist, soll und muß man hinter ihm her sein. Als Sankt Paulus in den dritten Himmel entrückt war, wo Gott ihm kund werden sollte, und er alle Dinge geschaut hatte und nun wiederkam, da war nichts von dem in ihm vergessen, nur war es für ihn so tief innen in dem Grunde, daß seine Vernunft nicht dazu gelangen konnte; ganz und gar drinnen, nicht draußen, sondern durchaus innen. Und weil er des gewiß war, darum hat er gesagt: *Ich bin sicher, daß mich weder der Tod noch alle Mühsal von dem zu scheiden vermag, was ich in mir finde.* Hierüber hat ein heidnischer Meister ein schönes Wort zu einem anderen Meister gesprochen: Ich werde in mir etwas gewahr, das erglänzt in meiner Vernunft; ich empfinde wohl, daß es etwas ist, aber was es ist, das kann ich nicht erfassen; nur soviel dünkt mich: könnte ich es erfassen, ich wüßte alle Wahrheit. Da erwiderte der andere Meister: Wohlan, da halte dich herzu! Denn könntest du das erfassen, so hättest du darin einen Inbegriff aller Güte und hättest ewiges Leben. In diesem Sinne äußert sich auch Sankt Augustinus: Ich werde etwas in mir gewahr, das meiner Seele vorspielt und vorleuchtet; würde das zur Vollendung und Stetigkeit in mir gebracht, das müßte das ewige Leben sein.« Voll von purem Logosmythos ist das alles, wie merkbar, mit einem »Innen«, das aber nicht in sich bleibt, sondern das draußen samt jedem noch astralischem Himmel durchbrennt, um des Großen Menschen rein bei sich selber teilhaftig zu werden. So jedenfalls ist kostbarste christliche Mystik, durch und durch ergreifend, *topisch-neu, utopisch-geladen mit dem Funken, der nicht untergeht.* Des Näheren, Nächsten aber: in diesem Subjektsein verbirgt sich hier der noch nicht herausgekommene Augenblick unserer selbst, das ausstehend-präsente wirkliche Jetzt und Hier, »Nunc stans« (Augustin) des Wesens, zu dem wir in Verwandlung sind. Der Unterschied dieses

ebenso weltsprengend ausgerichteten zum allemal weltkonfor-
mistischen Astralmythos wird damit ganz extrem, eben vom
christlichen Stifter her, dem Menschengesicht, nicht Sonnenkreis.
Das trotz einiger unaufgelöster Hochdroben-Reste, zuweilen
auch bei Eckardt heißen sie dann der »übergotte Gott«. Als wäre
das Nächste der Mystik nun doch auch sehr fern und wäre sehr
hoch im Raum statt ganz tief drinnen *im noch verborgenen
Augenblick* der noch nicht einmal zeithaft gewordenen, sondern
sich erst zeitenden Zeit. Indes: Eckardts »übergotter Gott«, diese
»höchste Finsternis, in der das Licht wohnt«, soll ja gerade wieder die verborgenste menschliche Inwendigkeit sein, der Stall,
worin das Wort geboren wurde, Christus als das Lösewort auch
vom Vater-Herr, vom Sternmantel, vom Schicksal höchst droben. Klein, nämlich statt Kosmischem in wärmste Menschennähe
und Wachstum geschlagen, klein wird so bei Eckardt der Logos,
der nicht nur inkarnierte, sondern inhominisierte: »Was nicht
der Himmel umschloß, das liegt nun in Mariae Schoß.« So
wurde diesen Christen das vom Menschensohn gelehrt: ihr auf-
steigendes Subjekt, aber auch ihr gesprengter, niedersteigender
Himmel. Et lux aeterna luceat eis: es wurde an diesem inneren
Transzendieren ohne außermenschliche Transzendenz contra
omnia saecula saeculorum mystisch angezündet.

WEITERE LOGOSMYTHISCH BEWIRKTE FOLGE: 43
PFINGSTFEST, VENI CREATOR SPIRITUS,
NATURLOSE REICHSFIGUR

Ahne und Ziel

Was aufrecht geht, hat dadurch den Kopf oben. So kann dieser
frei umherblicken, freier jedenfalls als wenn er durch den Druck
des Leibs nach unten gepreßt, ja ins Umsich immer nur eingebunden ist. So wirken beim aufrechten Gang auch die von langher gegebenen Umstände des Umgebenden weniger bindend;
schon deshalb, weil in sie mit den Händen, den nicht mehr zum
Gehen bestimmten, eingegriffen werden kann. Allmählich löst
sich der Mensch, im Maß wie er arbeitet, nicht nur hinnimmt,

sammelt, Vorgegebenes zur Nahrung und Behausung benutzt, von der Treue zum Überkommenen los. Schließlich vom *Woher* dieses Überkommenen, es durchs nicht erinnerte, sondern frisch überlegte und so sich orientierende *Wohin* ergänzend, wo nicht sprengend. An Stelle des Ahnen und seines zurückbiegenden, einhergehenden Kults tritt so wachsend das durchaus nach vornhin gesetzte Zielhafte und ein sich nicht einbettelnder, sondern beschwörender Kult. Als einer, der gerade von gewohntem Brauchtum sich freimacht, daher nicht so sehr Kult ist als ein Cultivare, Bauen, neu Bauen. Dergestalt wird aber auch möglich, daß nicht nur der Ahne des Stamms zurücktritt, sondern auch alles bisher Gewordene, was er bewirkt hat oder haben soll. Der Anfang, der alles setzende oder aus sich heraus entlassende tritt vor dem weiter Entspringenden und so nicht Gesetzten, sondern Werdenden zurück. Damit wird noch nicht die vorhandene Welt durchstoßen, gar verlassen, doch sie wird im Fluß gesehen, ob auch noch in einem in sich zurückkehrenden, kreisförmigen. Eine Mündung, gar ein Sprung, gar ein durch die Menschen geschehender zum nirgends gewordenen Ziel hin: das *keimt* erst in religiösen und reflektierten Abkehrungen vom alt Gesetzten, schließt es aber nicht mehr starr aus. So gibt es mitten im noch so alt hergebrachten Pan das heraklitische Bewußtwerden, daß alles fließt, so läuft Feuer, obgleich noch als ebenso stehendes, und verzehrt das Ahnenhafte, das urgesetzte Ein für Allemal von Welt. Ein Ziel fehlt hier noch, indem letzthin hier alles wiederkehrt wie gehabt. Aber was wäre ein Fluß, der letzthin nicht in einem anderen mündete als in dem, was er schon ist? Also wurde immerhin der Platz eines Wohin offen, ob auch ein selber noch lange statisch gehaltener, worin das Woher sich bereits auskennt. Trotzdem entwickelt sich etwas von einem kaum bemühten Anfang weg und kann in der Folge als entwickelbar gedacht werden.

Die sich vorbereitende Spannung von Anfang, Weg, Ende (vgl. Kap. 15)

Auch wo der Beginn als schaffend geglaubt wird, erscheint das Nachher kleiner. Dann nämlich, wenn das Erste, das Ur-Eine so hoch steht, daß alles, was sich daraus entfernt, nur noch abnehmen kann. Keine Schöpfung durch einen Urvater, doch Ergüsse aus einem Urlicht waren in der neuplatonischen, dann gnostischen Emanationslehre gedacht. Aber auch diese weltbildenden Lichtgüsse waren eben herabstürzende, mit der Entfernung immer schwächer und dunkler werdende, und das einzige Ziel hierbei war Rückkehr, Rückstieg durch die Welt zu ihrem Quellgrund. Diese Alpha-Betonung geht auf Platon zurück, wurde freilich aber schon in der älteren Akademie, bei Speusippos, durch Weg-Betonung, nämlich evolutionistisch, hintangelassen. Der Emanation trat so, von Aristoteles hin zu Leibniz, zu Hegel, die scharfe Unterwegs- und Hervorbringungstheorie der Evolution entgegen. Wonach also das Ur-Eine samt seiner Vollkommenheit nur das Endprodukt, nicht der Ausgangspunkt der Entwicklung sein könne, ihr Anfang dagegen nur das Unbestimmte, Unfertigste sei. Eines, das noch Platons *suchendem* Eros näher steht als der darin gesuchten Ideenschau, gar der fixen Vollkommenheitsidee jenseits allen Werdens. Völlig unberührt von Bibel drückt sich also zwischen den Begriffen Emanation und Evolution hier die Spannung zwischen Anfang, Weg, Ende griechisch-philosophisch aus, und das Alpha der Dinge ist sub specie evolutionis am wenigsten perfekt. Selbst in der so wesentlich emanatistischen Gnosis, mit ihren Lichtgüssen einzig von oben herab, ihren puren Himmelseimern aus Sonne- und Mond-Aeonen, selbst dort, bei Basilides vor allem, heißt der Urgrund auch der samenhafte, noch nicht seiende Gott. Nicht nur kosmogonisch also, sondern theogonisch selber, sich zu einem Omega erst entwickelnd, ging es danach auch in gnostischen Betrachtungen her. So merkwürdig machte sich also auch im antiken Denken, dem doch futurische, gar messianische Intentionen fast alle fehlen, das schwer Vereinbare von schon urseiendem und sich erst eschatonhaft erlangendem Vollkommensein geltend. Wie erst, wenn die Sache Alpha-Weg-Omega in höchster Schärfe, also biblisch auftritt, zwischen Weltschaffendem und Weltlösendem. Wenn statt der *Emanation* (mit dem Archetyp: überfließendes Licht) *Schöpfung* behauptet wird, und statt, mindestens außer der *Evolution* ein Sprung, ein *Exodus* ins ganz Neue statthat (mit dem Archetyp: Auszug aus Ägypten). Da kann das Prinzip, das die Welt geschaffen haben soll, nicht das gleiche sein, das aus dieser Welt wieder herausführt; auch der Sündenbock Paradiesschlange enthob den mythischen Schöpfer nicht von der Verantwortung für sein Werk. Dagegen, wie gesehen, das Prinzip der unverleumdeten Schlange, sodann auch des Numen, das von sich sagt: »Ich werde sein, der ich sein werde«, das futurisch Neue bei Propheten und dem Neuen Testament – all das setzt doch keinerlei Verträglichkeit mit einem Vatergott, keinerlei Rückkehr eines erhofften Omega in einen hypostasierten Deus creator. Bezeichnend daher: jegliches Unzufriedene wie jegliches fordernd Antizipierende in der Bibel, »Kanaan« immer weiter in das bisher Ungeschehene, Uneingelöste verlegend, kennt entweder den Schöpfungsmythos nicht oder setzt ihn zugunsten einer apokalyptisch sprengenden Rettungsutopie buchstäblich zuguterletzt. Mache man hierzu wieder Gebrauch von der Bibelkritik, nun zu metaphysischem Zweck, so erscheint dann nämlich das Alphahafte selber als keineswegs ursprünglich, sondern als eingefügt, das Futurische aber, besonders die Erzählung vom Auszug aus Ägypten, ist in Text wie Sinn früher, älter als die Schöpfungsgeschichte. Jachwe, der Israel aus Ägypten herausgeführt hat, darin steckt das Urbekenntnis Israels, das Thema Schöpfung dagegen ist, wie Noth feststellt, »erst in einer der literarischen Niederschriften hinzugekommen«, wesentlich in der Priesterschrift, »scheidet also aus dem Bereich der vorliterarischen Pentateuchbildung aus« (Martin Noth, Überlieferungsgeschichte des Pentateuch, 1948, S. 48 ff.). Die Schöpfungsgeschichte, als solche Jachwe = Ptah betreffend und so nicht israelischen sondern überwiegend ägyptischen Ursprungs, dient nun im Priesterkodex als Vorbau besonders antiquarischer Art. Und das gewiß auch, um aufgekommene Zweifel nicht nur an Jachwes Güte, sondern genau so an seiner Kraft kleinzumachen. Das ganz deutlich, in der Einschüchterung, die der Jachwe noch im Buch Hiob aus sich als Schöpfer ziehen läßt: gegen den Erdenwurm, wo war er, als Gott Himmel und Erde schuf? Bis gerade das Prophetentum dergleichen wachsend an den Rand drängte (Jes. 45, 12), schließlich statt des Altvaters Werke, statt des gelungenen Kosmos, eben mit dem immer noch Astralmythischen dahinter, auf neuen Himmel und neue Erde (Jes. 65, 17) hin utopisierte. Genau das Übermächtige an den Legenden des Anfangs trat vor dem sehr *Menschnahen* eines nun erst wirksamen Messianismus zurück, wie es sich nur mehr futurisch versteht. Gerade in elenden Verhältnissen saugte hier also, statt angeblich geschehener Urbildung ein noch ungeschehenes Ziel an, dem ganzen Jachweprodukt vorhandener Welt so überlegen wie das unter Kanaan Gemeinte dem als »Ägypten« Erfahrenen überlegen war. Ein Logos dringt so, auf prophetischer, nicht mehr regressiver Stufe, mit ganz anderer »Evolution« an; auch sonst ohne viel alte Schläuche für den neuen Wein.

Pfingstfest, die Schöpfung, übertragen auf: Veni creator spiritus

Auffallend hierbei, wie nahe sich Schäumen und jener Geist, der über einen kam, berühren. Was da in Zungen redete, war so undeutlich, daß nur der Besessene selber es verstand. Den Außenstehenden erschienen sie »voll des süßen Weins«, und nicht etwa voll eines neuen Aeon, sondern eines sehr bekannten, heidnischen, orgiastischen. Trotzdem wird das Pfingstfest mit einer dieser bloßen »Erwachungen im Nervengeist«, nach Baaders Ausdruck, verbunden, zwar mit der Einschränkung des Apostels: »Wer in Zungen redet, bessert sich selbst, wer weissagt, bessert die Gemeinde«; doch immerhin: Besserung seiner selbst wird zugegeben. Und dazu vor allem eben, mit bisher ungewohntem Bogen, ob auch Scheinbogen, zum Mänadischen, gar Dionysischen: Teilhabe am heiligen Geist selber, dem sehr noch ausstehenden, wird gefeiert. »Und als der Tag des Pfingsten erfüllt war, waren sie alle beisammen an einem Ort. Und es geschah plötzlich ein Brausen vom Himmel wie eines gewaltigen Winds« (hier gleich Pneuma) »und erfüllte das ganze Haus, da sie saßen. Und es erschienen ihnen Zungen zerteilt, wie von Feuer, und das setzte sich auf jeden von ihnen. Und sie wurden alle voll des heiligen Geistes und fingen an zu predigen in anderen Zungen, wie der Geist ihnen gab, auszusprechen« (Apgesch. 2, 1–4). Das von allen bisherigen Ek-stasen Unterscheidende an diesem Text ist nun, daß sein Somnambulisches gar nicht als eine Jesus-Erscheinung (wie auf dem Weg nach Emmaus und am Tiberiassee) aufgezogen und verstanden wird. Vielmehr springt der Text, extrem logosmythisch, von Gott-Sohn zu dem Dritten des Gott-Heiliger-Geist, auch an den »Geist der Wahrheit« erinnernd (Joh. 16, 13), womit Jesus den Parakleten angezeigt hatte. Besonders folgenreich, nämlich höchst futurisch wurde aber dies ganze neue Pneumawesen durch die sogleich nachfolgende »Pfingstpredigt« Petri, den Propheten Joel zitierend: »Und es soll geschehen in den *letzten Tagen,* spricht Gott, da will ich ausgießen von meinem Geist auf alles Fleisch« (Apgesch. 2, 17). Folgenreich war das und vollends das sogenannte Pfingstwunder von allem Bisherigen an Schäumen abhebend, indem nun das wahre Pfingstfest in die »letzten Tage«, die Endzeit der menschlichen Geschichte verlegt wurde, somit – mit vollem Logos-Triumph – ein veritables (wahrhaftiges) »Zeitalter des heiligen Geistes« Platz haben konnte. Wie dann, selber später, der nicht recht akzeptierte Kirchenvater Origenes von einem »tertium Evangelium« als dem des heiligen Geistes sprechen konnte. Und endlich ja Joachim di Fiore, in voller revolutionärer Ketzerei, den puren *Herrschafts-*Aeon des »Vaters« gänzlich durch den bevorstehenden *Erleuchtungs-*Aeon des so unstaatlichen wie unkirchlichen Logos ablösen ließ.

Anders noch regt an Pfingsten genau wieder das mit Anfang und Ende auf. Näher regt das mit dem Vater auf als Schaffendem, unendlich groß, Ur-Schöpfer von allem, also auch von dem Übel, von dem er zu erlösen gebeten wird. Eifersüchtig auf jedes Prometheushafte, auf den Turmbau von Babel und was weiter damit zusammenhängt. Der rebellische Mensch wird da nicht nur im Buch Hiob einem kleinen Krug verglichen, der mit seinem Töpfer hadert, und so auch noch lächerlich gemacht. Aber nun läuft von Pfingsten her auch noch ein anderer Anruf des Schöpferischen und: eines ganz anderen Schöpferischen, ohne Pater omnipotens. Der Anruf lautet, in der Hymne des Hrabanus Maurus: Veni *creator spiritus* (so wurde er von Mahler bezeichnenderweise seiner achten als der Faustsinfonie vorgelegt, zugrunde gelegt). Die ursprünglich himmlische Kategorie des Creatorischen ist zwar durchaus darin geblieben, und sie wird auch nicht von der einzig übrig bleibenden, obzwar konträren Kategorie des *Salvatorischen* getrennt. Vielmehr fällt hier gerade im Creatorischen der Deus selber weg: was immer *wahrhaft* schöpferisch ist, hat als Subjekt den spiritus intus docens, den in uns sich ausgießenden – heiligen Geist. Gegenwärtig gesprochen: das *unendlich* Große eines *schaffenden* Anfangs verliert sich mit dem futurischen Veni creator spiritus ins *unendlich Kleine* eines lediglich bedürftigen, lediglich beginnenden Anfangs. Und er ist nicht ein für allemal prämundial als mythische Generalschöpfung, von der her es nur noch das ausgeschiedene, fertig Gewordene gibt. Vielmehr: das X des Anfangs ist dann, gleich diesem selber, überhaupt noch nicht geschehen, zieht noch durchaus unherausgebracht, unobjektiviert durch das rein zuständige Dunkel jedes Augenblicks, als dieses *Nicht-Da von Augenblick,* durch den Gang der Welt. Das Treibende zu und in diesem Prozeßgang als wirklicher »Evolution« eines sich selber noch verhüllten Ur-Anlaß-Moments zum Weltprozeß und seinen Experimentgestalten ist eben dieses sich suchende, noch nie bisher objektivierte Alpha in allem selber. Im Menschen und seiner Geschichte gelangt es an die entscheidende, die zum Nichts wie zum Alles, zur Vereitlung wie zur Erfüllung noch offene Front des Experimentum mundi, der Welt insgesamt als eines höchst laborierenden Laboratorium possibilis salutis. Das Unterwegs wie erst recht das Ende aber steht, statt irgendwo bereits abgeschlossen zu sein, wie etwa im Astralmythos und den ihm verwandten »ewigen, ehernen Gesetzen«, noch in dem riesigen Topos der Offenheit nach vorn, dem riesigen Zukunftstopos noch geltender objektiv-realer Möglichkeit von Geburten, Ausgestaltungen, probenden Erfüllungen. Eben im Zukunftstopos des in jedem Augenblick, in seinem sich noch völlig unmittelbaren, unvermittelten, unobjektivierten, unmanifestierten Jetzt und Hier fortlaufenden X des Anfangs. Und darin allein, in dieser nächsten Nähe und immanentesten Immanenz ist darum auch das Mysterium dessen verborgen, sich selbst verborgen, daß es überhaupt eine Welt gibt, wozu und zu welchem Ende es sie gibt. So steht dies Daseinsrätsel mitsamt seiner »Lösung«, der noch nicht gelungenen, am wenigsten in einer fernen prämundanen, supramundanen Transzendenz hoch droben; es gärt einzig im Ungefundenen des Augenblicks, genau als der noch immanentesten Immanenz. Ihr Nichtwissen um sich ist der wahre Trieb-Grund zur Erscheinung dieser Welt und ist gerade die Qual, das Quellen, die noch allzeit utopisch geladene Qualität ihrer Materie. Mit der wahren Welt gerade als noch ungeschaffener, *im Neuen wesender,* – zu gänzlichem Unterschied also von der gänzlich antiquarischen Mythologie eines Deus Creator am besonders hochvollendeten Anfang. Konträr: »Die wirkliche Genesis ist nicht am Anfang, sondern am Ende«, und erst an dem uns endlich adäquat informierten, realisierten Wohin und Wozu beginnt auch ihr Woher sich zu lichten, ins Ziel zu kommen. »So entsteht in der Welt etwas, das allen in die Kindheit scheint und worin noch niemand war: Heimat« (Das Prinzip Hoffnung, 1959, S. 1628). – Item, creatio est exodus, non est restitutio in integrum.

Nochmals Alpha mundi als wüst und leer.
Nicht Mond noch Sonne in der apokalyptischen
»Enthüllung«; Bild christförmiger Reichsfigur

So viel setzt sich von bloßem Anfang und nur Gewesenem ab. Das Dunkel des jeweils gelebten Augenblicks, als das sich nicht Habende, Innehabende, ist das Erste, immer wieder anstoßend, doch ebenso als noch nicht geschehen und gefaßt. Aller wirkliche Anfang ist daher ebenso noch zukünftig, lebt auch im Vergangenen als weiter vor-scheinende Zukunft in der Vergangenheit. Sowie die Zukunft selber, hier nach Seite ihrer Verhülltheit, durchaus das offen distrahierte Dunkel des jeweils gelebten Augenblicks und seiner immer erst im Schwange stehenden Inhalte darstellt. Das Daß in dem Dunklen: *daß* es überhaupt etwas gibt, das weiter durchs Seiende in lauter versuchten Vermittlungen, Herausschaffungen seiner intensiv treibende und prozessierende Daß, der Möglichkeiten-Horizont dieses noch nicht vereitelten, doch erst recht nicht gewonnenen Weltprozesses: solch ständiges In- wie Miteinander von unerfülltem *Daß-Anstoß,* von forttreibender *Tendenz,* von noch nicht realisierter *Latenz* markiert in jeder seiner differenzierten Erscheinungen die Unangemessenheit alles bisherigen Was und Etwas zu dem noch nicht identifizierten Ziel-Inhalt des ersten und so gewiß keine Schöpfung seienden Weltanstoßes. Jakob Böhme, mit seinem veritablen »Ungrund« am Anfang, sah hier tiefer als der riesige Ahnenkult, die interessierte Sechstagewerk-Apotheose des Priesterkodex. Und Schelling pointiert das weiter in einer fast unbekannten Minimalisierungsstelle des eigentlichen, das heißt uneigentlichen Alpha so tiefsinnig wie folgt: »Das unbefangene Sein ist überall nur das, was sich selbst nicht weiß; sowie es sich selbst Gegenstand wird, ist es auch schon ein befangenes. Wenden Sie diese Bemerkungen auf das Vorliegende an, so ist das Subjekt in seiner reinen Wesentlichkeit *als* nichts – eine völlige Bloßheit aller Eigenschaften – es ist bis jetzt nur Es selbst und soweit eine völlige Bloßheit von allem Sein und gegen alles Sein; aber es ist ihm unvermeidlich, sich selbst anzuziehen, denn nur *dazu* ist es Subjekt, daß es selbst Objekt werde, da vorausgesetzt wird, daß nichts *außer* ihm sei, das ihm Objekt werden könne; *indem* es sich aber sich selbst anzieht, ist es nicht mehr als *nichts,* sondern als Etwas – in dieser Selbstanziehung macht es sich zu etwas; in der Selbstanziehung also liegt der Ursprung des Etwas-Seins oder des objektiven, des gegenständlichen Seins überhaupt. Aber *als* das, was es Ist, kann sich das Subjekt nie habhaft werden, denn eben im sich Anziehen *wird* es ein Anderes; dies ist der Grund-Widerspruch, wir können sagen, das Unglück in allem Sein – denn entweder *läßt* es sich, so ist es als nichts, oder es zieht sich selbst an, so ist es ein anderes und sich selbst Ungleiches –, nicht mehr das mit dem Sein wie zuvor Unbefangene, sondern das sich mit dem Sein befangen hat – es selbst empfindet dieses Sein als ein zugezogenes und demnach zufälliges. Bemerken Sie hier, daß demgemäß der erste Anfang ausdrücklich als ein Zufälliges gedacht wird. Das erste *Seiende,* das primum existens, wie ich es genannt habe, ist also zugleich das erste Zufällige (Urzufall). Diese ganze Construktion fängt also mit der Entstehung des ersten Zufälligen – sich selbst Ungleichen –, sie fängt mit einer *Dissonanz* an und *muß* wohl so anfangen« (Schelling, Münchener Vorlesungen zur Geschichte der neueren Philosophie,

Werke, 1861, x, S. 100 f.). Hier geht es also um das Daß-»Subjekt« in seinem an und vor sich Sein, vor der Zuziehung des Seins: und dies Alpha tritt an die Stelle des ptahhaften und im biblischen Priesterkodex übernommenen Weltschöpfers. Schellings echt spekulativer, doch nirgends fabulierender Text gebraucht da bewußt anthropomorphe Metaphern, wie »Bloß-heit«, »sich Anziehen«, dazu vor allem die tiefsinnigen Modu-lationen dieses »Anziehens« kraft dessen möglicher Äquivoka-tionen wie Anziehen gleich Bekleiden oder aber gleich Gravi-tieren (zu sich selber), Angezogenes gleich sich Zugezogenes, Zufallhaftes, dem ursprünglich Anziehenden Ungleiches und so ständig dialektisch-Dissonierendes in der Was-, der Etwas-Reihe, zu denen es die »Selbstanziehung« des Weltanstoßes, die ebenso noch maskierende wie objektivierende, gebracht hat. Be-zeichnend weiter, wie die Schöpfungsgott-Reste auch noch bei Hegel halb abgelehnt werden, bei etwas kupiertem Anfangs-problem selber. Hier »entschließt« sich ein »Absolutes«, das zwar selber klein und wie Nichts einsetzt, bald jedoch die ganze Schöpfung ante rem in sich hat, sich in die Natur als Form des Anderssein zu »entlassen«. Entschließen und Entlassen, das ist zwar gleichfalls ein durchaus anderes als creatio, aber es enthält außerdem auch noch, statt der »Bloßheit von allen Eigenschaf-ten«, das alte großmächtige Ur-Alpha von Deus creator, hoch-majestätisch und voll fertiger Weltplanung durchaus. Denn wie könnte sonst dieses alte Unendlich-Große, auch wenn es nicht mehr wörtlich mit Fiat kreiert, immerhin noch die fürstlich ge-wordenen Emanations-Kategorien des »Sich-Entschließens«, des »Entlassens« kreieren. Wie anders mithin wirkt statt dessen das Exodus-Zeichen des Neuen ein, als das des Aufbruchs von einem bloßen Mangel-Alpha zur vollständigen Entfaltung, wie wich-tig mit Mensch und Unterwegs. Wie sehr wird dadurch auch ein allzu fertiger Kosmos mit seinen ewigen, ehernen, voll-kommenen Gesetzen und nichts Neuem nach seiner Schöpfung reduziert, ein Kosmos, den doch neben dem Schöpfungsmythos immer der Astralmythos mit seinem verabsolutierten Schöp-fungsprodukt geschlossen gefeiert hatte. Wie gar erst wird das Siehe-es-war-alles-gut samt heidnischem Kosmosjubel lädiert, wenn besonders hier, auf eigenste und nur ihm eigene Weise, der *Logosmythos* wieder eingreift, *nämlich chiliastisch. Zum Unterschied vom Astralmythos also, auch dem noch so tierkreishaft die Zeiten reglementierenden, brachte erst das Logosmythische geschichtliche Bewegung unerwarteter Art ins mundane Konto, ein Novum vor allem, das nicht von oben herab in den Sternen geschrieben stand.* Mit Augustin, dem Denker einer wandernden civitas Christi, beginnt erstmals auch im *Begriff* Weltgeschichte und ihr Eschaton. Am phantastischsten und radikalsten erschien solch Eschaton in dem ultimativen Endbuch Apokalypse mit ihrem Befreiungsruf »Das Erste ist vergangen« (Off. Joh. 21, 4), dies Erste zwar namentlich auf den Tod beziehend, doch insgesamt auf den alten Himmel mit Erde, worin auch der Tod ein Teil ist. Aufs Explosivste ist derart der noch so phantastisch gewordene Logosmythos gerichtet; er will genau apokalyptisch an den neuen Tag. Als einen, worin keine Sonne mehr zu scheinen hätte, sondern das Lamm und statt der Statik »Natur« das Eschaton »Reich«.

TROTZDEM: ASTRALMYTHOS WAR DIESSEITIG,   44
UNLEUGBARES ERBE IN SPINOZAS
DEUS SIVE NATURA, DEM PAN-THEISMUS.
CHRISTOLOGISCH MITWIRKENDES
NATURPROBLEM IN DER UTOPIE »REICH«

Manches Volle kam auf, indem man hinter ihm immer leerer machte. Und manches sehr Lichte wurde teuer erkauft, indem der Platz dahinter allzu rasch verkleinert, verdunkelt wurde. So bei der jähen Abdankung des naturhaften Um-uns, das einmal astralmythisch mindestens mitbedeutet war. Der abergläubische, sozusagen heidnische Zauber um Berg, Tal, Sturm, Gewitter, dann Bläue hernach ist passé, ist biblisch vor dem nicht so Lichtigen, mehr geistig Wehenden abgesunken. Aber auch das Um-uns der wirklichen Natur ist in seinem Ort abgesunken, als schlechthinniges Vorbei, Hinter-uns, Vorstufe, wo nicht Spreu, woraus das Korn, nämlich Leben, Mensch wesentlich heraus sind. Zu dieser Entleerung oder mindestens Verlegung des bloßen »Steinreichs« auf die unterste Schicht hat das eifernde Plus des reinen Logosmythos zweifellos viel beigetragen. Schon mit dem leicht zu übersteigernden Ruf, sich die Erde »untertan« zu machen. Als ein Knecht durchaus unten wird sie dann angesehen, weggeschoben, bestenfalls ist sie zu bloßer Topferde für unsere Wurzeln und nichts sonst verkleinert. Mond und Sonne sind auch nichts für sich oder haben eventualiter noch Eigenes außerhalb menschlicher Geschichte zu melden, wenn sie von vornherein nur dazu bestimmt sind, anderen »Geschöpfen« zu leuchten. Ausgemacht höheren als sie, die Sonne als Taglicht, der Mond als Nachtlicht fürs irdische Leben. Natur aber, die nicht so ihr vorgesetzten Zwecken aus anderer, aus anthropomorpher Schicht dient, wurde durch einen kirchlich darübergesetzten Logosmythos auch nicht etwa entzaubert, wie das allen Ernstes von der Kirche behauptet wurde. Als ob nicht die noch halb astralmythisch herstammende Ananke, die physische Notwendigkeit die erste mechanisch-geistfreie Naturtheorie gebracht hätte; gerade bei Demokrit, nicht etwa bei Thomas. Wogegen der Kosmos unterhalb, außerhalb des regierenden, des jetzt schon regierenden Logos gerade kirchlich nicht als entzaubert, sondern konträr als völlig dämonisiert erschien, voll von Spuk, wildem Jäger, offen für alles Unheil. Nicht grundlos galten daher christliche Philosophen wie Roger Bacon, Albertus Magnus, die sich auch der Natur zuwandten, im Mittelalter als verdächtig; gar Galilei wurde nicht als Entzauberer begrüßt, und Kepler kam wörtlich von einer »Harmonia *mundi*«, einem »Mysterium *cosmographicum*« her, nicht von transzendentem Logos. Zweifellos, die durchaus schlechthinnige, die rebus sic stantibus schon gesetzte Logos-Pointe hat auch einige weniger zu Transzendenz gewordene Ausnahmen. Sie sind in den zahllosen Naturbildern der Bibel, nicht nur des Alten Testaments, in der notgedrungenen Fülle von Gleichnissen, die aus Schönheit, gar Erhabenheit rein materieller Erscheinungen stammen. Die christliche Patristik kehrt sich fast durchgehend gegen einen gerade abstrakt-fanatischen Fleischhaß, Naturhaß der Gnosis. Thomas wiederum ist schon von Aristoteles her mit einem Materiebegriff vertraut, der die Idee (forma) bis zum Menschen, der Menschengestalt hin entelechetisch trägt. Erst von den Engeln ab und in der weiteren fiktiven Transzendenz soll hier der Anteil der Materie, mithin der letzte Anteil von Naturreich abbrechen; bis dahin gibt es bei Thomas durchaus nur »formae inhaerentes«, also materialisierte Formen, keine »formae separatae«. Ja es findet sich bei aller bejahten Apokalyptik, der auffallende thomistische Satz: »Gratia naturam non tollit, sed perficit«. Trotzdem aber fehlt auch hier jede nur mögliche *Landung* menschlicher Zweckreihen in Kosmischem, selbst in dessen möglichem Absconditum eigener Art; Natur überwölbt nirgends, wie in den Astralmythen, gar in den eigentümlich transparenten, ein Anliegen menschlicher Geschichte. Sie bleibt Vorbei, Vorstufe, »bestenfalls« eben in Weihnachten, Ostern, »bewußtlos«, auf unterster Seinsstufe, christologische Mysterien »mitfeiernd«. Und sagt auch Thomas: Gratia naturam non tollit, sed perficit, so ist dies Vollendetwerden hier doch nirgends eines, worin etwa, wie im Schlußteil des Faust, so etwas wie die Transparenz »Hochgebirge« vorkommt, die nicht vor, sondern außerhalb der Civitas dei liegende.

Bei späteren Denkern wird das am besten klar, wenn man auf ihr Ruhen sieht. Auf ihr Gönnendes sozusagen, was währendes Draußen und seinen Zauber angeht. Zunächst ästhetisch, im Hinblick auf sogenannte Kunstformen der Natur. Sie gehören zum Nicht-Ich, und der voll umarbeitende, voll den Menschen untertan machende *Fichte* hatte folgerichtig nicht einmal einen Blick für sie. Dagegen *Kant,* obwohl er kein Draußen außerhalb gar unabhängig vom erzeugenden Bewußtsein übriglassen wollte, wurde in den Gefühlen des Schönen, gar Erhabenen doppeldeutig. Es kam ihm primär nicht aus dem Plus menschlicher, »geistiger« Gebilde entgegen, sondern aus »Landschaft«, also aus »Naturschönem«. Ja, der Künstler selber war darnach in dem Maße genial, als er kein nach gemachten Regeln arbeitender, aber doch auch kein logoshaft-begeisterter, gar ein »Himmelsgünstling« war, sondern noch »schaffte wie die Natur«. Demgemäß steht auch das Naturschöne als Maß vor, wo nicht über dem Kunstschönen, obwohl Ersteres, selbst als gestirnter Himmel, gewiß nicht in alte Sternbilder entführte. Vielmehr soll vor allem das Erhabene in Natur, im Gewitter, im Meer, im Gebirge nur deshalb und dazu eines sein, weil es in einem so Niederdrückenden, wie davon Erhebenden uns eine »Ahnung unserer künftigen Freiheit« übermittelt. Also zwar zu einem Moralisch-Logoshaften im Menschen zurückführt, doch eben primär natur-fromm bleibt. Ganz umgekehrt freilich und wieder ohne Abstrich biblisch gerät nun diese Ordnung Natur–Geist bei dem radikalen *Panlogisten Hegel,* auch weit wieder über die bloß ästhetische Topik hinausgehend. Hier steht Naturschönes durchaus unter Kunstschönem; die Natur insgesamt soll nur ein »bacchantischer Gott« sein, »der sich nicht zügelt noch faßt , es sei denn sterbend. So wie die Erde insgesamt als »scheidender Riesenleichnam zu unseren Füßen liegt, vor dem Anhauch des Geistes« völlig zukunftslos geworden. So wie schließlich, nach einer allerdings extremen Stelle, die »einzige Wahrheit der Materie« sein soll, daß sie »keine Wahrheit hat«; eben nach Hervortritt der Seele, des subjektiven Geistes, dann gar des objektiven, des absoluten. Wie anders freilich, wie voller Immanenz gerade steht Hegels *Weltbau* da, wenn er sich trotzdem nicht als Bau des reinen Geistes, vielmehr stets als den des *Welt*-Geistes gibt. Mit jenen allemal diesseitigen Konkordanzen, die genau den scheinbar reinen Idealisten nicht nur zum ständigen Detaillisten machen, sondern gerade auch anders, nämlich im Großen und Ganzen, den größten – Kosmosdenker der Neuzeit, *Spinoza,* vertraut sein ließen. Von daher bei Hegel die schließliche »Kreuzung» vom subjekthaften »Fichte« und vom panhaften »Spinoza«. Von Anstoß der »Freiheit« und von umgreifendem, auch allzu umgreifendem Allraum der »Substanz« bei Hegel insgesamt. Spinoza aber ist als letzter europäischer Denker durchwaltet von astralmythischen Resten, oft auch kabbalistisch verkleideten. Das biblische, außernatürliche Jenseits fehlt durchaus, als wäre sein uns Böses, auch uns Gutes nie gewesen, es sei in falschen, inadäquaten Affekten und Ideen. Wie nirgends wurde »Natur« als völlig unpersönliches, ruhig autarkes Fatum in Gott hineingetrieben, ohne andere als Selbstursache in sich und mit keinerlei Zweck. Letzterer soll ja nach Spinoza zum völlig ausgeschiedenen Geschichts-, Logos-, gar Apokalyptikwesen gehören, fern vom »amor fati« des Naturweisen und der einzig adäquat seinsollenden Ruhe sub specie aeternitatis. »Substanz« mithin wird hier der letzte Hochbegriff der Weltsonne, die im Zenit steht, also in solchem Pan-theismus keinen Schatten wirft, in jenem ewigen »sequi ex«, das für Spinoza nicht nur euklidisch-methodisch sein soll, sondern die gleichsam selbstastralische Emanation des Substanzraums in die abgeleiteten Einzelmodi seiner Welt. In summa: alle Bewegung ist hier im Ganzen ebenso wieder Ruhe, ein Kosmos ohnegleichen hat den Logos jedes nur denkbaren Auszugs daraus wieder überboten, mit totalem Weltraumgott überwölbt. Zeitlos durchaus, endlos durch den ohnehin per se überfüllten Pan; dessen Raum ist bei Spinoza die noch erz-astralische Um-uns-Sphäre und nicht ausschließlich ein »Attribut« unter den unendlich vielen anderen der Allsubstanz. Das also macht im Spinozismus die stärkste Reprise von Kosmos wider offene Zeit, wider Auszugs-Logos vom Menschen her und um seinetwillen; nirgends ist ein eschatologisches Gegenzentrum statt des Weltzentrums ferner. Daher denn Goethe, mit Spinoza weltfromm, über dessen Gott: »Ihm ziemts, die Welt in sich, sich in der Welt zu hegen.« Und weiter, gemäß dem Gesetz der großen Zahl gleichsam, wonach dann mit Größe, mit der Tiefe von Größe selber alles an Pan absolut in Ordnung sein soll: »Denn alles Drängen, alles Ringen ist ew'ge Ruh in Gott dem Herrn.« Um den *Topos* der Natur im Pneuma, hauptsächlich aber um das Pneuma in einer *letzten Natur* geht es bei alldem nochmals: kurz, um das *Reich des doch keinesfalls nur in sich webenden Logos*. Daher denn allerletzt das Problem jener *völlig* umgetauften Natursubstanz, die vor allem einem eschatologischen Logos-Reich noch zuzuordnen wäre. Zuzuordnen statt des nur noch Wehenden, Unsichtigen »Noologischen«, Landlosen, Raumlosen und statt des inhaltlich ganz stofflosen Idealismus aus bloßer Idee von Idee, wozu dann gerade das wirklich herausgebrachte Wesen nicht nur der Um-uns-Natur, sondern der eigentlichen Welt-Substanz selber geworden wäre. Zweifellos nimmt die vorhandene Natur einen Platz ein, auf den sie selber nicht hingehört – in ihrer vorerst noch so riesigen Disparatheit zu den menschlichen Zweckreihen, gar zu deren ultimativ-futurisierenden Tendenzen und Latenzen. Diese sind zwar keineswegs auf Verschießen in einem Astralischen angelegt, in rein panhafter Landung. Doch ist die vom Menschen unabhängige Außenwelt ja jetzt schon, lange vor tieferer Vermittlung mit uns, lange vor möglicher »Humanisierung der Natur« keineswegs toto coelo zu uns, gerade zu unserem Tiefsten, disparat. Allein schon das schlichte Phänomen bearbeitbarer Rohstoff, das noch weit erstaunlichere Antwortphänomen von Naturschönheit, Naturerhabenheit zeigt weit Anderes als die nicht einmal kalte Schulter Disparatheit. Und eben auch der Goethe-Spinozismus, dieser sich nicht einmal als utopisch bewußte Pantheismus nimmt aus der Humanisierung seiner Allnatur Glücksbilder, als wäre diese natura sive deus – schon jetzt. Sicher aber kann nicht nur die Menschengeschichte, sondern mit genauem Abstand vom während Disparaten – der physische Weltvorgang und Gestaltenbau als Experiment gedeutet werden, als Probe auf ein noch unbekanntes, ungewordenes, ungelungenes Exempel dazu. Mit dem Baustoff Materie, nicht als bloßem verdinglichten Klotz, sondern gemäß der genuineren, der Aristotelischen, also noch lange nicht ultimativ-spekulativen Definition als das Substrat des noch »Dynamei on«, des »In Möglichkeit-Seins«. Wie aber erst hat genau der eschatologische, also nicht auf die vorhandene Welt bezogene Logos – trotz aller Verführungen zu rein spiritualistischer Weltlosigkeit – seinen neuen Himmel, gar seine neue Erde auf dieser utopisiert, ob auch mythisch. Ob vor allem auch als einer apokalyptisch gesprengten, doch eben auf dem Platz der Natur, worauf die alte nur nicht hingehört, aber ihr Topos ist gerade in dem völlig logosmythischen, indes nicht nur logosmythischen, sondern meta-*physischen* Eschatonbild: Neues Jerusalem geblieben. Ohne Mond und Sonne in der Bibel, mit dem Menschensohn als einziger Leuchte, und doch auf dem Boden wie im Firmament der zum »Reich« vernichteten, aber auch zu ihrer eschatologischen Wahrheit endlich enthüllt seinsollenden »Natur«. Das allein ist als die *letzthinnige Nicht-Alternative von Kosmos und Logos* in den Phantasmagorien, vor allem in den völlig neuen, konträren, das heißt durchaus dem Exodus verschworenen – *Genesisbildern* der Apokalyptik gedacht. Und demgemäß wirkt das rasende Modell Apokalyptik ebenso, als käme – auf so völlig anderer Ebene – auch natura sive deus endlich nach Hause, nämlich gutgemacht, wirklich »vollkommen« geworden. Ohne allen Mythos gesprochen: *die Welt als Heimat,* genau das, steht hier ebenso in Erbschaft der Um-uns-Welt wie im Novum der Heimat, die ohne die Bürgerschaft des aufgedeckten Angesichts keine Subjekte, keine Kerninhalte ihres Reichs hat. Wie fern freilich erscheint so etwas Entlegenes wie die Stimme von Patmos, wie das in der Konsequenz eines Menschenraums apokalyptisch Bedeutete. Wie ungeheuerlich ist da die Mischung zwischen rasender Phantasterei und Eingedenken dessen, was einzig als Urbs christiana statt Kosmos herauskommen könnte. Aber nirgends wieder ist gerade ein Omega der christ-religiösen Utopie, Weltuntergangs-, Neu-Kanaan-Utopie so untranszendent bei stärkstem Transzendieren gesetzt worden wie in Off. Joh. 21, 23 vom »Neuen Jerusalem«. Religion ist voll Utopie und Utopie durchaus deren zentralster Anteil, das Omega aus »freiem Volk auf freiem Grund«, aus civitas Christi in natura ut illius civitatis extensio. Gegen allen Doketismus des nichts als reinen Geistes, für die Verwandlung der Welt *als ganzer,* mit der der Mensch nicht mehr behaftet ist als mit einem Fremden.

KEINE PARALLELE, DOCH FOLGERICHTIGE   45
SELTSAMKEIT: DAS MENSCHENHAFTE UND DER
MATERIALISMUS BRECHEN BEIDE IN
»GÖTTLICHE TRANSZENDENZ« EIN,
SETZEN SICH STATT IHRER

Das Innen, das auch seelisch genannt wird, webt oft nur für sich allein. Ist mit dem Leib zwar eng verbunden, aber nicht so, daß es ebenso sichtig leibt wie es doch unsichtig lebt. Wie oft wurden Seele und faßbare, greifbare Stoffe draußen gar entgegengesetzt, als ein in sich Befindliches hier, als ein raumhaft ausgestreutes Außensein um den Menschen herum dort. Nur nach innen geht der geheimnisvolle Weg, heißt es idealistisch, nur der draußen liegende Stoff, ganz ohne Innen, soll den rätsellösenden Weg zeigen, heißt es materialistisch. Den also durchaus nicht geheimnisvoll bleibenden, vielmehr an die mechanische Wurzel führenden. Nun aber sagt gerade wieder Feuerbach, obwohl er doch ganz und gar nicht idealistisch bleiben wollte, im

Gegenteil auf den Satz zusteuert: »Der Mensch ist, was er ißt«, sein erster Gedanke sei Gott gewesen, sein zweiter die Welt, sein dritter und letzter – Mensch. Mithin etwas, das materialistisch gar nicht als Klärung, Erklärung angesehen wird, vielmehr als mechanisch erst zu Erklärendes. Indes auch Marx, noch unter Feuerbachs Einfluß, setzte »den Menschen« und die Erklärung aus ihm historisch als primär: »Radikal sein, heißt die Dinge an der Wurzel fassen. Die Wurzel aller Dinge aber ist der Mensch.« Und wenn dieses sein Motto später von Marx aus dem bloßen abstrakten Genus »Mensch« hervorgebracht wurde, wenn dieses Genus zum »Ensemble der gesellschaftlichen Verhältnisse« präzisiert wurde, so hörte gerade im ökonomischsozial erweiterten Materialismus menschbezogene Perspektive am wenigsten auf. Über den rein naturwissenschaftlichen Materialismus hob sich der historische, wie er zweifellos nicht nur kraft mechanischer Bewegung, sondern kraft menschlich geschaffener Produktionsweise dialektisch besteht. Jetzt aber weiterhin: ist das Nebeneinander, ja Miteinander von Anthropologischem und Materialistischem (»Seele« und Außenstoff also) nicht nur dann erstaunlich, wenn man – wie bürgerlich üblich – keinen anderen Materiebegriff als einen mechanischen kennt? Gar nur den eines Klotzes kennt (trotz der unterdes gekommenen subatomaren Energetik), ja eines nur insofern astralmythischen Rests, als wirklich kein Mensch, gar Menschensohn, in solcher Klotzmaterie Platz hätte. Jedoch der rein mechanische Materiebegriff ist nicht der einzige in der Geschichte des Materialismus, so wenig wie der damit verbundene »tote«, auf Druck und Stoß reduzierte, sicher qualitätslose. Auch nicht bei Demokrit, der die »Seele« immerhin aus eigenen, aus »Feueratomen« bestehen ließ, auch nicht bei Epikur, der in die Demokritische mechanische »Notwendigkeit« einen »freien Fall der Atome« einfügte, eine Abweichung vom mechanisch »geradlinigen Fall« also, aus sozusagen freiem Willen. Aristoteles gar brachte in den Materiebegriff den so wichtigen, erst seit kurzem wieder verstandenen Begriff des objektiv-real Möglichen ein. Wonach der Stoff außer dem, daß er das mechanisch Bedingende für den Eintritt der Erscheinungen ist, außer diesem kata to dynaton (»Nach Maßgabe des Möglichen«) vor allem auch das veritable dynamei on darstelle, das »In-Möglichkeit-Sein« selber. Leider nur erst als passives und bestimmungslos wie Wachs, in das erst die »tätige Ideeform«, gleich einer Petschaft, die jeweiligen Gestaltbestimmungen eindrückt. Doch sehr bald kam aus den Prämissen der Aristotelischen Stofflehre eine »Aristotelische Linke«, welche dem Materiebegriff das Passive nahm, ihm gerade das Aktive der prägenden Ideen einfügte: der Weltstoff ging so wahrhaft als mater-ia, als Mutter aller Dinge auf, als sich selbst befruchtende dazu, als autarke, sich selber genügende »natura naturans« der gesamten »natura naturata« oder Welt. Das besonders bei den arabischen Aristotelikern Avicenna und Averroës, gemäß ihrem Grundsatz: Entwicklung ist ausschließlich »eductio formarum ex materia«, – einer nun ersichtlich nicht passiven, qualitätslosen, bald auch *keines transzendenten Vatergotts mehr bedürftigen* Natur. So wurde von hier aus eine völlig immanente Weltsubstanz konzipiert, ihr »Leben« reicht von Paracelsus, Giordano Bruno, Spinoza bis Goethe. Und eine dem Menschen (als »uomo eroico« bei Bruno, als »vulcanus interior« bei Paracelsus) am wenigsten fremde, ihm im Kosmos korrespondierende. Ja eben als eine in die abgeschaffte Transzendenz sich eindrängende, ihr mindestens polemisch (kraft Pan-Theismus) teilhaftige. Eben Goethisch: »Was wär' ein Gott, der nur von außen stieße, / . . . Ihm ziemt's, Natur in sich, sich in Natur zu hegen.« Diese Art Natur sagt hier doch »nur mit etwas anderen Worten«, die natura naturans, wer sie sähe, sähe den Vater, sie und der Vater seien eins; gewiß nicht anthropologisch, doch durchaus transzendenzfrei steht hier sogar ein *Subjekt*, die Welt im Inneren bewegend, als Subjekt der *Natur*. Die von der Aristotelischen Linken gebrachte Einfügung der Materie in die schöpferische Form wurde daher von dem großen, doch rechtsstehenden Aristoteliker Thomas von Aquin, gegen Avicenna und Averroës, schärfstens abgelehnt. Statt der materiellen Immanenz im Höchsten lehrt Thomas: der »Erdenrest«, die »forma inhaerens«, das heißt die mit Materie versehene, reichte nur bis zum Menschen, bis zu dieser noch irdischen Einheit Leib–Seele. Sie entfällt bereits bei den behaupteten Zwischengliedern zwischen Mensch und Gott, den überirdischen Engeln also, welche eben pure »formae separatae«

sein sollen. Wie sehr erst ist das unter Gott, dem Himmelsherrn Gedachte, von Materie frei, indem diese keineswegs, gar noch als natura naturans, in seine autokratische Transzendenz eindringen darf. Also auch noch in den Schöpfergott und dieserart, wie später bei Spinoza, gewiß nicht als Menschensohn, doch als Pan gleichsam bekundend: ich bin an Stelle des Vaters, sub specie substantiae. Allerdings: hatte nicht sogar der radikale Transzendenz-Denker Plotin lange zuvor eine »hylē noētē«, geistige Materie sogar bis an die Stufen der höchsten Usia, Wesenheit reichen lassen? Und der diesem paradoxen Neuplatonismus nicht ganz fernstehende spanisch-jüdische Philosoph Avicebron (ein Denker, den genau Giordano Bruno wie einen Vorgänger zitiert) ließ durch seine keineswegs nur überirdisch gemeinten Engelsgestalten auch Erdgeister hindurch, ließ Materie gleichsam nur ungern vor seinem Gott Halt machen. Mithin: »Seele« oder das angeblich schlechthinnige Draußen von Materie, von angeblich a limine qualitätsloser dazu, bleiben auch in diesen Anklängen oder Halbgestalten eines nicht mechanischen Materialismus nicht nur Alternativen; ja Logos und Kosmos tauschen mindestens bei Avicenna und Averroës zuweilen – in *Antithese zur Transzendenz* – ihre anthropologischen, ihre pansophischen Gesichter. »Logos spermatikos«, diesen hatte übrigens schon die Stoa ihrem Kryptomaterialismus als Leben gebend und Ziel weisend eingefügt. Wenn auch der christförmig gewordene Logos niemals eben den vorhandenen nur astralmythisch absolut verehrten Kosmos als irgendein Omega beläßt; es gäbe sonst keine *Apokalypse* des Kosmos. Das unter dem Menschensohnhaften Ersehnte, Gedachte, utopisch Eingedenkende bringt selbstverständlich viel radikaler als je ein *utopisches Pan* in hypostasierte Transzendenz ein. Dringt von der Wurzel jenes Subjekthaften her ein, das, wenn es mit seinem jeden Status überschreitenden Licht brennt, auch naturam sive deum durchbrennt. Dennoch ist gerade rebellischer Atheismus durch Pan statt Deus bekannter geworden als durch ketzerisch-genuines, subjektgeladenes Christentum. Nur: das buchstäblich letzte Wort, in freilich nicht unverwandter Anti-Transzendenz (auch Emanzipation), hat nie der Spinozismus, mit seinem amor fati statt der Losung: »Siehe, ich mache alles neu.« Einer

Logos-Losung, die so weit noch über »natura naturans«, auch »Subjekt der Natur«, gar über altastralische Notwendigkeiten und Dependenzen hinaus ist.

VII. QUELLEN DES LEBENSMUTS

So treibt uns etwas heraus und an. Ist das schon ein Wer in uns oder genügt dazu, ohnehin lebendig, also hungrig zu sein? Bei Tieren und dem, was uns ihnen gleichmacht, hört das Hungern nach Speise, Partner, Schutz auf, sobald es gestillt ist. Bleibt nicht wie beim Menschen weiterverlangend, Umwege zur Sättigung machend, mit veränderten Mitteln, neuem Wohin und Wozu. Bereits das Hungern selber, dies erste Antreibende ist in uns nicht fertig, schickt weiter aus, schmeckt selber nach mehr. Bei Gefahr, auch noch das zu verlieren, was man gegebenenfalls hat. Auch bei nicht mehr schweifend unsicherem, sondern gerade bei seßhaft gewordenem Dasein wurden die Menschen wachsend neuer Dinge begierig. Das freilich verlangte auch eine neue Art Wagen, ein noch weithin ungedecktes. Sie kommt mit Feigem nicht aus, aber auch nicht, mindestens nicht nur mit Kampf und Vorwärts auf bereits ausgelernten Bahnen. Was in uns auf den Weg schickt, soll auf ihm bleiben, nicht auf ihm erstarren. Es gibt sonst gerade kein sättigendes Wohin, sich treu bleibend. Nicht von ungefähr steht der menschliche Kopf oben, und dem Besten, was er sieht, sieht er erst entgegen. Es sei denn, daß überhaupt nichts mehr geht und nur das Spiel davon nicht aus ist.

WORAN MAN SICH OFFEN HALTEN KANN 47

Was noch schwach ist, schwankt teils hin, teils her. Feiges kommt leicht hinzu, sagt nicht so und nicht so, damit nachher nicht gesagt werden kann, es hätte so oder so gesagt. Dem nicht immer entgegengesetzt gibt es neben der weichen Birne, die sozusagen nie auf etwas festzulegen ist, auch dasjenige, was einzig auf Numero Sicher setzt. Sein risikoloses Handeln ist dann jener Sache untreu, die mindestens nicht nur aus Sicherem besteht. Für die sich vielmehr eingesetzt werden muß, ja die ihre Ehre gerade im Bedrohten, noch Unfertigen hat. Womit sie den Feigen am wenigsten entgegenkommt, den jeweiligen Nutznießern jedes gemachten Betts. Wie aber sind erst die nur Gestoppten unter den Schwankenden verloren, wenn ihr Halt, den sie brauchen, selber keineswegs ein fertiger ist, keineswegs eine Münze, die bar gegeben und so eingestrichen werden kann. Passiert dieser Münze etwas, sinkt sie in veränderter Zeit nur ein wenig im Kurs, dann wird der Treue, der nicht mehr so zuversichtlich gesicherten, sogleich Gutenacht gesagt. Je bequemer, sturer, fertiger an einen nur noch auswendig zu lernenden Halt geglaubt wurde, desto bitterer hört der ganz auf, wenn auch nur ein Teil seiner schwindet. Was vorher so bergend schien, so fest wie ein Psalm, wird dann umgekehrt im blassen Lippendienst besonders windig. Der verbindet sich bequem mit dem ganz konventionell gewordenen Halt, mit den Vorschriften: Es stehet geschrieben oder: Die Partei hat immer recht und: An einem Herrenwort soll man nicht drehen noch deuteln. All diese Art von garantiertem Halt verträgt dabei jedoch keinen Stoß. Keinen Denkstoß vor allem; der Halt, den es zu viel hat, nämlich ein Ganzes ohne Kern und Schale, fällt dann auch als Ganzes um. Wogegen wirklicher Halt einzig im Suchen nach ihm, im unenttäuschten Ahnen seiner, in der Treue zum Weg und seinen Zeichen gedeiht. Nur ein Solches kann auch enttäuscht werden, ja muß es, um immer wahrer zu werden. Setzt freilich auch keine Unmündigen voraus, denen Ausgekochtes von obenher vorgesetzt wird. Unzufrieden sein, das bereits hält besser auf dem Weg, Hoffen dieser Art selber ist Hoffenden ein Halt. Das Beste muß tätig – ahnend im Kochen gehalten werden, damit dasjenige, was es erst verspricht, auch gehalten werden kann. Das dort uns noch Offene ist eben noch nirgends fertig geraten, falsches Füllen seiner gibt keinen Halt, woran man sich unbetrüglich, ohne desto größeren Sturz, halten kann. Ohne in die Knie zu sinken, ohne auf die Kreide fremder, falscher, gemachter Zuversicht zu zechen, ohne vom Hoffen durch vor-gesetztes sicheres Glauben abgetrieben zu sein. So als wäre irgendwo schon alles gut an sich, statt des Kampfes, den wir haben. Er wird selber noch nirgends zum Halt gebracht, ist also noch nicht entschieden. Außer in dem desto entschiedeneren Trotzdem, in dem erhalten Offenen, Gärenden, Möglichen des Wegs und dem Vor-Scheinenden darin. Woraus es immer ruft, ohne daß mehr zu glauben nötig wäre als an jenes Hoffen, das gleichzeitig unzufrieden, tätig, mit der objektiven Tendenz wissend verschworen und vorausgreifend macht, machen *kann*. Was weniger ist als ohnehin in guter, fertiger Hut zu sein, aber mehr und uns Menschen weit höher achtend als ein verordneter, also falscher Halt. Und auch als jede Art von fertiger, das ist fertig schöngefärbter Speise, die nur den wirklichen Appetit verlegt, den auf Mehr.

ECHTE AUFKLÄRUNG MACHT WEDER TRIVIAL NOCH HINTERGRUNDLOS

Denken läßt sich nichts vormachen, das gehört zu ihm. Bricht in doppelter Art auf, frisch beginnend, alten Dunst zerlegend. Nichts darf den Geist von rückwärts her binden, als gewohnt oder gar als Bann, der ergreift und hält nur wie eine Fessel. Umhüllt, gar geschmückt mit geheucheltem Herkommen und jener guten alten Zeit, die nicht gut war. Vor allem in Glaubenssachen schleppt sie zu viel Unechtes mit, erst recht zu viel Bindung an verjährte, leider auch noch unverjährte Herrschaft. Ein ganz Anderes aber wird freilich, sobald Unverjährtes als Unabgegoltenes erscheint, folglich nicht von Vergangenheit her bindet, sondern auf unserem eigenen freien Weg von der Zukunft her entgegenkommt. Dann kommt auch der Emanzipation und genau ihr an christlichen Bildern Mehreres ganz paradox bekannt vor: nämlich nicht mehr als kontinuierlich erinnert, sondern als neu begegnend, frisch sich verbindend. Statt der Historie und statt der Rückstände aus schlechter Entzauberung zeigt dann die Emanzipation selber ihre christologischen, ihre messianischen Züge. Dergleichen liegt weit über dem bloßen Erbe, etwa an den gewaltigen Kulturwerken, deren Gewalt wie Tiefe mit religiöser Ideologie und deren Überschuß verbunden sind. Die hier gemeinte Wiederkehr ist eine schlechthin autochthone; die Freiheit selber kann nicht umhin, Bilder aus dem Auszug aus Ägypten, aus der Zerstörung Babels, aus dem »Reich« der Freiheit in sich vorzufinden. Gewiß, Lenin bemerkt mit genauem Recht gegen schlecht Entzauberte, wie erst gegen Schmuggler mit reaktionärer Konterbande: »Es sind zwei verschiedene Dinge, ob ein Agitator so« (sc. in religiös überlieferten Begriffen) »spricht, um verständlicher zu sein, um seine Darlegung zu beginnen, um durch Ausdrücke, die der unterentwickelten Masse am geläufigsten sind, seine Ansichten realer hervortreten zu lassen, oder ob ein Schriftsteller anfängt, das ›Gott-Konstruieren‹ oder einen gottkonstruierenden Sozialismus zu predigen... Die These ›Sozialismus ist Religion‹ ist bei den einen eine Form des Übergangs von der Religion zum Sozialismus, bei den anderen – vom Sozialismus zur Religion« (Über das Verhältnis der Arbeiterpartei zur Religion, 1909). Das Recht dieser letzteren Leninschen Unterscheidung ist deshalb so genau, weil es unter Marxismusfreunden eben die schlecht Entzauberten trifft, die Hühner mit Eierschalen oder auch die halbschürigen, zwischen ihren zwei Körperteilen, der Kirche und der Partei, nur »dialogisch vermittelten« Kentauren. Damit unverwechselbar aber ist, wenn eine primäre Entzauberung in ihrer Gottlosigkeit, gerade in dieser, die alten religiös-rebellischen Archetypen antrifft. Mit dem Bedeuten, diese selbst aus allen Unterdrückungsmythen herauszuschaffen, sie aufzubrechen und dem selber Aufbrechenden, dem Aufbruch zuzuschlagen. Die bisherige Herrenkirche gewinnt dadurch gar nichts, im Gegenteil, sie hat die Ketzer ebenso gern, wenn nicht lieber verbrannt als die Atheisten. Verständlich, denn die Ketzer als Kritiker vor allem vom Urchristentum, folglich vom inneren schlechten Gewissen und ehemals guten Baugrund der Kirche her waren ihr zentral gefährlicher; so reagierte einst der Heilige Synod in Rußland auf den Import der Haeckelschen »Welträtsel« weit weniger bestürzt als auf Tolstois urchristlich-rebellisches Eingedenken oder auf Dostojewskis Fürst-Myschkin-Gestalt. Hier werden der Herrenkirche die inneren Bastionen niedergelegt, in ihrer eigenen Welt. Dagegen umgekehrt *erlangt* ja der Marxismus, obwohl er haufenweise mit dem Übergang des Christentums zur römischen Staatsreligion die Entstellung geteilt hat, durch die in ihm selbst implizierten Archetypen der »Freiheit«, des »Reichs«, des »beherrschten Schicksals« gerade seine wahre Erscheinungslinie, seine Fülle, sein Totum. Er erlangt es nicht durch den Positivismus oder Naturalismus des neunzehnten Jahrhunderts; denn dieser schloß zwar die Transzendenz aus, aber auch ein davon völlig Verschiedenes, ein Lebenselement des Marxismus: das Transcendere – nach vorwärts, den Prozeß. Und in diesem Prozeß, als der möglichen Befreiung und Identifizierung des Geschichte machenden Subjekts, sind die ehemals religiös bedeuteten *Freiheits-Archetypen* nicht die letzten oder eben – mit anderem Sinn, dem eines reflektierbaren Endziels – wirklich die letzten.

Durchgeführt aber werden sie von jenen, die jedes, auch des süßen Schwindels los sind. Erst recht konnten die Maulchristen nicht das Rechte tun: »Was dünket euch aber?, es hatte ein Mann zwei Söhne und ging zu dem ersten und sprach: mein Sohn gehe hin und arbeite heute in meinem Weinberg. Er antwortete aber und sprach: ich will es nicht tun, darnach reute es ihn, und er ging hin. Und der Mann ging zum anderen Sohn und sprach gleich also. Er antwortete und sprach: Herr, ja, und ging nicht hin« (Matth. 21, 28 ff.). Dieses Gleichnis gab Jesus dem Hohenpriester und den Ältesten der Kirche, mit dem Bedeuten: »Die Zöllner und Huren mögen wohl eher ins Himmelreich kommen denn ihr.« Und mit der Prophezeiung an anderem Ort: »An ihren Früchten sollt ihr sie erkennen . . . Es werden viele zu mir sagen: Herr, Herr! haben wir nicht in deinem Namen viele Taten getan? Dann werde ich ihnen bekennen: Ich habe euch noch nie erkannt, weicht alle von mir, ihr Übeltäter« (Matth. 7, 20 ff.). Die ersten Früchte, an denen heute wie jederzeit die Frohbotschaft erkannt werden kann, sind die einer wirklichen, selber ungeheuchelten sozialistischen Umwälzung; wobei nicht einmal der Baum, der sie trägt, auf dem herkömmlich religiösen Boden zu stehen hat. Er steht beim Neinsager, beim Atheismus, bei dem Subjekt, das außer der Furcht der Transzendenz die Schimäre Transzendenz losgeworden ist, einschließlich des hypostasierten Patriarchalismus. Aber der besagte neue

Baum steht deshalb nicht auch auf dem Boden der *Trivialität*, wie sie so leicht aus fix und statisch gewordener Aufklärung hervorgeht. Und er ragt nicht statt in Transzendenz in *Nihilismus*, wie der so gefährlich von einem Atheismus ohne Implikationen sich verbreitet. Das ist, ohne Begegnung mit der menschlichen Freiheits-Bewegung sowohl wie mit ihrem Hoffnungs-Fundus. Trivialität wird der erbärmliche, Nihilismus der höllenhafte Effekt, wenn die Entzauberung der Transzendenz zugleich jedes fundierte, im Menschen- und Weltinhalt utopisch fundierte Transcendere weggenommen hat. Die Furcht wird in der Trivialität zwar aufgehoben, aber um den Preis einer anderen Enge: der Verkümmerung. Im Nihilismus wird die Furcht ebenfalls aufgehoben, doch um den noch höheren Preis: Verzweiflung. Die *konkrete* Entzauberung jedoch geht nicht in Trivialität ein, sondern in Betroffenheit von dem, was noch in keines Menschen Verstand und Blick gekommen ist, also im Noch-Ungewordenen steckt; und sie geht nicht in Nihilismus ein, sondern in die fundierte Hoffnung, daß er nicht das letzte Wort ist. Der Nihilismus, eine der Pesterscheinungen der niedergehenden Bourgeoisie, besitzt außer dem Reflex dieses Niedergangs zweifellos auch Prämissen im mechanischen Materialismus; er besitzt sie in dessen kosmologischer Zweck- und Ziellosigkeit. Das Dasein hat als bloßer Kreislauf der Stoffbewegung keinen Sinn: es ist in dieser selber verabsolutierten Entzauberung gänzlich auf den Hund, auf den Affen, aufs Atom gekommen. Der dialektische Materialismus dagegen (mit der Aufschrift auf seinem Tor: kein Mechanist soll eintreten) kennt außer den physikalisch-chemischen eine fortlaufende Reihe von Startpunkten, Produktionsherden: die Zelle, den wirtschaftenden Menschen, die erzqualitativen Verschränkungen von Unterbau und Überbau. Er kennt gerade als Erklärung der Welt aus sich selbst die mehreren Materien eines fortlaufenden, aus Quantität zu Qualität umschlagenden Prozesses. Er kennt vor allem das Real-*Problem* eines human-qualifizierten Reichs der Freiheit: alles Antidota gegen Trivialität und Nihilismus oder Aktivierung dessen, was genau nicht Opium, gar Druckgötze in der Religion war. Indem aber dialektischer Materialismus in dieser seiner Welt die mächtige Stimme der Tendenz hört und faßt, indem er gemäß ihrem Wohin und Wozu arbeiten läßt und heißt, besitzt er eben aus der toten Religion das Lebendige ohne Religion, das Transcendere ohne Transzendenz: das Subjekt-Objekt fundierter Hoffnung. Dergleichen bleibt, nachdem das ganze Opium, auch Narrenparadies des Jenseits verbrannt ist, bleibt als Aufruf wie Anweisung zum vollen Diesseits oder zur neuen Erde. Zuletzt aber auch: gerade indem die Tabugötter der Furcht weg sind und nur dadurch, daß sie weg sind, tritt das dem *ungeschreckten Menschen adäquate Geheimnis* auf. Gerade der diesem Geheimnis zugeordnete Affekt: Ehrfurcht, der der Trivialität wie dem Nihilismus so fremde, repräsentiert den Empfang von Unheimlichem ohne Furcht darin, von Ungeheurem ohne Un-menschlichkeit. Ehrfurcht hat als Korrelat jene Erhabenheit, die eine Ahnung unserer künftigen Freiheit übermittelt. Sie bezeichnet ein Transcendere gänzlich ohne Selbstentfremdung und als Korrelat dieses Übersteigens, Überbietens nicht die Hypostase eines Furchtgötzen, sondern die Latenz unseres gemeinten Auferstehungstages. Worin außer der Furcht auch die Unwissenheit kein Asyl hat, dagegen das Wissenwollen, Wissenkönnen der Hoffnung seinen Fundus. *Das Messianische ist das rote Geheimnis jeder revolutionär, jeder in Fülle sich haltenden Aufklärung.* Der Himmel gar als garantierte Belohnungskasse für gute Taten, die sonst kein Motiv hätten, muß unvorhanden und leer sein, wenn der Mensch moralisch handeln soll; aber das unter dem Himmel als Reich unserer Freiheit utopisch Intendierte muß ebenso unsre *geo*-graphische Utopie sein, wenn der Mensch das auf die Dauer einzig haltende und orientierende Summum bonum seiner Zweckreihen halten will. Atheismus ist die Voraussetzung konkreter Utopie, aber konkrete Utopie ist ebenso die unnachlaßliche Implikation des Atheismus. Atheismus mit konkreter Utopie ist im gleichen gründlichen Akt die Vernichtung der Religion wie die häretische Hoffnung der Religion, auf menschliche Füße gestellt. Konkrete Utopie ist die Philosophie und Praxis des in der Welt latenten Tendenz-Inhalts. Also der zu Ende qualifizierten Materie: klein genug, um keine Selbstentfremdungen zu enthalten, groß genug, Omega genug, um der kühnsten Utopie die entfernte Möglichkeit eines realen Sinns zu geben, eines

Sinns von dieser Welt. Das ist eine messianische Grenzidee, doch ebendeshalb bezeichnet sie, zu Verstand gebracht, eine *immanente* Übertriebenheit, das heißt Totalität des menschlichen Befreiungswerks.

49 AUFKLÄRUNG UND ATHEISMUS TREFFEN »SATANISCHES« NICHT IM GLEICHEN GEGENSCHLAG WIE DIE HYPOSTASE GOTT

Vor alters wurde das Böse nicht als schwach gesehen. Das urtümliche Leben fühlte sich von ihm allein schon als Spuk zu riesig bedroht. Das änderte sich, als die Menschen nicht nur ihrer selbst gewisser wurden und das Draußen ihnen dadurch weniger gefährlich zu sein schien. Man unterbrach den unmündigen Trott, wagte sich seines eigenen Verstands zu bedienen. Am breitesten, also sichtbarsten in Zeiten, die man Aufklärung nennt; deren Name allein schon kommt von Hellwerden her, Auflösung des Dunstes. Das am bewußtesten in der Aufklärung des achtzehnten Jahrhunderts, und gemäß dem damaligen bürgerlichen Willen aus dem Dumpfen, Drückenden, Dunklen, woher man kam, worin man so lang stand, ins Helle zu streben. Das übrige Dasein erschien dann als heiter und freundlich gebaut, wo immer nur Fürsten- und Pfaffenbetrug weg waren, die Schuppen von den Augen fielen. Das währende Schlechte überall, Elend, Krankheiten, Kriege, Böses, Unheimliches insgesamt, von ihm wird direkt weltfromm weggesehen, als sei es Täuschung oder schlimmstenfalls mittelalterlicher Rest. Dadurch wurde freilich auch die enorme Spukangst von vorher heilsamst herabgesetzt, so das Grauen der Hexenjagd, das zu den realen Übeln noch überbietend hinzufügte. Aufklärung bewährte sich hierin durchaus als Feindin der Nacht, wo sie am übelsten zu Ausgeburten ermuntert oder sie zu enthalten scheint. Statt des beherzten, also noch abergläubischen und nur unerschrockenen Manns von vordem wurde der kluge aufgerufen, »wider die Anfechtungen des Nachtgrauens« und den Umgang darin. So etwas bemerkt ein Gescheiter gar nicht, sagt im »Freischütz«

der Kaspar, seinen Gesellen über die höllischen Ausgeburten in der Wolfsschlucht beruhigend. Das heißt weiterhin: selbst wo restliche Höllenfratze durchfletschen sollte, ist sie zu dumm, zu verkrochen, zu vorübergehend, um den braven Tag der selber Braven, Verständigen, Candiden und ebensolcher Natur zu stören. Gewiß, als das Erdbeben von Lissabon gekommen war, 1755, rief es Entsetzen über diese beste aller möglichen Welten hervor; das Böse erschien nun nicht mehr als bloße Abwesenheit von Gutem. Höchstens eine despotisch verstandene Bibel bot sich nach alter, von der Aufklärung selber verworfenen Weise an, um den Feuerriß mitten im Naturfrieden dennoch wieder einzureihen: als Strafgericht des sonst doch so milden Himmelsvaters. Aber der Chok von Lissabon ging, ob auch langsam, wieder vorbei: der fast generelle Optimismus – jetzt als Tribut des Aufklärungslichts à tout prix ans Beschwichtigungsinteresse der Herren – hielt sich bis zur Französischen Revolution und darüber hinaus. So ward entscheidend: Das sogenannte Satanische kam, vielmehr als das Theistische, seit der Aufklärung, soll heißen: seit deren nicht nur revolutionären Wegdekretierung des Fressenden, Bösen, Widersacherischen zwar nicht aus der literarisch spannenden Mode, wohl aber weitgehend aus dem philosophisch erhellenden Begriff. Das Erhellende bedeutet hier nicht so sehr ein Denunzieren zum Zweck der Sichtbarmachung des Anti-Lichthaften, damit dieses in seinen Erscheinungen zentral hingestellt, festgestellt, zum Kampf gestellt werden kann. Das Böse soll ja nun in dem Optimismus der Aufklärung wirklich nur als schwach und klein gesehen werden, wie bloße Schönheitsfehler etwa in einer sonst vollkommenen Welt. Genau jedoch um des Kampfs, um dessen gründlichster Adresse willen reichen ja auch weitere Begriffe wie Wahn, Aggressionstrieb und so fort auf der *subjektiven* Seite, sämtliche Inhumanitäten der klassenhaften Produktions- und Austauschweise, sämtliche Unterdrückungen und Kriege auf der sozial-*objektiven* Seite gerade zentral noch nicht aus, um ein Phänomen wie Auschwitz kausal zu erklären, ja auch nur in nacherfahrende Sprache zu bringen. Hat doch sogar Schopenhauer, der als einziger Philosoph im neunzehnten Jahrhundert sein »Ding an sich«, den Willen zum Leben ganz als Teufelswesen zu umschreiben unternahm, in seiner Schilderung von der Schreckensnacht, wohin er eine Welt als Wille getaucht sieht, nicht durchgängig die sprechende Sprachlosigkeit des Grauens erreicht, die nur Dante im Lasciate ogni speranza am Portal dieses Infernos bedeutet hat. Selbst Schopenhauer glaubte mit der bloß individuellen Verneinung des Willens zum Leben das Elend der Welt als einen bloßen Schein aufzuheben.

Sonst überall gehört es zum Geschlecht, das aus dem Dunklen ins Helle strebt, den Haß gegen die Finsternis durch deren Herabsetzung, ja Auslassung, mindestens Relativierung so zu demonstrieren, als ob genau die Aufklärung nicht nur toto coelo, sondern auch toto inferno bereits gewonnen wäre. Ein Eigenes ist es hierbei, wenn auch das Märchen, als früh aufklärendes, das Böse als den Bösen kleinmacht; denn sein Teufel als bloß dummer soll hier gerade Mut machen. Ein dem Verwandtes, auf anderer Ebene, wirkt in der Aufklärung, wenn sie das Widersacherische nachher in der größten Dichtung wie in der größten Philosophie so undualistisch, so unmanichäisch wie möglich bereits verkleinern, bereits zur geschlagenen, hineingeschlagenen Hilfsfigur des schließlichen, ausgemachten Sieges relativieren läßt. Auch Mephisto ist schließlich zur Hälfte ein dummer Teufel und vorher verkleinert zu des Chaos mehr wunderlichem als unheimlichem Sohn. Hegels Ästhetik will dem Teufel, einem immerhin mythischen Stoff, sogar jede poetische Verwendbarkeit absprechen, trotz der Verwendung bei Klopstock und Goethe. »Der Teufel ist eine schlechte, ästhetisch unbrauchbare Figur«, sagt Hegel, ja sogar, trotz des »Negativen« in der Dialektik: »Der Teufel ist das Böse und Falsche nicht, denn als diese sind sie (im Teufel) sogar zum besonderen Subjekt; als Falsches und Böses sind sie nur allgemein.« Aber auch, wo Falsches und Böses unterschieden genug von einer mythischen Person, einer auch ästhetisch zu trivialen, hypostasiert sind, im Negativen der Hegelschen Dialektik also, ist der höchstbetonte, ja festgehaltene »Schmerz und Ernst des Negativen«, diese Sphäre, worin bei Hegel »Gott nicht wohnt«, allemal – optimistisch garantiert – Durchgang zur Frucht, die das Negative in sich »aufhebt«. Wo die Not am größten, ist Gott am nächsten, sagt auch der Scharfrichter; selbst nach dem Kreuzesmord, ja gerade auf diese äußerste »Nacht der Differenz« folgt so mit panlogischer Garantie Ostern, und siehe wieder, es ward alles gut, ist alles gut sub specie lucis. Womit zudem noch, im ganzen, fast ausnahmslosen Optimumslicht der Aufklärung das Unüberwundene, das biblisch-theokratische »Siehe es war alles gut« in die rein weltfromme Heiterkeit einschlug, in die immer noch, von der Aufklärung her, bei Hegel ganz weltimmanent lokalisierte. Aber auch die Aufklärung allein, ohne all solche ihr an sich fremde Säkularisierungen darin, hatte für Böses keinen unvermittelten, keinen Lissabon-, gar Auschwitz-Platz an sich, nicht einmal im Hinterhalt. Sozusagen automatisch also fiel mit dem wachsenden Unglauben an Gott auch der furchtbare Glaube an seinen Gegenspieler: Und doch nun – *hier steckt das Problem;* es war wohl leichter auch für Voltaires Candide, am Lissabonschen Ende eher noch Dämonen im Vorhandnen für real zu halten als den Aufklärungs-Optimismus der Welt am Tag, der Welt als Tag. Verkleinerung des Bösen bis zur Unsichtbarkeit hat ihm jedenfalls seine Geschäfte nicht gelegt; denn das Satanische als Sparren ist gerade empirisch ein viel härterer als der des Theistischen, der überdies besonders seltenen Englein und des überhaupt nicht merkbaren Obergotts.

So kann Helle, wenn sie sich zu schönend gibt, trügen. Wie gut ist ihr Belebendes, gewiß, gegen jedes Raunzen, das ständig versichert, ihm sei so mies, und es dabei beläßt. Wie menschlich und heilsam war dann die gar nicht bequeme Aufklärung, auch gar nicht schönend, wo sehr anderes Wasser auszugießen war als das üblicher Tränen. Wie hat sie die Feuer unter den Scheiterhaufen gelöscht, als sie den höllischen Schwindel und Aberglauben stoppte. Das Entsetzen gehörte nun der Dummheit, samt den Pfaffen, die sie gebrauchten, und einzig die Helle der Aufklärung, der ringsum, ausnahmslos, alles wie Taglicht zu sein schien, hat hier durchstoßen. Und doch eben diese pure abgekürzte Zuversicht: der Mensch sei an sich gut, die Natur sei vollkommen überall, wo der Verdorbene nicht hinkomme mit seiner Qual – dieser Optimismus wurde, eines wichtigen Teils, wie ein Schutzpark für alles, was er übersah. Recht lehrreich ist so auch der Mitklang, Hochklang des idyllischen Weltgefühls im aristokratischen dolce vita, noch sorglos, harmonistisch. Der große, energetische Leibniz hatte von der vorhandenen Welt durchaus nur als von der besten aller *möglichen* Welten gesprochen, aber der schlechthin optimistische Shaftesbury verehrte überall harmonisches Zusammenspiel der Dinge, zu immer besseren Zweckformen aufsteigend. Mindestens diese letztere Zuversicht läuft fort im undifferenzierten Fortschrittsglauben des weniger edlen, des vorigen Jahrhunderts, er täuschte über das unzählbar Verstörende, Vernichtende hinweg, dem keineswegs eine Negation seiner Negation auf dem Fuße folgte. Über das zertretene Saatkorn, aus dem durchaus keine Frucht kommt, über Kriege, die keineswegs per se zu Lokomotiven der Weltgeschichte »umschlagen«, über eine ganze Welt als Auschwitz, in der keineswegs das Rettende, gar Erlösende auch wuchs. Zugleich aber zeigte sich vorher, daß es gar nicht im Interesse des Bösen liegt und seines Erfolgs, viel von sich herzumachen, das heißt, ein *Hauptpunkt:* solange es erst auf dem Weg ist, gibt es *sich selber als so harmlos wie die Aufklärung es ansah.* »Ihr seht einen Mann wie andere auch«, sagt Mephisto harmlos, direkt legal, er versteckt den Hinkefuß, von Höllentrichtern und dergleichen ist überhaupt nichts mehr oder noch nichts merkbar, nichts von Tabu, nichts von (2. Mose 3, 5): »Tritt nicht herzu, zieh deine Schuhe aus von deinen Füßen; denn der Ort, darauf du stehst, ist heilig Land!« – nichts von Gottesgala also in einem brennenden Dornbusch. Das eben ist ein Unterschied in der Begegnung Faust–Mephisto und Moses–Jachwe; das Zeremoniell vor Satanischem und vor dem Theistischen ist konträr verschieden. Phänomenologisch ausgedrückt, zur Verdeutlichung des Bedeutungssinns von dem unter »Teuflischem« Gemeinten in neuerer Literatur und Geschichte: dies so Kaschierte reüssiert gerade dann am besten, wenn es kaschiert auftritt, ja auch nachher keinen irgendwelchen metaphysischen Ernst strapaziert. Mit anderen Worten: Das unter »Teuflischem« Gemeinte »will« in seinem »Wesen« sogar, daß man nicht an es glaubt; zum Unterschied von dem unter »Göttlichem« Gemeinten, das selbst polytheistisch, wie sehr erst monotheistisch eo ipso Glauben für sich »beansprucht«. Und ihn desto mehr braucht, als ja das sogenannt Göttliche realiter durchaus auf Glauben daran angewiesen ist, während das Böse, Widersacherische, Verwüstende, Vernichtende auch kraft seines empirischen Vorkommens, seines faktisch doch mehr als ausreichenden, nicht nur in bloß *eidetischer* Schau, auch in *Real*-Phänomenologie ohne Glauben keinerlei Verluste hat, allemal im Gegenteil. Wie aber nun wirkt diese *Aporie* auf die größte, die befreiendste Lichttat der Aufklärung, auf ihren – *A-Theismus,* auf dies scheinbare Pendant zur Abschaffung des Infernalischen schlechthin? Der Atheismus brachte doch erst die Absetzung von undurchschauter Furcht, von der schändlichen Dunkelmännerei im Dienst und zum Zweck der feudalen Obrigkeit, der allemal gottgewollten, er hat an der durchschauten, der aufgelösten Hypostase des Gottherrn menschliche Unmündigkeit und Selbstentfremdung zuerst kritisieren lassen. Diese humane Funktion des Atheismus, des schlechthin enttheokratisierenden, ist so groß und selbstverständlich, so verschieden von der – wie immer auch verblüffenden – Brauchbarkeit des Optimismus an sich für die Emanzipation des Satanischen, daß selbst dort, wo der Atheist sich nachher mit dem Antichrist verwechselte, bei Nietzsche also, das eingeborene Ducken Sprengende, Inferno Sprengende am Atheismus noch durchschlagen konnte. Folglich kam hier, bei Nietzsche, ein Atheismus voll utopischer Kühnheit, gerade weil der alte Gottglaube tot ist: »Stehen wir vielleicht zu sehr noch unter den *nächsten Folgen* dieses Ereignisses – und diese nächsten Folgen, seine Folgen für uns sind, umgekehrt als man vielleicht erwarten könnte, durchaus nicht traurig und verdüsternd, vielmehr wie eine neue schwer zu beschreibende Art von Licht, Glück, Erleichterung, Erheiterung, Ermutigung, Morgenröte... In der Tat, wir Philosophen und ›freien Geister‹ fühlen uns bei der Nachricht, daß der ›alte Gott tot‹ ist, wie von einer neuen Morgenröte angestrahlt; unser Herz strömt dabei über von Dankbarkeit, Erstaunen, Ahnung, Erwartung – endlich erscheint uns der Horizont wieder frei, gesetzt selbst, daß er nicht hell ist, endlich dürfen unsre Schiffe wieder auslaufen, auf jede Gefahr hin auslaufen, jedes Wagnis des Erkennenden ist wieder erlaubt, das *Meer,* unser *Meer* liegt wieder offen da, vielleicht gab es noch niemals ein so ›offnes Meer‹« (Nietzsche, Fröhliche Wissenschaft, Werke, 1960, II, S. 206). Nietzsche und wie aller noch erst abstrakte Atheismus haben jedoch *an diesem*

Ende, verblüffender- und so bedenkenswertesterweise etwas von ihrer bedenklichen Verkleinerung in sich, die der Aufklärungsoptimismus dem zu Negierenden angedeihen ließ – ob auch vom satanischen auf den theistischen Sparren übertragen (oder umgekehrt). Denn wo bleibt, bei so einfacher Tilgung der Gotthypostase, deren Apologie-Eignung für jede Bevormundung, Hierarchie, Herr-Knecht-Statik? Wo bleibt vor allem wieder der zwar mythisch eingehüllte, transzendent gemachte, doch nicht ohnehin auslaßbare Gegner (Herrschafts-Archetyp), das Zeushafte also, ohne das Prometheus (gleich, mutatis mutandis: Hiob) nicht selber archetypisch rebelliert hätte. Dabei erweist sich sogar, daß die platt-optimistische Leugnung des Bösen in der Welt, diese sichs darin zu leicht machende Aufklärung, eine Zuflucht in jener Art Atheismus finden kann, die auch noch der Gottvorstellung und ihrer transzendent gemachten Hypostase alles Böse in ihr »ebenfalls« außer jede Diskussion setzt, nicht nur außer der nichts als mythologischen. Dadurch tritt eine Verflachung des Negativen nun auch in den *metaphysischen Blick darauf* ein, den keineswegs mythologischen, gar Mythologie nochmals hypostasierenden, sondern gerade gründlichsten, in die Tiefe gehenden, in die Tiefe von dem Furchtbaren, von dem Heilsamen, quer durch die hintergründige Welt. Worin das Böse gewiß nicht auch noch exaggeriert, gar isoliert werden darf; wie eben das bei allzu gehobener Verzweiflung oder in Adornos Jargon der Uneigentlichkeit des Guten Mode war. Über dem erwähnten Raunzen an sich, mit jener nichts als negativen Dialektik, die Marx, sogar Hegel relativieren mußte und so zuverlässig kein Kampf, gar »Algebra der Revolution« mehr war. Und so wenig wie *verdinglichte Verzweiflung* gilt dann – sehr andererseits, doch gleichfalls uneigentlichen Teils – die *verdinglichte Zuversicht,* wie sie seit alters von Kirche wie Obrigkeit mit erst recht konformistischen »Seiet getrost« geliefert wird. Ausgemachte Zuversicht reüssiert dann apparatlich-klerikal in der Hierarchie des Besitzes, im Besitz der Hierarchie, zum gleichen Effekt von Defaitismus, von verhinderter Revolution. Beide Exaggerierungen freilich, die der faulen Negativität wie die der garantierten Positivität, verlassen die Enge, die Gedecktheit und Zugedecktheit, die auch

Nietzsche durch den Atheismus gesprengt sah, durchaus nicht, im Gegenteil, auch dort im Gegenteil, wo Statik verbaliter abgelehnt wird. Beide geben ja trotzdem einem so Offenen, gerade doch dem Kampf Verschworenen wie der Hoffnung, wieder verbaliter, die Ehre; jedoch hier mehr dekorativ, als eine Art schwaches, doch sozusagen wohlklingendes Parfüm zuletzt, dort als eine Art nur kontemplativ gesetzten Silberschranks der Vorsehung am hergebrachten Predigtschluß. Dabei hat doch gerade die Helle der Hoffnung – eben weil sie das Ihre nicht des mindesten so ausgemacht sieht, wie das die Aspekte der Verzweiflung oder der Zuversicht tun – nichts näher im Sinn und Begriff als das Nicht-Erreichte, das Noch-Nicht des Erreichten; all das eben im Interesse des zu vollziehenden Kampfs, des zu gewinnenden Geschichtsprozesses. Von daher lebt in jeder *geprüften Hoffnung,* in jedem wirklichen, nämlich *militanten Optimismus* der Durchgang durchs Suchende wie Vernichtende, das sich im Prozeß immer heftiger bildet, durchaus als Vermögen der Gegen-Utopie wider das Sieg-Vermögen, die Sieg-Möglichkeit der Licht-Utopie. Von daher verschränkt sich die dunkle, suchende, schwierige Erde durchaus mit unserer nicht-kontemplativen Aktivität fürs möglich Heilende. Hier ist kein garantierter Heilsplan von oben, »sondern harte, gefährdete Fahrt, ein Leiden, Wandern, Irren, Suchen nach der verborgenen Heimat; voll tragischer Durchstörung, kochend, geborsten von Sprüngen, Ausbrüchen, einsamen Versprechungen, diskontinuierlich geladen mit dem Gewissen des Lichts« (Thomas Münzer als Theologe der Revolution, 1962, S. 14). Und da das Böse eben nicht will, daß man daran glaubt, so mag selbst für seine pur mythische Hypostase noch wichtig, das heißt für den wirklichen Kampf dagegen noch bedeutsam sein, bedeutsamer jedenfalls als die Verkleinerung, als der hier üblich gewordene Verlust jeder Folien wie Tiefendimension: »Was uns hier in seiner stümperhaften und dann rachsüchtigen Hand hat: hemmend, verfolgend, verblendend, die Spinne, das Fressen und Gefressenwerden, der Giftskorpion, der Würgeengel, der Zufalls-, Unfalls-, Todesdämon, der Mordgestank der Menschheit, die Heimatlosigkeit alles Sinnvollen, das dicke, banale, kaum zu durchschlagende Trennungsgebirge vor aller Vorsehung, der Zauberer des ›frommen‹ Panlogismus – das alles *kann* nicht dasselbe Prinzip sein, das einst Gericht halten will und dann vorgibt, uns schon längst auf unerforschlichen, übervernünftigen Wegen behütet und uns, unerachtet des ›Sündenfalls‹ der Welt durch unsere Hoffart, im Herzen getragen zu haben« (Geist der Utopie, 1918, S. 441; 1964, S. 341). Und dann ist, unmythologisch bezeichnet, im Prozeß als solchem selber das Negative darin, das ihn gerade auch als Lösungs-, als Heilungsprozeß motiviert; es wäre ja kein Prozeß, wenn es nicht etwas gäbe, das nicht sein sollte, und dieses droht fort. »Das ist die Kategorie der Gefahr oder der objektiven Ungarantiertheit auch der vermittelten, der docta spes; es gibt noch keine unschwankende Situationslosigkeit eines fixen Resultats. Es gibt noch keine im finsteren Sinn, dergestalt, daß Entscheidbarkeit, Novum, objektive Möglichkeit erloschen wären und nicht jede verlorene Schlacht noch einmal besser ausgefochten werden könnte. Aber es gibt auch noch keine Situationslosigkeit in jenem hellen, ja allerhellsten Sinn, der Dasein ohne Entfremdung, eindeutig gereiften, naturalisierten Wert bezeichnet. Optimismus ist daher nur als militanter gerechtfertigt, niemals als ausgemachter; in letzterer Form wirkt er, dem Elend der Welt gegenüber, nicht bloß ruchlos, sondern schwachsinnig« (Das Prinzip Hoffnung, S. 1624). Ebenso: »Utopie ist in ihrer konkreten Gestalt der geprüfte Wille zum Sein des Alles; in ihr also wirkt nun das Seinspathos, das vor dem einer vermeintlich bereits fertig gegründeten, gelungen-seienden Weltordnung, gar Überweltordnung zugewandt war. Aber dies Pathos wirkt als eines des Noch-Nicht-Seins und der Hoffnung aufs Summum bonum darin; und: es sieht, nach allem Gebrauch jenes Nichts, indem die Geschichte noch weitergeht, eben von der Gefahr der Vernichtung, selbst vom immer noch hypothetisch möglichen *Definitivum eines Nichts* nicht weg. Auf die Arbeit des militanten Optimismus kommt es hierbei an: wie ohne sie Proletariat und Bourgeosie in der gleichen Barbarei untergehen können, so kann ohne sie im Weiteren wie Tieferen immer noch Meer ohne Ufer, Mitternacht ohne Ostpunkt als Definitivum drohen. Diese Art Definitivum bezeichnete dann das schlechthinnige Umsonst des Geschichtsprozesses, und es ist, als noch nicht geschehen, so wenig ausgeschlossen wie, im positiven Sinn, das *Definitivum eines allerfüllenden Alles*. Zuletzt also bleibt die wendbare Alternative zwischen absolutem Nichts und absolutem Alles: das absolute Nichts ist die besiegelte Vereitelung der Utopie; das absolute Alles – in der Vor-Erscheinung des Reichs der Freiheit – ist die besiegelte Erfüllung der Utopie oder das Sein wie Utopie« (l. c. S. 364). Als ein uns im adäquaten Sinn endlich einleuchtendes Sein, doch als eines, dessen stetes Eingedenken die Nichtanerkennung des Negativen in der Vorgeschichte der Welt nur als Kampf, nicht als ohnehin vorhandenen Panlogismus hat oder auch als Ende gut, alles gut. Ja, was und wozu wäre gerade der militant-dialektische Primat des Prinzip Hoffnung, gäbe es zu ihm als *Postulat* des Alles, das heißt der möglichen totalen Erfüllung, keinen höchstvorhandenen, obzwar gleichfalls noch nicht entschiedenen Umgang des »Nichts«, das heißt der möglich totalen Vereitlung? Wie hätte sonst das apokalyptische, aufs ausstehende Endexempel »probierte« Omega von Hoffnung ohne die Dunkel-Folie des Bösen seine Vor-Schein-Phänomenologie ihres Triumphs, sein: »Tod, wo ist dein Stachel, Hölle, wo ist dein Sieg?« Item, auch metareligiöse Aufklärung, *nämlich auch im Objekt selber, nicht nur im Bewußtsein davon*, impliziert Böses so hinter sich wie um sich wie vor sich, um nicht nur Helle zu sein, sondern um mit Kampf ohnegleichen Finsteres mit realer Helle vertreiben zu können. Denn gewiß wird der Kampf ebenso abgedankt, wenn das Negative wie wenn das Positive auch nur annähernd verabsolutiert wird; gleich als wäre der Geschichtsprozeß zur »Naturalisierung des Menschen, zur Humanisierung der Natur« bereits vereitelt oder aber bereits gewonnen. Konträr, es gibt offensichtlich noch riesiges utopisches Vorkommen in der Welt, ein aus dem nicht besiegten Negativen darin in ein Optimum potenzhaft-potential führbares. Unabgegolten hat eben der Atheismus, indem er aus dem Topos eines »Göttlichen« die hypostasierte Realität eines Herrn, Oberherrn austrieb, diesen Topos offen gemacht, ins Offene gebracht für das einzige letzte Geheimnis, nämlich für das pure Menschengeheimnis; es heißt ja im Christentum und auch post Christum – unser Reich.

Was treibt und lebt, hebt immer wieder an. Wird aus sich angestoßen, hat Puls, auch bevor sich ein Herz bildet. In diesem
Pochen, jetzt, jetzt und wieder jetzt, fließt der Tag dahin, als
wäre es gar nicht unterbrechend, unterbrochen. Wonach besonders der gesunde Mensch in seinen Tag hinein lebt, nicht absetzend, wieder einsetzend, sondern scheinbar strömend und so ihn
ruhig tragend. Hier braucht aber nicht erst aufgezählt zu werden,
was außerhalb seines Leibs, als anders Absetzendes, durchaus
nicht Strömendes, hindert, in den Tag hinein zu leben wie ein
Leib. Da geht es dem Menschen gar nicht zusammenhängend
her wie in einem Strom, der ruhig fließt, augenblicklos, ununter-
brochen. Da gilt und hilft auch der fraglose Leitsatz nicht mehr,
man lebe, weil man lebe, und nicht um zu leben. Sondern durchaus diskontinuierlich schlagen Choks des nicht mehr fließenden,
vielmehr nicht mehr überflossenen Wohin und Wozu ins Bewußtsein ein; *Lebensmut* wird plötzlich verlangt, mit neuen
Quellen, ganz und gar nicht mehr selbstverständlichen. So wenn
auch bei noch gewohnter Gesundheit die anders freundliche,
doch ebenfalls von selber laufende Gewohnheit des Daseins
und Wirkens krisenhaft nachläßt. Die Folge davon ist für die
Schlechtweggekommenen innerhalb der kapitalistischen Gesellschaft das Geschick, immer wieder eine unverkäufliche Ware
ihrer selbst werden zu können, die bloße Ware Arbeitskraft, die
nicht mehr gebraucht wird. Und wenn sie auch in kapitalistisch
prosperierenden Zeiten gebraucht wird, so bringt dies zur Ware-
werden aller Ausgebeuteten unterhalb der Ausbeuter, aller Unternommenen unterhalb der Unternehmer eine solche Selbstentfremdung, eine solche Einöde ins menschliche Dasein, daß
besonderer Lebensmut dazu gehört, diese Entfremdung und
ihren gleichmäßig drückenden und lähmenden Trott auszuhal-
ten. Jeden frühen Morgen unausgeschlafen am Fabriktor stehend, es jeden Abend ausgelaugt von stereotypen, profitlich
beschleunigten, subalternen Funktionen verlassend. Und das
einzig um des Lohnes willen, diesen auf die Arbeiter und Angestellten fließenden Bruchteil des Mehrwerts, den sie erzeugt ha-

ben, und der einzig der Reproduktion der Arbeitskraft für den nächsten Tag zu dienen hat; womit der lähmende Arbeitskreis immer wieder geschlossen, nicht verlassen wird. Aber auch für die Besserweggekommenen gilt der Marxsche Satz weiter, daß die Selbstentfremdung sie ebenso betrifft, nur mit dem Unterschied, daß der Kapitalist sich als Kapitalist und nur als solcher in ihr bestätigt fühlt, daß der Mensch hier wenigstens in eine sozusagen höhere Art von Selbstverlust und Verödung eintritt. Wie armselig und lebensunwert kann also auch bei profitablerem Dasein das Leben erscheinen; wie sehr auch langgezogenes Sterben kann dem vor Not und bloßem Schräubchendasein Geschützten diese seine Langeweile sein. Und überall steht ja am Ende des Lebens, ganz gleich selbstverständlich, wie »erfüllt« oder nicht erfüllt es in den niederträchtigen Klassenscheidungen geraten ist (»Also hangmen must die« lautet sogar ein amerikanisches Sprichwort), – der Tod als höchst inadäquat scheinendes Ende, als eines, das das Leben in den seltensten Fällen rundet, vielmehr es bricht. Auch noch der Selbstmörder hat ja, mit diesem seinem Befreiungsakt aus unerfüllten Wunsch- und Zweckreihen seines Lebens, dem Mehrwollen dieses Lebens nicht abgesagt; hat er doch, nach Schopenhauers hier richtig werdendem Satz, nicht den Willen zum besseren wirklichen Leben verneint, sondern einzig, mit paradox fortlaufender Lebensbejahung, nur die Bedingungen verneint, unter denen ihm dieses Leben geworden ist. Und wieviel Lebensmut verlangt erst der übliche, der durchaus nicht gewählte Tod und die sichere Aussicht darauf. Eigentümlich bleibt aber, auch im Schutz des üblichen Alltags und seines bedeutend flacheren Blicks, vielen das Blei Schwermut des Lebensmuts, des sogenannt beflügelnden, kreuz und quer bedürftig. Kreuz und quer, weil nicht alle Zeiten und ihre Gesellschaften so blühend von Unzufriedenheit, so deutlich von verändernden Nahzielen bewegt sind, daß die Mehrzahl aus dem Druck des stumpfen oder auch aufreibenden Lebens wenigstens deutlich und selber mutig herausstrebte. Und damit immerhin der Lebensmut des Widerspruchs nicht ausbreche, dazu nun freilich mußte in allen Establishment-Zeiten des Bleis ein fliegender Ersatz für diesen Lebensmut mindestens vorgetäuscht werden, nämlich circenses als gestempeltes Vergnügen und die neue Langeweile seiner Schemen. Zum Stillhalten im Juste milieu, und sei es noch so lähmend, oder auch zum Ersatz für jenseitige Vertröstungen, die nicht mehr ziehen. Auch durch diesen Schein sind die Quellen des Lebensmuts, als echte, im bürgerlichen Juste milieu verschüttet, so unvergeßlich sie auch im Stand des Andringens bleiben. So unausrottbar vor allem das moralische Trotzdem emporsteigt, das sie mit sich führen, und das finale Eingedenken, das gewiß keinen Marschallstab oder auch Krummstab, doch sein Gegenteil: die Invariante eines nicht nur intelligiblen Reichs vernünftiger Wesen im Tornister hat. Falsch und kapitulierend genug klingt statt dessen das sogenannte Gebet beim Aufstehen, das auch den üblich Frommen ehrlicherweise geblieben ist, und das ihnen nur lauten kann, in Wilhelm Raabes genauer Travestie: »Herr, meine tägliche Illusion schenke mir heute.« Selbst der so geschlagene, niedergeschlagene Lebensmut ist dann allerdings noch nicht wie »Sisyphus«, sondern wie »Warten auf Godot«, als einen illusionären. Und ist nicht sogar noch unter dem Warten, nämlich im Vermissen dessen, was nicht illusionär wäre, jener Quell noch laufend, der dann in der Paradoxie des Trotzdem selber gar kein Paradox hat, sondern seine eigene Selbstverständlichkeit? Samt dem Plusultra nämlich, wovon der Zustand der Welt am wenigsten dispensiert. Kurz, Lebensmut ist, wenn er kein Vergnügen ist, Pflicht, und wenn er keine Pflicht ist, dann das irdische Vergnügen im noch so fernen unvorhandenen Ziel, zu dem das Leben angetreten.

Was lebt, lebt über sich hinaus, übersteigt sich. Das je einzelne, je nur sich gewärtige Ich darf sich nicht so wichtig nehmen, es stirbt ohnehin mehrmals im Leben. Samt dem, was um es herumsteht; davon macht das Ich keine Ausnahme. Was gerade von uns selber bleibt, uneitel im doppelten Sinn des Worts, klebt nicht am werten Ich, kommt ohnehin von unserem noch verhüllten Kern her, nicht von dem, was einer so wichtig nimmt, als wäre er ein privates Bankkonto. Eben dadurch wird der allzu Ichbezogene auch kein Innewohner seiner selbst, also unserer selbst, ebensowenig unverwechselbar, doch in entwickelterem Sosein für alles fronthafte Menschsein suo modo stellvertretend. Kein Unfall schlägt das ganz darnieder; dergestalt kommt auch *das Erste* des wirklichen Lebensmuts aus dem, was in uns Menschen den *aufrechten Gang* setzt und erhält, so organisch wie politisch wie moralisch verstanden. Es ist das, was stoisch das uns in uns selber Aufrechthaltende, das Vermögen zum Unabhängigen genannt wurde. Hier freilich noch nicht darum kämpfend, es allen freilegend, aber darauf und darin, gegen Druck wie Unglück, beharrend. Es ist das Hegemonikon, worin das Männliche und, mehr als dieses, das Standhafte wohnt – *Impavidum ferient ruinae.* Gewiß wurde davon in der Stoa oft zu deklamatorisch gesprochen, doch der Mut zum *ersten,* zum *moralischen* Lebensmut hatte und hat in der schließlich ganz schlichten Anweisung zum aufrechten Leben seinen antiken Quell. Noch nicht todüberwindend, aber vor keinem Fehlschlag, Beilschlag, Schicksalsschlag kapitulierend. Noch nicht auf ein mehr als Unstörbares hinweisend, auf ein Flügelschlagendes und dadurch erst Unzerstörbares. Aber es weist auf ein Todverachtendes hin, das stoisch nicht einmal Fanatismus brauchte, so wenig ließ es sich im moralisch-menschenwürdigen Ratschlag seiner Haltung stören. Als einer Haltung, die in der Stoa freilich kein subversives Aufbegehren wesenhaft eigen hatte, auch deshalb nicht, weil sie über den vorhandenen Menschen, gar die vorhandene Weltnatur keinesfalls hinausstehen wollte. Letztere galt in der Stoa vielmehr als die »vollkommene Stadt des Zeus«, eine als vollkommen ausgegebene, in der der stoische Weise freilich nur als geprüfter Mann, mit der rauhen Haut einer Säule stehen konnte. Noch ohne jenes versuchte Geheimnis, wie es eben erst durch den *Christusimpuls* ins Subjekt kam. Bei sich immer mehr verfinsternder äußerer Welt, bei sehr widerlegter »Stadt des Zeus«, bei völliger Umwertung ihrer guten Schickungen zu menschenfeindlichen, dämonischen. Gerade das Lebensgefühl derer, die vom Status dieser Welt nichts mehr erwarteten, wurde durchs Christliche nun mit ganz neuer Kraft aufgeladen; das trotz der vermeintlichen Sündenkrüppel im sehr wenig aufrechten Gefolge. Ein nicht nur inneres Transcendere ist von da an angegangen, wie es die stoische Standhaftigkeit im Leben, im Sterben selber aufsprengte; es kam eben nun das Flügelschlagende einer in uns noch verborgenen Herrlichkeit, als eines intentional wirklich Unzerstörbaren. Damit erst trat zum allein moralischen der *zweite* Quell des Lebensmuts, der *finale* hinzu, nämlich Ausbruchsmut aus des Teufels Wirtshaus. Dem zum Steuer diente, in solchem christlichen Glauben, nicht nur ein als faktisch ausgegebenes Wunschmysterium, die Auffahrt Christi mit transzendentem Oben als Zielort; es wurde vor allem auch ein weniger mythologischer, ein mystischer Lebensfundus berufen. Um Augustinus zu wiederholen, wie ihn Eckardt zitiert: »Ich werde etwas in mir gewahr, das meiner Seele vorspielt und vorleuchtet; würde das zur Vollendung und Stetigkeit in mir gebracht, das müßte das ewige Leben sein.« »Ewiges Leben«, auch wenn diese Kategorie dem heute üblichen nicht-mystischen Menschen den Tod nicht überleuchtet, gar aufbricht: es ist doch mit dem Tief-kernhaften der Augustin-Eckardtschen Feststellung ein Noch-Nicht-Erschienenes im Menschen und seiner Weltinnenseite bedeutet. Sowohl indem dies unser Kernhaftes noch exterritorial zu all unserem bisherigen Erscheinen, *also auch Vergehen* steht, als es erst recht in seinem notierbar »Vorspielenden«, »Vorleuchtenden«, eigenem *Vor-Schein auch noch ohne Erscheinung* in die Finalrichtung des tiefsten Lebensmuts weist; nämlich in ein zentral-voranblickendes Spero ergo ero. Eben in den eigentlichen Utopiequell zum Finalen als einem unser wahres Wesen nicht zerstörenden, sondern bringenden. Zwar ohne jede arbeitsscheue *Gewißheit* seiner Erscheinung, wohl aber mit der prozedierenden, heraus- und hervorbringenden Nicht-Illusion, daß das Absconditum des Kerns, also des Antriebs und Antizipierenden zugleich, das Erbauen seines Lebenshauses lohnt. Das auch bei eingetretener Seltenheit der Augustin-Eckardtschen Kern-Verweisung, bei Säkularisierungen ihrer, die sie fast in die Nähe eines seltenen, hochmögenden, hoch- statt tieffahrenden Elitebewußtseins bringen könnten. Wohl aber steckt in dem betonten Vorleuchten, Vorspielen etwas, das den angegebenen Fundus gar nicht nur tief drinnen läßt, also auch nicht in irgendeinem verhaltenen Besitz, vielmehr war von einem Impuls die Rede, vordem durch den Christusimpuls eingezogen, statt der unbewegten stoischen Ataraxie, und dieser Impuls macht sich im Vorspielen, Vorleuchten auch dort geltend, wo es nicht gerade das große Perfectum oder Plusquamperfectum amor fati, dann amor dei sein muß, das einen fertigen, allzu fertigen Hochglanz spendet. Anstelle solcher Zuversicht aufs schlechthin schon Definierte und sein Definitivum ist uns mitten im Zweifel und so schweren Fahrwasser die Hoffnung geblieben; und wie nichts sonst nährt sich ihr Impuls aus dem Vorspielen, Vorleuchten jenes Lichts, das schließlich auch bei Augustin-Eckardt sein Sein als Zukunft, das heißt als Hervorkommen aus dem überall tief-Darinnen, aus dem *Fundus* unseres aufrechten Gangs hat. Solch nun *letzter,* also wirklich *finaler* Lebensmut hat seinen gar nicht mehr mittelalterlichen Ausdruck folglich in Säkularisierungen nicht eingebüßt, sondern erst recht auf menschliche Füße gestellt; wo diese Praxis noch fehlt, so macht Lebensmut durch den lädierbaren, doch schwer sterblichen Traum vom besseren Leben sich immer wieder utopiehaltig; das bedenklichsten Falls illusionär, bedachten Falls aber hellhörig für das Anbrechbare einer uns adäquateren Welt. Und das nicht kraft einer empiristisch gewordenen adaequatio intellectus ad rem, sondern genau kraft schöpferischer *inadaequatio* des Verstands an das Faktische, doch keinesfalls Befriedigende, gar Einleuchtende gewordener Welt. Exakt aus diesem Fundus human gedeckter, empirisch weithin ungedeckter Evidenz erfließt nun auch ein nie abgegoltener Satz Kants (aus den »Träumen eines Geistersehers« und gerade nicht Geistersehers), finalen Lebensmut betreffend. Dies Antidoton gegen »Wo viel Weisheit, ist viel Grämens« lautet, immer neu wiederholbar: »Ich finde nicht, daß irgendeine Anhänglichkeit oder sonst eine vor der Prüfung eingeschlichene Neigung meinem Gemüte die Lenksamkeit nach allerlei Gründen für oder wider benehme, eine einzige ausgenommen. Die Verstandeswaage ist doch nicht ganz unparteiisch, und ein Arm derselben, der die Aufschrift führt: *Hoffnung der Zukunft,* hat einen mechanischen Vorteil, welcher macht, daß auch leichte Gründe, welche in die ihm angehörige Schale fallen, die Spekulationen von an sich größerem Gewicht auf der anderen Seite in die Höhe ziehen. Dieses ist die einzige Unrichtigkeit, die ich nicht wohl heben kann und die ich in der Tat auch niemals heben will« (Werke, Hartenstein, II, 357). Wobei sogar »Spekulationen von an sich größerem Gewichte« leichter in die Waagschale der Hoffnung fallen als in die der Gegenseite. Sind es doch die Spekulationen des allemal finalen Ein-gedenkens, als des denkenden Gedenkens des Einen letzthin, um dessentwillen es sich ziemt zu leben, organisiert zu sein, Zeit zu haben und nicht nur Wissen, sondern Gewissen wozu. Mit der erzfinalen Intention aus der Bibel auch hier, hier erst recht als Leitlinie in den Spekulationen, die genau deshalb von größerem Gewicht sind. Deren Sinngebung des Lebens wie zuletzt der es umgebenden Natur immer wieder aus der Hoffnung aufs Eine stammt, was nottut, im Experimentum vitae et mundi, mit den Menschen an der Front. Im so schwer laborierenden Laboratorium possibilis salutis, das Geschichte heißt. Bis ihr Ertrag eschatologisch heraus ist, entweder als ungelungen, mit verschwundenem Leben und Entropie der Welt oder als jenes den Lebensmut durchaus Transzendierende, das auch dem metareligiösen Eingedenken vorspielt, vorleuchtet. Und das – als Omega aller Seinsmaterie – die ungelöste Chiffre An- und Fürsichsein oder Reich für sich hat. Konkrete Utopie, dies gar nicht so einfache, obzwar leider allzu landläufig gewordene Paradox aus dem »Prinzip Hoffnung« hat seine Wahrheit ja nicht nur kraft der ständig beachteten Vermittlung von Wegbedingungen und Fernziel, sondern noch dringender kraft der Implikationen des *Fernziels in jedem Nahziel,* damit auch dieses ein Ziel sein könne und nicht nur eine mehr oder minder erleichterte Reproduktion des bisherigen Lebens, ohne Zielsinn. Der aber gilt doch gerade als ein hin auf den Zukunftshorizont gedachter, final durchaus, mit der Idee der »Vollkommenheit«, die endlich einmal nicht bankrott werden sollte, vielmehr »unser Angesicht« genannt werden könnte. Was dieses Omega angeht, so entspricht sein Chorus mysticus hier dem des christlichen Advents, mit lauter befreitem Humanum als Lösung. Christlicher Advent ist der letzte noch nicht durchschaute Mythos wahrscheinlich, aber zugleich eine letzte Chiffre, die nur noch auf ein Resultat deuten will: von Menschen als »ewiger Freude«, von zusammengelegter Natur wie »himmlisches Jerusalem«. Immerhin, Messianisches ist allerorten der letzte Halt des Lebens, zugleich aber auch das Letzte, das aus der utopisch-einleuchtenden Wahrheit ist. Dem allzu Klugen ist das eine Narretei, die allzu Frommen machen daraus ein vorfabriziertes Haus, für die Weisen ist der utopische Sinn das solideste Realproblem der Welt selber, der ungelösten. Derart hat auch das Leben genau soviel Sinn, wie er sich in Unzufriedenheit, Arbeit, Verwerfung des uns Inadäquaten, Ahnung des Angemessenen erst bildet; übersteigend, nicht verstiegen.

QUELLEN DES MÖGLICHEN TODESMUTS
ODER DIE ABFAHRT

Im Sterben selber lebt man noch, es bleicht erst. Ist als Vorgang noch durchaus hiesig, obwohl es mit seiner Folge, dem Tod, reichlich eng verknüpft ist. Sterben ist so auch als Akt des Auslöschens ein sehr anderes als die Folge, und auch die Angst, auch der Mut bestehen in ihm, nicht nur als Angst vor ihm, als möglicher Mut zu ihm wie beim Tod. Auch Schmerzenszeichen sind ja durchaus Lebenszeichen, auch als tödliche zeigen sie das, was kommt, nur als Gefahr, nicht als es selber. Wie scharf allerdings steckt das sachhaft noch Verschiedene des Tods in seinem Vorher, und wie verwandt wird eine Angst vorm Sterben, als einem noch lebenden Abscheiden, vom Grauen des Tods überboten. Des am eigenen Leib zwar unerfahrbaren, an den Leichen anderer vorher desto augenfälligeren. Diesem für uns selber so fälligen wie nichts sonst, gemäß dem alten Grabspruch der Leiche an den noch droben stehenden Leser: Was du bist, das war ich, was ich bin, das wirst du. Dies zu bestehen, dazu gehört ein anderer Mut als der zum Leben und Sterben, als schwerem oder schalem, je nötige.

So hat das Ich im Sterben die andere Angst, schlagend vernichtende, stets vor sich. Das auf menschhaft entscheidende Art; denn die Tiere bleiben in der Tat noch beim Sterben stehen. Sie haben wirklich nur Sterbens-, nicht Todesangst; das deshalb, weil sie kein Ich haben, das sich bewußt auf sich selbst bezieht, und so auch seine eigentliche, todhafte Vernichtung vor-sehen, folglich fürchten kann. Anders das bewußt auf sich bezogene menschliche Ich, eben mehr Todes- als Sterbensangst kennend, ja genau auf ihr Was bezogene Todes-Furcht. Wobei das Ich, das sich derart wichtig wird, keineswegs immer in dem Maß wichtig ist wie es sich wichtig nimmt. Oft liegt das Gegenteil vor, so bei hochgradiger Eitelkeit, also bei wertloser Ausbildung des bloß privaten, nicht individuellen Ichs. Dies bloß Private im werten Ich ist als Mutiges wie erst recht als Feiges vor dem Tod hier nicht gemeint; ist es doch schon vorher überall sehr empfindlich, sehr auf sein unwesentliches Dasein bedacht und hat einen so mächtigen Gegenschlag wie den Tod sozusagen nicht verdient. Wohl aber hat Privates bereits als freundliche Gewohnheit des Daseins und Wirkens, folglich als uneitel gewordenes, nicht nur aufs werte Zufalls-Ich bezogenes, die Furcht des Endes verdient, und vollends trifft gar nicht Privates, sondern Individuelles den Zerfall seiner als den einer *Gestalt*. Zu der zwar Verwandlung gehört, doch nicht die gerade ungestalte der Verwesung: »der tote Caesar, Staub und Lehm geworden, verdeckt ein Loch wohl vor dem rauhen Norden«, sagt der nicht mehr christlich beruhigte Shakespeare. Und nicht das Schicksal der Elite macht sich hier wichtig als ein immerhin noch tragisch faßbares, während das Gemeine klanglos zum Orkus hinab geht, sondern Caesar steht für alle geprägte Form, die nun nicht mehr lebend sich entwickelt. Woher also der Mut gegen das schlechthin Entwertende des unmittelbaren Tods, dieses gerade wieder demokratisch allgemeinsten und doch menschenfeindlichst nivellierenden Endes? Gewiß, das einfache Mutbild des Ausruhens ist vorerst auch noch da, gern friedlich gekleidet. Kommt auch griechisch vor, mit dem Tod als Bruder des Schlafs und ganz anders biblisch, mit dem Lebensende wie ein Ausstrecken nach Mühe und gehabter Tafel: Abraham starb alt und lebenssatt. Wenn an letzterem auch manch Wahres ist, wenigstens bei genügend hohem Alter und kühler Nacht nach schwülem Tag, derart daß der Todesmut nicht einen Mut zu sich zu brauchen scheint. Aber griechisch hielt der Tod als Bruder des Schlafs nicht vor, die Schatten im Hades wurden homerisch eher bemitleidet, in der Spätantike brach gar Todesfurcht ohnegleichen durch, von Phädon-Gesprächen des sterbenden Sokrates schon lang nicht mehr gestillt. Und biblisch, wo Wohlergehen auf Erden scheinbar ausgereicht und Todesfurcht so lange zugedeckt hatte, begann hernach sogar die bitterste individuelle Mutlosigkeit, im Buch Koheleth, mit dem Menschen, der hinstirbt wie das Vieh, ganz gleich wie er gegen dies ewig-Gleiche rebelliert. Freilich: auch scheinbar umgekehrt, nämlich durch volle Annahme des Todeskreuzes und besonders schrecklichen Kreuzestod dazu sollte in der Bibel dann der wirkliche Todesmut, gar als wunschgemäß unwiderstehlicher behauptet werden, siegreich. Genau in den *Tod Christi*, als *Garantie der Auferstehung* wird nun getauft, und vor diesem Finalen, nicht vor der Moral fühlte sich die Todesfurcht der antiken Spätzeit christlich angesprochen. Wobei allerdings, für die herrschende Klasse im Römischen Reich und ihr Interesse, die sogenannte Geduld des Kreuzes, als treffliche Ideologie für Niederhaltung der Klassen, das Christentum von ganz anderer Seite her empfahl; unbeschadet der posthumen Auferstehung, dem Licht im Tod. Nun aber fällt besonders in den sogenannten letzten Worten des Erlösers eines auf, das auch in dem zweifellos redigierten Text der Synoptiker der Geduld des Lamms, der Ergebung in Jachwes Todschickung wiederum widerspricht. Schon die Bangnis im Garten Gethsemane zuvor zeigte, daß Jesus von der paulinisch gesetzten Opfertodtheologie nichts wußte, mit der behaupteten Notwendigkeit seines Tods subjektiv nicht mitkam. Die katastrophale Verlassenheit am Kreuz, dieser Tod ganz ohne Sicht auf österlichen Umschlag paraphrasierte sich gerade in der Verzweiflung, jedoch ebenso Anklage jener Worte, die als einzige im Neuen Testament aramäisch, nicht griechisch stehen, aufstehen: »Eli, Eli, lama asabthani, Mein Gott, mein Gott, warum hast du mich verlassen.« Nicht in Psalm 22, 2, von woher sie sozusagen zitiert wurden, ist ihr locus classicus, sondern genau erst an dieser Stelle schlagen diese Worte gegen die stärkste Oppression und sind antithetisch gegen die Vernichtung. Sind selbst in ihrem Hiob-Ton keine Milderung, eher die Verschärfung der Antithese dadurch, daß es der geglaubte Messias, Menschensohn ist, der hier aus dem letzten Quell des Muts den Gott, den er von sich, mit sich absetzte, den des völligen Verlassens, also des Todes selber nannte. Gegen den nun freilich, im nächsten Umschlag, der Wunschmythos Auferstehung kraft des Wunschmysteriums darin aufzustehen hatte. Mit desto größerer Verblüffung, als dergleichen Enthüllung in die scheinbar größte Erbärmlichkeit, sicher größte Verlassenheit einschlug. Nur so viel hier, am religiösen Ende, zum nicht-wahrhabenwollenden Mut gegen den Tod, wie das vom griechischen Bruder des Schlafs bis zum höchst Umgekehrten, dem christlichen Osterglauben reicht. Nur: das credo quia absurdum ist nicht geblieben, so sehr seine Wunder-Utopie, als intermissio regulae, diesesfalls sowohl gegen reguläre Furcht wie reguläre Banalität steht. Nämlich gegen die bloße abgemachte Dimensionslosigkeit des Tods und statt dessen für das offene Problem der Zukunft in ihm, der auch metareligiös fort und fort bedeuteten. Wonach gerade unser Transzendieren ohne Transzendenz den aufsprengenden Mut gegen den Tod am wenigsten abzubauen hat. Indem ein unfertiges Diesseits auch ohne vorfabriziertes Haus des Drüben dem unausrottbaren Mut zum Merkwürdigen, selbst Wunderbaren Platz geben könnte, unabgeschlossenerweise.

Mitten im Leben sind wir vom Tod umfangen, wie tritt man nahe? Er selber ist ja immer nah und an sich zugleich so fern, im kurzen Unfall, auf dem mehr oder minder langen Krankenbett. Bei der gewöhnlichen Frist, die alltägliches Leben heißt, steht noch kein Chok ins Haus, ins normale. Ganz anders, wenn Schwerkranke in Spitälern eingemauert sind, es kommt ihre Grenzsituation, sie oft zum erstenmal metaphysisch berührend. Sozusagen hinübersehend, gezeichnet mit dem großen schwarzen Punkt, blickt die seelische facies hippocratica hier merkwürdigerweise überwiegend zurück und nur mehr, wenn überhaupt, konventionell hinüber. Auch Fromme von heutzutage können sich in ihrer katechismushaften Begegnung mit Dingen, die da kommen oder nicht kommen mögen, der eigentlichen *Nachtodes*-Furcht alter Zeiten und ihrer abergläubischen Gewißheit wenig vergleichen. Höllenschreck wie Himmelslust kamen aufs Konfirmandenschema, bestenfalls. Wie anders, als noch überall Spuk von drüben her sich sozusagen scheintot zu melden schien, keineswegs ins Nichts dahinfließend. Wie unverständlich geworden und doch gerichtsnotorisch, wenn ein Mörder noch um 1700, der zum Gerädertwerden von unten herauf, also der grausamsten Todesart damals, verurteilt war und den der Gerichtshof begnadigen wollte, falls er in der Walpurgisnacht den

Hexensabbat auf dem Brocken mitmachte, die Begnadigung zurückwies, lieber sich aufs Rad flechten ließ, als daß er noch das letztmögliche Heil seiner Seele zu verscherzen gewillt war. Zweihundert Jahre danach begannen auf dem Brocken Maskenfeste die ehedem als so furchtbar geglaubte Nacht hindurch, mit den Damen als Hexen, den Herren als Dick- oder Dünnteufeln verkleidet; Hölle, fragte einst Paulus, wo ist dein Sieg? Und wie ganz anders wieder, umgekehrt, wirkte noch fest geglaubter Himmelsglanz, wenn Santa Catarina, am Morgen ihres Todestags, als sie ihrem Beichtvater die Rosen zeigte, die ihr Gott die Nacht geschickt habe, und der Pater nichts sah, diesem antwortete: »Aber natürlich, Gott hat sie ja nur mir geschickt.« All solche Blicke, denen das Drüben nicht verrammt vorkam, jedenfalls sicher existierte, sind verschwunden (einige bäuerliche Ungleichzeitigkeiten etwa abgerechnet); trotzdem eben bleibt als Merkwürdiges, daß die meisten Todeskandidaten jetzt hauptsächlich nur Erinnerung des Rückwärts treiben, ihres vergangenen Lebens, nicht mit noch so skeptischer oder ganz gegenstandslos gewordener Neu-gier auf das immerhin als Tod Kommende. Auch das bloß private werte Ich, sonst oft so eng egoistisch, denkt nur besorgt, mit gewiß schönem Zug, was aus Familie oder Geschäft oder beidem post exitum sui werden möge oder nicht, bei aller Todesfurcht für sich selber. Äußerstenfalls sollen erst in der sogenannten Todessekunde, der Fabel nach, die Bilder des eigenen Lebens konzentriertest vorüberziehen, und dann eben wieder als pure Erinnerung, nicht als Vorwegnahme eines künftig möglichen, dann gar gestaltet individuellen, endlich substanziellen Soseins. Brecht bringt zwar der Erinnerung ans gehabte Leben den erweiternden Zuschuß hinzu: das Individuum von moralischem Rang gedenke nicht eine neue Welt seiner zu betreten, sondern daran, eine etwas bessere Welt durch sein Dasein und Wirken zu hinterlassen, als es sie bei seiner Geburt angetroffen. Auch dergleichen aber blickt auf Abgeschlossenes zurück, mit der überdies in der bisherigen Gesellschaft nur selten gegebenen Variante hinterlassener Werke in der Welt, die man verläßt, und der dadurch erlangten, freilich mit der alten Fortdauerfrage zusammenfallenden Unsterblichkeit im Werk. Wie dem auch jeweils sei, etwa gemäß der veränderten Welt, des weiterwirkenden Werkes, das hinterlassen wird: ein Abgeschlossenes dessen, der noch im Licht wandelte, wird erinnert, und nicht ein möglicherweise erfahrbares Novum für die jeweils individuellen Intensitäts-Gestalten des menschlich weiterlaufenden Seins. Für welche Angelegenheit dann eben doch, überwiegend, der viel modernere Blick forschender Neugier zuständig wäre, der für die Abfahrt Tod so selten gewordenen. Für le grand Peut-être darin, wie genau der Skeptiker Montaigne sagte, gegen die positive Dogmatik der religiösen Tradition, aber auch gegen die ebenso dogmatische Negation in bloßer Mechanistik und ihre andere Art von Voreiligkeit. Beiden Meinungen gegenüber gilt wissenschaftlich, also auch für die mechanistisch-nihilistische nur ein non liquet; denn das gegebene Material reicht für beide Antworten nicht aus, um mehr als ein Peut-être fürs Überdauern wie aber auch fürs Nicht-Überdauern herauszuschlagen. Mit dem wissenschaftlichen Unterschied aber, wie ihn Kant in den »Träumen eines Geistersehers« angibt: daß bereits das kleinste festgestellte Zeichen postmortaler Art genügen würde, um die ganze Sphäre zu retten, während die pure Abwesenheit solcher Zeichen noch nicht ausreicht, um die ganze Sphäre dogmatisch zu verneinen. Ideologisch tritt überdies das durchaus nicht nur wissenschaftliche Interesse hinzu, das das Bürgertum seit der Renaissance (Pomponazzi, De immortalitate animae, 1516) sehr oft am leibseelischen Tod hatte; zum Zweck, dem Untertan die entnervende Höllenfurcht zu nehmen und vor allem dem heiligen Rom seine lösende Schlüsselgewalt. Von daher das längerwährende Befreiungsgefühl, die revolutionär gewordene, keinesfalls auch niederdrückende Reproduktion des Koheleth-Satzes, der Mensch gehe dahin wie das Vieh; das politische Bonum von damals überdeckte den tiefen, nicht einmal tiefen Pessimismus dieses Satzes. Samt der Entwertung, die ja nicht nur, mit wieviel Recht, den oppressiv gebrauchten Jenseitsschreck wegnimmt, sondern auch jede versuchte Sinngebung über den Tod hinaus. Und nun auch, weit über die individuelle Vernichtung hinaus, das gesamte Menschheitswerk einsam, sinnlos, vergeblich macht – mit dem schließlichen Hintergrund kosmischer Entropie oder vorher des Atomtods auf Erden. Also kein Grund mehr zum Jubel über ein rein mechanistisches Plädoyer schlechthinnigen Tods, wohl aber Grund für Stärkung alles Vermögens zu einem noch offen gebliebenen, undogmatischen Non omnis confundar, non omnia confunduntur. Und für ein gar nicht veraltetes Grundbefinden seiner selbst wie an geliebten Menschen, vorab der Frau aus Beatrices Gegend: dieses Wesen und was seine Aura hervorruft, kann nicht vergehen, leuchtet auch im Tod, der erst erwartet, oder schon geschehen ist. Männlicher gibt sich das eigen Intensive phänomenologisch am stärksten als Ausbrechendes, als mehr Licht, mehr Raum und darin Heimat Intendierendes. So also ist es Überschreiten, eben ein Flügelschlagen, nicht von ungefähr erweiternd, dem Ruf verwandt, den der junge Goethe den Moses des Koran sagen ließ: »Herr, mache mir Raum in meiner engen Brust«; damit gerade auch vom Untergang, vom Abscheiden dieser engen Brust offenbar am wenigsten betroffen. Das alles aber läßt auch den ungeheuren, ungeheuerlichen Wunschmodus, den utopisch-erbbaren, metareligiösen Modus im Bild von Christi Auferstehung neu verstehen: – de te, homo nondum naturans, supernaturans, fabula narratur. Die Fabel wird einzig als das erzählt, was es mit dem Menschen auf sich hat und bisher am wenigsten erschienen ist: nämlich der intensive Kern seines intendierenden Wesens, kurz das Was seines Daß ist außer in Andeutungen, Hoffnungs-Versuchen, enthüllenden Auferstehungsutopien noch nirgends in Erscheinung getreten. Ist aber unser Kern – ein homo absconditus durchaus und das einzig echte Mysterium, nämlich das unserer allernächsten Unmittelbarkeit selber – noch nirgends sich objektiv geworden: dann kann er als noch nicht real entstanden auch nicht real vergehen. Vielmehr: das in seiner nächsten Nähe, tiefsten Tiefe an unserem Wesen noch nicht Herausgebrachte, dieser homo intensivus sed absconditus steht eben als *dies noch nicht Gewordensein* durchaus auch *exterritorial zum Seinvernichtenden des Tods.* Item, der Herd unseres Existierens, an den noch kein vorhandenes Individuum trat, bleibt vorerst, wie ungefunden, so auch unausgelöscht. Wonach auch die Abfahrt durch Tod das X noch nicht ins Nichts ziehen kann, solange es überhaupt noch Fahrt, Prozeß, Prozeßmaterie in der Welt, als Welt gibt. Und die natura naturans, gar auch supernaturans im

Objektivierungssubstrat Materie ist selber genauso unfertig mit sich, genauso voll objektiv-realer Möglichkeit in ihren künftigen Was-Gestalten, Was-Identifizierungen, Was-Realisierungen; hier ist Platz. Gerade auch für das Non omnis confundar des exterritorial wartenden Menschenseins, dann Menschheitsseins *in Wahrheit*. Kant sagte fronthaft, doch noch ganz mit der altreligiösen »Idee«, obzwar nicht mehr Objekthaftigkeit eines Jenseits, unser Platz, unser Schicksal in der anderen Welt werde vermutlich sehr davon abhängen, wie wir unsern Posten in der gegenwärtigen verwaltet haben. Mindestens könnte auch das abgebrochen und doch ebenso wie entrückt wirkende Gute, Schöne, Erhabene, Tiefe im sonst so prekären hiesigen Dasein den Mut zum Tod mit dem Affekt des Erwartens, ja selbst des wider Erwarten noch nicht Erledigten verstärken. Ist doch unser noch unentdecktes wahres Wesen ohnehin der dem Gewordenen wie Vergehenden noch unzulängliche Topos, wo – wie nirgendwo – Suchen, Erwarten, Unkapitulieren selbst vor tatsächlicher Nacht metareligiös, aber erst recht meta-physisch bleibenden Platz hat.

Die um all das nur herum stehen, sie trifft ein Tod sicherlich an. Die Leiche ist zwar erledigt, wird weggeschafft, sozusagen weggespült, doch wohin die Blumen? Das Fleisch ist verderblich, die Seele darin, wenn es eine gibt oder gab, entfloh. Die Steine bleiben aber, die ohnehin leblosen, unberührt davon, daß der Abgeschiedene sie nur nicht mehr sieht. Die Welt hat zwar die Laune, den Toten nicht mehr zu erscheinen, aber auch das ist selbstverständlich nur vom Totenbett aus so, nicht in dem riesig bleibenden anorganischen Um-uns-selber. An so unerwarteter, doch besonders zuständiger Stelle kehren derart die alten, unerledigten Alternativen wieder und zwar besonders nahe, existenzhaft brennend, die – Kosmos aut Logos aufgegeben haben. Im einen als Rückkehr zu Gäa der Erde oder auch als Verschießen im All, im anderen als Auferstehung und neues Leben, in und mit dem Logoshaften einer ganz anders »himmlischen« Bewahrung, Aufbewahrung. Bestimmte Alternativen von Astralmythos und Logosmythos selber treffen sich also, mehr oder minder säkularisiert, am Tod, an seinem Sein wie Stein, in seinem gerade antimineralisch gewendeten Sein wie Geist. Ja noch weiter: was bleibt? menschliche Geschichte oder die außermenschliche Natur, wie sie nicht etwa nur unserer Geschichte vorherliegt und dann von dieser rein logoshaft durchbrochen, überboten wurde? Oder bleibt, als ganz und gar nicht vergangen, vielmehr als riesig überwölbendes anorganisches Um-uns, das Kosmoshafte der Welt, aus der auch der menschliche Tod nicht herausfallen kann? Wobei dann allerdings das Logoshafte im »Geist« der menschlichen Geschichte nur eine bloße Episode darstellte und keinerlei substanziellen Sinn hätte. Es läßt sich mit Recht zwar sagen, Mythisches mag Grundlage der Kunst sein, nicht so der Philosophie, gar der sich ihrer wissenschaftlich bewußt gewordenen. Dennoch steht in der Geschichte der Wissenschaft selber mit ebensoviel Recht fest, der Astralmythos, säkularisiert, wirkt im Primat des Naturhaften bei Bruno, Spinoza, gar dem französischen Materialismus greifbar nach; der Logosmythos, säkularisiert, dominiert noch im Primat des menschwerdenden, menschhaften Bewußtseins bei Leibniz, Hegel, ja allem, auch vorchristlichen Idealismus. Doch näher wieder zum Tod dabei: gegen die letzthin statische Umwölbung im Kosmos-Spekulieren arbeitet das schlechthin Befreiende des Logoshaften; gegen das letzthin Toposlose einer nur unendlich-approximativen Freiheitssetzung im Logos-Spekulieren steht das immanent Haltende und Transzendenzlose des Kosmoshaften. (Wonach auch in diesem Betracht, sub specie mortis, Lenins Satz weitblickend gilt: »Der kluge Idealismus steht dem klugen Materialismus näher als der dumme Materialismus«.) Aber wie die bisherige menschliche Geschichte nur erst Vorgeschichte, Vorzeit ist, so hält die vorhandene, wenn auch noch so umgreifende kosmische Natur einen Raum besetzt, auf den sie nicht hingehört. Das eben war logosmythisch, die letzte Freisetzung, Sprengsetzung des Christlichen betreffend, im Mythos des Eschaton bedeutet, im Symbol eines Neuen Jerusalem – gar nicht tief drinnen, erst recht nicht hoch droben, aber mit zusammengelegtem, zu totaler Freundlichkeit gewordenen Heimatraum von Welt. Bezeichnend für das Bild dieser spekulativsten Phantasmagorie, daß das Erzhumanum ihrer Stadt genau doch als eine im Kosmos, im »Raum«, wie immer auch einem empirisch atopischen, apokalyptischen gedacht wurde. Und »der

Tod ist vergangen«, gerade weil da buchstäblich zu Neuer Erde, nicht zu ewig raumfremden Befreiungen der Geist ausgegossen wurde. Ungeachtet, daß das Apokalyptikbuch zweifellos die verstiegenste, nicht nur mythologischste aller Utopia ist, hat sie doch wie keine andere dazu exzitiert, die irdische Brust nicht so sehr in transzendentem Morgenrot zu baden als in dem einer besseren Erde, genau für die als überbleibend gedachten »Seelen« und Herausgeretteten, – »geschmückt wie eine Braut«. Genug dieser immerhin religiösen Scheinbilder: im Kern aller Menschen ist jedenfalls Exterritorialität zum Vergehen dessen, was in ihm überhaupt noch nicht geworden ist, und sein wirkliches Territorium heißt ja: Spero ergo ero, nicht ungefundene Identität.

52   HUNGER, »TRAUM VON EINER SACHE«, »GOTT DER HOFFNUNG«, DING FÜR UNS

> Wie in einem elastischen Körper, welcher eingeengt, seine größere Dimension als Streben liegt, so in der Monade ihr künftiger Zustand... Man kann sagen, daß in der Seele wie überall sonst die Gegenwart mit der Zukunft schwanger geht.
>
> *Leibniz, Brief an Bayle, 1702*

Leben wir auch noch so stumpf dahin, so stößt uns doch etwas an. Stoßweise meldet sich der Hunger. Dem Nicht in ihm, das es ebenso nicht bei sich aushält, hält kein Gehabtes lange vor. So treibt das Nicht, dies Hohle, um das noch jedes Etwas gebaut ist, ins Noch-Nicht und sein ungehabtes Was. Wird in verstörten oder verhinderten Zeiten das Anweisende auf dieses Was schwach, so läßt gewiß der leibliche Hunger nicht nach, und am fehlenden Brot fehlt ja am wenigsten sein Fehlen, sondern das Brot selber. Aber das Wozu, um deswillen man überhaupt ißt, das Wozu der Lebensmühe insgesamt und schließlich des besagten Lebensmuts kann an sich selbst fragwürdigst werden, wenn das andere Brot des Lebens, das weitere Was im Wohin und Wozu auch trotz des täglichen Brots nachläßt. Solche Sorge ums weitere Ziel gilt freilich nicht oder nur uneigentlich in den Löchern und Slums, solange noch Elend alles außer sich selber erstickt. Gilt am sehr anderen Ende erst recht nicht, wo die Jagd des Profits (noch großenteils auf der Basis des Elends und sei es auch exotischer geworden) Wohin und Wozu nicht nur durch Hetze ausfüllt, auch durch den Bourgeois, der nach Marx nicht weiter sieht als bis zu seiner Nase. Geld macht sinnlich, Bargeld lacht. Erfolg genügt dann per saldo überhaupt, kein anderes fehlendes Haben kommt in diesem Schein dagegen auf. Es sei denn, das so bestimmte Finale des regierenden Lebens und Strebens kehrt vom Begräbnis eines ebensolchen Geschäftsfreundes und Finalen zurück; dann allerdings kann auch hier die eingeborene Frage nach Sinn und Zweck eine gar nicht fröhliche, eine träumerische Urständ feiern, wie sie überall wegen des fehlenden »Wozu überhaupt« unruhig ist. Unvergleichbar damit der anders ungestillte Lebenshunger, Lebensmut, der unaufhörlich explosive, der dem wirklichen menschlichen Haben immer wieder als einem Nicht-Haben, Noch-Nicht-Haben sich stellt. Also der Sinnfrage sich stellt und den Hunger nach Sinn samt dem Nicht-Sinn des Tods auch nicht durch Opium des Volks stillt, nicht durch Träume eines jenseitigen Ausgleichs, sondern durch rastlose Arbeit an der unbestechlichen, unabgelenkten Bewußtwerdung und echten Ausrichtung des utopischen Bedürfnisses. Nur so also gibt es – nicht in apologetischen Ideologien der bisher jeweils herrschenden Klassen, vielmehr in den unnachlaßlichen moralischen wie finalen Utopien der Vermissung und Erwartung, die die blutbefleckte, von Nicht-Heimat stets verstörte Geschichte durchziehen – nur so also gibt es, vorab im biblischen Zielklang, jenen subversiv-radikalen Traum, der eo ipso nicht aus Opium stammt, sondern aus Wachheit für Zukunft, Lichtdimension, mit der die Welt schwanger ist, schwanger sein kann. Von diesem anderen Traum, als einer Zukunft in der Vergangenheit selber, unüberschlagbar, keimenden Sinn signalisierend, statt lähmendem Historismus, statt abruptem Jakobinertum, spricht Marx: »Es wird sich dann zeigen, daß die Welt längst den Traum von einer Sache besitzt, von der sie nur das Bewußtsein besitzen muß, um sie wirklich zu besitzen« (Brief an Ruge, 1843). Die Sache aber in diesem »Traum von einer Sache« und das Bewußtsein, das sie dann mit Praxis zur Verwirklichung bringen läßt, ist auch bei Marx das schlecht und recht vorweggenommene Reich der Freiheit. Nur aufrechtgehend erreichbar, aber aufrechthalten in der Hoffnung derer, die sowohl mit den Mühseligen und Beladenen wie mit den Erniedrigten und Beleidigten gehen. Die Sache im »Traum von einer Sache« war und ist in ihrer angegebenen Utopie nie die eines angeeigneten Mehrwerts, der nur einseitig lacht, noch die der subjektiv einsam bleibenden, unvermittelten, tendenzfremden Illusion. Das echte Noch-Nicht der Sache zu besitzen, zu der jeder Hunger seiner Extension nach unterwegs ist, das ist offensichtlich das Anliegen seines endlich konkreten Bewußtseins und seiner konkret überholenden Aktivität. Wobei aber – im selber erst keimenden Sinn des Marxsatzes – das Paradox solch konkreter Utopie darin bleibt, daß das Utopische gerade als endlich Konkretes nicht aufhört, sondern umgekehrt erst wirklich beginnt. Denn der Traum von einer Sache ist ja, rebus fluentibus, zum objektiv-konkreten Teil *in der Sache selber,* ist die sowohl in ihrem Prozeß wie zuletzt doch in dessen *erhoffbarer Latenz ja immer noch anhängige* Sache. Bis hin zu dem sogenannten Fluchtpunkt, in Wahrheit Anziehungspunkt eines ausstehenden Überhaupt in der prozeßhaften *Sinnperspektive* – früher auf einen Gott bezogen. A-theistisch aber bezogen auf das utopische Omega: erfüllter Augenblick, Eschaton unserer Immanenz, Lichtung unseres Inkognito.

So hat der Blick nach vornhin den nach Oben abgelöst. Damit sind auch alle ehemals religiös verwendeten oder hochgetauften Gefühle wie Demut, Kniefall wie einst vor Fürsten, Betteln im Gebet, gar als Gebet bestenfalls nur noch erinnert. Ja selbst die Hoffnung, als der biblisch eigenste Affekt, ist als servile dort nicht unserer wert, wo sie einen Diener macht, wo sie sich auf Manna von oben richtet. Genau als transzendierend sich erhebende kann sie nicht zugleich almosenempfängerisch sein, mit dem sogenannten Sündenfall als menschlicher Nullität hinter sich, der herrscherlichen, nicht nur lutherisch unverdienten Gnade über sich. Gewiß, wo Hoffnung ist, ist auch Religion, aber wo Religion ist, ist nicht immer auch Hoffnung, nämlich ideologisch unversetzte, von unten nach oben gebaute. Hoffnung, worauf? – zweifellos; die nicht nur theokratischen Partien der Bibel geben dazu reinen Naturen immer noch offene Antwort: »und ewige Freude wird über ihrem Haupte sein«. De profundis einleuchtend durchaus, utopisch aufgedecktes Menschenlicht durchaus, deutlichst hier aus dem De profundis menschlicher Tiefe, nicht aus menschlicher Niedrigkeit. Der »Traum von einer Sache« wäre genau an dieser seiner äußersten, seiner extremst utopischen, folglich apokalyptischen Konsequenz aus der ihm eigenen, schlimmstenfalls phantastischen Hoffnungslinie in die ihm fremdeste, heteronome gebracht. Das aber unterscheidet, gerade in diesem nicht antiquarischen, nicht theokratischen Sinn gesehen, die wirklichen Novum-Züge der Bibel, buchstäblichen Exodus- und Reich-Züge von allem Oben, worin der Mensch nicht vorkommt. Und das eben macht präzis in der Hoffnung jenes Erbe an der Religion möglich, das nicht mit dem toten Gott vergeht. Nur so, gegen alle gewordene bloße Faktizität, konnte der Gottvorstellung ein Futurum als Seinsbeschaffenheit hoffnungsgemäß zugewiesen werden, zum Unterschied von allen anderen Götterbildern. Das Ding für uns, die Welt für uns im Traum von einer Sache ohne Gott, doch mit seiner Essenz Hoffnung: diese Welt hat einzig die Perspektive Front, Offenheit, Novum, letzte Seinsmaterie, Sein wie Utopie. Solche Perspektive mithin verlangt und erträgt keine Lobgesänge, sondern das: »Dorthin – *will* ich; und ich traue / Mir fortan und meinem Griff. / Offen liegt das Meer, ins Blaue / Treibt mein Genueser Schiff« (Nietzsches Kolumbusgedicht); all das auf unsere menschliche Geschichte als Experiment bezogen. Und verlangt bis zum Ende: »Dieses zu finden, das Rechte zu finden, um dessentwillen es sich ziemt zu leben, organisiert zu sein, Zeit zu haben, dazu gehen wir, hauen wir die phantastisch konstitutiven Wege, bauen ins Blaue hinein, bauen uns ins Blaue hinein und suchen dort das Wahre, Wirkliche, wo das bloß Tatsächliche verschwindet – incipit vita nova« (Geist der Utopie, 1918). Es gibt keine ferneren und zugleich näheren Geheimnisse als die des homo absconditus in der mit ihrem Realgeheimnis selber geladenen Welt, in ihrem eigenen Realproblem, wieso, warum, wozu sie ist. Nicht nur in uns und für unsere Erkenntnis der Welt, sondern in der Welt selber, in ihrem eigensten Prozeß sind diese Fragen noch tiefstenteils ungelöst und warten auf identifizierende Antwort.

BESCHLUSS
MARX UND ABTUN DER ENTFREMDUNG

Wie alt und neu ist der Ruf, zu sich zu kommen. Nicht mehr entmündigt, für fremde Zwecke gebraucht, also mißbraucht zu sein. Als bloßes Mittel, tierisch für fremden Nutzen belastet, in Kriege gegen seinesgleichen aufgestellt, für ganz und gar nicht seinesgleichen verreckend. Und diese unsere Sonntagsschreiber, bald weltend, bald geistelnd, doch herrentreu, gaben ihren Segen. Die Hirten huldigten liebend gern der Macht, die den ersten christlichen Ketzer gekreuzigt hat: war es doch oft ihre eigene Macht. Den Armen, Ausgebeuteten, Unternommenen dagegen predigten sie Dulden, Geduld und ja keine Gewalt. An den Unterdrückern störte sie die Gewalt nicht, weder die statische, einschüchternde Tag für Tag, noch auch die ausbrechende, entlarvt brutale, wenn die Geduld unten bricht. Sobald diese bricht, heißen Gas und Pistole nur Abwehr, hochverursachter Aufruhr dagegen Terror. Und zur Gewalt von oben trat ihre ideologische Draperie, die entsicherten Revolver mit Gott- und Jubelweisen rechtfertigend. »Sie schmücken die Altäre und der Arme leidet bitteren Hunger«, sagte ja so lange vergebens der immer wieder aktuelle Amos; auch der Schmuck, die Kunst, die Philosophie konnten außer dem, daß sie ihre Zeit »in Gedanken ausdrückten«, mit Maske und Apologie nicht selten von ihr ablenken, den Nebel des falschen Bewußtseins auch noch vergoldend oder auch neu verdichtend. Aber auch ohne so etwas und auch ohne die eigentlichen Schönfärbereien, die die Ideologien im häufigsten Sinn: als Apologetik der jeweils herrschenden Klasse ausmachen, also in der Spiegelei des reinen, allzu reinen Geistes enthält vor allem die spätkapitalistische Ideologie ein bisher undurchschaut gewesenes, erst durch Marx kenntlich gemachtes Stück der jeweiligen, der klassenhaft bedingten, immer weiter gesteigerten Entfremdung des Menschen von sich selbst. Am sichtbarsten wurde eben diese in der monopolkapitalistischen Gesellschaft, als volles Zu-Ware-Werden aller Menschen und Dinge, und als das falsche Bewußtsein, das hier am epatantesten Selbstentfremdung, Selbstverschleuderung an Fremdes, Abgeirrtes, Wesenloses brachte. Die anthropologische, religionskritische Durchschauung von Götzen und Götzendienst kam aber vom Himmel nicht grundlos auf die Erde. Nicht grundlos spricht Marx noch vom »Fetischcharakter« der Ware und von den »Illusionen« der Ideologie; wonach endlich, kraft Ökonomie, auch weniger transzendente Schuppen von den Augen fielen. Bezeichnend hierbei, daß diese ganze Entfremdungsanalyse, samt der versuchten Zurückholung des Entfremdeten ins humane Subjekt, religionskritisch begann; das ist mit unseren »an den Himmel verschleuderten Schätzen« beim jungen Hegel, mit der »anthropologischen Kritik der Religion« hernach beim nicht sehr profunden, doch zuschlagenden Feuerbach gemeint. Aus Büchern aber brach das aus, als Marx den Raubvorgang der Entfremdung nicht mehr bloß am mythischen Himmel, sondern an der höchst irdischen Daseinsform Ware und ihrem erst recht zur Ware, zur verdinglichten Arbeitskraft erniedrigten Produzenten kenntlich machte. Niemals zu vergessen hierbei, daß ohne vorangegangene Beschäftigung mit der Religion und der sich anschließenden Religionskritik die Entfremdungslehre und Warenkritik Marxens kaum entstanden wäre. Wonach Marx die menschlichen Schätze nicht nur an den Himmel verschleudert sein ließ und sie von dort, wie Feuerbach, zu einem bloßen abstrakten Genus Mensch aus der Entfremdung zurückholen wollte. Sondern zum Himmel fügte er die gesamte Ideologie des Oben und denunzierte statt des abstrakten Menschen das vorhandene Ensemble der kapitalistischen Verhältnisse, vor allem aber ihre Opfer, die Mühseligen und Beladenen. Sie sind die weitest Selbstentfremdeten (ob sie es schon wissen oder wieder nicht) und die möglichen Hebel, nächsten Erben aus dem Umsturz der Verhältnisse, worin und wodurch der Mensch ein geknechtetes, verlassenes Wesen geworden ist. So die bisherige Geschichte und ihre Ideologien detektivisch zu durchschauen, das gehört zweifellos zum Kältestrom im marxistischen Denken, doch das gesuchte Wozu, das menschhaltige Fernziel dieses Durchschauens gehört ebenso sicher zum Wärmestrom im ursprünglichen Marxismus, ja unleugbar zum christförmig zuerst gebildeten Grundtext von »Reich der Freiheit« selber. Der *Kältestrom* dieses Denkens meldet, den größten Teil unserer bisherigen Geschichte betreffend: »Wenn eine Idee mit einem Interesse zusammenstößt, ist es allemal die Idee, welche sich blamiert«; und weiter, die endlich objektiv vermittelte, nicht mehr abstrakt-utopische Umwälzung betreffend: »Die Arbeiterklasse hat keine Ideale zu verwirklichen, sondern die (dazu) vorhandenen Tendenzen in der Gesellschaft in Freiheit zu setzen«. Derart gab Engels später, mit wieviel Recht, einem seiner Bücher auch den kühlenden Titel: »Der Fortschritt des Sozialismus von der Utopie zur Wissenschaft«; es gibt freilich auch, wie gerade hier wieder der *Wärmestrom* und die Folgen seiner Auslassung melden, einen etwas zu großen Fortschritt von der Utopie zur Wissenschaft. So daß genau auch der Wärmestrom seine Wissenschaft braucht: nicht als keine, sondern als endlich konkrete Utopie. Diese aber ist so wenig ein Widerspruch im Beiwort, daß sie vielmehr die haltbarste Rettung ist und das entscheidend nicht nur für die Propaganda, für die Durchführung des Sozialismus. Vielmehr arbeitet und leuchtet in der konkreten Utopie auch die Rettung all jenes fort und fort uns betreffenden *Überschusses* in Kulturen, vorab ihren kunsthaften Allegorien, religionshaften Symbolen, der mit abgelaufener Ideologie nicht erschöpft ist. Ein alter Weiser sagte und klagte, der Mensch sei leichter zu erlösen als zu ernähren. Der kommende Sozialismus, gerade wenn alle Gäste sich an den Tisch gesetzt haben, sich setzen können, wird die herkömmliche Umkehrung dieses Paradoxes als besonders paradox und schwierig vor sich haben: der Mensch sei leichter zu ernähren als zu erlösen. Das heißt hier, mit sich und uns, mit dem Tod und mit dem durchaus roten Geheimnis, daß überhaupt eine Welt sei, ins reine zu bringen. Denn die während Selbstentfremdung ist nicht nur eine in falscher Gesellschaft erzeugte und mit ihr als der einzigen Ursache verschwindende; es gibt zur Selbstentfremdung doch auch noch einen tieferliegenden Ursprung. Marx sagte: »Radikal sein heißt die Dinge an der Wurzel fassen. Die Wurzel aller (sc. gesellschaftlichen)

Dinge aber ist der Mensch.« Der erste Johannesbrief (3, 2) wiederum sagte, die Wurzel Mensch nicht als Ursache von etwas, sondern als Bestimmung zu etwas nehmend: »Und es ist noch nicht erschienen, was wir sein werden. Wir wissen aber, wenn es erscheinen wird, daß wir ihm gleich sein werden; denn wir werden ihn sehen, wie er ist. Und ein jeglicher, der solche Hoffnung hat zu ihm, der reinigt sich, gleich wie er auch rein ist.« Das Er hier, mit dessen künftiger Identität der Mensch in seiner Zukunft gleich sein soll, bezieht sich an dieser Stelle zwar auf den sogenannten Vater im Himmel, doch gemeint ist, kraft seiner Wesensgleichheit, der Menschensohn – als unsere wahre, erst am Ende der Geschichte erscheinbare Radikalisierung, Identifizierung. Hätten diese beiden Textstellen einander gelesen oder hätten sie einmal wechselseitig ein Treffen, dann fiele auch auf das Realproblem der Entfremdung in allem und ihrer möglichen Aufhebung ein gleichzeitig detektivisches wie utopisches Licht. Das bedeutet christlich: das unter Gott Gedachte wäre endlich Mensch geworden, und philosophisch nach und hinter aller Hegelschen Phänomenologie: die Substanz wäre ebenso Subjekt.

Das erwähnte Treffen ist seltsam, warum denn nicht? Es ist das auch an weniger entlegenen Punkten als denen der Wurzel Mensch, die noch nicht geblüht hat. Oder auch so geblüht, daß deren Erscheinungen noch allemal behaftet sind mit einem dieser Wurzel Fremden. Nur tiefstes, also darum gar nicht tiefes neunzehntes Jahrhundert hat an so merkwürdigen Atheismen wie denen der aufzulösenden Entfremdungen (Dieu et l'état) das Ende jeder Metaphysik gesehen. Aber die Vulgärmarxisten mögen beiseite bleiben, die Transzendenz-Konservatoren erst recht. Hic Rhodus, hic salta, doch eben mit dem Wagnis des Tanzes, des Sprungs, des auszuforschenden Novums, ohne jede Art Katechismus. Eine ins Blaue greifende Stelle aus den »Ökonomisch-Philosophischen Manuskripten«, 1844, von Marx ist in der Form eines Chiasmus, einer überraschenden Vertauschung der Glieder gebaut, ist seit neuerem fast allzu bekannt und nicht zuletzt daher auch unerkannt, spricht sogar von einer »Resurrektion der Natur«. Hat sogar Humor, fast als jenes rätselhafte Leichtsein, um desto heiterer von der Vergangenheit, besonders aber von der drückenden Gegenwart zu scheiden, in der solch erzutopischer Chiasmus so als Ärgernis wie als Torheit erscheinen müßte: Die Stelle lautet bekanntlich: »Naturalisierung des Menschen, Humanisierung der Natur«, als eine gerade bei Marx so seltene Fernziel-Losung. Sie hat durchaus Wärmestrom, in ihr ist die äußerste Umkehr aus Entfremdung bedacht. Platt wäre die Naturalisierung verstanden als mens sana in corpore sano und die Humanisierung als Domestizierung der Natur, verbessert etwa durch späte arkadische Tonart. In Wahrheit liegt hier ein ultravioletter Satz vor, deren es im Marxismus viele latente und zu wenig ausgesagte gibt, ein Satz, dessen erster quellender Teil fast auch Jakob Böhme, dessen zweiter, in der Menschsonne aufspringender Teil fast auch Franz Baader angestanden hätte. Marx brauchte solche Begegnungen nicht, doch der Marxismus, wie er reduziert wurde, braucht sie durchaus – und das Christentum? Wie anders als durch Chiasmen von Mensch und Natur und ihre echten, roten Geheimnisse könnte es endlich aus der durchschauten Transzendenz ganz scheiden? Naturalisierung des Menschen, das würde seine Eingemeindung, sein endlich herausgebrachtes Diesseits und Beisichsein bedeuten, damit wir ohne Entfremdung sein könnten, mit Seinsmächtigkeit unseres Hic et Nunc, Humanisierung der Natur, das würde das Aufschlagen des sich selber noch verschlossenen Kosmos zu der Heimat bedeuten, die mythologisch einmal als Neue Erde, Neuer Himmel phantasmagoriert worden war, die auch in jeder Naturschönheit, Naturqualität (vermittelt durch Naturmalerei und Naturdichtung) anklingt, selber mit Sprung aus dem Reich der Notwendigkeit an den Menschen heranrückend. Und wie gar jener erzqualitative, sprengende Horizont aus apocalypsis cum figuris, den nicht die Antike, wohl aber die Christenheit noch Dürers mindestens mit Phantasmagorie sich offen hielt. Versuche einer konkreteren Utopie solch äußerster Grenzbilder sind selbstverständlich bloß erst im Sprung eines Eingedenkens denkbar; am Vor-Schein der irdisch näheren Freisetzung, Freiheit hat man sicher noch mehr als genug und solider zu tun. Nur: es gäbe keinen austragbaren Humanismus, wenn er außer seiner Moral nicht auch diese glücklichsten Grenzbilder des Wohin, Wozu, Überhaupt implizierte.

Auch deren Freiheit liegt in der Elongatur des noch nicht her-
ausgebrachten homo absconditus in der Welt, im Experiment
der Welt. Vernichtbarkeit des Menschlichen ist genug da, dispa-
rates Universum um die tot gemachte Erde mehr als genug; so
wäre, wenn sonst nichts als das im Schwang wäre, auch das
gesamte Prometheische, gar das Reich der Freiheit Suchende
bestenfalls ein schöner Zug, aber keiner dorthin, wo ein Sinn
vorhanden wäre. Und doch ist die ganze bisherige Welt bloßer
Tatsachen, samt der möglichen Vernichtung dieser Tatsachen
nicht wahr, und wahr ist einzig der in ihr anhängige Prozeß,
samt der Stimme des Rebells, der zu Pilatus mit so ganz anderer,
mit Novum-Parteizugehörigkeit sagen konnte: »Wer aus der
Wahrheit ist, hört meine Stimme.« Deren Platz ist der Kampf,
die Unterscheidung, der Wärmestrom, folglich der menschliche
Ruf und sein Eingedenken an der Front des Weltprozesses.
Non omnis confundar, das gilt hierbei auch für das Exterrito-
riale unserer humanisierten Natur. Von der Hand in den Mund,
wie ein Nahziel, läßt sich freilich dergleichen nicht verspeisen,
und gewiß ist unsere Geschichte eine alltäglichere Sorge als ihre
Fernbeziehungen zu einem Endziel abwärts. Erst recht und mit
wieviel mehr Grund sind die Ideologien, Illusionen, Mythifizie-
rungen, Theokratien des Kirchenchristentums abgelaufen, samt
dem transzendent fixierten, stationierten Zuhöchst im Jenseits
der Beschwerde. Der echte Marxismus nimmt statt dessen das
echte Christentum ernst, und nicht ein bloßer Dialog trägt dazu
bei, bei dem die Standpunkte am liebsten abgemattet und kom-
promißlerisch gemacht werden, vielmehr: wenn christlich die
Emanzipation der Mühseligen und Beladenen wirklich noch gemeint ist, wenn marxistisch die Tiefe des Reichs der Freiheit
wirklich substanziierender Inhalt des revolutionären Bewußtseins bleibt und wird, dann wird die Allianz zwischen Revolution und Christentum in den Bauernkriegen nicht die letzte
gewesen sein – diesmal mit Erfolg. Auf dem Schwert Florian
Geyers, des großen Kämpfers aus dem Bauernkrieg, soll einge-
ritzt gewesen sein: nulla crux, nulla corona; das wären auch die
Stichworte eines sich endlich unentfremdeten Christentums, und
das noch weiterhin dringende, so unausgeschöpft Emanzipato-
rische darin gibt ebenso das Stichwort eines seiner tiefen Di-

mensionen einmal bewußt gewordenen Marxismus. Vivant sequentes; es vereinigen sich dann Marxismus und Traum des Unbedingten im gleichen Gang und Feldzugsplan. Das nicht mehr entfremdete Humanum, das Ahnbare, noch Ungefundene seiner möglichen Welt, beides steht unabdingbar im Experiment Zukunft, Experiment Welt.

NAMEN- UND TITELREGISTER

Zusammengestellt von Burghart Schmidt

Ernst Bloch
im Suhrkamp Verlag

Werkausgabe in 16 Bänden. Mit einem Ergänzungsband.
stw 550-stw 566. 8261 Seiten

- Band 1: Spuren. stw 550. 220 Seiten
- Band 2: Thomas Münzer als Theologe der Revolution.
  stw 551. 230 Seiten
- Band 3: Geist der Utopie. Bearbeitete Neuauflage der
  zweiten Fassung von 1923. stw 552. 352 Seiten
- Band 4: Erbschaft dieser Zeit. Erweiterte Ausgabe.
  stw 553. 415 Seiten
- Band 5: Das Prinzip Hoffnung. In fünf Teilen (drei Bände).
  stw 554. 1673 Seiten
- Band 6: Naturrecht und menschliche Würde.
  stw 555. 367 Seiten
- Band 7: Das Materialismusproblem, seine Geschichte und
  Substanz. stw 556. 553 Seiten
- Band 8: Subjekt – Objekt. Erläuterungen zu Hegel.
  stw 557. 525 Seiten
- Band 9: Literarische Aufsätze. stw 558. 581 Seiten
- Band 10: Philosophische Aufsätze zur objektiven Phantasie.
  stw 559. 634 Seiten
- Band 11: Politische Messungen, Pestzeit, Vormärz.
  stw 560. 498 Seiten
- Band 12: Zwischenwelten in der Philosophiegeschichte.
  Aus Leipziger Vorlesungen. stw 561. 341 Seiten
- Band 13: Tübinger Einleitung in die Philosophie.
  stw 562. 376 Seiten
- Band 14: Atheismus im Christentum. Zur Religion des
  Exodus und des Reichs. stw 563. 362 Seiten

NF 150/1/10.08

- Band 15: Experimentum Mundi. Frage, Kategorien des
  Herausbringens, Praxis. stw 564. 267 Seiten
- Band 16: Geist der Utopie. Faksimile der Ausgabe von
  1918. stw 565. 445 Seiten
- Ergänzungsband: Tendenz – Latenz – Utopie.
  stw 566. 422 Seiten

Leipziger Vorlesungen zur Geschichte der Philosophie.
Herausgegeben von Ruth Römer und Burghardt Schmidt.
Vier Bände in Kassette. stw 567-570. 1624 Seiten
- Band 1: Antike Philosophie
- Band 2: Christliche Philosophie des Mittelalters. Philoso-
  phie der Renaissance
- Band 3: Neuzeitliche Philosophie I. Von Descartes bis
  Rousseau
- Band 4: Neuzeitliche Philosophie II. Deutscher Idealismus.
  Die Philosophie des 19. Jahrhunderts

Einzelausgaben

Logos der Materie. Eine Logik im Werden. Aus dem Nachlaß 1923-1949. Herausgegeben von Gerardo Cunico.
679 Seiten. Leinen

Spuren. Neue erweiterte Ausgabe. BS 54. 288 Seiten

Viele Kammern im Welthaus. Eine Auswahl aus dem Werk.
Herausgegeben von Friedrich Dieckmann und Jürgen Teller.
Mitarbeit Elke Uhl. es 1827. 752 Seiten

**Der unbemerkte Augenblick. Feuilletons für die »Frankfur-
ter Zeitung« 1916-1934.** Herausgegeben von Ralf Becker.
398 Seiten. Gebunden

NF 150/2/10.08

Zur Philosophie der Musik. Ausgewählt von Karola Bloch.
BS 398. 334 Seiten

Briefe

Das Abenteuer der Treue. Briefe an Karola 1928-1949. Herausgegeben und mit einem Nachwort von Anna Czajka. Mit einem Bildteil. 266 Seiten. Gebunden

Briefe 1903-1975. Herausgegeben von Karola Bloch u. a.
Zwei Bände. 939 Seiten. Leinen

Ernst Bloch/Wieland Herzfelde. »Wir haben das Leben wieder vor uns.« Briefwechsel 1938-1949. Herausgegeben von Jürgen Jahn. 392 Seiten. Leinen

Zu Ernst Bloch

Bloch. Eine Bildmonographie. Herausgegeben vom Ernst Bloch Zentrum Ludwigshafen. Mit zahlreichen Abbildungen. 223 Seiten. Gebunden

»Ich bin. Aber ich habe mich nicht. Darum werden wir erst.« Perspektiven der Philosophie Ernst Blochs. Herausgegeben von Jan Robert Bloch. 427 Seiten. Kartoniert